清代秘密會黨人物研究

齊 汝 萱 著

文 史 哲 學 集 成

文史哲出版社印行

國家圖書館出版品預行編目資料

清代秘密會黨人物研究 / 齊汝萱著 -- 初版 --
臺北市：文史哲, 民 103.02
頁；公分（文史哲學集成；652）
參考書目：頁
ISBN 978-986-314-175-4（平裝）

1. 秘密會社 2.清代

546.9 103004310

文史哲學集成 652

清代秘密會黨人物研究

著者：齊汝萱
出版者：文史哲出版社
http:// www.lapen.com.tw
e-mail：lapen@ms74.hinet.net
登記證字號：行政院新聞局版臺業字五三三七號
發行人：彭正雄
發行所：文史哲出版社
印刷者：文史哲出版社
臺北市羅斯福路一段七十二巷四號
郵政劃撥帳號：一六一八〇一七五
電話886-2-23511028 · 傳真886-2-23965656
實價新臺幣六八〇元

中華民國一〇三年（2014）二月初版

ISBN 978-986-314-175-4 00652

清代秘密會黨人物研究

目　　次

圖表目次

第一章 緒　論

有清一代盛行秘密會黨，對朝廷而言秘密會黨爲一種秘密性質的非法組織。清初以來，朝廷已制訂律例，嚴格查禁異姓結拜，至乾隆年間以降，又屢次修訂取締會黨的法律條例，但仍無法有效遏止民間結盟拜會的風氣。一般而言，多認爲秘密會黨是由下層社會的異姓結拜團體發展而來的多元性秘密組織，而清代秘密會黨的倡立，主要是承繼歷代民間金蘭結義的傳統，也是建立在小傳統的一種社會組織，其組織內部成員模擬家族血緣制的兄弟關係，彼此以兄弟相稱，並藉由歃血盟誓與組織規章來相互約束。[1]因其「不合法」的性質而被清代官方稱作「會匪」，並有相關的法律規範與罰則加以查禁取締。秘密會黨本身即是一個複合概念，從清代所留存的史料中，可看出其所具多元面貌，不同會黨組織在其內在本質上有所差異，有些會黨具暴力傾向，打家劫舍，作亂鄉里，造成社會衝突；有些會黨提供社會服務，遇事彼此幫扶，醫療喪葬金錢相助等，具社會功能；亦有會黨在其政治觀上，提供另一套對政治的理念，欲糾結群眾，推翻清朝政權。底層民眾依據內心想望，受其吸引，參與其中。

1 莊吉發，《清代秘密會黨史研究》，臺北：文史哲出版社，1994 年，頁 2~5。

有清一代，秘密會黨盛行於地方社會，秘密會黨的研究即成爲研究清代地方社會相當重要的一環，在此一題材上，過去一二十年來的研究不算少數，各類專門主題研究成果豐碩。唯在人物研究的議題上，較少以人物研究做爲視角進行深入探討，關注仍稍嫌不足。而少數注意人物的研究中，仍集中於對群體的探討，在對於個體研究的認知，仍停留在單一特殊個體的討論或介紹上。因此，本書將擬以蒐集並且分析探討個體，並將這些個體歸納分類，進而拼湊成群體，再透過對這些群體的分析，試圖從人物研究中勾勒出秘密會黨在清代地方社會的樣貌。人物探討與分析在社會史研究上極具重要性，故本書以社會史思維出發，試圖透過研究清代地方社會上參與秘密會黨的各類人物作分析，從中觀察清代地方上的秘密會黨活動對歷史演變造成的社會發展與影響。

清代的地方社會上，秘密會黨相當盛行。本書以分析秘密會黨人物爲主軸，透過論述參與秘密會黨的各類人物，呈現出這些人物的特質，並嘗試將本書的研究問題聚焦在討論以下幾點：如有清一代，何以秘密會黨特別盛行？若從人物研究的角度來看，秘密會黨的倡立與發展是何種情形？清代的皇帝以及朝廷官員對於秘密會黨中的人物持何種態度與看法？又在官方的政策和法律規範上，呈現出何種面貌？此外，清代的平民百姓爲何熱衷參與秘密會黨活動？而參與秘密會黨的人們有哪些類型？其分別在秘密會黨中有何種地位？在秘密會黨中，不同屬性類型的人物與秘密會黨本身的屬性性質之間關係爲何？又在整個清代近三百年的歷史脈絡上，不同時期參與秘密會黨的人們在特質上是否有所不同？

最後，參與秘密會黨的人物，他們所扮演的社會角色爲何？對整個清代社會具有何種影響力？以上幾點，爲本書所欲探討的主要問題。

藉由前述問題的探討，從人物研究的視角切入，欲深入分析探討以人物爲研究主軸的清代秘密會黨淵源與發展、清代官方對於秘密會黨人物的政策與態度、清代參與秘密會黨的人物在不同時期的面貌，以及其所扮演的社會角色，進而對整個清代社會的影響與功能。本書嘗試以全清作爲時間斷限，由於遷就於史料的限制，在確切的時間點上，上溯至清初雍正年間[2]，下探至清末宣統年間，將觀察秘密會黨人物在清代社會中的面貌，以及其所扮演的角色，並歸納其所具有的特質，建構出其所反映出的整個清代庶民社會與文化。

在研究方法上，主要採用歷史文獻分析法，將官方檔案、口供文獻、奏摺、實錄、方志、文集、筆記小說等史料進行分析與比較歸納，透過史料的蒐集與解析，拼湊歷史事實的發展與演變，再近一步從史實發展與演變中提出適當與合理的歷史解釋，乃至於建構出一個歷史理論架構。並且期望能透過此課題的書寫，試圖達到保存史料以及解決問題。

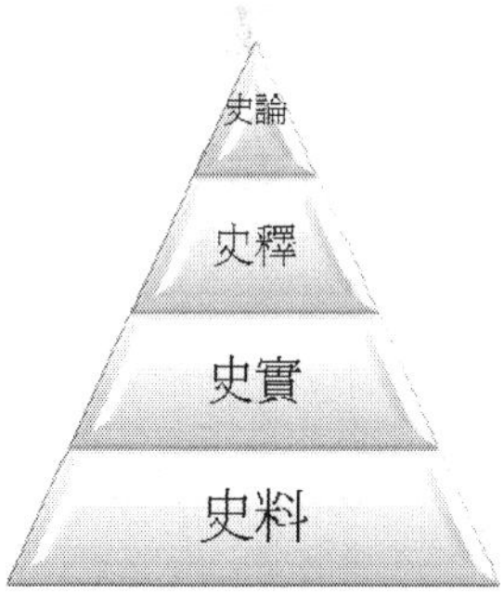

圖 1-0-1 研究方法架構模型圖

2 目前現存清代官書典籍與檔案文獻對於秘密會黨案件的相關記載，可追溯最早的時間爲雍正年間（1723~1735）。

除此之外，同時亦參考社會學、政治學與心理學等社會科學的理論架構，來增強研究深度。從社會學的理論視角看秘密會黨人物在地方上扮演的角色以及其功能與衝突；政治學的理論提供了分析清廷官方的統治策略以及秘密會黨內領導人物的分析方法；心理學的理論架構則充實了分析秘密會黨內各色人物心態的研究方法。

而文獻史料是歷史研究的基礎，透過文獻史料得知過去的人事時地物之間的關係、事件的發生以及演變過程。臺灣目前所藏史料以清代史料爲多，本書的研究與書寫亦得利於此，在原始材料上的取用主要有三：一爲兩岸分別整理出版的紙本史料；二爲臺北國立故宮博物院典藏尚未整理出版的原始材料；三爲電子資源的使用，主要以中央研究院的漢籍電子全文資料庫中，歷史語言所建「漢籍全文資料庫」爲主。

1.海峽兩岸整理出版的一手史料

歷史檔案是直接史料，可信度較高，透過檔案解讀不僅是在探討清代民間秘密宗教史的研究亦或是探討清代秘密會黨史的重要途徑。近年來，兩岸積極將史料整理出版，提供豐富第一手資料，不僅有助理論架構建立，還可帶動研究風氣，擴大研究領域。[3]此外，檔案特點在於其本身爲歷史事件正在進行過程中的文件，由當時社會活動過程直接形成的原始記錄，非事件的傳聞或之後的回憶，亦非事後爲某種目的撰寫的著作或編制的材料。因此能較客觀反映當時的真實情

3 莊吉發，《真空家鄉：清代民間秘密宗教史研究》，臺北：文史哲出版社，2002 年，頁 2。

況，是研究歷史比較可靠的證據之一。[4]

由於地理因素及其他諸多條件的限制，在中國大陸上的原始資料取得不易，在這方面的解決之道，主要以《清廷查辦秘密社會案》[5]中收錄中國大陸地區史料與秘密社會相關的原始材料爲主，以及《雍正朝漢文硃批奏摺彙編》[6]、《乾隆朝上諭檔》[7]、《嘉慶道光兩朝上諭檔》、[8]《咸豐同治兩朝上諭檔》、[9]、《光緒朝硃批奏摺・秘密結社》[10]等，還有北京中國人民大學出版社的《天地會》[11]等出版品。

在臺灣地區有中央研究院出版的《明清史料》[12]、《明清檔案》[13]皆爲本篇研究重要的參考資料，以及臺北國立故宮博物院編印的檔案史料，如《宮中檔雍正朝奏摺》[14]、《宮中檔乾隆朝奏摺》[15]等，另外尙有《清實錄》、《大清會典》等官書典籍，這些出版的資料，對於研究清代秘密會黨，提供了珍貴的直接史料。

---

4 中國第一歷史檔案館撰，〈清代檔案與清史修撰〉，《清史研究》第3期，2002年8月，頁4。

5 劉子揚、張莉，《清廷查辦秘密社會案》v.1~v.40，北京：線裝書局，2006年。

6 《雍正朝漢文硃批奏摺彙編》，上海：江蘇古籍出版社，1991年。

7 《乾隆朝上諭檔》，北京：檔案出版社，1991年。

8 《嘉慶道光兩朝上諭檔》，桂林：廣西師範大學出版社，2000年。

9 《咸豐同治兩朝上諭檔》，桂林：廣西師範大學出版社，1998年。

10 《光緒朝硃批奏摺・秘密結社》，北京：中華書局，1996年。

11 《天地會》v.1~v.7，北京：中國人民大學出版社，1980年。

12 《明清史料》，臺北：國立中央研究院歷史語言研究所，1972年。

13 張偉仁編，《明清檔案》，臺北：聯經出版社，1986年。

14 《宮中檔雍正朝奏摺》，臺北：國立故宮博物院藏，1977~1979年。

15 《宮中檔乾隆朝奏摺》，臺北：國立故宮博物院藏，1982~1988年。

2.臺北國立故宮博物院典藏的原始材料

除了上述已出版或已整理編印的直接史料外，本篇研究亦使用不少尚未整理出版的原始材料，這些材料目前典藏於臺北國立故宮博物院，主要以文獻檔冊資料爲主，有《宮中檔》、《軍機處·月摺包》、《外紀檔》、《上諭檔》、《月摺檔》、《議覆檔》、《剿捕檔》等檔冊等。這些檔案史料主要爲清代臣工進呈皇帝的書面報告，其中又以地方大吏所奏者爲多，內容有官員對秘密會黨的描述與看法，也有皇帝看待「結會樹黨」案件的硃批意見與批示，亦有被捕會黨成員的口供，從這些材料中可以看到人民、官員與皇帝三種不同角度的看法。

3.電子資料庫的使用

漢籍全文資料庫計畫肇始於 1984 年，目標是爲收錄對中國傳統人文研究具有重要價值的文獻，建立全文電子資料庫，作爲學術研究的輔助工具。資料庫內容以史部爲主，經、子、集部爲輔。以類別相屬，又可略分爲宗教文獻、醫藥文獻、文學與文集、政書、類書與史料彙編等，目前累計收錄歷代典籍已達六百七十多種，內容幾乎涵括所有重要典籍且仍在繼續新增書目。[16]

此外，在目前臺灣的研究環境上，因時代日新月異，數位環境逐漸形成，電子資料庫的建構造福研究者甚多，[17]中

16 參見「漢籍全文資料庫」網址 http://hanji.sinica.edu.tw/。

17 數位典藏（digital archive）是指將有保存價值之實體或非實體資料，透過數位化方式（攝影、掃描、影音拍攝、全文輸入等），並加上後設資料的描述（檔案本身的內容、背景、屬性等介紹），以數位檔案形式儲存。

央研究院、臺北國立故宮博物院等學術與博物館機構皆有參與。電子資源便捷實用，但目前仍無法將所有資料完全收錄，部份的檔案材料仍須依靠調閱原件。臺北國立故宮博物院圖書文獻處典藏有爲數甚豐的善本古籍及清代檔案文獻，上述材料經圖書館對外開放，但限於館內閱覽，借閱人需填寫提件申請單，由館員至庫房提取所需資料。[18]實體環境的善本古籍與檔案文獻資源可與數位環境的電子資源相輔配合，使得研究者在研究工作的進行上更有效率。

第一節　清代的秘密社會——民間秘密宗教與秘密會黨

清代秘密社會被分爲兩個部份，一是民間秘密宗教，又稱教門；一是秘密會黨，簡稱會黨。因其在生態環境、組織型態、思想信仰以及社會功能等皆不盡相同，各有特殊條件，因此劃分爲此二部份，也便於研究。[19]但兩者同爲秘密社會的範疇，在本質上，亦有其相同之處，因此，或可說民間秘密宗教與秘密會黨各有其異同之處，且同中有異處，異中有同處。

在其相同處上，民間秘密宗教與秘密會黨在法律層面而言，皆屬非法組織，爲躲避官府查緝，常有改換名目的行爲，在秘密會黨上有天地會改名爲飄黰會等，而民間秘密宗教則

18 國立故宮博物院，《國立故宮博物院圖書館簡介》，頁 20~25。
19 莊吉發，《清代秘密會黨史研究》，頁 1。

有羅教改稱無爲教或一字教等名目。此外，除了躲避官府查拏外，民間秘密宗教與秘密會黨爲了吸引更多民眾入教或入會，亦有改換名目的舉動；而在教門與會黨名稱的命名上，皆各有同教異名/同會異名與同名異教/同名異會者，且無論民間秘密宗教或秘密會黨，在其名稱的命名上，可反映出人們在清代社會的需求，且同時反映出人們的需求具有相似性；另外，民間秘密宗教傳教或秘密會黨立會者多有因貧困難以度日，起而糾人傳教或結盟拜會者，以此途徑冀圖解決經濟困難；至於參與入教或入會者在心態上，皆因參與其中會獲得好處或避免壞事發生而參與其中，民間秘密宗教上以入教避劫爲吸引，而秘密會黨則以入會遇事有會內兄弟可互相幫助，又可免外人欺負，或入會可保身家平安不被騷擾等因素吸引民眾加入參與組織。

在其相異處上，民間秘密宗教和秘密會黨在糾人入會或入教上的媒介雖均爲地緣或血緣關係，但會黨糾人以地緣關係爲多，血緣關係則較少，不少會黨成員隱瞞家族成員參加結盟拜會，而民間秘密宗教則通常先以地緣爲媒介，拉引個人入教後，各自再引自己家族成員入教者爲數頗眾，此爲舉家入教；在組織成員關係上，民間秘密宗教多爲垂直關係，即爲師父與徒弟，而秘密會黨則多爲橫向關係，即爲兄弟關係。但這非絕對如此，天地會的傳佈在初萌芽之繼，其結盟拜把以擬血緣的兄弟親屬關係爲特徵的形式尙未鮮明，乾隆二十六年，提喜和尙倡立天地會，並在福建漳浦縣高溪鄉觀音亭傳授天地會時，天地會內眾人是以傳會或稱傳教之師來看待倡立天地會的提喜和尙，而非以「大哥」的身份，或許提喜和尚身爲僧人的身份，使得眾人以師傅來看待，但同案中趙明德在應陳彪之邀，加入天地會時，亦拜陳彪爲爲師。此一拜師入會，與其後天地會系統發展至模擬血緣親族關係的結拜兄弟特徵有異，卻與清代底層所盛行的民間秘密宗教的型態較爲接近；而民間秘密宗教的傳承上，多爲直接傳承，師徒關係明確，有鮮明的傳承譜系，但秘密會黨的傳承上，多爲間接傳承，以天地會系統爲例，倡立天地會的會首，不一定原先曾入過天地會，但其之所以能倡立天地會則或有曾聽人敘述過，或有在路上、山洞中等處撿到過天地會會簿內有倡會說明，或有在舊書攤上買到天地會傳會說明或會票等，或有假托曾夢到神人指導倡會等；另外，民間秘密宗教倡立者或教內成員加入，多爲立即性，且常攜家帶眷，但會黨會首糾人或其會內成員加入則多非立即性，或遇有時機，或因貧難度，才起而結盟拜會；至於民間秘密宗教與秘密會黨在社會功能上，民間秘密宗教多呈現普遍性社會功能，對內部成員有道德教化，而對外部社會亦有勸人向善等益處，多屬溫和性質，而秘密會黨則多呈現片面性社會功能，在組織內部呈現秩序、互助，對內部成員有益，但對外部社會常會造成破壞與滋生事端，多屬激烈性質；最後，民間秘密宗教與秘密會黨在組織內部的互助性上，民間秘密宗教多爲單向依賴，在生老婚壽喪等事項上，教內信徒多單方面接受教首等教中核心人物幫助，教眾回饋以金錢或虔誠，而秘密會黨則呈現多向互助，會黨內成員遇事相互幫忙，如父母會主旨在父母年老時，會內成員互助等。

在大多數的情況下，可以依照特性，容易地判斷出何者爲民間秘密宗教，或何者爲秘密會黨，但在一些部份案例中，有同時融合民間秘密宗教與秘密會黨特徵者，或同時身具民間秘密宗教與秘密會黨成員身分者，此亦顯示出民間秘密宗教和秘密會黨兩者間並無相互排斥性，有時亦會彼此相融合併。

有姚發、姚京元、劉正舉、魏正華、符顯榮、符順能、符保觀、符奇生、廖義明籍隸廣昌縣，李京祿籍隸寧都州，原先均與福建建寧縣人李凌魁即李昌標並不認識。乾隆四十七年（1782），李凌魁拜江西貴溪縣人吳子祥爲師，傳授恩本經一卷，吃齋念誦，禳災治病，轉散騙錢。嘉慶六年（1801）四月間，李凌魁復拜天地會案內福建邵武縣人吳韜爲師，傳授出手不離三，開口不離本暗號，吃烟取物俱用三指向前，遂又起意別立會名。因天地會查拿嚴緊，憶及吳子祥經本內有陰陽語句，即另造陰盤教、陽盤教名目，願入陽盤教者，傳授手訣口號，索番銀二圓。願入陰盤教者，抄給經卷全本，索銀二十兩四錢，半本索銀十兩二錢。嘉慶七年（1802）二月間，姚發時常患病，醫治未痊，會遇石城縣人張洪才誘令往拜李凌魁爲師，送给圓銀十兩二錢，入陰盤教内，抄給經卷半本。姚發回家先勸胞弟姚京元一同吃齋念經。嗣姚發亦圖借端騙錢，陸續勸令劉正舉、符旭東、李友珍、李早子四人入教。劉正舉轉勸魏正華、符顯榮二人，符旭東轉勸符順能、符保觀、黄永隴、符對疙四人，魏正華亦轉勸符奇生一人入教，均經姚發口傳經卷。惟符奇生不能記誦，僅令吃齋，劉正舉等各送給姚發香錢一二百文不等。又李京祿先於嘉慶六年九月間，因母患病，聽從張洪才誘令入教，李京祿即往拜李凌魁爲師，因措銀無出，僅送李凌魁番銀二圓，李凌魁令入陽盤教內，傳授手訣、口號。李京祿旋因母病無效，又聞習教違禁，悔過改教。廖義明亦先於嘉慶七年正月內患病未痊，聽從在逃之符惟逡誘令入教，廖義明信從，即往拜李凌魁爲師，送給圓銀十兩二錢，入陰盤教，內抄給經卷半本，吃齋念誦，未經傳徒。嗣姚發鳳聞該縣查拿嚴緊，正將經本燒毀，思欲逃避，即經廣昌縣會營拿獲，並獲劉正舉等各犯，搜出廖義明所存抄寫恩本經，查無違悖字句。[20]

上文中李凌魁曾於乾隆年間拜江西貴溪縣人吳子祥爲師，傳授有恩本經一卷，吃齋念誦，禳災治病，加入民間秘密宗教；至嘉慶年間，李凌魁又拜福建邵武縣人吳韜爲師，加入秘密會黨，傳授有出手不離三，開口不離本暗號。因李凌魁先後加入參與民間秘密宗教以及秘密會黨，本身便對民間秘密宗教與秘密會黨皆有所瞭解，因此在後來逕自起意別立會名，糾人參加。其所立的陰盤教與陽盤教即融和了民間秘密宗教與秘密會黨的特徵，凡入陽盤教者，則傳授以手訣口號，索番銀二圓，與天地會系統的秘密會黨特徵相似；凡入陰盤教者，即抄給經卷全本索銀二十兩四錢，半本索銀十兩二錢，與民間秘密宗教的特徵相似。從此案例中，便可看出民間秘密宗教和秘密會黨本身即具有相當的彈性，兩者間又不具互斥性，可以依起會立教者隨意型塑出新的教門或會黨。

另有江西南康縣人董言臺、任振坤等人，據其供稱曾先在江西地方聽從人糾皈依金丹教，禮拜無生老母，董言臺等

20 劉子揚、張莉編，《清廷查辦秘密社會案》，第 29 冊，頁 8400~8405。玉德等錄副奏摺，嘉慶八年七月二十二日；同書，同冊，頁 8409~8411，秦承恩硃批奏摺，嘉慶八年八月二十四日。

人除了參加金丹教系統的民間秘密宗教外，又同時糾邀多人一同結拜天地會，但因天地會名目招搖，官府歷奉拏辦，恐致張揚敗露，遂而改名爲關爺會，以圖掩飾，此一關爺會總老大即爲謝嗣封。結拜入官爺會的董言臺等人後來因官府查拏，而逃往廣東，至廣東後又糾邀李紫榮等人入金丹教。其後，官府即於道光二十八年（1848），耆英在兩廣總督任內將董言臺、任振坤等人拿獲到案。[21]此外，又有湖南衡陽縣人蔣萬成等人，由湖南地方潛往廣東境內糾人傳習金丹道。在官府拿獲後，據蔣萬成等人供稱，道光二十六年（1846）、二十七年（1847）時，即在湖南衡陽縣先後拜清泉縣人劉振林爲師，傳習金丹教，其後又與人一同結拜天地會。[22]

從上述各案中，皆可看出民間秘密宗教系統與秘密會黨系統兩者皆盛行於底層社會，惟兩者本身並不具有相互排斥的性質，同一個人可以同時具有兩種身份，同時既是民間秘密宗教內教首或教眾；另外同時亦可爲秘密會黨的會首或會內成員。民間秘密宗教與秘密會黨皆同爲秘密社會範疇，兩著除不具互斥性外，亦皆具有相當的彈性。

---

21 《軍機處檔・月摺包》，第 2749 箱，148 包，79825 號，臺北：國立故宮博物院藏。江西巡撫吳文鎔奏摺錄副，道光二十七年十一月十八日。
22 《軍機處檔・月摺包》，第 2780 箱，21 包，87272 號。兩廣總督徐廣縉等奏摺錄副，咸豐元年十月二十六日。

第二節 清代律例法典與官方政策中的秘密會黨

本書主要以案件做爲軸線，從清代發生的秘密會黨案件中，將人物透過官方檔案所留存下大量口供材料進行分析。因此，在本篇研究上，使用有大批檔案資料。除檔案資料以外，因從案件著手，故在進行口供分析之前，尚須瞭解清代官方對秘密會黨的查禁與取締政策，以掌握案件來源與緣由。因此關於《大清律例》以及《大清會典》等官書典籍即爲相當重要的參考資料，其中以《大清會典》尤爲其甚。

《大清會典》由清代官方所進行編修，主要記載內容爲清代的典章制度，其中包含中央與地方政府的機構與職掌、官吏的任免、文書制度、農業、手工業、商業、土地制度、賦稅、戶役等經濟政策，除此之外，尚有天文、曆法、習俗以及文教等，是研究清代典章制度的重要資料。歷經清代各朝在制度上多有變動，因此《大清會典》在不定期的翻修下，總共修有五部。第一部修於康熙二十九年（1690），其內容記載的時間範圍從清初的崇德元年（1636）到康熙二十五年（1686）；[23]第二部則是於雍正十年（1732）完成，其內容記載接續第一部至雍正五年（1727）；[24]第三部於乾隆二十九年（1764）時完成，其所記載範圍止於乾隆二十七年

23 《大清會典》（康熙朝），臺北：文海出版社，1995 年。
24 《大清會典》（雍正朝），臺北：文海出版社，1995 年。

（1762）；[25]第四部完成於嘉慶二十三年（1818），敘事止於嘉慶十七年（1812）；[26]第五部於光緒二十五年（1899）完成，內容所記載的範圍接續自第一部至光緒二十二年（1896）。[27]

清朝政府重視編修會典，主要爲強化中央專制，並使各級官員能夠更有效地進行統治。編入會典的原則，其來源有三種：一爲皇帝頒發的諭旨，這是主要的來源，在條首大多書寫「詔」、「敕」、「諭」、「旨」、「定」等字樣；二爲部院衙門的題請、科道督撫條陳經院議覆，以及議政大王、貝勒、大臣、及九卿詹事科道會議的結果，此類於會典條首中多冠以「題准」、「覆准」、「議定」和「議准」字樣。三爲歷來奉行的習慣成例。[28]以下將分別對此五部《大清會典》中，與秘密會黨相關的條目，製表羅列於下，並詳加說明。

表 1-2-1 清代初期《大清會典》中的秘密會黨條文

時　間	內　　容
順治十八年（1661）	定凡歃血盟誓焚表結拜弟兄者，著即正法。
康熙七年（1668）	覆准歃血盟誓焚表結拜弟兄應正法者，改爲秋後處決，其止結拜弟兄，無歃血焚表等事者，仍照例鞭一百。
康熙十年（1671）	題准歃血結拜弟兄者，不分人之多寡，照謀叛未行律，爲首者擬絞監候秋後處決，爲從者杖一百，流三千里，其止結拜弟兄無歃血焚表等事者，爲首杖一百，徒三年，爲從杖一百。

25 《欽定大清會典則例》（乾隆朝），收入景印《文淵閣四庫全書》，臺北：臺灣商務印書館，1986。
26 《欽定大清會典事例》（嘉慶朝），臺北：文海出版社，1992 年。
27 《欽定大清會典事例》（光緒朝），臺北：臺灣中文書局，1963 年。
28 郭松義，〈清朝的會典和則例〉，《清史研究通訊》第 4 期，1985 年，頁 34~36。

康熙十二年（1673）	題准凡異姓人結拜弟兄，未曾歃血焚表者，爲首杖一百，爲從杖八十。
雍正三年（1725）	凡異姓人歃血訂盟焚表，結拜弟兄，不分人數多寡，照謀叛未行律，爲首者擬絞監候，其無歃血盟誓焚表事情，止結拜弟兄，爲首者杖一百，爲從者各減一等。

資料來源：《大清會典》（康熙朝），臺北：文海出版社，1995 年；《大清會典》（雍正朝），臺北：文海出版社，1995 年。

上表爲秘密會黨在康熙朝與雍正朝《大清會典》中的相關條文，其中康熙朝的《大清會典》爲滿州入關後的第一部會典，從順治十八年（1881）的條文中可查「歃血盟誓焚表結拜弟兄者，著即正法。」一條，應是清代法律中對於秘密會黨最早出現的規範條文。從此條文中，可以得知清政權在剛入關不久後的順治年間即因注意到民間結拜異姓兄弟的現象而加以制定條文來約束民眾。此外，從法律的罰則面而言，「著即正法」可說是罰得相當重，亦透露出清政權對於民間私自異姓結拜的重視程度，同時也反映出滿洲剛入關時，政權尚未穩定之下，對於可能動搖政權的行爲相當重視的防範。

到康熙七年（1668）後，條文進行修改，將「歃血盟誓焚表結拜弟兄應正法者，改爲秋後處決」此一條文內最大更動處在於罰則的減輕，從「著即正法」到「秋後處決」，雖皆爲生命刑，但在處理上的緊張程度下降，也展現出政權經由時間的移動，更加穩固。除此之外，在原先條文中再細分出「無歃血焚表等事者」一條文，其罰則爲鞭一百，已成定例，因此，可以得知清政府在處理異姓結拜的問題上，有無歃血焚表即爲指標分水嶺，也決定罰則上的輕重。至康熙十年（1671）時，此條文明定比照謀叛未行律，此外，條文又再細分出「首犯與從犯」，在「歃血結拜弟兄者」的罰則上，亦有所差異，首犯「擬絞監候秋後處決」，從犯則是「杖一百，流三千里」；至於「止結拜弟兄無歃血焚表等事者」的罰則爲首犯「杖一百，徒三年」，從犯則是「杖一百」。從中已可得知，清政府在處理異姓結拜上，出現的態度爲「重懲首犯，輕罰從犯」。至康熙十二年（1673）時，「異姓結拜弟兄，未曾歃血焚表者」條例修改，罰則減輕，爲首犯杖一百，而從犯則杖八十。首犯從犯再罰則的輕重上有拉近的趨勢。至雍正年間後，確立了此一條文的方針與罰則。

表 1-2-2 乾隆朝《大清會典》中的秘密會黨條文

時　間	內　　容
乾隆二十九年（1764）	閩省民人除歃血訂盟焚表結拜弟兄，仍照定例擬以絞候，其有抗官拒捕持械格鬥等情，無論人數多寡，審實各按本罪分別首從，擬以斬絞外，若有結會樹黨，陰作記認，魚肉鄉民，凌弱暴寡者，亦不論人數多寡，審實將爲首者照兇惡棍徒例，發雲貴兩廣極邊煙瘴充軍，爲從減一等，被誘入夥者，杖一百，枷號兩月，各衙門兵丁胥役入夥者，照例分別治罪。該管文武各官失於覺察，及捕獲之後有心開脫，均照例參處。若止係鄉民酬社賽神，偶然洽比，事竣即散者，不在此例。
乾隆三十九年（1774）	凡異姓人但有歃血訂盟焚表結拜兄弟者，照謀叛未行律，爲首者擬絞監候，爲從減一等，若聚眾至二十人以上，爲首者擬絞立決，爲從者發雲貴兩廣極邊煙瘴充軍。其無歃血盟誓焚表事情，止序齒結拜弟兄，聚眾至四十人以上，爲首者擬絞監候，爲從減一等。若年少居首，並非依齒序列，即屬匪黨渠魁，首犯擬絞立決，爲從發雲貴兩廣極邊煙瘴充軍，如序齒結拜數在四十人以下，二十人以上，爲首者杖一百，流三千里，不及二十人者，杖一百，枷號兩月，爲從各減一等。
乾隆五十七年（1792）	臺灣不法匪徒，潛謀糾結，復興天地會名目，搶劫拒捕者，首犯與曾經糾人及情願入夥希圖搶劫之犯，俱擬斬立決，其並未轉糾黨羽，或聽誘被脅，而素非良善者，俱擬絞立決，俟數年後此風漸息，仍照舊例辦理。

資料來源：《欽定大清會典則例》（乾隆朝），收入景印《文淵閣四庫全書》，臺北：臺灣商務印書館，1986；《欽定大清會典事例》（嘉慶朝），臺北：文海出版社，1992 年。

以上列表為乾隆朝《欽定大清會典則例》與嘉慶朝《欽定大清會典事例》，長達六十年的乾隆朝，共三次對秘密會黨相關法條做增減修正。乾隆二十九年（1764）時，關於秘密會黨條文的修改中，直接於條文內點出「閩省民人」字樣，反映出秘密會黨在福建省境內的活動相當活躍，因此法條內的罰則規範除歃血訂盟焚表結拜弟兄，照例擬以絞候，此外，有抗官拒捕持械格鬥者，按本罪分別首從，擬以斬絞。此外，在乾隆朝中，異姓結拜已非僅比照「謀叛未行律」，另分有比照「兇惡棍徒例」者，其為針對結會樹黨，魚肉鄉民，凌弱暴寡者所定，在罰則上首犯發雲貴兩廣極邊煙瘴充軍，從犯則減一等，另有被誘入夥者，責罰以杖一百，枷號兩月，而各衙門兵丁胥役入夥者，照例分別治罪。該管文武各官失於覺察，亦施以連坐法連帶懲處。

從此時的法律條文及罰則上，可以得知清政府處理秘密會黨已有所掌握，並已知秘密會黨內有願從入夥者亦有被迫入夥者，分以不同罰則懲處，相對公平，另外清政府處理相關秘密會黨案件時業已得知不少秘密會黨內成員本身身份上有帶官方色彩的各衙門兵丁胥役等職者，並施以連坐法，希圖其上級文武各官可以加強看管並約束下屬。

乾隆三十九年（1774），秘密會黨相關條文又進行了增修，此時的增修是對於秘密會黨參與人數上做更細的劃分。「歃血訂盟焚表結拜兄弟者」的首犯仍照謀叛未行律判擬絞監候，而從犯則爲減一等。但若聚眾至二十人以上，爲首者擬絞立決，爲從者發雲貴兩廣極邊煙瘴充軍。至於「無歃血盟誓焚表者」過去多爲杖行或兼施以流放，但在修改法條後，若聚眾至四十人以上，首犯判擬絞監候，而從犯減一等。在清代初期時無歃血盟誓焚表者罰則相對輕，且無生命刑，但至此次修改條文後，若參與人數達四十人以上，首犯則會判擬絞監候，罰得相當重。

表 1-2-3 嘉慶朝《大清會典》中的秘密會黨條文

時　間	內　　　容
嘉慶十六年（1811）	凡異姓人但有歃血訂盟焚表結拜弟兄者，照謀叛未行律，爲首擬絞監候，爲從減一等，若聚眾至二十人以上，爲首者擬絞立決，爲從者發雲貴兩廣極邊煙瘴充軍，其無歃血盟誓焚表事情，止序齒結拜弟兄，聚眾至四十人以上，爲首擬絞監候，四十人以下二十人以上，爲首者杖一百，流三千里，不及二十人，爲首者杖一百，枷號兩月，爲從各減一等。若年少居首，並非依齒序列，即屬匪黨渠魁，聚眾至四十人以上者，首犯擬絞立決，爲從發雲貴兩廣極邊煙瘴充軍，未及四十人者，爲首擬絞監候，爲從杖一百，流三千里，其有抗官拒捕持械格鬥等情，無論人數多寡，審實各按本罪分別首從，擬以斬絞。若結會樹黨，陰作記認，魚肉鄉民，凌弱暴寡者，亦不論人數多寡，將爲首照兇惡棍徒例，發雲貴兩廣極邊煙瘴充軍，爲從減一等，被誘入夥者，杖一百，枷號兩月。各衙門兵丁胥役入夥者，照爲首例問擬，鄉保地方明知不首，或借端誣告者，照例分別治罪，該管文武各官失於覺察，及捕獲之後，有心開脫，均照例參處。若止係鄉民酬社賽神，偶然洽比，事竣即散者，不在此例。
嘉慶十六年（1811）	閩粵等省不法匪徒，潛謀糾結，復興天地會名目，搶劫拒捕者，首犯與曾經糾人及情願入夥希圖搶劫之犯，俱擬斬立決，其並未轉糾黨羽，或聽誘被脅，而素非良善者，俱擬絞立決。如平日並無爲匪，僅止一時隨同入會者，俱發新疆酌撥種地當差，俟數年後此風漸息，仍照例辦理
嘉慶十七年（1812）	凡異姓人，但有歃血訂盟焚表結拜弟兄者，照謀叛未行律，爲首者擬絞監候，爲從減一等。若聚眾至二十人以上，爲首

	者擬絞立決，爲從者發雲貴兩廣極邊煙瘴充軍。其無歃血盟誓焚表事情，止序齒結拜弟兄聚眾至四十人以上，爲首者擬絞監候，四十人以下，二十人以上爲首者杖一百，流三千里，不及二十人，爲首者杖一百，枷號兩月，爲從各減一等。若年少居首，並非依齒序列，即屬匪黨渠魁，聚眾至四十人以上者，首犯擬絞立決，爲從發雲貴兩廣極邊煙瘴充軍，未及四十人者，爲首擬絞監候，爲從杖一百，流三千里，其有抗官拒捕持械格鬥等情，無論人數多寡，各按本罪分別首從擬以斬絞。如爲從各犯內，審明實係良民被脅勉從結拜，並無抗官拒捕等事情，應於爲從各本罪上再減一等，僅止畏累出錢，未經隨同結拜者，照違制律杖一百，其聞拏投首，及事未發而自首者，各照律例分別減免，儻減免之後復犯結拜，不許再首，均於應擬本罪上，酌予加等，應絞決者，改擬斬決，應絞候者，改爲絞決，應發極邊煙瘴充軍者，改發新疆酌撥種地當差，應滿流者，改爲附近充軍，應滿徒以下，亦各遞加一等治罪。其自首免罪各犯，由縣造具姓名住址清冊，責成保甲族長嚴行稽查約束，仍將保人姓名登記冊內，如有再犯，即將保甲族長擬杖一百。至結會樹黨，陰作記認，魚肉鄉民，陵弱暴寡者，亦不論人數多寡，審實將爲首者照兇惡棍徒例，發雲貴兩廣極邊煙瘴充軍，爲從減一等，被誘入夥者，杖一百，枷號兩月。各衙門兵丁胥役入夥者，照爲首例問擬。鄉保地方明知不首，或借端誣告者，照例分別治罪，該管文武各官失於覺察，及補獲之後有心開脫，均照例參處，若止係鄉民醧社賽神，偶然洽比，事竣即散者，不在此例。

資料來源：《欽定大清會典事例》（嘉慶朝），臺北：文海出版社，1992 年。

上列表格爲嘉慶朝的《欽定大清會典事例》。到了嘉慶年間，秘密會黨在官府不斷禁止與取締之下，仍不斷發展。嘉慶十六年（1811）時的條文基本上延自乾隆年間所定條文，變動不大，但值得注意的是條文中加入了「借端誣告者，照例分別治罪」一條，此即爲秘密社會案件中，偶而出現的現象，挾怨誣告某人參與秘密會黨的狀況雖不至於普遍，但也算是偶一出現的現象之一。除此之外，參與秘密會黨會內成員多半在被官府查拏後，若有機會仍會繼續參與或倡立秘密會黨，此亦爲官府屢禁不絕的原因之一，官府覺察此一現象後，便於嘉慶十七年（1812）時的條文作修改，將聞拏投首或事未發而自首者，皆照律例分別減免，但在減免之後，復犯結盟拜會者，便不再享有自首減免的條例，相反的在其應擬本罪上，會酌予加重處罰。此一條文一方面顯示清政府鼓勵投首與自首的行爲，因此在罪則上給予減免，使其有改過自新的機會，另一方面亦呈現出對累犯的加重懲處，但從實際案例上來看效果有限。

表 1-2-4 清代後期《大清會典》中的秘密會黨條文

時　間	內　　容
咸豐元年（1851）	滇省匪徒結拜弟兄，除罪應徒流以上各犯，仍照例辦理外，其但係依齒序列，不及二十人，罪止枷杖者，於本地方鎖繫鐵杆一年，限滿開釋，交保管束，如不悛改，再繫一年，儻始終怙惡不悛，即照棍徒擾害例嚴行辦理，地方官每辦一案，報明督撫臬司各按季彙冊咨部，開釋時亦報部查覆，俟數年後此風稍息，仍循舊例辦理。
宣統二年（1910）	各省拏獲會匪，如訊係爲首開堂放飄者，及領受飄布輾轉糾夥散放多人，或在會中充當元帥軍師坐堂陪堂刑堂禮堂名目，與入會之後雖未放飄輾轉糾人而有夥同搶劫情事，及句通教匪煽惑擾害者，一經審實，即開錄詳細供招，稟請覆訊，就地正法，仍隨案具奏。此外如有雖經入會，並非頭目，情罪稍輕之犯，酌定年限監禁。俟限滿後察看是否安靜守法，能否改過自新，分別辦理。其無知鄉民被誘被脅，誤受匪徒飄布，希冀保全身家，並非甘心從逆之人，如能悔罪自首呈繳飄布者，一概從寬免其究治。其有向充會匪自行投首密告匪首姓名因而拏獲，亦一律免罪。若投首後又能作線引拏首要各犯到案究辦，除免罪之外，仍由該地方官酌量給賞，地方文武員弁能拏獲著名首要審實懲辦，隨案奏請優獎，如妄拏無辜擾累閭閻，以及縱匪貽害，亦即嚴行參處。

資料來源：《大清現行刑律》，宣統二年版；《欽定大清會典事例》（光緒朝），臺北：臺灣中文書局，1963 年。

上列表格內容爲光緒朝的《欽定大清會典事例》與宣統二年版的《大清現行刑律》。到了咸豐元年（1851），官府覺察秘密會黨在雲南境內盛行，因此，特爲滇省訂立條文，並以會黨內部成員是否依照齒序排列兄弟關係與參與人數作爲定罪輕重的標準。至宣統二年（1910）時，清政權雖已進入尾聲，但對於秘密會黨的規範條文仍做了修訂，此次修訂中針對秘密社會內開堂放飄的現象以及會黨內部私封元帥、軍師等名目作爲判罪輕重的依據。此外，官府易察覺加入會內成員中，有部分成員是爲了保全身家，而非自願入會者，亦訂立條文令其從寬免其究治，而有會內成員自行投首，又密告匪首姓名，使官府拿獲會首者一律免罪，除此之外，若投首後又能作線引拏首要各犯到案究辦，除免罪外，還可由該地方酌量給賞。從條文中可以看出多種「優惠條例」，但秘密會黨仍在底層社會中活躍發展，屢禁不絕，律例條文不論或獎或懲，以結果觀之，其成效皆爲有限。

第三節　清代秘密會黨的淵源與特性——以人物爲探討中心

有清一代，秘密會黨發展極盛，各系統的秘密會黨起源、發展及其特色，在學術界中討論已久，以此議題爲範疇的專題論文及相關著作亦多，但討論方向向來少以「人物」爲中心，故在此節中，將著重於透過人物的探討與分析來研究此一議題。

秘密會黨活躍於地方社會，各朝政府時有查禁，因此會黨名稱時有改變，以防官員查拿；除此之外，秘密會黨亦會因希冀吸引群眾加入，而更改名目者亦有不少，因此清代的秘密會黨名目甚多。在此之中，即出現有同會異名與同名異會的現象，另外亦有在清代陸續成立的新興會黨，以及在清代各個不同的歷史發展階段中，從舊有的會黨組織中分化衍生出來的新會黨等。然則，秘密會黨的創立，皆有靈魂人物在其中扮演重要角色，此即是倡會人物。以下將以會黨類別做為準則，再以列表輔助，分別排比、分析這些在清代各時期盛行於社會上的秘密會黨創會人物。

表 1-3-1 秘密會黨倡會人物與傳布地區及盛行時代

會　黨	衍生轉化	創會人物	傳佈區域	盛行時代
一錢會		李才（李彩）	福建	雍正年間
子龍會			臺灣	雍正年間
九龍山會		金鈎李胡子	江蘇、廣東、福建	同治至光緒年間
三合會	天地會化名		福建、廣東、江南、海外	嘉慶至清末
三點會	天地會化名		福建、廣東、廣西、海外	嘉慶至清末
三點會	與邊錢會相似	張義老	江西	道光年間
丫叉會		趙瞎子	湖南、福建	道光年間至清末
大刀會				雍正年間
小刀會（王爺小刀會）		林達	臺灣	乾隆年間
小刀會		蔡懷舍（蔡文蔚）	福建	乾隆年間
小刀會	天地會轉化		臺灣、福建、廣東、海外	乾隆末年至清末
五岳會		鮑文光	安徽	雍正年間
五顯會		羅曰彪	江西	嘉慶年間

牙籤會		仇德廣	廣東、廣西	乾隆年間
父母會			臺灣、福建、廣東	雍正年間至清末
仁義會			湖南	道光年間
仁義雙刀會	天地會轉化	封老三（得珍）		嘉慶年間
天地會		提喜和尚（涂喜、洪二和尚，俗名鄭開）	福建、廣東、湖廣、雲南、浙江	乾隆年間至清末
白頭會		于克純	河南	咸豐年間
兄弟會			湖南、廣東、福建、臺灣	嘉慶至道光年間
百子會	天地會轉化		福建	嘉慶年間
江湖會	天地會轉化	廖岸如	福建、四川、湖北、陝西	道光年間至清末
江湖串子會	天地會改名	朱德輝	福建	嘉慶年間
孝義會	邊錢會改名	王開機	廣西、貴州、四川	嘉慶至咸豐年間
忠義會	天地會改名	黃開基	福建、廣東、廣西	嘉慶年間
忠義會		郭秀峰	江西	嘉慶年間
抬天會（尖刀會）		謝東升	安徽	雍正年間
把子會		李沅發	湖南	道光年間
金錢會		趙起	浙江	咸豐年間
青幫	羅祖教分化		浙江、江蘇、安徽、江西、湖北、山東、河南	同治年間至清末
花子會		撫州唐、寧齊公	福建	嘉慶年間至清末
祖師會			河南、河北	清初至道光年間
哥老會			福建、貴州、四川、湖北、湖南、江蘇、江西、河南	同治年間至清末
哥弟會			湖北、四川	光緒年間
保家會（三點會）	天地會轉化	李魁（鄒李魁）	廣東	道光年間
洪江會			江西、湖南	清末
洪門	天地會轉化		江南各省、海外	十九世紀

紅錢會	三點會改名	李仙迓（吳仙迓）	福建	道光至咸豐年間
紅黑會（南北會、串子會、紅黑會、青龍會）			湖南	道光至同治年間
紅幫	哥老會轉化		福建、貴州、四川、湖北、湖南、江蘇、江西、河南	同治年間至清末
紅白黃三會	與丐幫組織相似		湖南	同治年間
拜父母會	天地會轉化		廣東	雍正年間
遊會		李效	臺灣	乾隆年間
悄悄會	白蓮教轉化	王伏林	陝西	乾嘉時期
添弟會		楊光勳	臺灣	乾隆年間
添弟會	天地會化名		福建、廣東、江西	乾隆至清末
雷公會		楊媽世	臺灣	乾隆年間
齋公會	天地會改名	曾河蘭	廣東	咸豐年間
隆興會	天地會改名	高名遠	廣東	道光年間
邊錢會		何老妹	福建、江西、貴州	乾隆至咸豐年間
馦馚會	天地會化名	陳蘇老	福建、廣東	乾隆年間至清末
雙刀會			福建	嘉慶年間
雙刀會（三點會、三合會）	天地會轉化		廣東、湖北、四川	道光年間至清末
羅漢會		楊會	安徽	雍正年間
關帝會			福建	乾隆年間
關聖會		羅家壁		乾隆年間
關爺會	天地會改名	謝詞封	江西	道光年間
鐵尺會			安徽	雍正年間
鐵叉會（又名天罡會）			江西、直隸	道光至同治年間
觀音會		莫景兆	湖南	嘉慶

資料來源：《大清聖祖仁皇帝實錄》、《大清世宗憲皇帝實錄》、《大清高宗純皇帝實錄》、《上諭檔》、《史料旬刊》、《月摺擋》、《明清檔案》、《皇清奏議》、《軍機處檔・月摺包》、《宮中檔》、《宮中檔雍正朝奏摺》、《雍正朝漢文硃批奏摺彙編》、《宮中檔乾隆朝奏摺》、《清代檔案史料叢編》、《清廷查辦秘密社會案》。

父母會出現在清代官方檔案中是在雍正四年（1726），臺灣諸羅縣蓮池潭地方的蔡蔭與陳卯、林寶、楊派、田妹、廖誠、周變、周添、曾文道、吳結、林元、黃富、董法十三人結盟並未歃血焚表。其後，蔡蔭等人又於雍正六年（1728）三月十八日，注生娘娘生辰之日，約於蕭養家飲酒，除舊盟十三人外，又增添新約結盟的洪林生、施俊、郭緞、曾慝、陳郡、黃戊、蕭養、石意八人，一共二十一人，再行結拜父母會，仍然以蔡蔭爲大哥，並以石意爲尾弟。[29]同年臺灣諸羅縣屬相離八十里之茄茇仔地方，官府查獲湯完、陳岳等結拜父母會，每人出銀一兩拜盟。共同約定如有父母老了，彼此幫助，並約有賴妹、阿丈、王馬四、陳岳、魏迎、魏祖生、方結、吳竈、張壽、吳科、黃富、許亮、黃贊、蔡祖、朱寶、林生、林二、阿抱、林茂、鬼里長、蘇老興二十三人，並於次日在湯完家完成拜把結盟儀式，以湯完爲大哥，朱寶爲尾弟，蔡祖爲尾二。[30]雍正九年（1731）時，廣東饒平縣破獲一起父母會案件。廣東潮州饒平縣武舉余猊即余道老先因窩賊犯案，經潮州府通詳革究。其後，余猊於雍正九年八月十五日到福建漳州詔安縣下葛墟黃五舍家商量報仇，要打搶潮州府城，黃五舍便許諾余猊幫招二百人。約定九月十三日夜間，在青峰山會齊。余猊又逕自於是年九月初二日夥同陳阿幼等在廣東海陽縣屬歸仁都橫溪鄉地方，託稱結拜父母會，歃血

29 劉子揚、張莉編，《清廷查辦秘密社會案》，第 7 冊，頁 544~546。高其倬硃批奏摺，雍正六年八月初十日。

30 《宮中檔雍正朝奏摺》，第 11 輯，頁 69。福建總督高其倬奏摺，雍正六年八月初十日；劉子揚、張莉編，《清廷查辦秘密社會案》，第 7 冊，頁 541~544。高其倬硃批奏摺，雍正六年八月初十日。

結盟。[31]嘉慶十九年（1814）六月間，有福建漳州府漳浦縣人歐狼即歐品重，遷居福建霞浦縣地方。歐狼因貧難度，先後糾邀有謝奶桂、謝傳華、林萬傳、鄧公剡、石外孫、莫來發、許文文、董長振、郭漢澤、林枝興、林芳、林恒錦、謝萬英、黃聰以及王春觀入會，彼此遇事照應，可以免人欺侮。其後，歐狼又邀董阿枝、林恒泰以及黃胡頭等一共三十六人，約定於是月十五日，會內成員皆拜歐狼爲師，歐狼取名爲父母會，傳授三八二十一洪字口號，以及取物吃烟，俱用三指向前暗號，以便會內人彼此關照。[32]光緒年間，廣東高州府屬茂名縣地方有黃十陵大等聚眾結拜兄弟。官府先後獲有成晚、賴晚、譚老晚、范廷芬、李洸、李三大、彭峪三七名，並起出書本解省。黃十陵大及李亞增共糾夥四十餘人，每人出錢數百文或一千餘文，交由黃十陵大買備香燭酒肉，結拜兄弟，倡立三合會、貧窮會、父母會等各色名目，不論年齒，共推黃十陵大爲大哥。[33]以上各案雖皆父母會，但其結會目的、形式等均不相同，其間亦無傳承關係，均是各自單獨獨立的秘密會黨。

此外，以錢命名的秘密會黨在清代亦頗爲常見。雍正八

31 劉子揚、張莉編，《清廷查辦秘密社會案》，第 7 冊，頁 546~547。焦祈年硃批奏摺，雍正十年二月二十八日；同書同冊，頁 548~549。焦祈年硃批奏摺，雍正十年十一月十九日。

32 劉子揚、張莉編，《清廷查辦秘密社會案》，第 29 冊，頁 8334~8336。王紹蘭錄副奏摺，嘉慶二十年二月三十日；《宮中檔》，第 2723 箱，94 包，17998 號，臺北：國立故宮博物院藏。福建巡撫王紹蘭奏摺，嘉慶二十年二月三十日。

33 劉子揚、張莉編，《清廷查辦秘密社會案》，第 36 冊，頁 10961~10962。劉坤一等錄副奏摺附片，光緒二年十一月初三日。

年（1730），福建廈門地方破獲一起一錢會案件。會首李才即李彩，原爲水師營兵，因結夥酗酒鬧事，被轅門總統官顏漢即白虎漢將其鎖拿回營，李才被枷責之後，心生不甘，遂起意報仇，拜盟結會，自爲大哥。因會中成員各出銀一兩，打造武器，故名一錢會。[34]

除了一錢會外，邊錢會亦爲以錢命名的會黨組織。邊錢會名目最早見於乾隆初，福建福安民人何老妹，糾集多人，在金岡山拜盟立會，將制錢劈爲兩半，一半作爲入會憑證，一半用紅紙包好書寫姓名，交會首收藏。乾隆十一年（1746）吳和榮糾約營兵多人拜把結邊錢會。[35]嘉慶十年（1805）二月十五日，有王瞎子求乞多年，結交夥丐逐漸添多，因此王瞎子便陸續與王黃腫子等四十四人，起意結拜兄弟，推爲首之人爲老大，其餘成員依次分爲一肩、二肩、三肩等名目。會內成員每人皆用錢一文，切分成兩半，以作爲暗號來辨識會內成員。錢文一邊交由老大來收藏，另外一邊則各自收執，用以作爲聚散通行的根據，名曰邊錢會，清官方稱之爲「擔匪」。[36]至嘉慶十一年（1806）五月間，有江西撫州金溪縣人繞華俚、江西撫州東鄉人余秋俚、江西貴溪縣人周五俚、江西安仁縣人鄒心田、李亦俚、倪幅喜以及倪梁頭等人平日均以求乞度日。繞華俚、鄧麻子、宋懷俚、桂妹子、洪接俚、陳友仔、陳明春、胡廣鄒、賀癲子等人，均在江西安仁縣與

34 《宮中檔雍正朝奏摺》，第 17 輯，頁 662。管理福建海關事務郎中準泰奏摺，雍正九年二月二十二日。

35 劉子揚、張莉編，《清廷查辦秘密社會案》，第 1 冊，頁 66~67。

36 劉子揚、張莉編，《清廷查辦秘密社會案》，第 33 冊，頁 9539~9540。秦承恩錄副奏摺，嘉慶十年八月初三日。

已結的王瞎子案內在逃邊錢會會犯蕭爛腳陸續會遇。蕭爛腳因求乞日久，丐伴漸多，遂起意自行結會漁利，便以眾人皆爲行乞度日，遊說眾人起意復立邊錢會，互相幫助，繞華俚等共三十九人各自允從，一切邊錢會中禁約均仿照王瞎子會規。[37]至嘉慶十四年（1809）八月十二日，蕭爛腳又復糾約龔已子及羅萬受等共六十六人，結拜邊錢會，會能成員不序年齒，共推蕭爛腳爲老大，萬丁香爲老滿頭，會中分一肩至十四肩名色，其會中一切會規皆仿照王瞎子創結邊錢會時所立會規。[38]上列案件中的邊錢會組織，多以乞丐爲成員，故屬丐幫組織。

道光十五年（1835）六月二十四日，有貴州黎平府人李順成向與楊長畏相互熟識，皆在外地生理。李順成與楊長畏等共十人，因在外寄居，害怕被人欺侮，便起意結會，會內成員共推李順成爲大哥。李順成將銅錢三枚砍去一缺，用紅藍線穿紮，由李順成等會內成員各執一枚，並約定日後有事，即用邊錢傳知會內眾人聚集相助。是年閏六月二十八日，有郭興旺等人，亦因貧苦難度，遂起意興立邊錢會。[39]此起邊錢會則屬互助性會黨組織。至咸豐元年（1851）九月間，有江西寧都州人李運紅從荒貨攤上買得舊書一本，內有邊錢會傳徒口訣，便起意邀人結會斂錢，並圖遇事有會內成員彼此相幫，遂先後與江西崇仁縣人盧金標、江西宜黃縣人管幅保

37 劉子揚、張莉編，《清廷查辦秘密社會案》，第 33 冊，頁 9541~9542。金光悌錄副奏摺，嘉慶十二年七月二十七日。
38 劉子揚、張莉編，《清廷查辦秘密社會案》，第 33 冊，頁 9546~9548。先福錄副奏摺，嘉慶十六年四月十二日。
39 莊吉發，《清代秘密會黨史研究》，頁 173。

商議結拜邊錢會。盧金標等八人約期於九月二十日，各出錢一千文，送交李運紅買備香燭雞酒，並前赴山僻空廟，舉行結拜儀式。咸豐二年（1852）十月，李運紅與盧金標等人談及會內人數眾多，又逢廣西太平軍進攻湖南，江西撫州營兵均已調防在外，遂欲乘機起事。[40]

嘉慶朝後期，邊錢會傳至貴州亦稱作孝義會。嘉慶二十一年（1816），古州王開機等興立孝義會，糾眾結盟。[41]咸豐二年八月間，有楊三通因聞知太平軍攻撲長沙省城，便料想官兵攻勦太平軍吃緊，於是便起意乘機進行武裝起事。楊三通隨即與素識的李白毛等人一同創立孝義會，先後邀得三十六人，齊集於雞籠山偏僻地方拜會，歃血盟誓。[42]咸豐九年（1859），四川敘永廳永寧縣境與貴州連界的古藺巖寨等地有貴州人胡幅瀧於某日晚間夢見有一神人，對其傳授槍刀陣法，其後胡幅瀧與藺卯沅等人閒談時，言及刀兵四起，亦有意進行武裝謀反，至咸豐十年（1860）正月間，胡幅瀧糾眾結拜孝義會，會內眾人皆推胡幅瀧爲總統主帥，並封藺卯沅爲元帥將軍，聚眾數千人欲在古藺巖寨地方起事。[43]

邊錢會多帶有丐幫色彩，乞丐結立的秘密會黨組織除了邊錢會外，亦有花子會、三點會等帶有丐幫色彩。嘉慶十二

40 《宮中檔》，第 2709 箱，26 包，3884 號。江西巡撫張芾奏摺，咸豐三年四月十九日。

41 劉子揚、張莉編，《清廷查辦秘密社會案》，第 1 冊，頁 67。

42 《軍機處檔・月摺包》，第 2780 箱，24 包，88694 號。廣西巡撫勞崇光奏摺錄副，咸豐二年十二月二十四日。

43 《宮中檔》，第 2714，72 包，12129 號。署理四川總督曾望顏奏摺，咸豐十年三月三十日。

年（1807）正月十八日，有乞丐撫州唐起意糾結花子會，先與福建邵武縣人，兩目具瞽之寧齊公即寧明生商允，寧齊公便轉糾江西南堂縣人建寧仔即甘國茂、江西廣昌縣人老黃仔二人；撫州唐添糾福建長汀縣人彭七仔、江西石城縣人高老滿、吳大僕、王新瀧、羅祥、老馮、魏癩痢、米黃李，並不識姓名者一名，一共二十四人。[44]嘉慶十八年（1813）二月間，有乞丐寧上進，起意糾結花子會，遂邀俞添才、黃泳安、黃羅元、何雲輝並同江文興、劉德受、鄧貴才即邱貴才，余百萬、邱廷碧、廖連孫、黃舍、黃俸祿等人，其籍隸分別爲江西南豐、石城、南城以及福建省建寧、上杭等縣等地，一共三十人，在福建泰寧縣孌口地方結拜花子會。[45]道光十五年（1835）四月初間，有乞丐江西人熊兩儀即老熊起意設立花子會名目，糾人結拜，斂錢使用。[46]

道光十年（1830）五月，有張義老以求乞度日與聶新子等人會遇，彼此各談生活貧苦，遂起意復行結會。張義老等人隨後邀得黃廣六等二十六人，一同結拜三點會。南昌府豐城縣人黃老萬，向以傭工度日。道光十一年（1831）十一月十五日，在江西臨川縣孤廟內設立神位，結拜三點會，分一肩至六肩，會中禁約，與邊錢會相近。[47]同治年間，有湖南

---

44 劉子揚、張莉編，《清廷查辦秘密社會案》，第 29 冊，頁 8354。汪志伊等錄副奏摺，嘉慶二十年八月十一日。

45 劉子揚、張莉編，《清廷查辦秘密社會案》，第 29 冊，頁 8354~8355。汪志伊等錄副奏摺，嘉慶二十年八月十一日。

46 劉子揚、張莉編，《清廷查辦秘密社會案》，第 33 冊，頁 9588~9590。魏元烺奏摺，道光十六年九月二十一日。

47 《軍機處檔・月摺包》，第 2743 箱，88 包，68995 號。江西巡撫周之琦奏摺錄副，道光十四年八月初六日。

寧遠縣人李春龍與張添一、盧明生、盧先得等人結拜紅白黃三會。李春龍爲黃會頭目，平日在外，常裝扮成乞丐，到處邀人入會，邀得五百餘人約定起事。[48]

紅錢會亦爲以錢命名的秘密會黨組織，道光二十六年（1846）十二月間，有江西南豐縣人李先迓即吳仙迓，移徙至福建建陽縣地方，向以種山度日。有江西人饒聶狗亦在福建建陽縣內尋人雇工。饒聶狗與李仙迓往來交好，道光二十七年（1847）三月間，饒聶狗患病，經李仙迓出資延醫調治，饒聶狗在感激之餘將三點會的結會歌訣交給李先迓收存，不久後饒聶狗隨即病故。[49]至六月間，李先迓因有三點會結會歌本，遂起意糾人結會斂錢，因聞三點會查禁甚嚴，便將三點會改名，自行創立紅錢會。[50]道光朝後期，紅錢會即在永安、寧化、永春等地傳播。咸豐二年（1852），郭萬鐘等在寧化九龍山內結立紅錢會，成員以無業遊民爲主，眾達萬餘，欲謀起事。至咸豐三年（1853），永安、永春等地發生了黃有使、林俊等人領導的紅錢會起事。[51]咸豐八年（1858），有趙起等人在浙江溫州平陽縣結立金錢會。以抵禦太平軍爲名，威脅地方富戶出錢，以做爲軍費，聚眾十萬餘人。[52]其

48 劉子揚、張莉編，《清廷查辦秘密社會案》，第 38 冊，頁 11512。李瀚章錄附奏摺，同治五年十一月二十一日。

49 《軍機處檔・月摺包》，第 2749 箱，159 包，82041 號。福建巡撫徐繼畬奏摺，道光二十八年三月二十八日。

50 劉子揚、張莉編，《清廷查辦秘密社會案》，第 37 冊，頁 10982~10983。徐繼畬錄副奏摺，道光二十八年三月二十八日。

51 劉子揚、張莉編，《清廷查辦秘密社會案》，第 1 冊，頁 67~68。

52 符璋等纂，《平陽縣志》，武衛志二，卷 18，頁 13，臺北：國立故宮博物院藏，頁 81。

後，金錢會因與白布會矛盾，遂引發金錢會起事。至咸豐末年，官府拿獲浙江平陽縣金錢會成員項阿右、章阿笑、劉森然、劉瑞渢、陳大坤、鄭卿村、王聲三、林有足、林有琴九名金錢會成員。[53]

清代秘密會黨組織的命名除了上述以「錢」命名的會黨外，亦有不少秘密會黨以器物作爲會黨名稱的。諸如鐵尺會、牙籤會、鐵叉會等，均是以器物爲命名的秘密會黨組織。雍正十三年（1735）閏四月二十二日安徽穎州霍邱縣葉爾集地方，有高二、王三洒、宋大漢、郭長腿等數十餘人，在丁屆遠家拜盟結會，因會中成員各執鐵尺一根，故稱鐵尺會。[54]乾隆五十二年（1787）九月間，有廣東西寧縣人仇德廣與廣東高明縣人梁季舟兩人結拜爲弟兄，相約如被外人欺侮，彼此幫護，兩人又希圖能夠騙錢使用，遂與盧首賢等二十二人，在廣東西寧縣杜城墟新廟裡結盟拜會，眾人公推仇德廣爲大哥，仇德廣當即解下身佩銀牙籤一副，聲言以牙籤會爲名，會內成員每人身帶銀牙籤一副，作爲暗號。[55]道光年間有江西撫州府宜黃縣譚坊人鄒良俚以及鄒松俚，其二人爲兄弟，平日爲人強橫霸道，鄒姓兄弟在家中供奉有天罡星神牌位，如遇有村鄰患病者請治時，鄒良俚兄弟即約會族人約七、八人至十數人，並臨時用紙書寫製做天罡神牌位，用架扛抬，每人手中各執鐵叉，扛抬天罡神牌位，沿途吶喊收魂，嗣病

53 劉子揚、張莉編，《清廷查辦秘密社會案》，第 37 冊，頁 11067~11068。徐宗幹錄副奏摺，同治元年七月二十八日。

54 《宮中檔雍正朝奏摺》，第 24 輯，頁 882。江南總督趙弘恩奏摺。

55 《宮中檔乾隆朝奏摺》，第 68 輯，頁 389。廣西巡撫孫永清奏摺，乾隆五十三年五月三十日。

人痊癒，病患家屬則會宴請酒飯當作酬謝，外人將其稱爲天罡會或鐵叉會。[56]同治六年（1867）七月，直隸豐潤縣內李連奎等人聚眾結拜天罡會。[57]道光二十九年（1849）五月間，湖南新寧縣水頭村人李沅發因見本境雨水過多，穀價昂貴，有穀富戶不肯糶賣；本縣既不勸諭減價，又不開倉平糶；士紳僅將賓興義穀出借，爲數無多，秋收後又復勒索重利，貧民多無力償還，李沅發乘人心不服，生計艱難，起意借稱劫富濟貧，糾眾搶奪，與謝有搭、劉復倡即劉八商議興立把子會，結拜弟兄，可以邀約多人，分途搶掠，遇有官差查拿，可以互相幫助抗拒。[58]

上述皆爲以器物命名的秘密會黨，此外另有以刀命名的秘密會黨，亦頗爲常見。諸如尖刀會、小刀會、雙刀會、仁義雙刀會等。雍正十三年（1735）閏四月，安徽定遠縣破獲一起抬天會即尖刀會案件。抬天會即尖刀會又名攢盤會，會首謝東升在北爐橋開酒飯鋪子，北爐橋因是個水旱碼頭，常有客貨上船與卸載，附近多以挑腳爲業之人，有溫二喬、李三癩毛即李文才、張大劍、張二劍、王六、姚天助、謝壯、王弘、謝睿、周起雲、高服元以及高璽等十來個人，多是挑

---

56 《軍機處檔·月摺包》，第 2760 箱，58 包，63970 號。江西道監察御史金應麟奏摺，道光十三年六月十二日；同檔，同箱，65 包，65113 號。江西巡撫周之琦奏片錄副，道光十三年九月十八日。同檔，第 2743 箱，78 包，67420 號。護理江西巡撫桂良奏摺錄副，道光十四年三月二十一日。

57 劉子揚、張莉編，《清廷查辦秘密社會案》，第 38 冊，頁 11515。官文錄附奏摺，同治六年十二月二十二日。

58 劉子揚、張莉編，《清廷查辦秘密社會案》，第 35 冊，頁 10302~10319。裕泰硃批奏摺，道光三十年六月初七日。

腳營生，都到謝東升店裡吃喝，謝東升遂起意倡首糾結，名曰攢盤會，附近村人因攢盤會成員皆是挑腳，極重的貨物都可以抬著飛跑，力量很大，會內成員亦逕自戲稱不但抬貨連天也抬得動，故此人們亦稱其爲抬天會；也有人說會內成員力氣大，做事不讓人，說話亦爲鋒利，便又稱其爲尖刀會。[59]

小刀會名目出現時間相當早，乾隆年間即有小刀會的取締案件，小刀會分佈於福建的漳浦縣、紹安縣、臺灣彰化縣以及鳳山縣等地方。福建漳浦等地的小刀會與臺灣地區的小刀會雖然皆以小刀作爲結會組織的名稱，但其共同之處大抵僅爲皆配帶小刀，或以小刀爲記；在其會內成員組成的性質上，卻是迥然相異。其中，兵丁皆在兩者中占有重要角色，在福建境內漳浦等地的小刀會內成員多出現有兵丁參與其中，扮演重要角色；而臺灣地區集結群夥，糾眾結拜小刀會，則是爲了抵制兵丁的騷擾，兩者大相逕庭。乾隆七年（1742）福建漳浦縣發生一起小刀會成員殺死知縣的案件。小刀會會首監生蔡懷舍即蔡文蔚、漳浦縣浦邑買辦李珠同謀指使賴石於六月初三日持刀潛伏堂邊，伺朱知縣上堂審事，即從背後突出，將朱知縣咽喉割斷。[60]

乾隆三十七年（1772）正月間，彰化縣大墩地方有街民林達因賣檳榔，被營兵強買毆辱。林達遂起意邀同林六、林水、林全、王錦、葉辨、陳畝、林掌、楊奇、吳照、盧佛、

59 劉子揚、張莉編，《清廷查辦秘密社會案》，第 7 冊，頁 551~558。趙弘恩等硃批奏摺，雍正十三年五月十二日。
60 劉子揚、張莉編，《清廷查辦秘密社會案》，第 7 冊，頁 566~567。蘇明良硃批奏摺，乾隆七年六月二十八日。

盧騫、林豹、李水、陳倪即陳霓、李學、林貴、許攀等十八人相約遇有營兵欺侮時，各帶小刀幫護。因林達等人皆身帶小刀，而被稱爲小刀會，地方人士又因爲林達等十八人敢與兵丁相抗，大如王爺，便將其稱作十八王爺，又稱爲王爺小刀會。[61]乾隆三十八年（1773），臺灣彰化縣有民人林阿騫邀同黃添、陳帶、陳比以及黃崑山等五人一同結拜小刀會。其後，又有黃江即周江參與入會，共計六人。[62]乾隆四十五年（1780）七月二十九日，兵丁與彰化縣民起衝突，兵丁鄭高攜取鳥鎗施放，卻誤傷街上販賣菓物的街民林水的腿肚，林水便赴縣衙呈控。彰化縣知縣焦長發便差人拘捕陳玉麟、鄭高等犯事兵丁到案，並處陳玉麟以杖責發落、而鄭高等人則被革糧逐伍。其後，營兵挾林水赴縣衙呈控之怨屢次騷擾，林水等人氣忿下，糾邀孫番、楊報、林葵等共四人復結小刀會，以謀抵制營兵，相約如遇營兵欺凌，彼此攜帶小刀幫護。[63]

以小刀會爲名的秘密會黨除了分福建地區與臺灣地區，同名異會外，至乾隆末年，不少案件出現天地會系統的秘密會黨改名爲小刀會案件。乾隆末年臺灣鳳山縣境內查獲一起天地會改名爲小刀會的案件。有福建漳州府龍溪縣人鄭光彩，自幼生長在臺灣鳳山縣境內，與漳州府海澄縣人陳旺，

---

61 《宮中檔乾隆朝奏摺》，第 55 輯，頁 859。福建水師提督黃仕簡等奏摺，乾隆四十九年四月二十九日；《軍機處檔・月摺包》，第 2776 箱，140 包，33206 號。福建水師提督黃仕簡等奏摺錄副，乾隆四十八年六月二十六日。

62 《明清史料》，己編，第 10 本，頁 956~958。福建水師提督黃等奏摺，乾隆四十八年七月初一日。

63 《宮中檔乾隆朝奏摺》，第 58 輯，頁 212。福建巡撫雅德奏摺，乾隆四十八年十一月十二日。

泉州府同安縣人魏東，以及泉州府同安縣人楊骨四人素相交好。鄭光彩慮及結仇甚多，恐被告發查拏時無人幫助，又憶及從前天地會內之人，凡遇事則互相幫助，群眾皆畏懼，遂起意結會。乾隆五十九年（1794）五月，鄭光彩即與陳旺等人相商拜會，但因天地會名目易於招搖，必須改換會名以掩人耳目，又因會內成員，每人各置小刀一把，隨身攜帶，因此便決定改名為小刀會。[64]嘉慶二年（1797）十二月初，楊肇與鄭化等人閑談，起意與鄭化等仿照天地會結盟，同心舉事，冀圖謀為不軌，共推楊肇為會首，有鄭化、張聳、許圍、蔡香、吳興、林疪、楊銳等七人做頭目。因顧及天地會名目張揚，易招官府查辦，故將會名變更為小刀會。[65]

嘉慶三年（1798）七月初，徐章與素相交好的胡杜猴、陳尉會遇閒聊，各道窮苦難度，便商量糾夥搶劫，但又恐被兵役查拏，徐章遂起意邀人結會，又因天地會名目容易張揚，所以將會名改為小刀會，並令各人置備小刀防身，並可拒捕抵禦官兵。[66]小刀會會首徐章等人在嘉慶三年被拏正法後，其會內頭目胡杜猴等人逃逸未獲。嘉慶五年（1810）三月，

64 劉子揚、張莉編，《清廷查辦秘密社會案》，第 32 冊，頁 9372~9392。哈當阿等錄副奏摺並附供單，乾隆五十九年七月初三日。《明清史料》，戊編，第 2 本，頁 158。刑部為內閣杪出臺灣總兵愛等奏移會，嘉慶五年十一月二十三日。

65 劉子揚、張莉編，《清廷查辦秘密社會案》，第 32 冊，頁 9393~9403。哈當阿等錄副奏摺並附供單，嘉慶三年二月二十一日；同書，同冊，頁 9403~9407。哈當阿等錄副奏摺並附供單，嘉慶三年七月二十日。

66 劉子揚、張莉編，《清廷查辦秘密社會案》，第 32 冊，頁 9407~9411。哈當阿等錄副奏摺並附供單，嘉慶三年八月二十二日；同書，同冊，頁 9416~9417。哈當阿等硃批奏摺，嘉慶四年五月十一日。

胡杜猴潛返回臺灣嘉義縣藏匿於福建漳州府海澄縣人謝商家中，央求謝商等人幫助，謝商等人遂決定復結小刀會。[67]嘉慶六年（1801）十一月初五日，有陳錫宗案內逸匪郭定從內山逃出，前赴白啓家藏躲。林烏番等人聞知，同往白啓家中探望。郭定自揣罪重難逃，即懇求眾人設法相救。白啓便起意再結小刀會，糾人攻搶鹽水港，冀圖滋事。[68]道光二十五年（1845）有陳慶真向與王泉合出資本，在暹羅國收買洋貨，販至廣東境內銷售，往返經營，後因虧本，歇業回家。至道光三十年（1850）夏間，陳慶真因在廣東素知添弟會即三點會內的歌訣、口號，便起意將添弟會改名爲小刀會名目，欲結夥斂錢，並圖搶劫，遇事有會內成員相助。[69]

雙刀會亦爲以刀命名的秘密會黨。雙刀會盛行於福建省，嘉慶八年（1803）二月十九日，有江孝孝聚眾糾夥結盟拜會，邀同福建建陽縣人江水柏與江乾等，一共八人，在福建建陽縣地方，舉行儀式，結拜雙刀會。[70]另有福建建寧府建陽縣人陳佟仔，平日向在福建甌寧縣謀生，因孤苦無助，於嘉慶十九年（1814）八月，拜福建汀州人老謝爲師，加入雙刀會，會內眾人用紅布帶繫褲，作爲辨識同會中人之暗號。[71]

---

67 《天地會》，第 6 冊，頁 95。臺灣鎮總兵官愛新泰奏摺錄副；同書，頁 107，玉德奏摺錄副。

68 《宮中檔》，第 2712 箱，55 包，7396 號。閩浙總督玉德奏摺，嘉慶七年二月十三日。

69 《月摺檔》，第 2709 箱，3 包，462 號，臺北：國立故宮博物院藏。閩浙總督裕泰等奏摺，咸豐元年四月十六日。

70 劉子揚、張莉編，《清廷查辦秘密社會案》，第 29 冊，頁 8350~8355。汪志伊等錄副奏摺，嘉慶二十年八月十一日。

71 《宮中檔》，第 2723 箱，91 包，16832 號。閩浙總督汪志伊奏摺，嘉慶十九年十一月初八日。

廣東龍川縣人李江泗，在廣東加入三點會，三點會又稱雙刀會。李江泗後來到福建邵武縣內開張雜貨店。有廣東龍川縣人李魁，又名鄒李魁，在十餘歲時即前往福建邵武縣地方搭廠種茶，與李江泗是同鄉。道光十三年（1833）八月間，李江泗至李魁山廠內，向其告知前在廣東加入三點會，又名雙刀會，欲糾人一同結拜。不久李江泗患病，李魁前往探望，李江泗自揣病重，取出抄寫之結會歌訣一本，紅布一塊聲言李魁爲人慷慨，可作會首，並將歌本、紅布連拜會時所用的木柄刀二把交付李魁收執。並告以三點會原是添弟會，又名三合會。李江泗病故後，李魁因有歌訣、暗號，又知拜會的儀式，故多次糾人結拜三點會。[72]李魁因會中人少，便起意自次年起，每年糾人結會一次。又思即本境之人不肯入會，便與駱上書等人商議，捏稱三點會又名保家會，入會之人彼此幫護，可以保家、防身等爲誘。[73]另有江西南豐縣人封老三即得珍，向在福建邵武府邵武縣謀生，起意倡立仁義雙刀會，先在福建境內結拜兄弟多次。其後，又於嘉慶十八年（1813）十一月内，在福建光澤縣地方，糾同陳上元及盧清等共十六人，結拜兄弟，取名仁義雙刀會。[74]

秘密會黨在命名上，會取特定神祇名或廟宇名來爲會黨命名，如關聖會、關帝會、關爺會、觀音會、祖師會、五岳

---

72 《硃批奏摺》，第 661 卷，9 號，北京：中國第一歷史檔案館藏。閩浙總督陳祖洛等奏摺，道光十五年十一月十七日。
73 劉子揚、張莉編，《清廷查辦秘密社會案》，第 29 冊，頁 8383~8390。程祖洛等硃批奏摺，道光十五年十一月十七日。
74 劉子揚、張莉編，《清廷查辦秘密社會案》，第 29 冊，頁 8306~8307。先福錄副奏摺，嘉慶十九年三月初十日。

會與羅漢會等。有祖師會從河南朱仙鎮傳至河北新安縣漾堤口地方，再由漾堤口地方傳至河北容城縣馬家莊，並由馬家莊傳至胡村東祖師堂，自胡村東祖師堂傳至西祖師堂，再由西祖師堂傳至薛家莊，薛家莊傳至河北新城縣東馬營村。康熙年間，河北容城縣人張儉故祖張思敬在日，見胡村之祖師會給人治病，頗有靈驗，遂起意在本村亦立此會。因聞祖師牌須向別處偷竊，方有靈應，即赴胡村祖師堂竊得牌位，蓋造廟宇，裝塑泥像，將牌供奉，治病斂錢。嗣張思敬病故，張儉已故之父親張瑞宗接續做會。至嘉慶年間張瑞宗故後，張儉便起意接手，將廟宇重新修理完固，當祖師會總會頭。[75]

雍正十三年（1735）正月初七等日，拿獲五岳會人犯李盛木等二十三名，據鳳陽府知府吳同仁審明，會首爲鮑文光於地方上素日聚眾燒香，有張東明等九人附和。此外，會首鮑文光平日霸佔行市，結黨行兇，擾害良民。續又訪有穎州羅漢會一案，有羅漢會會首楊會，其倡首糾眾，會內無歃血訂盟焚表等情事，亦無被害之家，僅只羅漢會會眾私自結會，並公然在教場演習武藝，故羅漢會內成員先後被官府拿獲到案，分別枷責懲戒。[76]乾隆元年（1736），福建邵武縣監生羅家壁弟兄，因年幼父故怕受人欺負，便邀人結拜，以防外侮，名關聖會。[77]至乾隆十二年（1747）十一月間，有江西人蕭其能在宜黃縣加入關帝會，其後，又轉邀曾元章等人一

75 劉子揚、張莉編，《清廷查辦秘密社會案》，第 33 冊，頁 9558~9562。那彥成錄副奏摺，道光六年六月十三日。

76 劉子揚、張莉編，《清廷查辦秘密社會案》，第 7 冊，頁 550~551。趙弘恩等錄副奏摺，雍正十三年閏四月初十日。

77 劉子揚、張莉編，《清廷查辦秘密社會案》，第 1 冊，頁 47~48。

同入會。[78]道光二十七年（1847）正月間，謝詞封與凌成榮等人會遇閒談，一夥人聊至江西贛州一帶向有天地會，會內成員彼此幫扶，凡入會者即可免受人欺侮，又可以結夥訛詐搶劫，並得贓分用，於是謝詞封便起意糾人結會，因天地會歷來奉官府拏辦甚嚴，謝詞封等人害怕取天地會明目太過張揚導致行跡敗露，所以將天地會改名爲關爺會。[79]嘉慶八年（1803）四月初八日，有江西龍南縣人廖善子、吳亞勝等人，在清水墟地方居住，聽從莫景兆的糾邀，在湖南黃竹寨內的劉三柏即劉宗幅鋪內結盟拜會，名爲觀音會，會內成員一共有二十九人。[80]

秘密會黨在命名上，有時也會取具有特殊意義的字眼爲會黨名稱，如仁義會、忠義會甚至兄弟會等名字，欲秘密會黨內成員能夠有如兄弟般講求忠義、仁義等特質。嘉慶九年（1804）五月，鄒占魁邀同劉觀祥在廣東連州長冲墟結拜兄弟會。至嘉慶十年（1805）四月二十四日，鄒占魁與其弟侄鄒二、郭光六等人由廣東連州清水墟來至湖南黃竹寨地方，住居於劉宗幅開張的飯店內。是月二十六日，鄒腦等人共邀集七、八十人結拜爲兄弟，眾人放炮飲酒，並共推鄒占魁爲大哥，其餘會內眾人有江西人黃慶瑞、鄭韶武、曾士章、陳世棟、曾文元、黃德、劉厤子、駱坤輝、何昌明、陳立青、

78 《軍機處檔‧月摺包》，第 2772 箱，19 包，2710 號。江西巡撫開泰奏摺錄副，乾隆十三年六月二十九日。
79 《軍機處檔‧月摺包》，第 2749 箱，148 包，79825 號。江西巡撫吳文鎔奏摺錄副，道光二十七年十一月十八日。
80 劉子揚、張莉編，《清廷查辦秘密社會案》，第 33 冊，頁 9534。成寧錄副奏摺，嘉慶十年閏六月十三日。

陳海平、莫景兆、劉拔之、張滿、曾亞悅、黃明東、劉滿、劉觀祥、鄭老五、陳時東、趙老八、鄧昌鳳、劉華珍等人俱以兄弟相稱。[81]臺灣彰化縣及淡水廳境內的廣東籍客家莊，因被福建漳州、泉州籍人士焚搶，使得廣東客家莊居民憤圖報復，遂與福建籍移民發生分類械鬥。廣東人巫巧三、嚴阿奉因屢受福建人欺侮，於是各自邀人入會。隨後有羅弗生等入夥，會內眾人結拜，因會中均以兄弟相呼，故取名為兄弟會。[82]

嘉慶十年二月間，有福建汀州府長汀縣人黃開基在福建南平縣地方，糾人結盟拜會，並且邀得五十九人，欲一同結拜添弟會。到了嘉慶十九年（1814）二月，黃開基因貧難度，便又再次糾邀鍾老二等十三人，在福建延平府順昌縣小坑仔山廠內結盟拜會，黃開基等人因添弟會明目，官府奉文查禁，查辦甚嚴，並將添弟會會名改稱為仁義會。[83]嘉慶二十年（1815）七月，有廣東南海縣佛山鎮人梁老三邀得歐發祥、華克紹等七人，至廣西恭城縣櫟木寨空坪結拜忠義會。[84]道光六年（1826）五月，有湖南道州人龔大與湖南江華縣人張跳、湖南寧遠縣人謝鬼鐵、湖南零陵縣人杜八喜，以及湖南

---

81 劉子揚、張莉編，《清廷查辦秘密社會案》，第 33 冊，頁 9514~9515。成寧錄副奏摺，嘉慶十年五月十六日。

82 《軍機處檔・月摺包》，第 2747 箱，25 包，57516 號。閩浙總督孫爾準奏摺錄副，道光六年十一月二十五日。

83 《軍機處檔・月摺包》，第 2751 箱，32 包，52909 號。盧蔭溥奏摺，嘉慶二十二年九月初七日。

84 劉子揚、張莉編，《清廷查辦秘密社會案》，第 32 冊，頁 9138~9143。巴哈布硃批奏摺，嘉慶二十二年四月二十一日；《軍機處檔・月摺包》，第 2751 箱，8 包，48464 號。湖南巡撫巴哈布奏摺錄副，嘉慶二十二年六月二十四日。

寶慶府人謝老四等人一同結拜仁義會。[85]

清代秘密會黨的結立多半有特定目的，有些秘密會黨的結立是針對另一秘密會黨組織而創立的。如乾隆年間的添弟會與雷公會，以及嘉慶年間的五顯會與忠義會。臺灣諸羅縣楊氏兄弟爭執家產，各結添弟會與雷公會。乾隆五十一年（1786），楊光勳起意結會樹黨，要在秋成時搶割稻穀以做鬥毆之備。遂約何慶爲主謀糾集夥眾，意欲弟兄日添，則爭鬥必勝，而取名添弟會。楊媽世聞知消息後，因田穀即將成熟，怕告官禁阻恐致不及，爲防備楊光勳等人搶鬥，亦結會樹黨，邀約潘吉爲主謀，其取意以楊光勳兇惡不孝，違悖倫常，必被雷公擊死，因此名爲雷公會。[86]因田穀將熟，楊文麟恐楊光勳與楊媽世爭鬥致使釀成慘案，乃赴縣衙首告楊光勳結拜添弟會，楊光勳亦控告楊媽世糾眾結拜雷公會。[87]

江西贛州府長寧縣有生員郭秀峰和羅曰彪，兩人素不相合。嘉慶十八年（1813），郭秀峰搬至三標墟地方，因害怕鄉居被人欺侮，遂而起意糾人結盟立會，彼此相約，凡遇事相助。是年十二月十三日，郭秀峰一共糾得四十一人在三標墟地方的莊屋內齊集結拜，取名爲忠義會，不序年齒，眾人共推郭秀峰爲老大。不久後，羅曰彪聞知郭秀峰糾夥結拜忠

85 《軍機處檔・月摺包》，第 2747 箱，32 包，59044 號。湖南巡撫康紹鏞奏摺錄副，道光六年十一月十八日。

86 《明清史料》，戊編，第 3 本，頁 229。刑部移會，乾隆五十一年九月二十二日。

87 劉子揚、張莉編，《清廷查辦秘密社會案》，第 20 冊，頁 5079~5082。柴大紀等錄副奏摺，乾隆五十一年七月十六日；同書，同冊，頁 5098~5101。李永祺錄副奏摺，乾隆五十一年九月十八日。

義會，會內人多勢眾，羅曰彪即因害怕郭秀峰等人恃眾欺侮，遂亦起意糾人結拜，以希圖抵抗郭秀峰，隨後羅曰彪即邀得黃鷹揚等四十人於嘉慶十九年（1814）三月初四日，約齊眾人，在三標墟地方上的五顯廟內聚集結拜，取名五顯會，會內成員共推羅曰彪爲老大。[88]

天地會在底層社會發展極爲活躍，其最早創始的起源時間，向在學術界中，是個相當熱門的討論話題，而單就從從現存史料中找尋，天地會此一會黨名目出現在清代官書、檔案及文集中的時間，最早可以追溯至乾隆年間。嘉慶初年，福建巡撫汪志伊即提及閩省天地會，起於乾隆二十六年（1761），有漳浦縣僧人提喜，首先倡立，暗中主使，謀爲不軌。[89]乾隆五十四年（1789）四月，閩浙總督覺羅伍拉納查獲天地會案件並具奏，天地會的創立與發展狀況。有提喜和尚，又名涂喜，又號洪二和尚，俗名鄭開，於乾隆二十六年倡立天地會，隔年提喜和尚便在福建漳浦縣高溪鄉觀音亭傳授天地會。乾隆四十七年（1782），洪二和尚的嫡傳弟子陳彪，在漳州平和縣行醫，起意傳會，時有嚴煙又名嚴若海，向來以賣布爲生，聽從陳彪的糾邀，加入天地會。次年，嚴煙渡海前往臺灣，在彰化開設布鋪，乾隆四十九年（1784）在溪底阿密里莊傳授天地會，轉傳多人，後遇官役搜捕不善，以致林爽文等聚眾爲匪。[90]

88 《宮中檔》，第 2723 箱，99 包，19411 號。江西巡撫阮元奏摺，嘉慶二十年七月二十五日。

89 汪志伊，〈敬陳治化漳泉風俗疏〉，《皇朝經世文編》，卷 23，臺北：國風出版社，1963 年，頁 42。

90 《軍機處檔・月摺包》，第 2778 箱，161 包，38231 號。陳丕供詞單，

乾隆三十八年（1773）時，福建漳州府平和縣人林爽文年方十六歲，隨著父親林勸等人一同渡海來臺居住於彰化大里杙莊。乾隆四十八年（1783）有天地會成員福建漳州平和縣人嚴煙即莊煙，又名嚴若海，至臺灣販賣布匹。次年在溪底阿密里莊傳授天地會，至三月十五日時，林爽文聞知天地會內人眾，便於糾搶，即聽從嚴煙入會。至乾隆五十一年（1786），彰化縣知縣俞峻抵任，因聞大里杙有天地會結盟拜會，又窩藏諸羅縣添弟會逸犯，便主張嚴辦急治，不料差役藉端從中索詐，兵丁肆虐。林爽文復約同林泮、林領、林水返、張四、何有志，在車輪埔飲酒，約會各處村莊起事。[91] 在天地會攻佔北路各處之後，爲了要增加天地會的攻擊聲勢，加以牽制清朝官兵，林爽文即於乾隆五十一年十二月裡，派遣陳天送等人前往鳳山糾約南路天地會，打算同時起事，令清朝官兵措手不及。福建漳州府龍溪縣人莊大韮，在遷徙來臺後居住於鳳山阿里港，平日以開設鞋舖營生，是南路天地會的重要頭領之一。莊大韮有族兄莊大田，其原籍爲福建漳州府平和縣人，來臺後定居於篤家港，以種田度日，亦爲南路天地會的重要首領。至此，莊大田即與林爽文南北相應，開始設官分職，強化天地會組織。這整起由林爽文所率領，

乾隆五十三年十一月初十日；同檔，同箱，168 包，40258 號。閩浙總督覺羅伍拉納等奏摺錄副，乾隆五十四年四月十六日；劉子揚、張莉編，《清廷查辦秘密社會案》，第 20 冊，頁 4976。廷寄諭旨，乾隆五十三年五月二十三日；同書，同冊，頁 5026~5031。伍拉納等外紀簿，乾隆五十四年五月初三日。

91 劉子揚、張莉編，《清廷查辦秘密社會案》，第 20 冊，頁 4966~4972。《欽定平定臺灣紀略》，刻本，卷五十八，福康安等，乾隆五十三年四月十四日；《天地會》，第 4 冊，頁 419。林爽文供詞。

並以天地會爲主體的戰役自乾隆五十一年十一月二十七日天地會會眾攻陷大墩營盤後正式豎旗起事，至乾隆五十三年（1788）二月初五日莊大田等人被俘，清軍平定臺灣南北兩路迄，前後爲時歷經一年又三個月的時間。

乾隆五十三年，清軍平定林爽文率領的天地會戰役後，有參與天地會起事的逸犯陳信躲避清軍捉拿，逃至南投借住於廣東客家人謝志家中。謝志看見陳信的衣包內藏有天地會的誓章，謝志便向陳信尋問天地會的結法。陳信便即將天地會的盟誓儀式及其會內的隱語暗號傳授給謝志。乾隆五十五年（1790）七月間，有福建漳州人張標，因移居南投後，與當地居住的泉州籍移民相處不睦，便起意欲糾人結會。此時，張標遇見素識的謝志，兩人閒談後便決定復興天地會。[92]同年九月間，有漳州府龍溪縣人吳祖生，寄居於淡水廳貓里地方。吳祖生聽聞彰化縣民人張標等在南投地方糾人重新結拜天地會，並聞欲俟稻穀收成，尙須做總會，吳祖生便起意糾人前往加入張標的天地會。[93]另有福建泉州府同安縣人陳蘇老、蘇葉，與陳滋以及陳池素相交好。陳蘇老與蘇葉均籍隸同安，向在臺灣耕種度日。乾隆五十一年曾拜臺灣的天地會頭目李水爲師。後因林爽文起事，李水、陳蘇老以及蘇葉皆隨同入夥，在林爽文被擒之後，陳蘇老等人竄入内山之中，至乾隆五十七年（1792）四月間，陳蘇老、蘇葉因事隔年久，

92 《明清史料》，戊編，第 4 本，頁 395。臺灣鎮總兵官奎林等奏摺移會抄件，乾隆五十六年三月十二日。

93 《天地會》，第 5 冊，頁 386。福建水師提督奎林等奏摺錄副，乾隆五十六年九月二十二日。

便前赴海邊詐稱是遭風難民搭船內渡。次月，陳蘇老至晉江縣民陳滋家中探望，適遇陳池、莊堆、黃飽、蘇葉、姚訓、楊拂送以及洪廷賀亦先後至其家中，各道貧難，陳蘇老遂與陳滋等人起意糾眾搶掠。陳蘇老憶及從前天地會內之人互相幫助，是以無人敢欺，便向陳滋等人慫恿拜會，因天地會匪查拿嚴緊，隨將會名改爲靝黖會。[94]又有福建人陳光愛，住居臺灣鳳山縣境內的和尚莊，其與呂恭、林牛、吳媽記、鄭續、黃亨、陳周等六人往來甚密。乾隆六十年（1795）正月初二日，呂恭等人至陳光愛家中拜年吃酒，呂恭等慫恿陳光愛結會，呂恭等表示願爲頭人，分頭邀人結拜天地會。[95]

嘉慶三年（1798）二月間，有福建漳州府南靖縣人顏和尚即余和尚，因屢次搶劫，畏人告官問罪，憶及漳州舊有天地會名目，顏和尚即自爲天地會會首，糾邀許城等二十人結拜天地會。[96]另有天地會會首福建泉州人陳文滔，向潛匿於福建福鼎縣地方開山種地。有梁背背、鄭德顏、邱四方、蕭盛容、金藍藍、龐仔、曾烏佬、李顏籠、王烏迓、王赤米、虞發、趙興、趙八羅、劉章富、王弟仔、王二、吳明仔以及徐孫仔等，於嘉慶三年九月、十一月間，先後聽從陳文滔招

94 劉子揚、張莉編，《清廷查辦秘密社會案》，第 29 冊，頁 8175~8178。伍拉納等錄副奏摺並附供單，乾隆五十七年八月初五日。同書，同冊，頁 8184~8193。伍拉納錄副奏摺，乾隆五十七年八月二十五日。

95 《宮中檔》，第 2712 箱，55 包，7368 號。愛新泰奏摺，嘉慶七年二月初十日；《天地會》，第 6 冊，頁 3~4。福建水師提督哈當阿奏摺抄件，乾隆六十年三月十七日。

96 《硃批奏摺》，第 631 卷，12 號。閩浙總督玉德奏摺，嘉慶八年七月二十二日。

引入天地會。[97]嘉慶四年（1799），董希聖聽從陳文滔入會。其後遂復糾素識的王步油、陳日教等一共十四人結拜天地會。[98]福建浦城縣人羅名揚，與僧德賢兩人素相交好。嘉慶四年十一月初一日，羅名揚至僧德賢庵內閑談，兩人各道窮苦。羅名揚因向知福建省地方上向有天地會名目，遂起意糾人入會，騙錢使用，糾邀楊廷濱、沈亦照、吳榮、黃懷、范升、喻松、高細二、范林佬佬、陳仔、李五觀、葉小妹、危佬香、葉三舊、吳餘觀、葉被佬以及羅四弟十六人；僧德賢亦糾邀黃文通、羅二、劉阿金、葉九弟、吳佬洋、徐幅全、丁楠仔、李草聰、汪王狗、范可觀、烏棗仔、徐新第、吳開全以及張五觀等十四人結拜天地會。[99]

有福建興化府莆田縣人僧弗性，自幼在福建莆田縣屬白雲寺內披剃出家，與民人許炳素相熟識。嘉慶五年（1800）六月初間，許炳往赴白雲寺內與僧弗性閒談，兩人各道貧苦。僧弗性遂憶及福建漳州、泉州地方，素有天地會名目，便起意糾人入會，欲騙錢使用。僧弗性隨與許炳陸續糾邀五十餘人，在白雲寺內結拜天地會。[100]另有廣東新會縣人鄭嗣韜，嘉慶七年（1802）五月內，有熟識的黃思聘、伍允會至鄭嗣韜家探望，共談窮苦。鄭嗣韜憶及從前有陳文南傳授結拜天

97 劉子揚、張莉編，《清廷查辦秘密社會案》，第29冊，頁8244~8246。福昌等硃批奏摺，嘉慶四年三月二十六日。

98 《硃批奏摺》，第630卷，1號。福建巡撫汪志伊奏摺，嘉慶四年十月十二日；劉子揚、張莉編，《清廷查辦秘密社會案》，第29冊，頁8248~8251。玉德等錄副奏摺，嘉慶五年正月三十日。

99 劉子揚、張莉編，《清廷查辦秘密社會案》，第29冊，頁8248~8251。玉德等錄副奏摺，嘉慶五年正月三十日。

100 《硃批奏摺》，第632卷，9號。閩浙總督玉德奏摺，嘉慶五年八月二十五日。

地會盟詞、口號，後陳文南被縣訪拿逃走，結拜未成。鄭嗣韜便起意逕自糾夥結拜，遇事互相幫助，可以乘機搶劫，得銀分用。[101]有廣東新寧縣人陳積引，嘉慶七年六月間，有素識的伍允會勸說糾人加入鄭嗣韜的天地會，可以乘機搶劫村莊，陳積引應允入會，但後因伍允會被官府緝拏逃走未經結拜。至同年九月初二日，有素識的梅瑞屋、衛道伸、陳德元、朱啓任、林其球、蕭象宏、方璧山先後到陳積引家內閒坐，談及貧苦。陳積引遂起意糾人結拜天地會搶劫。[102]

嘉慶八年（1803）五月，有溫唐五等人前赴廣東長樂縣人賴六青家中探望。賴六青因憶及從前福建的漳州以及泉州各處有聽說添弟會的結拜儀式，遂起意商同溫唐五等人一同糾人結會，以便遇事幫助，並乘機搶劫。[103]嘉慶九年（1804）八月十六日，楊亞練等人先後前往廣東惠州海豐縣人蔡亞堂家中閒坐，共談貧苦。蔡亞堂素與洋盜鄭烏豬相互熟識，聞知結拜添弟會好處後，便起意商同糾人結拜天地會。[104]嘉慶十二年（1807）七月間，廣東始興縣生員林瓊宴前往廣西向武土州，以堪輿爲業。八月裡，林瓊宴在向武土州把荷墟地方，會遇福建汀州府上杭縣人游德，兩人閒談各道貧苦，游德勸令林瓊宴加入天地會，並交給紅布腰憑二塊。嘉慶十三

101 劉子揚、張莉編，《清廷查辦秘密社會案》，第 30 冊，頁 8670~8673。吉慶等錄副奏摺，嘉慶七年九月二十日。

102 《硃批奏摺》，第 642 卷，4 號。署理兩廣總督瑚圖禮奏摺，嘉慶八年二月十六日。

103 《硃批奏摺》，第 642 卷，8 號。兩廣總督倭什布奏摺，嘉慶八年九月二十九日。

104 《硃批奏摺》，第 642 卷，23 號。兩廣總督那彥成奏摺，嘉慶十年六月初六日。

年（1808）三月，林瓊宴即糾邀三十九人，在奉議州瓦窯結拜天地會，林瓊宴自爲師傅，並派張經伯爲大哥。[105]

嘉慶十三年二月，古致昇在廣西平南縣丹竹墟地方會遇廣東人蘇顯名，在兩人閒談後，得知爲同鄉，古致昇便向蘇顯名訴苦，感歎賣藥所得到的利益極其微薄，而且做生意時，常會被人欺侮，故欲另謀生理。蘇顯名聽後，即勸令古致昇一同糾夥結拜天地會。[106]嘉慶二十年（1815）十月，有廣東曲江縣人楊憨頭遷居至雲南開化府文山縣新寨塘地方。楊憨頭爲人兇惡強悍，附近村民皆飽受其欺凌，楊憨頭見地方居民易於欺壓，便起意復興添弟會。[107]道光二十七年（1847）九月，有羅三鳳在廣西平樂縣等地謀生，因異鄉託業勢單力薄，先後邀得廖漢庭等一百五十餘人，每人各出錢二、三、四百文不等，舉行結拜天地會。[108]天地會的案件自乾隆朝開始，便盛行於福建、廣東等地，並逐漸向外擴散，天地會的活躍可以說是自乾隆年間至清末盛行不絕。而每起天地會案件間，彼此不見得有緊密的傳承關係，亦爲秘密會黨的特色。

江湖會盛行於道光咸豐年間，廖岸如爲江湖會會首，會內成員稱其爲「大霸」，另有周勇亦爲江湖會頭目，會內成員成其爲「二霸」，本是福建連城縣街役，因事斥革，在地

---

105 《宮中檔》，第 4724 箱，80 包，14008 號。廣西巡撫恩長奏摺，嘉慶十四年四月二十九日。

106 《宮中檔》，第 4724 箱，74 包，12134 號。廣西巡撫恩長奏摺，嘉慶十三年十月初四日。

107 《軍機處檔・月摺包》，第 2751 箱，7 包，48382 號，臺北：國立故宮博物院藏。雲貴總督伯麟奏摺錄副，嘉慶二十一年六月二十七日。

108 《軍機處檔・月摺包》，第 2749 箱，158 包，81998 號。廣西巡撫鄭祖琛奏摺錄副，道光二十八年四月二十七日。

方上橫行霸道。[109]至光緒八年（1882）九月間，有湖北谷城縣人任向善即任長青、周慎良即周老四、戚家望，與湖北鄖縣人李得魁即李魁沅，湖北襄陽縣人柳蹩子即柳大誠，湖北光化縣人文禿子即文長發、曾小樣子即曾萌得，湖北均縣人辛得勝即辛奎，會遇閑談。任向善因憶及在軍營當勇時曾有張得勝傳授江湖會口號，並給有號片，遂起意結拜江湖會，糾眾起事作亂。[110]光緒二十三年（1897）十一月間，有陝西渭南縣人拜霖因貧難度，憶及向在各處曾聽得有江湖會，入會有許多好處，出外能患難相助，遂起意開堂放票，糾人結拜江湖會。[111]

哥老會後稱紅幫，是在清末時清廷招募的練勇，團勇內發因作戰需要而相互結拜所發展起來的組織，其後因大量裁撤團勇，這些原已在團勇中結拜的哥老會成員，因遭裁撤失業流轉地方與地方上的遊民聚集，進而轉變成爲秘密會黨組織。同治七年（1868）三月初四日，福建延平府屬順昌縣洋口一帶，有哥老會會首張啓沅勾結地方游勇，約期起事，現匿福建順昌縣轄大干地方，四處散發分給印布。其會中成員多隸籍湖北、江西、江蘇、浙江等省份，均曾充當勇丁。[112]同

109 劉子揚、張莉編，《清廷查辦秘密社會案》，第 38 冊，頁 11455。雷維翰錄副奏摺，咸豐元年十二月初六日；同書，同冊，頁 11456。季芝昌錄副奏摺，咸豐二年二月十二日。

110 劉子揚、張莉編，《清廷查辦秘密社會案》，第 38 冊，頁 11459~11460。涂宗瀛等錄副奏摺，光緒八年十二月十八日。

111 劉子揚、張莉編，《清廷查辦秘密社會案》，第 38 冊，頁 11469~11470。升允錄副奏摺，光緒二十八年二月十九日。

112 劉子揚、張莉編，《清廷查辦秘密社會案》，第 37 冊，頁 11169~11170。英桂硃批奏摺，同治八年三月二十八日。

年另有湖南長沙縣人羅淋葆即羅金榜，曾當營勇，後因事被革，有同鄉的劉東伯、陳錦文邀約，推其爲頭目，並約定四處搶劫。[113]另有湖南長沙縣人朱洪祚即朱大耳朵，本名周金安，寄居黔西州屬，朱洪祚前曾投營當勇，後因犯事遭斥革。光緒五年（1879）正月十八日，朱洪祚在成寧州黑章地方路遇姚方二即姚和尙，將其引至徐新滿家中，朱洪祚見徐新滿身背菩薩，口言禍福，稱朱洪祚是真主出世。維時有楊貴受、徐老大、徐老二在旁，俱願結盟會黨相助，朱洪祚信以爲真，遂起意謀反。[114]另有湖北應城縣人蕭仕興，昔年曾在軍營當勇，後因遣散回籍，光緒五年夏間，會遇素識相好的湖北孝感縣人易學寅，以及湖北雲夢縣人胡金明，兩人皆是哥老會內頭目，兩人邀約蕭仕興入會，其後隨即轉邀俞幗彬、段大發、吳萬秀、陳洪恩、張么、楊海雲等人一加入哥老會。會內成員商議邀約多人，搶劫當地的當鋪富戶，並圖乘機起事。[115]此外，有江西撫州金溪縣人李光發，前經拔補江西饒州營千總，因緝捕不力降爲把總後並未歸營，即在江西饒州行醫，並教打拳棒度日。光緒八年（1882）五月間，會遇祟正龍等人邀其入哥老會，並被推爲元帥。[116]

此外，光緒元年（1875）有江西崇仁縣人樂興保聽從樂

113 劉子揚、張莉編，《清廷查辦秘密社會案》，第 37 冊，頁 11180~11181。何璟等錄副奏摺，同治十一年七月十八日；同書，同冊，頁 11186~11187。張樹聲硃批奏摺附片，同治十一年十一月十五日。
114 劉子揚、張莉編，《清廷查辦秘密社會案》，第 37 冊，頁 11214。岑毓英錄附奏摺，光緒七年十月二十日。
115 劉子揚、張莉編，《清廷查辦秘密社會案》，第 37 冊，頁 11205~11207。李瀚章錄副奏摺，光緒五年九月二十五日。
116 劉子揚、張莉編，《清廷查辦秘密社會案》，第 37 冊，頁 11215~11216。李文敏錄副奏摺，光緒八年九月三十日。

正龍糾邀，加入哥老會，得受票據，封爲總旗，管會內一百餘人。光緒五年間，經地方訪聞拿獲，將票繳縣。至光緒十八年（1892）正月，又起意開山賣票，並仿照樂正龍的哥老會旗票式樣，造成旗票後邀允鄒新春買票入會，並誘張興隆等人買受，欲糾人約期起事。[117]另外，光緒二十年（1894）七月間，河南境內訪獲哥老會內成員蕭老末、秦老五即秦保材、李老十等三名，又於山西絳州張莊村地方，拿獲高得明即喬老二，陝靈交界地方拿獲張鎮新即張老大又名周孝文、周老九等二名，先後起獲印票、槍刀等件。[118]哥老會的結拜案件在清末相當多，常伴隨搶劫村莊、欲圖起事等。

洪江會亦爲清末盛行的秘密會黨組織。光緒三十年（1904）七月間，彭雲山知浙江新昌縣棠浦地方出有教案，遂起意借鬧教爲名，乘間起事。[119]另有陳鴻賓、聶由先、曾文興、王文懷、蕭明德分別隸籍江西武寧縣、靖安縣等地。陳鴻賓向開烟館營生，與聶由先、曾文興等人彼此認識，先不爲匪。光緒三十一年（1905）七月間，有湖南瀏陽縣人萬鵬飛是洪江會內頭目，自稱有各項法術，邀陳鴻賓、聶由先、曾文興、林緒寶入會。至光緒三十二年（1906）五月間，萬鵬飛商議放火起事。[120]

---

117 劉子揚、張莉編，《清廷查辦秘密社會案》，第 37 冊，頁 11251~11252。德馨硃批奏摺，光緒十八年七月十五日。

118 劉子揚、張莉編，《清廷查辦秘密社會案》，第 37 冊，頁 11283~11284。劉樹堂硃批奏摺附片，光緒二十一年八月二十六日。

119 劉子揚、張莉編，《清廷查辦秘密社會案》，第 37 冊，頁 11339~11340。夏旹錄副奏摺，光緒三十年十一月十五日。

120 劉子揚、張莉編，《清廷查辦秘密社會案》，第 38 冊，頁 11429~11431。沈瑜慶錄副奏摺，光緒三十四年三月十七日。

第二章　清代初期秘密會黨人物的分析

有清一代，秘密會黨盛行於底層社會，地方官員查辦結盟拜會案件的文書，是今日瞭解與探討秘密會黨活動的重要途徑。檢視目前現存清代官書典籍與檔案文獻相關記載，清代秘密會黨案件正式出現，則是始於雍正年間（1723~1735）。本文擬就秘密會黨案件爲軸心，透過秘密會黨案件所留存的口供資料進行解讀，以分析探討秘密會黨人物。

雍正年間秘密會黨發展及活動與清初人口成長所造成人口流動有關，大量的流動人口爲秘密會黨的發展提供極爲有利的條件。[1]人口流動之處形成秘密會黨滋生以閩粵地區最爲顯著，其中臺灣地區結盟拜會活動亦即爲活躍。然則，臺灣地區在此一時期雖屬福建省轄內，但因其地理阻隔與整體發展狀態與中國大陸內地福建省區域不盡相同，因此，爲了敘述上的便利與脈絡上的清晰，本文將「臺灣地區」與「福建廣東」，以及除閩粵一帶以外秘密會黨活動地區作爲「其他地區」，劃分爲此三個部分，分別分節進行論述。

1 莊吉發，《清代秘密會黨史研究》，臺北：文史哲出版社，1994 年，頁 79~95。

第一節　臺灣地區的秘密會黨人物

臺灣早期移墾社會裡常見的秘密會黨形態上多屬於異姓結拜組織。其合異姓爲一家，模擬家族兄弟倫常關係，會中成員以兄弟相稱，使其組織宗族化，透過虛擬血緣關係，行成一種具互助性質的地方社會共同體，這種模擬宗族關係的異姓結拜活動在臺灣早期移墾社會中蔚爲風氣。[2]以下將透過臺北國立故宮博物院藏《宮中檔》硃批奏摺原件、《硃批諭旨》奏摺抄件、《宮中檔雍正朝奏摺》以及《清廷查辦秘密社會案》等史料中所載的秘密會黨案件，於下表羅列出清代初期臺灣地區秘密會黨活動及案件取締，並藉由這些案件中所附供詞及其他資訊，對參與秘密會黨人物進行分析與探討。

表 2-1-1 清代初期臺灣地區秘密會黨案件一覽表

會黨	案件時間	分佈位置	備註
父母會	雍正四年五月	臺灣諸羅縣	表 2-1-2
	雍正六年三月	臺灣諸羅縣	
	雍正六年三月	臺灣諸羅縣	表 2-1-3
拜把結盟	雍正六年四月	臺灣諸羅縣	
子龍會	雍正七年	臺灣境內	

資料來源：臺北國立故宮博物院藏《宮中檔》硃批奏摺原件、《硃批諭旨》奏摺抄件、《宮中檔雍正朝奏摺》、《清廷查辦秘密社會案》。

由上列簡表可知清代初期臺灣地區，官府所查出的秘密會黨

2 莊吉發，《清代臺灣會黨史研究》，臺北：南天書局，1998 年，頁 79~80。

在地理位置分布上主要分佈於諸羅縣地方，至於會黨名目，則有父母會、子龍會。其中的子龍會是因三國時期的趙雲字子龍而得名；[3]父母會在日本學者鈴木清一郎著《臺灣舊慣習俗信仰》一書中提及：

> 所謂父母會，就是各會員父母去世時，以父母資助喪葬費用為目的而組成。……和現在的人壽保險相差無幾。類似父母會的還有孝子會、孝友會、長生會、兄弟會等，名稱雖然不同，但組織幾乎相同。就是當幾十個人創立了父母會時，先各自捐出一定的金額，用其利息作為祭祀神佛之用。又各會員分別指定其尊族中的一人，當此人死亡時，各會員再捐款作為喪葬費，如此其會員資格就算消滅，一直到所指定的尊族全部死亡才解散。[4]

從上述引文中可以得知，臺灣的父母會組織性質，而相同性質的組織團體尚有孝子會、孝友會、長生會、兄弟會等，可以說是以互助爲目地的幫會組織。雍正四年（1726）五月初五日，諸羅縣蓮池潭地方有蔡蔭與陳卯、林寶、楊派、田妹、廖誠、周變、周添、曾文道、吳結、林元、黃富、董法十三人結盟，在其結盟之時，並未歃血焚表。其後，蔡蔭等人又於雍正六年（1728）三月十八日，該日爲注生娘娘生辰之日，約定在蕭養家飲酒，其內除舊盟十三人外，又增添新約結盟的洪林生、施俊、郭緞、曾莊、陳郡、黃戊、蕭養、石意八

---

3 莊吉發，《清代臺灣會黨史研究》，頁 79。
4 鈴木清一郎、高賢治編；馮作民譯，《臺灣舊慣習俗信仰》，臺北：眾文出版社，1993 年，頁 52。

人，一共二十一人，再行結拜父母會。拜把當日周變未到，故第二次實際參與拜盟者僅二十人，仍然以蔡蔭爲大哥，並以石意爲尾弟，拜盟時蔡蔭給予石意布袍一件，涼帽一頂，鞋襪一雙。其後，諸羅縣縣同守備楊樊訪得縣屬蓮池潭地方有棍徒拜把，隨即拿獲陳卯，錄其口供供稱蔡蔭爲大哥，結拜父母會者共二十一人，其中董法、石意，僅十五歲。[5]

表 2-1-2 臺灣諸羅蔡蔭結拜父母會要犯一覽表

姓　名	年　齡	會中身份	結盟梯次
蔡　蔭		大哥	雍正四年五月初五日，第一次結盟者
陳　卯			
林　寶			
楊　派			
田　妹			
廖　誠			
周　添			
曾文道			
吳　結			
林　元			
黃　富			
董　法	15 歲		
周　變			第一次結盟者，第二次結盟時未到
施　俊			雍正六年三月十八日，第二次結盟者
洪林生			
郭　緞			
石　意	15 歲	尾弟	
曾　慝			
陳　郡			
黃　戊			
蕭養			

5 劉子揚、張莉編，《清廷查辦秘密社會案》，第 7 冊，北京：線裝書局，2006 年，頁 544~546。高其倬硃批奏摺，雍正六年八月初十日。

資料來源：高其倬硃批奏摺，雍正六年八月初十日，收錄於《清廷查辦秘密社會案》v7.544~546。

蔡蔭在臺灣諸羅蓮池潭地方結拜父母會一事，參與人數共二十一人，其中，參與人士內年齡最小者董法及石意，年僅十五歲，之間的連繫本無宗族親戚關係。而其結拜父母會時，以蔡蔭爲大哥，最年幼者石意爲尾弟，在拜把結束後，蔡蔭以大哥的身分，贈送布袍一件，涼帽一頂，鞋襪一雙給予尾弟石意，有大哥照顧年幼尾弟之意。

雍正六年三月十八日，臺灣諸羅縣知縣劉良璧訪聞，縣屬相離八十里之茄茇仔地方，有棍徒招類結盟拜把，隨查拿獲湯完、陳岳等人到案。據其供稱此盟會是雍正六年正月十二日，陳斌在湯完家起意，招人結拜父母會，每人出銀一兩拜盟。共同約定如有父母老了，彼此幫助，並約有賴妹、阿丈、王馬四、陳岳、魏迎、魏祖生、方結、吳竈、張壽、吳科、黃富、許亮、黃贊、蔡祖、朱寶、林生、林二、阿抱、林茂、鬼里長、蘇老興二十三人，並於次日在湯完家完成拜把結盟儀式，以湯完爲大哥，朱寶爲尾弟，蔡祖爲尾二，並給與朱寶、蔡祖兩人緞袍各一件，帽各一頂，鞋襪各一雙，銀班指各一個。其中黃贊、蔡祖以及朱寶三人均年未滿十六歲。而後又因三月十九日是湯完生日，因此眾人又商議再拜，並將以針刺血滴酒設誓，但於十八日湯完等人即被先後拿獲到案。[6]

---

6 《宮中檔雍正朝奏摺》，第 11 輯，臺北：國立故宮博物院，1978 年 9 月，頁 69。福建總督高其倬奏摺，雍正六年八月初十日；劉子揚、張莉編，《清廷查辦秘密社會案》，第 7 冊，頁 541~544。高其倬硃批奏摺，雍正六年八月初十日。

表 2-1-3 臺灣諸羅陳斌湯完結拜父母會要犯一覽表

姓　名	年　齡	會內身份
陳　斌		起義結拜者
湯　完		大哥
賴　妹		
黃　贊	未滿 16 歲	
阿　丈		
王馬四		
陳　岳		
朱　寶	未滿 16 歲	尾弟
吳　竈		
林　二		
魏祖生		
魏　迎		
蘇老興		
方　結		
張　壽		
蔡　祖	未滿 16 歲	尾二
鬼里長		
吳　科		
阿　抱		
林　茂		
黃　富		
許　亮		
林　生		

資料來源：福建總督高其倬奏摺，雍正六年八月初十日，收錄於《宮中檔雍正朝奏摺》v11.69；高其倬硃批奏摺，雍正六年八月初十日，收錄於《清廷查辦秘密社會案》v7.541~544。

陳斌湯完在臺灣諸羅茄茇仔地方結拜父母會一事，參與人數共計二十三人，其中，參與人士內年齡最小者黃贊、蔡祖以及朱寶三人，皆尚未滿十六歲，結拜各人之間的連繫本無宗族親戚關係。而其結拜父母會時，會內成員以湯完爲大哥，最年幼者朱寶爲尾弟，次年幼者蔡祖爲尾二。在拜把結束後，湯完以大哥的身分，贈送緞袍各一件，帽各一頂，鞋襪各一雙，銀班指各一個給尾弟朱寶與次弟蔡祖，有大哥照顧年幼弟弟的用意。

臺灣在清初漢人移墾時期，因人口多由外地移居，且多隻身前往，或有攜家帶眷者，也僅其家眷，家族成員數量不多；而新徙居臺灣的漢人在短時間內尚未在臺灣開枝散葉，發展出龐大的家族，故此一時期臺灣的漢人多無眾多具血緣關係的親戚族人。因此，爲了解決生活上會遇到的問題，諸如婚喪喜慶、生老疾病以及共抵外侮等情形，便發展出擬血緣的結盟拜會，在《諸羅縣志》所記載臺灣諸羅縣地方的社會習俗便有提及：

> 凡流寓，客庄最多，漳、泉次之，興化福州又次之。初闢時，風最近古……流寓者無朞功強近之親，同鄉井如骨肉矣。疾病相扶、死喪相助，棺斂埋葬，鄰里皆躬親之。貧無歸，則集眾捐囊襄事，雖慳者亦畏譏議。……尚結盟，不拘年齒，推有能力者爲大哥；一年少者殿後，曰尾弟。歃血而盟，相稱以行次。家之婦女亦伯叔稱之，出入不相避。[7]

徙居臺灣的漢人，在尚未發展出人多勢眾的大家族前，地緣關係與擬血緣關係彌補了血緣關係上的人際互動功能，鄉里村鄰彼此疾病相扶，死喪相助，成爲臺灣移墾社會中的風氣習俗。

7 《諸羅縣志》，南投：臺灣省文獻委員會，1993 年，頁 145。

第二節 福建廣東的秘密會黨人物

福建廣東一帶，結盟拜會的風氣相當盛行，地方上的結會性質亦具多元性，於《邵武府志》中所記載，於康熙年間（1662~1722）福建邵武地方已有九老會的結會組織。[8]但九老會並非底層社會的異姓結拜組織，其性質上屬文人結社，會內成員以博雅相尙。因此，並非所有民間的結會組織皆爲會黨組織性質，本文所探究的主要以底層社會異姓結盟的會黨組織爲主。閩粵地區秘密會黨發展活躍，亦與人口流動有關，在其沿海一帶，迫於人口壓力，使人口大量遷移至開墾發展中的地區，或湧進已開發的大小城鎭，秘密會黨的發展即在人口流動的社會環境下蔚爲流行。以下將透過臺北國立故宮博物院藏《宮中檔》硃批奏摺原件、《硃批諭旨》奏摺抄件、《宮中檔雍正朝奏摺》以及《清廷查辦秘密社會案》等史料中所載的秘密會黨案件，於下表羅列出清代初期福建廣東秘密會黨活動及案件取締，並藉由這些案件中所附供詞及其他資訊，對參與秘密會黨人物進行分析與探討。

8 王琛等修，《邵武府志》，卷 9，頁 3，臺北：國立故宮博物院藏，光緒丁酉年刊本。

表 2-2-1 清代初期福建廣東秘密會黨案件一覽表

會黨	案件時間	分佈位置	備註
鐵鞭會	雍正六年	福建境內	
桃園會	雍正七年	福建境內	
一錢會	雍正八年九月	福建廈門廳	表 2-2-2
父母會	雍正九年八月	廣東海陽縣	
	雍正十年二月	廣東饒平縣	表 2-2-3

資料來源：臺北國立故宮博物院藏《宮中檔》硃批奏摺原件、《硃批諭旨》奏摺抄件、《宮中檔雍正朝奏摺》、《清廷查辦秘密社會案》。

由上列簡表可見，在清代初期官府所查出的福建廣東秘密會黨在地理位置分布上，有福建廈門廳、廣東的海陽縣與饒平縣等地，至於會黨名目，則有鐵鞭會、桃園會、一錢會以及父母會。

雍正八年（1730），福建廈門地方破獲一起一錢會案件。會首李才即李彩，原爲水師營兵。雍正七年（1729）三月內，因結夥酗酒，打架傷人，被枷責革糧發回漳州府原籍安插。次年九月，李才又至夏門盟夥李環機家中飲酒，酒後又逞兇滋事，水師提督許良彬隨即差轅門總統官顏漢即白虎漢將其鎖拿回營，究責後解回原籍安插。白虎漢曾被觀風整俗使劉師恕拘捕枷責，後入水師營兵，漸獲水師提督許良彬賞識，委以轅門總統官。李才與其皆曾爲水師營兵，故兩人素識，李才被枷責之後，心生不甘，遂起意報仇。不久後李才便潛回廈門，邀集曾被白虎漢欺壓過的人，拜盟結會，自爲大哥。因會中成員各出銀一兩，打造武器，故名一錢會。是年十月，李才糾約一錢會會眾三十餘人，共同商議於十月十五日在廈門鼓浪嶼會齊，先搶當舖，再搶海防廳衙門武器然後舉事。

因事機不密，尚未動手，即被官府破獲。[9]

表 2-2-2 李才在福建廈門結拜一錢會要犯一覽表

姓名	籍貫	身份	會內身份	備註
李才（李彩）	漳州府	水師營兵	會首	欲向顏漢籍白虎漢報復，故結一錢會。
李環機	居於夏門			

資料來源：管理福建海關事務郎中準泰奏摺，雍正九年二月二十二日，收錄於《宮中檔雍正朝奏摺》v17.662。

李才在福建廈門結拜一錢會一事，參與會眾人數達三十餘人，在籍貫分佈上有漳州人、廈門人等，其之間的連繫多有地緣關係或同行關係。一錢會會首李才其身份原爲水師營兵，領有固定糧餉，並非無業無事之光棍，但因其貪杯，總邀群夥酗酒，酒後又總失態鬧事，鬧事後則被先前同事白虎漢鎖拿回營，因此心生不甘，便遣回廈門，並邀集從前曾被白虎漢欺壓的人入盟，並以日後要與白虎漢報仇爲由，結拜一錢會。

雍正九年（1731），廣東饒平縣破獲一起父母會案件。廣東潮州饒平縣武舉余猊即余道老先因窩賊犯案，經潮州府通詳革究。其後，余猊於雍正九年八月十五日下午，到福建漳州詔安縣下葛墟黃五舍家商量報仇，要打搶潮州府城之事，黃五舍便許諾余猊幫招二百人，並稱江欽也可以招得。約定九月十三日夜間，在青峰山會齊。余猊又逕自於是年九月初二日夥同陳阿幼等，在廣東海陽縣屬歸仁都橫溪鄉地

9 《宮中檔雍正朝奏摺》，第 17 輯，臺北：國立故宮博物院，1979 年 3 月，頁 662。管理福建海關事務郎中準泰奏摺，雍正九年二月二十二日。

方，託稱結拜父母會，歃血結盟，煽惑民眾，致使聯界的廣東揭陽縣河婆地方居民驚恐逃避。其後，黃五舍被福建督撫拿去，臨走前留下話給其侄子黃烏皮說：「如余猊來要人，你可約些人去。」黃烏皮便托黃加皮、黃亦寬、黃金招人，並約定九月二十三日在南門外會齊，當初約定每人先給錢做路費，到潮州後余猊認每人給銀五錢，其後在打搶潮州府時，各人打搶的東西歸各人拿去。後因海陽縣官府訪知，黃烏皮等人即被查拿到案，余猊及陳阿幼等犯則經黃岡協暨饒平縣拿獲並押解到省。余猊等人被拿時，曾留信給羅謂玉、陳奇和等人，欲令其糾眾劫獄。雍正十年（1732）四月初十日，陳奇和等人在羅謂玉家中商謀招黨，欲行劫獄。陳奇和遂糾約林日恭、王阿佑以及黃裕典；而王阿佑又糾得吳來亭、謝阿天、李阿綱以及兵丁李廣等，商議前往劫獄救出余猊，並訂五月十三日拜把。結拜之日，由黃裕典主持儀式，祭祀關帝，會眾聚集飲酒，近地鄰里村民多有疑訝，最後會眾因審視省城兵役眾多，認爲難以成功劫囚，故復謀俟余猊解回之日，等在途中搶劫，並欲劫後隨即下海逃躲，但於動手之前，即被官府破獲。[10]

10　劉子揚、張莉編，《清廷查辦秘密社會案》，第 7 冊，頁 546~547。焦祈年硃批奏摺，雍正十年二月二十八日；同書同冊，頁 548~549。焦祈年硃批奏摺，雍正十年十一月十九日。

表 2-2-3 余猊在福建廣東結拜父母會要犯一覽表

姓　名	籍　貫	關　係	職業/身份	會內身份
余猊（余道老）	廣東潮州饒平縣人		武舉（已革）	倡立父母會
黃五舍	福建漳州詔安縣下葛墟人	黃鳥皮之叔		幫余猊招人
江　歆				
陳阿幼				
黃鳥皮	福建漳州詔安縣下葛墟人	黃五舍之侄子		
黃加皮				幫黃鳥皮招人
黃亦寬				
黃　金				
羅謂玉				欲糾眾劫獄救余猊
陳奇和				
林日恭				
王阿佑				
黃裕典				主持結拜儀式
吳來亭				
謝阿天				
李阿綱				
李　廣			兵丁	

資料來源：焦祈年硃批奏摺，雍正十年二月二十八日，收錄於《清廷查辦秘密社會案》v7.546~547；焦祈年硃批奏摺，雍正十年十一月十九日，收錄於《清廷查辦秘密社會案》v7.548~549。

余猊在福建廣東結拜父母會一事，在籍貫分佈上有廣東潮州饒平縣人以及福建漳州詔安縣下葛墟人等；其之間的連繫有親屬關係者亦有地緣關係者；在職業及身份類別上有武舉以及兵丁等，出身背景具朝廷用人色彩。余猊本身原為武舉出身，但因事革就，心有不甘，於是便越省至福建漳州找黃五舍幫忙糾人欲在潮州府作亂以做為報復，在作亂前黃五舍雖然被官府拿走，但仍不忘交代侄子黃烏皮幫余猊招人的事。而黃烏皮便託請黃加皮、黃亦寬以及黃金三人幫忙招人，其以先給予錢銀路費，抵達潮州後再給銀五錢，並允諾其後作亂打劫之物，皆歸各人所有爲誘，以惑群眾參與共同前往潮州鬧事。

另外，余猊與陳阿幼亦因父母會在閩粵一帶地區相當盛行，是種具互助型態的結會組織，便以結拜父母會爲包裝，煽惑民眾加入，歃血結盟，好增加至潮州府鬧事的人手。雖然在福建招人的黃烏皮等人與在廣東結會糾夥的余猊等人皆先後被官府拿辦，但余猊在被拿之時，留信交代羅謂玉、陳奇和等人前往劫囚。因此，陳奇和與羅謂玉便商謀招黨，計畫糾人一同劫獄，並在成功劫囚後，逃走海外。在其糾得的人手中，亦有兵丁身份的李廣，除此之外，陳奇和與羅謂玉因心知劫獄危險，便欲冀圖結集的人手團結同心，故以拜把結盟的方式，將眾人緊密聯繫在一起，但因人數眾多，引起村裡鄉民間的驚疑，最後走漏風聲而告失敗被拿。

第三節　其他地區的秘密會黨人物

清代初期至雍正年間（1723~1735），歷經康熙朝（1662~1722）的休養生息，並隨著政治局勢日趨穩定，農工商等各行各業均恢復發展，且逐漸轉趨蓬勃，底層社會所流行的秘密會黨除在閩粵地區活躍發展外，亦在江西、安徽等其他地區因人口增加與流動，而出現不少會黨組織。以下將透過臺北國立故宮博物院藏《宮中檔》硃批奏摺原件、《硃批諭旨》奏摺抄件、《宮中檔雍正朝奏摺》以及《清廷查辦秘密社會案》等史料中所載的秘密會黨案件，於下表羅列出清代初期臺灣地區秘密會黨活動及案件取締，並藉由這些案件中所附供詞及其他資訊，對參與秘密會黨人物進行分析與探討。

表 2-3-1 清代初期其他地區秘密會黨案件一覽表

會黨	案件時間	分佈位置	備註
擡天會（尖刀會）	雍正十二年四月	安徽定遠縣	
	雍正十三年閏四月	安徽定遠縣	表 2-3-2
五岳會	雍正十二年十一月	安徽鳳陽	
	雍正十三年正月	安徽鳳陽	表 2-3-3
	雍正十三年閏四月	安徽壽州	
探花會	雍正十二年十二月	安徽宿州	
大刀會	雍正十二年十二月	安徽宿州	
鐵尺會	雍正十三年	安徽霍邱縣	
	雍正十三年閏四月	安徽穎州、紹武等地	
	雍正十三年六月	安徽穎州	表 2-3-4
羅漢會	雍正十三年閏四月	安徽穎州	
車　會	雍正十三年九月	直隸、山東、河南等地	

資料來源：臺北國立故宮博物院藏《宮中檔》硃批奏摺原件、《硃批諭旨》奏摺抄件、《宮中檔雍正朝奏摺》、《清廷查辦秘密社會案》。

由上列簡表可知雍正年間，官府所查出的秘密會黨在地理位置分布上有直隸、山東、河南、安徽等地；至於會黨名目則有擡天會即尖刀會、五岳會、探花會、大刀會、鐵尺會、羅漢會、車會。

雍正十三年（1735）閏四月，安徽定遠縣破獲一起抬天會即尖刀會案件。抬天會即尖刀會又名攢盤會，會首謝東升在北爐橋開酒飯鋪子，北爐橋因是個水旱碼頭，常有客貨上船與卸載，附近多以挑腳爲業之人，有溫二喬、李三癩毛即李文才、張大劍、張二劍、王六、姚天助、謝壯、王弘、謝睿、周起雲、高服元以及高璽等十來個人，多是挑腳營生，賺得錢後，都到謝東升店裡吃喝，謝東升遂起意倡首糾結，一干人等皆同意入會，並以謝東升爲會頭，名曰攢盤會，附近村里鄰人因攢盤會內成員皆是挑腳，常要抬幾百斤的貨物，極重的貨物都可以抬著飛跑，因此都說他們力量很大，而會內成員亦逕自戲稱不但抬貨，連天也抬得動，故此人們亦稱其爲抬天會；也有人說其會内成員的力氣大，做事不讓人，說話亦爲鋒利，人們不敢與其爭鬥，便又稱其爲尖刀會。雍正十一年（1733）正月十四日，壽州人李氏至會首謝東升家門前乞食，哭說因受公婆的氣，日子難過，謝東升便留他在其家中住了幾天，與其通奸過幾次，至二十七日時，鄉保許學孔與陳姓來查問，並說李氏是陳姓的媳婦，謝東升就把那李氏交給陳姓帶回；又姚天助家有個歌婆巧孜，謝東升等人常挾帶歌婆巧孜，夜飲無度。

抬天會內成員溫二喬曾與張全爭租房屋，因溫二喬租社學旁兩間房子賣飯，張全也來爭租，溫二喬承租在先，不肯讓他，張全就帶人來鬧事，溫二喬便躲在社學裡拾磚往外丟，卻將社學瓦片打壞了一些。另外，溫二喬在雍正十一年七月裡找來李三癩毛、張二劍、姚天助、王六、鈕大虎、鈕二虎等人強起了一個客商陳光彩船上四十擔槐花，價值十二兩八錢銀子，客商陳光彩心有不甘，便要告官，李三癩毛便托鄉保許學孔說合，湊出了八兩銀子還給客商陳光彩；其後，又強起了一位不知姓名的客商船內二十四擔槐花，價值七兩六錢八分銀子，事後僅給他六千錢。這些強起的槐花便交由李三癩毛的叔叔李育物行內賣錢，李育物是開米行，會眾向李育物借錢湊還客商，短價強買，客商畏其會眾強橫，只能隱忍而去。雍正十一年十月裡，會內成員姚天助在河西帶著一個王姓擔了五十斤烟葉子來，值得一千二百錢，姚天助替他發賣，路上遇見李三癩毛和張大劍，每人提了幾把要拿去賣，原說賣了錢給他，那王姓不願，在街上喊叫，李三癩毛等人便湊了四百錢給王姓，王姓便離去了。其後，姚天助同王弘到余純古店裡賒了一匹白布，價值一百六十錢，恃強不給償值。是年十二月二十四日，姚天助同王弘帶了歌婆巧孜，往謝東升家吃酒、消夜，鄉保徐自明把柵攔鎖了，姚天助回來，見不得開，便逕自摘柵欄過去罵徐自明。另有抬天會成員張大劍因染匠楊六極所染的布染顏色不好，因此，張大劍便恃強不付染錢。此後，又與軒老漢爭執，因軒老漢欠張大劍米錢，而其丈人李連祖護他，故此，張大劍便動手毆打李連。抬天會種種鬧事、強橫不法行徑經縣訪得，便差縣差往拿各犯，會內張大劍、溫二喬等人又與縣差爭鬧，最後皆被拿到案。[11]

11 劉子揚、張莉編，《清廷查辦秘密社會案》，第 7 冊，頁 551~558。趙弘恩等硃批奏摺，雍正十三年五月十二日。

表 2-3-2 安徽定遠謝東升等倡結抬天會要犯一覽表

姓名	籍貫	關係	行業	備註
謝東升	安徽定遠縣北爐橋		開酒飯鋪子	會首
溫二喬			挑腳、賣飯營生	强起過路客商貨物，短價强買
張大劍			挑腳	買賒物品，恃强不給償值、動手毆人
張二劍			挑腳	强起過路客商貨物，短價强買
李三癩毛（李文才）		李育物之侄	挑腳	强起過路客商貨物，短價强買
李育物		李三癩毛之叔叔	開米行	替會眾強起之貨物銷贓
王　六			挑腳	强起過路客商貨物，短價强買
王　弘			挑腳	買賒物品，恃强不給償值
謝　壯			挑腳	
謝　睿			挑腳	
姚天助			挑腳	强起過路客商貨物，短價强買、買賒物品，恃强不給償值
周起雲			挑腳	
高服元			挑腳	
高　璽			挑腳	
鈕大虎				强起過路客商貨物，短價强買
鈕二虎				强起過路客商貨物，短價强買

資料來源：趙弘恩等硃批奏摺，雍正十三年五月十二日，收錄於《清廷查辦秘密社會案》v7.551~558。

安徽定遠謝東升等倡結抬天會一事，在居住地的分佈上以安徽定遠縣北爐橋當地人士爲主，其之間的連繫多有地緣關係或同行關係；在職業及身份類別上多爲挑腳，另外也有開酒飯鋪子等。因北爐橋地方是個水旱碼頭，貨物與客商往來頻繁，當地亦因此發展出一群以抬挑貨物營生的「挑腳」。挑腳爲苦力，大多在碼頭裝卸貨物，其本身力氣就大，因工作性質更練就一身力量。這些挑腳賺得薪資後，便常三兩邀夥，前往酒飯鋪子飲酒吃飯，而酒飯鋪子老闆謝東升為人好客，喜愛熱鬧，因挑腳溫二喬、李三癩毛、張大劍、張二劍、王六、姚天助、謝壯、王弘、謝睿、周起雲、高服元以及高璽等十來個人常至其店內吃喝，便起意結交為友，倡結攢盤會。

攢盤會的結立，常在地方社會上造成不良的影響，如混亂的男女關係，衝擊淳樸的社會風氣，引起村里鄰人側目。會頭謝東升家開酒飯鋪子，糾結碼頭上裝卸貨物的挑腳們結立攢盤會，常與會中成員飲酒吃喝，又勾留壽州民婦李氏，藏匿於家中，奸宿十餘日，其後氏翁訪知，經鳴約保，謝東升方始交還；又常挾帶歌妓巧孜，夜飲無度。除此之外，有會內成員溫二喬、張二劍、李三癩毛、王六、姚天助、鈕大虎、鈕二虎等人常倚仗人多勢眾加以挑腳力大，便屢在地方上對往來客商騷擾，強起貨物，短價強買，而客商多半畏其力大人多，皆不敢與其衝突；此外，亦有會眾張大劍、王弘、姚天助等人憑恃人多力大，而在地方上或勒索敲詐，或買賒物品，恃強不給償值等；另外，也有張大劍與人一言不合，便動手毆打傷人，而地方人士不敢相怒以言，導致會內成員在地方上，行事更加囂張跋扈，至使地方社會不安。

此攢盤會本身結立，並無歃血焚表，亦無舉行特殊的入會儀式，僅為地方上底層小民一同飲酒，吃喝作樂的同好會，但因參與入會會眾背景多市井無賴，雖非無業遊民，但其內成員或屬無恆產者，或屬無妻兒家室者，故此常倚仗自身力大無比，又結夥人多勢眾，便常在地方上惹事生非，造成地方社會不寧。

雍正十三年（1735）拿獲數起五岳會與羅漢會案件。正月初七等日，據鳳陽道並鳳臺縣報，拿獲五岳會人犯李盛木等二十三名。同年閏四月據安慶按察使劉吳龍稟稱，有拿獲壽州五岳會首從各犯一案，據鳳陽府知府吳同仁審明，會首爲鮑文光，其於地方上，素日聚眾燒香，有張東明等九人附和。此外，會首鮑文光平日霸佔行市，結黨行兇，擾害良民。續又訪有穎州羅漢會一案，經密飭拿獲各犯。羅漢會會首楊會，其倡首糾眾，會內無歃血訂盟焚表等情事，亦無被害之家，僅只羅漢會會眾私自結會，並公然在教場演習武藝，故羅漢會內成員先後被官府拿獲到案，分別枷責懲戒。[12]

表 2-3-3 安徽鮑文光倡結五岳會與楊會倡首羅漢會表

姓名	會黨內身份	備　註
李盛木	五岳會成員	
鮑文光	五岳會會首	素日聚眾燒香，霸佔行市，結黨行兇，擾害良民
張東明	五岳會成員	
楊　會	羅漢會會首	倡首糾眾，私自結會，公然在教場演習武藝

資料來源：趙弘恩等錄副奏摺，雍正十三年閏四月初十日，收錄於《清廷查辦秘密社會案》v7.550~551。

安徽等地鮑文光倡結五岳會與楊會倡首羅漢會等案，皆在安徽境內。其中在安徽鳳陽地方查獲的五岳會，會首爲鮑文光，其在地方上倡結五岳會，並有張東明等人加入參與。其會內平日活動爲聚眾燒香，在地方社會上，亦因霸佔行市，結黨行兇，騷擾附近村里鄉民，而被官府查拏；另外，在安徽穎州羅漢會一案，會首爲楊會，經密飭拿獲各犯，其在地方上

12 劉子揚、張莉編，《清廷查辦秘密社會案》，第 7 冊，頁 550~551。趙弘恩等錄副奏摺，雍正十三年閏四月初十日。

倡首糾眾，拜會時並無歃血焚表，在地方上亦無騷擾村里鄉民，僅只倡立羅漢會，邀集夥眾私自結會，並在教場演習武藝，被官府辦理枷責懲戒。

雍正十三年（1735）六月，安徽潁州府查獲鐵尺會。雍正十三年閏四月二十二日安徽潁州霍邱縣葉爾集地方，有高二、王三洒、宋大漢、郭長腿等數十餘人，在丁屆遠家拜盟結會，因會中成員各執鐵尺一根，故稱鐵尺會，當日會內成員飲酒演戲。會眾於屋前搭起布棚十座，每人各執鐵尺一根，高二、王三洒兩人居中擺列扁擔二條，以作為刑杖之用，凡是會內成員不聽從指揮者，便以扁擔責之。其後，又於五月十二、十三等日，在菜園內演戲三本後，在王三洒家聚食，共開有二十餘席。[13]

表 2-3-4 安徽潁州高二等人倡結鐵尺會要犯一覽表

姓　名	籍　　貫	會黨內身份
丁屆遠	安徽潁州霍邱縣葉爾集人	鐵尺會成員
高　二		鐵尺會成員
王三洒		鐵尺會成員
宋大漢		鐵尺會成員
郭長腿		鐵尺會成員

資料來源：江南總督趙弘恩奏摺，收錄於《宮中檔雍正朝奏摺》v24.882。

安徽潁州高二、王三洒等倡結鐵尺會一事，參與人數達兩百餘人，會內成員常聚集搭棚，飲酒演戲。其會內成員共同遵守規約，並訂有罰則，不遵從指揮者，便由高二、王三洒兩人以扁擔責打。會內聚集人眾，並訂有規則、刑罰，儼然自

13 《宮中檔雍正朝奏摺》，第 24 輯，臺北：國立故宮博物院，1979 年 10 月，頁 882。江南總督趙弘恩奏摺。

成一個國度。

清代初期官府查辦的秘密會黨案件數量不多，但當時的地方官員均已查覺底層群眾私自結盟拜會的現象。而此一現象以人口流動頻繁的地區以及勞動人口聚集之地，特別盛行。而官府查辦的策略上，亦以不擾良民爲原則，並加以重處首犯，輕罰從犯，欲撲滅地方結盟拜會的風氣，但效果不彰。

第三章　乾隆年間秘密會黨人物的分析

乾隆年間（1736~1795），秘密會黨的活動益發頻仍。除了從清代初期延續傳承的會黨外，尚有至此一時期出現的新興會黨，整個長達六十年的乾隆朝，結盟拜會案件層出不窮，活躍的地區比起清代初期有增加並向各地擴散的趨勢。爲了方便敘述，以及便於釐清乾隆年間參與秘密會黨的人物，本章在內容結構上，仍依循著案件，及其附有的口供材料進行分析，以下將以參與小刀會系統、天地會系統以及其他會黨的人物作爲分析依據，分別分節進行論述。

第一節　小刀會系統中的人物

小刀會名目出現時間相當早，於目前檔案所見，乾隆年間即有小刀會的取締案件，小刀會分佈於福建的漳浦縣、紹安縣、臺灣彰化縣以及鳳山縣等地方。福建漳浦等地的小刀會與臺灣地區的小刀會雖然皆以小刀作爲結會組織的名稱，但其共同之處大抵僅爲皆配帶小刀，或以小刀爲記；在其會內成員組成的性質上，卻是迥然相異。其中，兵丁皆在兩者中占有重要角色，在福建境內漳浦等地的小刀會內成員多出現有兵丁參與其中，扮演重要角色；而臺灣地區集結群夥，糾眾結拜小刀會，則是爲了抵制兵丁的騷擾，兩者大相逕庭。以下將透過《大清高宗純皇帝實錄》、《明清檔案》、《宮中檔乾隆朝奏摺》、《清廷查辦秘密社會案》以及臺北國立故宮博物院所藏的《軍機處檔・月摺包》與《宮中檔》等史料之中所載小刀會案件的取締，並藉由透過這些案件中，所附的供詞及其他資訊，對參與小刀會內成員進行分析與討論。

乾隆七年（1742）福建漳浦縣發生一起小刀會成員殺死知縣的案件。乾隆七年六月初三日巳刻，漳浦縣知縣朱以誠在縣堂審案時，被公廨內的小刀會成員賴石持刀殺傷咽喉，倒在公堂，氣尚未絕，該縣典史王三錫立即在縣堂將兇犯賴石拿獲收禁，並將朱知縣抬進署內，撥醫調治，但朱知縣醫治不痊，於該日申時身故。其後，將兇犯賴石解府究訊，賴石供稱是經該縣買辦李珠與小刀會首監生蔡懷舍同謀指使行兇。其後追查緣由，查出漳浦縣雲霄地方有糾眾結會之情，會中成員各執兩面有鋒的小刀防身，因此稱爲小刀會。[1]

由於該年三、四月間，雨澤愆期，小刀會趁機傳佈訛言，驚擾民眾，於是漳浦縣知縣朱以誠遂查拏漳浦縣雲霄地方張姓、平和縣張姓各一人，其配帶兩面有鋒的小刀，查明爲小刀會內成員。五月內，又經訪聞拿獲小刀會成員張昆等一十一人，並供出沈秦、黃豹、吳輝、王孕四名，皆是雲霄營兵丁，當經漳浦縣朱以誠移營拘質。但該營游擊陳賢生不肯移解營內兵丁，轉向朱知縣求其開脫。朱知縣初意原不欲株累

1 劉子揚、張莉編，《清廷查辦秘密社會案》，第 7 冊，北京：線裝書局，2006 年，頁 564~565。那蘇圖硃批奏摺，乾隆七年六月二十二日。

多人，但因指供鑿鑿，不便置之不問。故朱知縣便應許將各兵革糧移送過縣，斷不刑罰。至此，游擊陳賢生見勢難挽回，才始將兵丁相解至縣，但仍不開除名糧。朱知縣礙難質訊，屢次劄致，竟不聽從，便聲言欲將此案通詳。此時，小刀會會首監生蔡懷舍即蔡文蔚、漳浦縣浦邑買辦李珠，私慮發覺禍必及已，遂同謀指使賴石於六月初三日持刀潛伏堂邊，伺朱知縣上堂審事，即從背後突出，將朱知縣咽喉割斷，移時殞命。[2]

表 3-1-1 福建漳浦蔡懷舍等結立小刀會要犯一覽表

姓名	籍貫／居住地	身份／行業	備註
賴　石	福建漳浦縣人		持刀殺傷漳浦縣知縣朱以誠咽喉。
李　珠	福建漳浦縣浦邑人	買辦	指使賴石行兇殺害漳浦縣知縣朱以誠。
蔡懷舍（蔡文蔚）	福建漳浦縣人	監生	小刀會會首。指使賴石行兇殺害漳浦縣知縣朱以誠。
張　姓	福建漳浦縣雲霄人		
張　姓	福建平和縣人		
張　昆		雲霄營兵丁	
沈　秦		雲霄營兵丁	
黃　豹		雲霄營兵丁	
吳　輝		雲霄營兵丁	
王　孕		雲霄營兵丁	

資料來源：那蘇圖硃批奏摺，乾隆七年六月二十二日、蘇明良硃批奏摺，乾隆七年六月二十八日，收錄於《清廷查辦秘密社會案》v7.564~565、566~567。

福建漳浦縣監生蔡懷舍等人結立小刀會一事，參與人士在籍

2 劉子揚、張莉編，《清廷查辦秘密社會案》，第 7 冊，頁 566~567。蘇明良硃批奏摺，乾隆七年六月二十八日。

貫或居住地的分佈上有福建漳浦縣浦邑人、福建漳浦縣雲霄人以及福建平和縣人等，其之間的連繫多有地緣關係或俱相同職業的關係；在會內成員的職業及身份類別上有監生、買辦以及雲霄營的兵丁等，其中兵丁占了相當高的比例；在會內結構上，有監生蔡懷舍爲小刀會會首，其爲此一小刀會的核心靈魂人物，控制小刀會內的動向與決策。另有買辦李珠，亦爲小刀會的領導人物之一，其爲此一小刀會內的經濟來源，亦是出資買兇殺害福建漳浦縣知縣朱以誠的出資者之一。而殺害朱知縣的兇手賴石，亦爲小刀會成員，接受李珠及蔡懷舍的教唆，事先躲在縣堂內，等待朱知縣開堂時，趁其不備，從其身後竄出，殺害朱知縣得手。這一起小刀會成員教唆並殺害福建漳浦縣知縣朱以誠的案子，使福建地方的小刀會的查緝，備受清朝政府重視。

乾隆三十七年（1772）臺灣彰化縣查獲一起小刀會案件。乾隆三十七年正月間，彰化縣大墩地方有街民林達因賣檳榔，被營兵強買毆辱。林達遂起意邀同林六、林水、林全、王錦、葉辨、陳畝、林掌、楊奇、吳照、盧佛、盧騫、林豹、李水、陳倪即陳霓、李學、林貴、許攀等十八人，結爲一會，並且相約遇有營兵欺侮時，各帶小刀幫護。因林達等人皆身帶小刀，而被稱爲小刀會，地方人士又因爲林達等十八人敢與兵丁相抗，大如王爺，便將其稱作十八王爺，又稱爲王爺小刀會。後因林達與賴焰等人爭執起釁，赴彰化縣城告驗，官方才始知十八王爺及小刀會等名目。[3]

3 《宮中檔乾隆朝奏摺》，第 55 輯，臺北：國立故宮博物院，1987 年，頁 859。福建水師提督黃仕簡等奏摺，乾隆四十九年四月二十九日；《軍機

表 3-1-2 臺灣彰化縣林達等倡結小刀會要犯分佈表

姓名	籍貫/居住地	行業	備註
林　達	彰化縣大墩人	賣檳榔	被營兵強買檳榔、毆辱
林　六	彰化縣人		結拜小刀會，相約遇有營兵欺侮時，各帶小刀幫護。
林　水	彰化縣人		
林　全	彰化縣人		
林　掌	彰化縣人		
林　豹	彰化縣人		
林　貴	彰化縣人		
李　水	彰化縣人		
李　學	彰化縣人		
許　攀	彰化縣人		
王　錦	彰化縣人		
葉　辨	彰化縣人		
陳　畝	彰化縣人		
陳　倪（陳霓）	彰化縣人		
楊　奇	彰化縣人		
盧　騫	彰化縣人		結拜小刀會，相約遇有營兵欺侮時，各帶小刀幫護。
盧　佛	彰化縣人		
吳　照	彰化縣人		

資料來源：黃仕簡等奏摺，乾隆四十九年四月二十九日，收錄於《宮中檔乾隆朝奏摺》v55.859；黃仕簡等奏摺錄副，乾隆四十八年六月二十六日，收錄於《軍機處檔・月摺包》，第 2776 箱，140 包，33206 號。

臺灣彰化縣林達等倡結小刀會一事，參與人數一共十八人，在居住地分佈上皆爲住居臺灣彰化縣大墩地方人士，其之間的連繫多有地緣關係；在職業及身份類別上皆爲市井民人。林達等十八人所結的小刀會，並非典型的秘密會黨，雖然成員間具有異姓結拜爲兄弟的特性，但其會內成員並無四處糾

處檔・月摺包》，第 2776 箱，140 包，33206 號，臺北：國立故宮博物院藏。福建水師提督黃仕簡等奏摺錄副，乾隆四十八年六月二十六日。

夥，向外擴展其會黨勢力的行爲，人數始終維持在十八人，因此地方居民稱其爲十八王爺。事實上，林達等人的小刀會更接近地方上以互助爲原則，所組成的小團體，因此，林達等人被官府拿辦後，辯稱並無小刀會名目，因不論是小刀會或十八王爺等稱呼多爲鄉里村人私下給其命名，而非林達等人於結會時所命的名。

乾隆三十八年（1773），臺灣彰化縣有民人林阿騫邀同黃添、陳帶、陳比以及黃崑山等五人一同結拜小刀會。其後，又有黃江即周江參與入會，共計六人。小刀會內成員彼此相約，平日各自身藏小刀防身，如遇營兵或外人欺侮，便可各執小刀幫護，村里間皆畏其威勢。乾隆四十七年（1782）八月二十三日，彰化莿桐腳莊演戲，有漳州籍移民在莊內開設賭場，三塊厝莊漳人黃添與秀水莊泉人廖老賭博，廖老賭輸，黃添因其所出番錢銀色較低，彼此口角爭鬧，黃添之子黃漩等便糾眾毆斃廖老，事後報縣相驗，但官府卻未捕獲肇事人犯，則泉民、漳民即以此成仇，互相攔毆。該月二十八日，三塊厝莊漳人黃添、陳比、過溝仔莊陳揚等先後糾約大里杙莊漳人林士慊等守莊。內陳揚商同許福生、鄭光蔭等，許給莊眾飯食，如保莊無事，便會另備銀錢酬勞。林士慊轉告林西何、林訪，招集枋橋頭莊黃全及本莊附近族鄰林阿騫、林媽等四十五名；又有林拐等三十三人，同鄰莊盧番等三十六人及外莊漳眾聞相附和。二十九日出攻番仔莊。番仔莊泉人謝笑即謝湊先期聞知，倡首糾眾抵禦，傳帖知會各泉州莊相幫。番仔莊泉人謝笑偕吳成、蘇奇、施卿、林興等招約近莊眾人，並鹿仔港施奇、施監等轉邀族鄰施萑、施佛、許允等十七人，會同各莊泉人出幫番仔溝，與漳人互相械鬥搶殺，最後終於擴大成大規模的泉、漳分類械鬥。[4]

表 3-1-3 臺灣彰化林阿騫等結立小刀會要犯分佈表

姓名	籍貫	居住地	關係	行業	備　　註
林阿騫		臺灣彰化縣			結拜小刀會。彼此相約各自身藏小刀防身，如遇營兵或外人欺侮，便各執小刀幫護。
黃　添	漳州人	臺灣彰化縣三塊厝莊	黃漩之父		
陳　帶					
陳　比	漳州人	臺灣彰化縣三塊厝莊			
黃崑山					
黃　江（周江）					
黃　姓	漳州人	臺灣彰化莿桐腳莊		開設賭場	
廖　老	泉州人	臺灣彰化秀水莊			黃漩等人毆斃廖老。
黃　漩	漳州人	臺灣彰化縣三塊厝莊	黃添之子		
陳　揚	漳州人	臺灣彰化縣過溝仔莊			欲於乾隆四十七年八月二十九日出攻泉州人居住的番仔莊。
林士慊	漳州人	臺灣彰化縣大里杙莊			
許福生	漳州人				
鄭光蔭	漳州人				
林西何	漳州人				
林　訪	漳州人				
黃　全	漳州人	臺灣彰化縣枋橋頭莊			
林　媽	漳州人				
林　拐	漳州人				
盧　番	漳州人				

4 《明清史料》，己編，第 10 本，臺北：國立中央研究院歷史語言研究所，1972 年，頁 956~958。福建水師提督黃等奏摺，乾隆四十八年七月初一日。

謝 笑（謝湊）	泉州人	臺灣彰化縣番仔莊			先其聞知張州人欲攻番仔莊。
吳 成	泉州人	臺灣彰化縣番仔莊			
蘇 奇	泉州人	臺灣彰化縣番仔莊			
施 卿	泉州人	臺灣彰化縣番仔莊			
林 興	泉州人	臺灣彰化縣番仔莊			
施 奇	泉州人	臺灣彰化縣鹿仔港			幫助番仔莊泉州人抵抗漳州人。
施 監	泉州人	臺灣彰化縣鹿仔港			
施 萑	泉州人				
施 佛	泉州人				
許 允	泉州人				

資料來源：黃等奏摺，乾隆四十八年七月初一日，收錄於《明清史料》，己編，v10.956~958。

臺灣彰化林阿騫等結立小刀會一事，參與人數士在籍貫分佈上皆爲漳州籍移民，其之間的連繫多有親屬鄰族關係或地緣關係，因此，有相當深的地緣籍貫意識。林阿騫邀同黃添、陳帶、陳比、黃崑山以及黃江即周江等六人結拜小刀會。會內成員彼此相約互助，平日裡各自身藏小刀防身，若遇有營兵或外人欺侮時，便各執小刀幫護，居民們都畏懼其威勢。小刀會本身同時具有成員互助以及暴力性質，在社會上，容易引發成群鬥毆，此一小刀會引起的彰泉分類械鬥即源於此。小刀會成員黃添本身即爲漳州籍人士，其與秀水莊泉州人廖老賭博因而發生口角，其子黃璇糾眾毆斃廖老，而後官府又無積極處理善後，因此更促使此事件擴大成彰泉分類械鬥。

臺灣地方營兵與民人時有衝突，致使臺灣地區民人結拜小刀會，互相幫護，以抵制兵丁騷擾。乾隆四十五年（1780）七月二十九日，興化營兵丁洪標與同伍兵丁陳玉麟等七人同往彰化縣濘田地方，欲公祭遠年平番陣亡的兵丁。在洪標等人抵達濘田地方時，即發現舊時設祭之處，已被縣民楊振文在該地舊址上新蓋房屋，於是洪標等人即在楊振文門首擺列祭品，向屋內致祭，楊振文隨即率眾攔阻，並將祭品搶散，打落一地，登時公祭演變成兵民互毆。兵丁陳玉麟與楊振文毆鬥之時，營兵鄭高見狀，亦一齊抵拒群湧而至的縣民，兵丁鄭高不敵群眾，先被楊振文毆傷後，便立即回營攜取鳥鎗施放，卻誤傷街上販賣菓物的街民林水的腿肚，林水便赴縣衙呈控。彰化縣知縣焦長發便差人拘捕陳玉麟、鄭高等犯事兵丁到案，並處陳玉麟以杖責發落、而鄭高等人則被革糧逐伍；另外又令楊振文出番銀一百五十圓給陳玉麟等人買地，起造祠屋，以絕爭端。其後，營兵挾林水赴縣衙呈控之怨，屢次騷擾民人，以致縣民怨恨兵丁，至該年九月，林水等人氣忿下，糾邀孫番、楊報、林葵等共四人復結小刀會，以謀抵制營兵，相約如遇營兵欺凌，彼此攜帶小刀幫護。[5]

表 3-1-4 臺灣彰化林水等復結小刀會要犯一覽表

姓名	居住地	行業	結會緣由
林　水	臺灣彰化縣濘田地方	販賣菓物	欲抵制營兵，如遇營兵欺凌，彼此攜帶小刀幫護
孫　番	臺灣彰化縣		
楊　報	臺灣彰化縣		
林　葵	臺灣彰化縣		

5 《宮中檔乾隆朝奏摺》，第 58 輯，臺北：國立故宮博物院，1987 年，頁 212。福建巡撫雅德奏摺，乾隆四十八年十一月十二日。

資料來源：雅德奏摺，乾隆四十八年十一月十二日，收錄於《宮中檔乾隆朝奏摺》v58.212。

臺灣彰化林水等復結小刀會一事，參與人士在居住地的分佈上皆爲住居臺灣彰化縣人，其之間的連繫多有地緣關係，在職業及身份類別上皆爲市井民人，其中，倡結小刀會的林水，曾於乾隆三十七年（1772）與林達等十八人結會，鄉里居民稱其爲十八王爺，其後因林達與人買賣糾紛，而被官府查辦。此次林水復結小刀會之因，與林達結拜小刀會之因極爲相似，皆因民兵之間的紛爭所致。此案中，兵丁本欲祭拜早年平番陣亡的兵丁，而至彰化濘田地方，抵達後發現原先祭拜的空地被縣民楊振文占地蓋房，兵丁便直接於其門口擺放祭拜物品，並朝屋內祭拜，此一舉動觸犯了一般民眾的文化禁忌，因此，楊振文便糾眾搶散祭拜物品，欲藉此打斷兵丁朝屋內祭拜的舉動，但卻造成民兵衝突，兵丁在器具上較民眾爲有利，兵丁使用鳥槍射擊，誤傷在街上販賣菓物的林水，林水心有不甘，便前赴官府控訴驗傷，雖然官府做出處理，但兵丁與民眾間的衝突仍無法解決，不甘被控的兵丁便四處騷擾民眾，以爲報復，而林水等人不滿，又察覺官府無法徹底處理民兵問題，故此復結小刀會，以互相幫護，抵制兵丁的騷擾。

彰化小刀會相當盛行，有縣民林文韜招同林踏、王涼水、蘇海等人結拜小刀會。乾隆四十四年（1779）福建龍溪縣人吳成，充當漳州鎮左營兵丁，赴臺換班，派撥彰化縣城守汛，即與同伍兵丁張文貴合開估衣店。乾隆四十六年（1781）十一月十五日，有兵丁黃文水向吳成索欠，兩人爭執，即有民人林文韜與其堂叔林庇勸架，吳成因林文韜等人袒護黃文水，心生忿恨，將林庇推倒跌地，林文韜見狀便上前幫助林庇，欲毆打吳成，吳成跑脫。當天夜晚，吳成仍舊不甘，便帶鳥鎗糾約同伍兵丁楊祐等人，一同前往林庇店房尋釁。林庇、林文韜聞聲走避，吳成等人乃用石塊擲毀林庇店屋，適有理番廳役陳尙即陳才經過，吳成疑其欲幫護林庇，便施放鳥槍中傷陳尙頷頦等處。次日，林文韜因店屋被毀，心有不甘，即於次日邀約王洪等人，一同前往吳成所開估衣店報復，適遇吳成外出不在，店夥張文貴出面爭罵，被王洪持刀砍傷腦後右太陽穴等處後，林文韜一行人隨後搗毀吳成店內桌椅等物，並搶去衣服十餘件。張文貴隨即報經彰化縣知縣焦長發驗傷。知縣焦長發便差人拘捕林文韜等人到案，訊明兵民爭鬥事情經過，知縣焦長發乃將林文韜等人分別枷責，但應究兵丁吳成卻未拘解到案。同年十二月裡，臺灣府知府蘇泰提解林文韜到案時，林文韜因病取保就醫，病癒後，即潛回彰化。次年六月十五日夜晚，兵丁吳成等人在路上撞遇林文韜，便復挾前嫌，與隨同兵丁將林文韜擒入營盤內圍毆，由吳成揪住林文韜髮辮，曾篤強壓在林文韜身上，兵丁楊祐用小刀戳傷林文韜右眼成瞎，兵營內之員弁竟未查明詳報，反而置之不問。[6]

6 《軍機處檔・月摺包》，第 2776 箱，140 包，33320 號。多羅質郡王永瑢奏摺錄副，乾隆四十八年七月初一日。

表 3-1-5 臺灣彰化林文韜等結拜小刀會成員一覽表

姓名	居住地	關係	行業
林文韜	臺灣彰化縣	林庇之堂侄	開店營生
林　踏	臺灣彰化縣		
王涼水	臺灣彰化縣		
蘇　海	臺灣彰化縣		
林　庇	臺灣彰化縣	林文韜之堂叔	開店營生
王　洪	臺灣彰化縣		

資料來源：永瑢奏摺錄副，乾隆四十八年七月初一日，收錄於《軍機處檔・月摺包》，第 2776 箱，140 包，33320 號。

臺灣彰化林文韜等結拜小刀會一事，參與人士在居住地的分佈上皆住居臺灣彰化縣，林文韜與其堂叔開店營生，因與兵丁發生衝突，而彰化縣知縣焦長發處理不當，未盡公平處理的職責，僅將林文韜等人拘捕到案，雖訊明該事件爲兵民爭鬥事情，但應究之肇事的兵丁吳成等人卻未拘解到案。其後，臺灣府知府蘇泰提解林文韜到案時，林文韜取保就醫，病癒後潛回彰化，卻在路上撞遇次兵丁吳成等人，無成便復挾前嫌，將林文韜擒入營盤內圍毆，並致使林文韜失明，而營內員弁卻置之不理，此爲臺灣吏治不善，導致民眾紛紛以結拜秘密會黨，以求互相幫護之緣由。

第二節　天地會系統中的人物

清代相當盛行的天地會，其名目是因人生以天地爲本，故其原意本爲敬天地的意思。天地會之所以盛行於清代底層社會，是基於入會可免被人欺侮，與人打架，可以相幫出力；

如遇搶劫，一聞天地會的暗號，便不相犯；若有婚姻喪葬事情，會內成員皆會資助錢財；此外，將來若傳天地會給其他人，便可得人酬，所以願入天地會的人相當多。[7]

天地會在底層社會發展極為活躍，其最早創始的起源時間，向在學術界中，是個相當熱門的討論話題，而單就從從現存史料中找尋，天地會此一會黨名目出現在清代官書、檔案及文集中的時間，最早可以追溯至乾隆年間。嘉慶初年，福建巡撫汪志伊即提及閩省天地會，起於乾隆二十六年（1761），有漳浦縣僧人提喜，首先倡立，暗中主使，謀為不軌。[8]

乾隆五十四年（1789）四月，閩浙總督覺羅伍拉納查獲天地會案件並具奏，天地會的創立與發展狀況。有提喜和尙，又名涂喜，又號洪二和尙，俗名鄭開，於乾隆二十六年倡立天地會，隔年，提喜和尙便在福建漳浦縣高溪鄉觀音亭傳授天地會，福建漳浦縣人盧茂等即於是年入會，廣東人陳彪向在漳州府平和縣境內行醫度日，由方勸指引入會，趙宋亦為廣東人，於乾隆二十八年（1763）拜陳彪為師，陳彪帶趙宋往見提喜，趙宋改名趙明德入會。其後，有張破臉狗開場窩賭為生，廣東潮州府大埔縣人趙明德、陳丕、陳棟三人到福建漳浦縣人張破臉狗家內賭博熟識。趙明德等人便勸令勸令張破臉狗加入天地會，張破臉狗聽從又轉傳同縣人鄭成、徐

---

7 《天地會》，第 1 冊，北京：中國人民大學出版社，1980 年，頁 111。審訊嚴煙供詞筆錄。

8 汪志伊，〈敬陳治化漳泉風俗疏〉，《皇朝經世文編》，卷 23，臺北：國風出版社，1963 年，頁 42。

炎及漳州府平和縣鄭詩、張普四人。至乾隆三十二年(1767),盧茂起意糾集同會匪徒謀叛,陳彪是由何哲邀允入夥,陳彪又轉邀趙明德入夥,首從共三百餘名。因盧茂等人於次年三月內先期破案,天地會其他成員聞風逃免,至僧提喜則係暗中主使,不露名姓,眾犯以其係傳會之師,曾經穿刀設誓,均不供出,而所傳之天地會口訣亦只用三指按心,並無標色登記可查,各犯遂皆隱匿未吐,以致漏網。又有李少敏即阿閔一犯,亦爲其時入會,因提喜所編詩句內有李朱洪字樣,李阿閔復於乾隆三十五年(1770)間捏造朱振興名字爲前明後裔,糾眾謀匪,旋即拏獲正法。嗣後提喜、陳彪等人均各斂跡一段時間,不敢復行傳會。至乾隆四十四年(1779)提喜患病,其有親生之子鄭繼於十七歲時贅與潘姓爲婿,生有子女,來庵探病,提喜傳與會訣,並告知從前曾傳陳彪、陳丕、張破臉狗、張普等數人,以爲鄭繼將來依倚謀食之計。提喜隨於是年三月病故,鄭繼便將其身燒化檢入瓦罐,葬於漳浦仙峰岩,因提喜遺有寺田,鄭繼隨於該處落髮爲僧,改名行義,又號續培和尚接住耕種,有方漢到菴做工,始將會訣傳授。乾隆四十七年(1782),洪二和尚的嫡傳弟子陳彪,在漳州平和縣行醫,因思及提喜已故,年久案湮,故智復萌,又起意傳會,時有嚴煙又名嚴若海,向來以賣布爲生,聽從陳彪的糾邀,加入天地會,而陳彪族叔陳釉、鄭詩、芳潰、李摘及趙明德之子趙麟等人亦於此時入會,各送給番銀一二圓及錢千文不等。李摘又轉傳詹邁、林龍、陳焯、李桐姑、許松姑五人。林龍又轉傳鄧昌、廖浦二人。次年,嚴煙渡海前往臺灣,在彰化開設布鋪,乾隆四十九年(1784)在溪底阿密里莊傳授天地會，轉傳多人，後遇官役搜捕不善，以致林爽文等聚眾爲匪。乾隆五十三年（1788）六月，嚴煙被拏解入京。[9]

表 3-2-1 閩粵等地提喜和尙倡結天地會要犯一覽表

姓名	籍貫	關係	行業/身份	加入會黨情節及會內活動
提喜和尙（又名涂喜、洪二和尙、俗名鄭開）		鄭繼之父	和尙	乾隆二十六年倡立天地會，隔年，提喜和尙便在福建漳浦縣高溪鄉觀音亭傳授天地會，乾隆四十四年病故。
鄭　繼（改名行義、續培和尙）		提喜和尙之子	和尙	乾隆四十四年提喜和尙患病，來庵探病，提喜傳與會訣，以爲鄭繼將來依倚謀食之計。提喜遺有寺田，鄭繼隨於該處落髮爲僧，接住耕種。
方　漢			做工	到續培和尙菴內做工，由續培和尙傳授天地會訣。
陳　彪	廣東人	趙宋之師 陳柚之族侄	行醫度日	在漳州府平和縣境內行醫，由方勸指引入會。
方　勸				邀陳彪加入天地會。
趙　宋（趙明德）	廣東潮州府大埔縣人	拜陳彪爲師 趙麟之父		乾隆二十八年（1763），陳彪帶趙宋往見提喜，趙宋改名趙明德入會。
陳　棟	廣東潮州府大埔縣人			
陳　丕	福建漳浦縣人			

9　《軍機處檔・月摺包》，第 2778 箱，161 包，38231 號。陳丕供詞單，乾隆五十三年十一月初十日；同檔，同箱，168 包，40258 號。閩浙總督覺羅伍拉納等奏摺錄副，乾隆五十四年四月十六日；劉子揚、張莉編，《清廷查辦秘密社會案》，第 20 冊，頁 4976。廷寄諭旨，乾隆五十三年五月二十三日；同書，同冊，頁 5026~5031。伍拉納等外紀薄，乾隆五十四年五月初三日。

張破臉狗	福建漳浦縣人		開場窩賭爲生	趙明德等人便勸令張破臉狗加入天地會。
鄭　成	福建漳浦縣人			經張破臉狗轉傳加入天地會。
徐　炎	福建漳浦縣人			
張　普	漳州府平和縣人			
鄭　詩	漳州府平和縣人			
盧　茂	福建漳浦縣人			乾隆三十二年，盧茂起意糾集天地會成員會起事，首從共三百餘名。
何　哲				
李少敏（阿閔）				乾隆三十五年間，捏造朱振興名字爲前明後裔，糾集天地會眾起事。
陳　紬	廣東人	陳彪之族叔		乾隆四十七年聽從陳彪的糾邀，加入天地會，各送給番銀一二圓及錢千文不等。
鄭　詩				
芳　潢				
趙　麟		趙明德之子		
李　摘				
詹　邁				經李摘轉傳加入天地會。
林　龍				
陳　焯				
李桐姑				
許松姑				
鄧　昌				經林龍轉傳加入天地會。
廖　浦				
嚴　煙（嚴若海）			賣布爲生	乾隆四十七年聽從陳彪的糾邀，加入天地會。次年，渡海來臺，在彰化開設布鋪，乾隆四十九年在溪底阿密里莊傳授天地會，轉傳多人。

資料來源：陳丕供詞單，乾隆五十三年十一月初十日、覺羅伍拉納等奏摺錄副，乾隆五十四年四月十六日，收錄於《軍機處檔・月摺包》，第 2778 箱，161 包，38231 號、同檔同箱，168 包，40258 號；廷寄諭旨，乾隆五十三年五月二十三日、伍拉納等

外紀薄，乾隆五十四年五月初三日，收錄於，《清廷查辦秘密社會案》，第 20 冊，頁 4976、同書同冊，頁 5026~5031。

閩粵等地提喜和尚倡結天地會一事，是目前清代所見的史料中，記載天地會組織最早的案件。參與人數相當龐大，會內成員彼此輾轉相傳，引人入會，在籍貫分佈上有廣東省的潮州府大埔縣人以及福建省的漳浦縣人、漳州府平和縣人等，傳佈的地域主要分佈在廣東、福建一帶，最遠達隔海的臺灣；其之間的連繫多有親屬關係或地緣關係；在職業及身份類別上有剃度出家的和尚、行醫度日的江湖郎中、開設布店賣布營生的小本生意人、以及爲人做工者，更有以開場窩賭爲生者。天地會內的成員身份多元，有開店定居亦有遊走各地傭工、行醫。

在其會內結構上，值得注意的地方在於此一天地會的傳佈爲「天地會系統」的會黨組織在初萌芽之繼，其結盟拜把以擬血緣的兄弟親屬關係爲特徵的形式尚未鮮明。乾隆二十六年，提喜和尚倡立天地會，並在福建漳浦縣高溪鄉觀音亭地方傳授天地會時，天地會內眾人是以傳會或稱傳教之師，來看待倡立天地會的提喜和尚，而非以「大哥」的身份，或許提喜和尚身爲僧人的身份，使得眾人以師傅來看待；但廣東人趙明德在應陳彪之邀，加入天地會時，拜陳彪爲爲師，此一拜師入會，與其後天地會系統發展至結拜兄弟的特徵有異，卻與清代底層社會中所盛行的民間秘密宗教的型態較爲接近。但無論是民間秘密宗教，或是秘密會黨，兩者參與成員在參與該組織團體時，所圖謀求的目的皆略相同，即爲同會之人互相幫護，不受他人欺負。這種具互助性質特徵，確實爲民間秘密宗教與秘密會黨所具備的共同特質。

另外，天地會組織在吸引底層民眾參與，除了上述的互助性質外，亦有經濟上的考量與利益。在乾隆四十四年時，提喜和尚因爲患病，其親生兒子鄭繼至庵內探視病情，提喜傳和尚即將天地會的會訣與暗號傳給鄭繼，並告訴其從前曾加入天地會的成員，以做爲鄭繼將來可以「倚靠謀食之計」。提喜和尚過世後，鄭繼因其父提喜和尚遺有寺田，便於該處落髮爲僧，號續培和尚，接住耕種，其後並向來庵內做工的方漢傳授天地會訣；另外有提喜河上的嫡傳弟子陳彪在漳州平和縣行醫，起意傳佈天地會，有嚴煙、陳紬、鄭詩、芳潰、李摘及趙麟等人亦聽從入會，並各送給番銀一二圓及錢千文不等。由其內容可以得知，傳佈天地會可以得到新進會員所送的銀錢。

除此之外，從天地會成員在加入會內的情節中，可以看出各人在選擇加入與否時的考量。張破臉狗的職業爲經營賭場，賭場本身出入份子複雜，且常有是非爭執發生，或被人檢舉告發等問題，因此，張破臉狗在被官府拿獲後，便以加入天地會，可免賭場被人騷擾，且有人幫護，經營更順利爲由；而嚴煙本身職業爲布店老闆，擁有自己開設的布店，在清代的商業中，賣米、布等生意是獲利較高的商業類別，嚴煙亦以生意不被人騷擾勒索爲考量而加入天地會。

而天地會一類的秘密會黨在傳佈上，以會內成員的流動帶動會黨的發展。天地會成員陳彪爲行醫度日的江湖郎中，其本身爲廣東人，但常於漳州平和縣地方行醫，便於當地傳會，嚴煙再聽從陳彪的糾邀後，亦加入天地會，隨後，嚴煙渡海前往臺灣，在彰化開設布鋪，並於溪底阿密里莊傳授天地會，轉傳多人，其中亦包含林爽文等人，間接造成林爽文在臺灣的起事戰役。

林爽文是福建漳州府平和縣人，乾隆三十八年（1773）時，其年方十六歲，隨著父親林勸等人一同渡海來臺，來臺後便居住於彰化大里杙莊。林爽文爲人爽直，也很慷慨，不吝錢文；曾經趕車度日，也在彰化縣衙裡充當過捕役，素喜交結。乾隆四十八年（1783）有天地會成員福建漳州平和縣人嚴煙即莊煙，又名嚴若海，年二十七歲，至臺灣販賣布匹。次年在溪底阿密里莊傳授天地會，至三月十五日時，林爽文時年二十七歲，聞知天地會内人眾，便於糾搶，即聽從嚴煙入會，嚴煙在被查拏後即供出林爽文入會情節：

> 四十九年上，我在溪底阿密里莊遇見林爽文，與他往來熟識，他向我説也要入會。我就將從前陳彪傳我入會的話告訴他，説凡要入這會，須設立香案，在刀劍下鳴誓，遇有事情，同教之人大家出力，公同幫助。又恐人數太眾，不能認識，相約見人伸三指，並有洪字暗號，口稱五點二十一，便是同教之人。林爽文又糾約林泮、林領、林水返等都來入會。我當時原見林爽文爲人慷慨，所以叫他入會，是真不料他後來造起反來。[10]

引文中爲林爽文主動向嚴煙要求加入天地會的過程，嚴煙本因林爽文爲人慷慨，因此引他入會。至乾隆五十一年（1786），

---

10 劉子揚、張莉編，《清廷查辦秘密社會案》，第 20 冊，頁 4994~4998。軍機大臣會同刑部於行在審訊嚴煙情形，乾隆五十三年六月十六日。

彰化縣知縣俞峻抵任，因聞大里杙有天地會結盟拜會，又窩藏諸羅縣添弟會逸犯，便主張嚴辦急治，不料差役藉端從中索詐，兵丁肆虐，林泮等人的房屋俱被焚燬。其後，林爽文復約同林泮、林領、林水返、張四、何有志，在車輪埔飲酒，約會各處村莊。[11]林爽文被拏後供稱：

> 斗六門地方，有楊光勳弟兄，因分家起釁，立會招人入夥，被人告發，並牽連我們，一齊呈告。彰化文武官員，差人各處查辦，衙役等從中勒索，無論好人、歹人，紛紛亂拏，以致各村莊俱被滋擾。那時，林泮等房屋已被官兵燒燬，他同王芬、陳奉先、林領、林水返、陳傳、賴子玉、蔡福、李七、劉升等，起意招集各莊民人，抗拒官兵，就來邀我。[12]

林爽文提及當時地方官滋擾村莊的情形。其中，楊氏兄弟因爭產所引發添弟會與雷公會的結盟拜會，是各村莊被官差滋擾的主因。乾隆五十一年秋間，諸羅縣有楊光勳與其弟楊媽世爭產不和，楊光勳便糾人結拜添弟會，楊媽世見狀亦另結雷公會，兩人互相爭鬥。其父楊文麟偏愛幼子楊媽世，便赴官府首告其長子楊光勳結拜添弟會，楊光勳亦控告楊媽世結拜雷公會。官府即介入訪查，查獲並解送匪犯張烈，就在行至斗六門時，揚光勳即糾約添弟會成員刦囚，將差役殺害，劫囚後即潛匿至彰化縣境內，於是諸羅縣境內的添弟會成員

11 劉子揚、張莉編，《清廷查辦秘密社會案》，第 20 冊，頁 4966~4972。《欽定平定臺灣紀略》，刻本，卷五十八，福康安等，乾隆五十三年四月十四日；《天地會》，第 4 冊，頁 419。林爽文供詞。
12 《軍機處檔・月摺包》，第 2778 箱，16 包，38807 號。林爽文供詞。

遂與彰化縣境內的天地會合爲一會，蔡福等逸犯即逃至林爽文等天地會成員密集的大里杙藏匿。[13]這一起事件在彰化縣知縣的強硬策略下，加上兵丁肆虐，最終引發了林爽文領導的以天地會爲主體的秘密會黨抗官事件，其中的事發經過在天地會成員高文麟被拏後，有詳細描述當時情形：

> 小的三十歲，原籍漳州府龍溪縣人，早年過臺住居彰化縣犁頭莊。林爽文住居彰化大里杙莊，素與小的熟識，他平日原是作賊窩賊，得來銀錢肯幫助人，因此人多服他。本年三月內，林爽文來糾小的入會，說有事大家相幫，不怕人家欺侮，也不怕官役拘拿。凡入會的人，要對天跪地立誓，故此取名天地會。因怕官府查拿，隨約定會內的人，彼此遇見各舉大手指爲暗號並不寫帖立簿。十一月二十日，彰化俞知縣訪聞林爽文結會滋事，並查有窩藏諸羅縣楊光勳結會案內逸犯張烈們，會同赫副將、耿游擊帶領兵役幾百名，到大墩紮立營盤，離大里杙有六里路，論令大里杙人獻出林爽文並諸羅縣逃犯。那時林爽文躲避，俞知縣說如不交出林爽文，就要燒莊搜剿。莊內人都害怕，林爽文就起意抗拒，糾合同會內各人，並他大里杙莊眾約有千餘人。二十七日天將亮時，各拿器械攻破大墩營盤，小的拿半斬刀同往，殺死一人，又殺傷一人，不知是官是兵。那時知縣、副將、游擊都被殺害，兵役有殺死的，也有殺傷走了的。林爽文說殺害官府事

13　《宮中檔乾隆朝奏摺》，第 67 輯，臺北：國立故宮博物院，1987 年，頁 595。

情已大，不如竟去攻打彰化縣城，佔住地方，可與官兵對壘。二十八日下大雨，二十九日林爽文取了營盤內器械，率領衆人，並在沿路各莊糾邀，內有自願跟隨希圖搶劫物件，也有嚇脅同行。光到彰化城外，已有三四千人。縣城本無牆垣，只是種插刺竹爲牆，就砍開竹圍進城，衆人搶到倉庫，並把知府、同知、都司、典史們殺害，又打開監獄，放出監犯。因監內楊咏當過縣役，素與林爽文相好，林爽文許他做副元帥，據守彰化縣城。又想分人去打鹿仔港，許小的做鹿仔港管海口總爺。林爽文自稱盟主大元帥，許王芬做將軍，陳奉先做軍師，侯老做謀士，劉賢士做海防同知，林光做理番同知，劉四做彰化縣官，林與做先鋒，劉升做北路協，林倉管理支放軍糧，楊軒委辦軍務。還有林瓦、林伴、簡乾、張火、林約、林韭、郭漢、盧菊、張隆生、林長義、林鶴然、林理生、賴子玉、陳泮、吳領、藤老、黃音們都是頭人。拿了鋪户各色綢布，縫成旗號，上寫順天字樣，又有寫元帥的，寫將軍的。在彰化住了幾日，林爽文們領人分路去攻諸羅、淡水，留了幾百人守住彰化。到十二月十二日，陳守備同義民來收復彰化，殺死多人，就把小的同楊咏、楊軒、陳高四人拿住，餘的並逃散了。那彰化縣並各官印信現在何處，小的不知下落。至林爽文們怎樣在諸羅、淡水各處攻打搶劫，小的是在彰化，實不知道。那楊光動案內逸犯張烈、賴榮、葉省、蔡福、張員，小的並不認識。[14]

最初因族長林繞等人勸阻，林爽文並未領導起事，而是被藏匿於糞箕湖山內躲藏。至十一月初七日，臺灣鎮總兵官柴大紀巡閱各營，行抵彰化，經彰化知縣俞峻稟報天地會聚眾抗官之事，柴大紀便藉口調兵，返回府城。是月十六日臺灣府知府孫景燧帶兵三百名前往彰化緝拏天地會，四天後知縣俞峻亦帶領兵丁一同至大墩地方紮營，並諭令莊民擒獻天地會首林爽文及諸羅縣添弟會、雷公會各逸犯。揚言如敢違抗，即燒莊勦洗。二十五日林爽文與劉升、林泮、王芬以及何有志等人聚集二百多人，在加老山豎旗起事。因合莊耆老不令林爽文爲首，另推劉升爲盟主。劉升糾集會黨及莊眾一千餘名，於十一月二十七日夜間四更時刻前往攻破大墩營盤，彰化縣知縣俞峻等人猝不及防，俱被殺害。劉升率眾攻破大墩營盤後，自知事態嚴重，便想攻佔彰化縣城以爲根據地，即於沿途邀集會黨，四處威脅莊民同行，往攻縣城時已累積至三千餘人。臺灣府知府孫景燧等即率領兵役，調集熟番，掘濠插竹，分門戒嚴，但因存城兵少，而縣城又係栽竹爲牆，遂於十一月二十八日夜間爲會黨所攻破，次日清晨彰化縣城失陷，臺灣府知府孫景燧以及其他文武官員俱被殺害。[15]天地會攻陷彰化城的事發經過在會內成員楊軒被拿獲後，有詳

14 劉子揚、張莉編，《清廷查辦秘密社會案》，第 20 冊，頁 5193~5205。常青錄副奏摺並附供單，乾隆五十二年正月初六日。

15 《宮中檔乾隆朝奏摺》，第 62 輯，臺北：國立故宮博物院，1787 年，頁 648~650。閩浙總督常青奏摺，乾隆五十一年十二月十七日；同書，頁 821~823。常青奏摺，乾隆五十二年正月初六日。

細的描述當時情形：

> 問據楊軒供：小的今年三十八歲，原籍漳州府龍溪縣二十五都楓林鄉人。本年五月間，林爽文邀小的入會，實不知林爽文糾約實有若干人，小的也沒轉糾別人。十一月二十七日，林爽文邀同小的攻劫營盤。二十九日，又叫小的幫同攻打彰化城，因城內兵丁無多，當即攻入，搶劫倉庫、槍炮、器械，殺害各官，並打開監獄，放出監犯，小的在縣口殺了兵丁一人。林爽文自稱盟主大元帥，許王芬做將軍，陳奉先做軍師，侯老做謀士，劉賢士做海防廳，林光做理番廳，劉四做彰化縣官，林與做先鋒，劉升做北路協，林倉管理支放軍糧。許小的辦理軍務，給與木戳一個，上刻辦理軍務字樣，又給小的番銀一百圓。因怕人心驚惶不服，是林光替小的做告示，安論民人，那示內寫的是不擾居民的話。林爽文們造了旗號，並槍了刀槍、馬匹，就領人去攻諸羅各處。留小的與高文麟。楊振國等三四百人保守彰化。到十二月十二日，陳守備率同義民來收彰化，小的就被擒獲的。[16]

劉升等人攻破大墩、彰化現城後便到處張貼安民告示，俱寫「大盟主劉」字樣。因眾人議論，且天地會會內成員參與進攻大墩、彰化城時，皆是受林爽文的領導，而非受劉升領導，故多不服，遂公推林爽文爲首，劉升即將令旗交出，林爽文就做了盟主，封劉升爲元帥，但因劉升不情願，所以改封副

16 同註 15。楊軒供詞。

先鋒。[17]十一月二十九日，林爽文將彰化縣署作爲盟主大元帥府，舉行慶功宴，豎立旗號，起先書「天運」年號，後來改作「順天」。彰化縣城在攻破之後，林爽文即分路往攻鹿仔港、淡水、諸羅等處，並留高文麟、楊振國、楊軒等率領部分天地會黨夥數百人守護彰化縣城；林領、林水返據守大里杙附近烏日莊、田中央等處；陳傳據守南北投；蔡福據守古坑；李七攻取斗六門。其中，林爽文派守彰化縣城的楊振國曾爲彰化縣城的捕快，是在奉命察拏林爽文時與林爽文認識，因拏林爽文時收受賄賂，未將林爽文拏獲到案，而致無法交差，因此被關下獄，直至林爽文等人攻打彰化縣城時，被天地會成員至縣牢中放出，並加入天地會的行列。直至彰化縣城收復後，將楊振國拏獲時所供這段事情：

> 據楊振國即楊咏供：小的四十三歲，本籍漳浦縣南鄉人，到臺多年。乾隆三十四年充當彰化縣快役。這林爽文從前曾犯賊案，小的把他拿住，得錢賣放，因此熟識。本年十月内，本官訪聞林爽文結會樹黨。差小的拘拿不到，把小的責比收禁。十一月二十九日，林爽文攻入彰化縣城，搶奪倉庫軍械，殺害各官，打開監門，放出監犯有十七八人，内認得天地會的侯老、林贊、楊望，其餘都是另案雜犯，並不認得，也不知他們去向。林爽文放小的出來，要小的入夥，又叫侯老跟小的辦事，小的依從了，替他看守縣城，許做副元帥，給有木戳一個，不知刻的什么。那時，林爽文

17 《軍機處檔・月摺包》，第 2778 箱，161 包，38814 號。劉升供詞。

> 們聚集人多，就分路去攻諸羅、淡水，留小的與高文麟們踞守彰化，並給小的番銀一百圓。到十二月十二日，陳守備率同義民收復彰化，小的們抵敵不住，被殺多人，並把小的與高文麟、楊軒、陳高四人拿獲的。[18]

參與林爽文起事在身份上具有官方色彩的不止曾任彰化縣捕快的楊振國一人，在林爽文分路往攻鹿仔港、淡水、諸羅等處時，亦有其他在身份上具官方色彩的人士加入，其皆有各別的理由，不盡相同。其中，林爽文派去淡水、新莊一帶豎旗號，招集人眾的林小文，其本身原爲淡水廳捕役，因與林爽文是同祖堂弟，因此也加入天地會，林小文被拿後即供稱：

> 林小文供：我係淡水廳人，在新莊地方居住，年四十二歲，充當本廳捕役。林爽文是同祖堂弟，他於去年七月間起了天地會，結拜兄弟共有一千多人，我於十一月初二日也入在會內。後來地方官知道，要來查拿，林爽文就起意謀反。於十一月二十七日邀了會內眾人，劫了彰化縣，殺了幾個官。他自稱盟主大元帥，封我做了元師〔帥〕，賴樹、陳煙做大將軍，劉長芳爲軍師，其餘也有封先鋒的，封同知、知縣的，我記不清了。他們就去攻諸羅、鳳山等處，叫我到淡水、新莊一帶豎旗號，招集人眾。那旗上寫的是順天行道四字，共招有五百多人。十二月十二日，有易總爺帶了兵丁、義民有一千多人前來擒拿，我率領眾人抵敵不住，就逃到昆岩山頂上藏躲。過了些時，跑下山來，

18 同註 15。楊振國供詞。

> 藏在觀音堂廟里。於本年正月初九日被義民看見，報了總爺，將我拿獲的。至把總廖攀龍把火藥三十斤送給林全的話，是我聽見林全告訴我，說他於十月二十四日，在海山口地方，有素識的廖攀龍送給他的。[19]

林小文和林爽文爲同族堂兄弟，因此亦加入天地會，並協助天地會攻打臺灣北部淡水、新莊一帶，又要脅漳州府詔安縣人彭喜一同抵抗官兵。彭喜原爲拔補千總，又曾升任澎湖守備，後又做過委署北路淡水都司，但經軍政參革，後住居臺灣南澳地方，因與林小文有債務關係，在其前赴向林小文取討銀兩時，被林小文脅迫幫助抵抗官兵。其後，彭喜被拿及供稱：

> 彭喜供：年四十五歲，漳州府詔安縣人，現住在南澳地方。我由兵丁拔補千總，乾隆四十四年升任澎湖守備，因十七年委署北路淡水都司，後經軍政參革回籍。上年十一月，往淡水向林小文討取欠銀兩，聽見林爽文鬧事，林小文前來逼我替他抵拒官兵。我就同他商量，將來有官兵前來剿殺，即用石塊擲打。後來賊勢解散，官兵亦來攻剿，賊匪各自逃走，我遂被拿獲等語。[20]

除此之外，尚有漳州府詔安縣人何朝英原是海壇鎮外委，因事斥革後移居臺灣淡水廳，天地會成員攻打淡水、新莊一帶

---

19 劉子揚、張莉編，《清廷查辦秘密社會案》，第 22 冊，頁 5842~5847。和珅奏摺，乾隆五十二年五月二十六日。

20 劉子揚、張莉編，《清廷查辦秘密社會案》，第 24 冊，頁 6384~6387。和珅等奏摺，乾隆五十二年八月十八日。

時，因被天地會成員脅迫而加入，在何朝英被拏後供稱：

> 何朝英供：我係漳州府詔安縣人，年三十七歲，……原係海壇鎮外委，四十二年因誤報斥革，四十五年上移居臺灣淡水䗶㕒尾莊地方。上年十二月十二日，有同莊素識的沈岸、陳元來向我說，他們已從了林爽文，做了頭目，邀我入夥，也做頭目，幫助他們打仗。我原不肯，沈岸說要放火燒我莊屋，我無奈跟隨他們，共有一百多人，在山頂地方暫住，想要搶莊。到十三日，有泉州義民三百多人前來擒拿，我拿竹竿槍隨著沈岸們前去打仗，迎敵不住，手下一百多人四散奔逃，我逃到霄里地方廣東義民黃監生莊上，我謊稱避難的人，黃監生把我留住。到二月二十日，聽見徐副將帶兵到霄里地方安撫，我隨著義民出來迎接，希圖僥幸。有泉州義民說我是賊人頭目，就被徐副將拿住的。[21]

上述爲天地會在臺灣北部淡水、新莊一帶的情形。在天地會攻佔北路各處之後，爲了要增加天地會的攻擊聲勢，加以牽制清朝官兵，林爽文即於乾隆五十一年（1786）十二月裡，派遣陳天送等人前往鳳山糾約南路天地會，打算同時起事，令清朝官兵措手不及。莊大韮在被拏後，及供出陳天送糾約經過：

> 據莊大韮供稱：有北路素識之陳天送到我莊上說：林爽文有書信來，要我招人造反，我就同陳天送招集一

21 同註 20。何朝英供詞。

> **百餘人，在各鋪戶歛錢搶刦，共湊錢三千塊，大家均分，並搶布數十疋，做了許多旗子，叫手下人各處招人豎旗。**[22]

福建漳州府龍溪縣人莊大韮，在遷徙來臺後居住於鳳山阿里港，平日以開設鞋舖營生，是南路天地會的重要頭領之一。莊大韮有族兄莊大田，其原籍爲福建漳州府平和縣人，來臺後定居於篤家港，以種田度日，亦爲南路天地會的重要首領。林爽文派陳天送聯絡臺灣南部的天地會成員時，因陳天送素識莊大韮，故此陳天送原欲推舉莊大韮爲大哥，但因眾人不服，因此遂改推莊大田爲大哥。莊大田自稱洪號「輔國大元帥」，並刻印木質印信「洪號輔國」四個字。[23]

至此，莊大田即與林爽文南北相應，開始設官分職，強化天地會組織。在林爽文所率領的北路天地會設有大元帥、副元帥、軍師、謀士、耆老、總爺、大將軍、將軍、大都督、都督、總先鋒、副先鋒、總曹帥府、巡查察院、提督、同知、知縣等職稱。其中，林爽文即爲盟主大元帥、王作爲征北大元帥、陳秀英爲中南總統大元帥、楊咏即楊振國、林水返以及黃玉娘爲副元帥。陳奉先、陳梅、董喜等人是軍師，並以侯辰爲謀士，高文麟爲總爺，林繞爲總名耆老，管理總制帥府鈐印。另有天地會頭目王芬爲平海大將軍，又稱靖海大將軍，賴達、林達爲保駕大將軍，陳傳爲安南大將軍，溫道爲護駕大將軍，柯春爲鎮國大將軍，李載爲掃北大將軍，林駕爲右衛大將軍。除了大將軍之職外，還有設立將軍職稱，王

22 《軍機處檔・月摺包》，第 2778 箱，161 包，38813 號。莊大韮供詞。
23 同註 23。莊大韮供詞。

茶爲遊巡將軍，林九爲鎮北將軍，李春風爲順勇將軍，林扇爲鎮北將軍並加封中路開國總先鋒及保駕大元帥，郭鑒爲護國將軍，郭漢生爲輔信將軍，劉三爲忠武將軍，劉笑爲英武將軍，陳商爲水陸將軍，陳元、涂虎爲游擊將軍，涂龍爲監軍。另有陳泮爲征南大都督，林領爲大都督，何有志爲右都督，蘇敬爲左都督，許尙爲靖海侯兼都督使。而鄭記、林舊爲總先鋒，陳闖爲北路先鋒，劉升爲副先鋒，兼管北路協。林全爲總曹帥府，兼管水陸軍務。何泰爲中路總提督，林楓爲九門提督，專管督工造城。蔡福總督內外諸軍務，楊軒委辦軍務，林倉管理軍糧。除此之外，劉賢士爲海防同知，劉懷清爲彰化縣知縣。各將領分掌各旗，其中蔡福管理青旗，把守諸羅、李七管理白旗，把守斗六門、何有志管理黑旗，把守大肚、陳泮與陳傳管理紅旗，把守南投，以及林爽文執掌黃旗，往來各地督陣。

在南路天地會，有簡添德、李惠先後爲軍師。其中，簡添德加封總參軍，會中往來書信，都由簡添德書寫；至於打仗事務、封官、發給箚諭及調兵遣將，則由李惠管理。另有莊大九爲護國元帥，何光義爲順天副元帥，許光來、黃成爲副主帥，莊大韮爲開南大將軍，林漢爲輔國左將軍，陳舉爲洪號大將軍，葉娥爲洪號右將軍，陳寧光爲護駕大將軍，黃潘爲金吾將軍，李出爲保駕大將軍，蘇良爲征西將軍，謝檜爲都督將軍，陳牙爲洪號開南左先鋒，王什方爲副先鋒，陳媽球、陳建平爲先鋒，張基光爲招討使，並稱總統營。其中，陳媽球被拿後供稱：

據陳媽球供：小的年三十八歲，原籍同安縣，三十七

年來臺灣，住居鳳山縣萬丹新莊，傭工度日。與莊大田賊夥張基光熟識，去年十二月十三日，莊大田攻破鳳山縣城，小的投張基光入夥。……小的在大湖打仗三次，手執藤牌半斬刀。今年三月初八日，隨張基光復陷鳳山縣城，曾殺三個義民，並未傷害官兵。三月二十六日，來攻府城小南門營盤。小的被炮打傷，莊大田許做先鋒。小的因傷回大溪腳醫治，到五月十八日才來東港。……就被義民拿獲的。[24]

莊大田因陳媽球在攻府城營盤時，被砲打傷，莊大田便封其爲先鋒，並送其回大溪腳地方醫治，天地會頭目莊大田在對天地會成員的管理方法，亦爲天地會成員所願服及追隨的原因之一。

此外，莊大田率領臺灣南部的天地會加入戰局，與北部的林爽文互爲呼應，在其所率領的天地會內，亦有具法術色彩的人物參與其中。有鳳山縣上淡水社番金娘，爲莊大田軍中的女軍師，平時在天地會中爲成員們請神治病，並於每次攻戰前主持祭神活動，並稱請神保佑，令眾人在征戰時刀槍不入，在金娘被拿之後即供稱其加入天地會經過，及參與天地會起事的情形：

小婦人名叫金娘，年四十歲，是鳳山縣上淡水社番。小婦人三十二歲那年患病，曾從番婦賓那學畫符醫治，後來就替人畫符醫病。這幾本請神治病的經，又是鳳山人林乞寫的，傳給小婦人，林乞已死過三四年

24 劉子揚、張莉編，《清廷查辦秘密社會案》，第23冊，頁6148~6152。常青等錄副奏摺並附共單，乾隆五十二年七月十六日。

> 了。這莊大田自稱大元帥，是林爽文夥黨，共有一百多枝旗，賊夥有萬餘人，亦有脅從的在內。小婦人向不熟識，是今年正月間，請小婦人在打狗港祭神，又醫好他們同夥的病，就請小婦人做女軍師，假說會請神保佑眾人不着槍炮。到三月初，莊大田兒子莊天位，要攻鳳山，小婦人假說鄭王即鄭成功顯神助戰的話，莊大田叫畫符哄騙眾人，稱做仙姑。三月初八日攻破鳳山，小婦人同去念咒，眾人就信果有法術。及莊大田每次來攻府城，小婦人帶一把劍在山頭念咒打鼓，假說神人保佑不受槍炮。其實槍炮打死的甚多，小婦人只說是他命里該當，眾人就不疑了。四月二十外，莊大田又將林爽文的劄諭交給小婦人，封做一品夫人。[25]

金娘在天地會內以治病、祭神念咒，以及請神保佑成員刀槍不入，而被授予女軍師一職，其後又因其具法術與和神靈通的能力，又被林爽文封爲一品夫人，在整起天地會起事的過程中，金娘的身份能力因能鼓武天地會成員的士氣，給予精神層面的支持，故而備受天地會領導人物的重視。

而在莊大田領導的天地會成員中，亦有在身份背景上具官方色彩的人士參與其中，福建漳浦縣人王坑郎即王坑，曾在鳳山縣城內充當過糧差，後又改充皂役，原先奉差前往阿里港地方查訪天地會，卻反被天地會首領莊大田同莊大韭、藍九榮等人拿去，並被迫加入天地會，在王坑郎被拿後，及

25 劉子揚、張莉編，《清廷查辦秘密社會案》，第 22 冊，頁 5767~5772。常青錄副奏摺並附供單，乾隆五十二年五月十四日。

供出其加入天地會的經過，以及在天地會內所做的事情：

> 據王坑郎即王坑供：小的年四十九歲，原籍漳浦縣，小的是乾隆三十年來到臺灣，在鳳山縣城賣魚度日，以後在縣里充當糧差，又改充皂役，卯名王璉。上年十二月間，小的奉差往阿里港查訪天地會，不料賊首莊大田同莊大韭、藍九榮們攻破鳳山，殺害官長，小的家眷也被拿去。莊大田因小的充過糧差，熟悉殷户，要小的順從，許封僞官，小的就捐給番銀四百圓，又替他到各處科派番銀一千多圓。莊大田就叫小的做副元帥，撥給小的三杆旗，有三百人。小的因是拐腳，不會打仗，是旗首藍罩溫從陳裕帶賊攻打，小的只是管辦運糧。後來小的懼怕官兵剿捕，原想自來投到脱罪，當被拿獲是實。[26]

王坑郎在進入天地會後，莊大田並爲因其曾爲皂役，原曾查訪天地會而對其不利，反而因其曾作過糧差，對陰戶熟悉，而授予其副元帥之職，並委其管辦糧運，亦凸顯出天地會首領莊大田在用人上的策略。林爽文與莊大田兩人率領的天地會南北相應，攻城掠地聲勢極大。自乾隆五十一年（1786）十一月二十九日，攻陷彰化縣城，至十二月初六日，林爽文率眾攻破諸羅縣縣城。次日，竹塹遂陷。[27]臺灣中北部各秘密會黨，皆群起響應林爽文；至於臺灣南路，莊大田所率領的天地會聲勢亦爲興盛，於十二月十三日早晨，莊大田率領

---

26 同註 26。王坑郎供詞。

27 根據當時在臺灣的各文武官員所呈奏摺得知，乾隆五十一年（1786）十二月初七日，竹塹遂陷。至於《彰化縣志》、《臺灣縣志》、《臺灣通史》等書上記載淡水廳治竹塹陷於十二月初一日，日期俱爲有誤。

天地會黨夥二千餘人，從龜山北門撲入鳳山縣城，並於該日將鳳山縣城攻下。這整起由林爽文所率領，並以天地會爲主體的戰役自乾隆五十一年（1786）十一月二十七日天地會會眾攻陷大墩營盤後正式豎旗起事，至乾隆五十三年（1788）二月初五日莊大田等人被俘，清軍平定臺灣南北兩路迄，前後爲時歷經一年又三個月的時間。

表 3-2-2 臺灣彰化林爽文結拜天地會反清要犯一覽表

姓名	籍貫	居住地	年齡	關係	行業	會內所授職稱
王　芬						平海大將軍，又稱靖海大將軍
王　作						征北大元帥
王什方						副先鋒
王坑郎（王坑、王璉）	福建漳浦縣人	臺灣鳳山縣城	49 歲		賣魚度日，又在縣里充當糧差，又改充皂役	逼迫入會管辦運糧
李　載						掃北大將軍
李　惠						南路軍師，管理打仗事務、封官、發給箚諭及調兵遣將
李　出						保駕大將軍
李春風						順勇將軍
李　七						管理白旗，取斗六門，把守斗六門
朱　開	福建漳州平和縣潭崁鄉人	臺灣彰化刺桐腳莊	41 歲			
何　泰						中路總提督
何光義						順天副元帥
何朝英	漳州府詔安縣人	臺灣淡水廳傀尾莊地方	37 歲		原是海壇鎮外委，因事斥革	頭目。被天地會成員脅迫而加入

何有志						右都督，管理黑旗，把守大肚
吳　領						頭人
沈　岸	臺灣淡水廳扈尾莊地方					頭目
金　娘	鳳山縣上淡水社番		40 歲	林紅之義姊	替人畫符醫病	祭神女軍師，稱做仙姑，封做一品夫人
林爽文	福建漳州府平和縣人	臺灣彰化大里杙莊	29 歲	林勸之子、林小文同族之堂兄弟	趕車度日，也在彰化縣衙裡當過捕役，亦曾作賊窩賊	眾人推林爽文爲首，自稱盟主大元帥，執掌黃旗，往來各地督陣
林　勸	福建漳州府平和縣人	臺灣彰化大里杙莊		林爽文之父		
林　漢						輔國左將軍，
林　繞	福建漳州府平和縣人	臺灣彰化大里杙莊		林氏族長		總名耆老，管理總制帥府鈐印
林　泮		臺灣彰化大里杙莊				據守大里杙附近烏日莊、田中央等處
林　光						理番同知，替楊軒做安民告示
林　倉						管理支放軍糧
林　領						大都督
林　與						先鋒
林　韭						頭人
林　瓦						頭人
林　耽	福建漳州府龍溪縣西門外人	臺灣彰化縣西門大街	71 歲	林萬之父	彰化縣皂役，因年老早已稟退	
林　萬	福建漳州府龍溪縣西門外人	臺灣彰化縣西門大街		林耽之子		隨同攻打彰化縣城

林　舊						總先鋒
林　約						頭人
林　楓						九門提督，專管督工造城
林　贊						
林　全						總曹帥府，兼管水陸軍務
林　駕						右衛大將軍
林　紅	仙游縣人	臺灣鳳山上淡水社	28 歲	金娘之義弟	畫符治病	
王　茶						遊巡將軍
林　九						鎮北將軍
林　扇						鎮北將軍並加封中路開國總先鋒及保駕大元帥
林　達						保駕大將軍
林天球	廣東饒平縣西門外人	臺灣彰化下埔姜侖莊	43 歲			隨同攻打彰化縣城留守彰化城
林長義						頭人
林鶴然						頭人
林理生						頭人
林水返						副元帥，據守大里杙附近烏日莊、田中央等處
林小文	福建漳州府平和縣人	淡水廳，在新莊地方居住	42 歲	林爽文同族之堂兄弟	曾唱戲營生又為淡水廳捕役	元帥
柯　春						鎮國大將軍
高文麟	漳州府龍溪縣人	彰化縣犁頭莊鹿仔港				管海口總爺，留守彰化
侯　辰（侯老）						謀士
郭　丕	福建漳浦縣戴坑人	臺灣彰化大肚社	26 歲			
郭　漢						頭人
郭　鑾						護國將軍

郭漢生						輔信將軍
陳　泮						征南大都督
陳　煙						大將軍
陳　高	福建漳州府人	臺灣彰化馬楚遴社	27 歲			據守彰化縣城
陳　元		臺灣淡水廳扈尾莊地方				游擊將軍
陳　傳						安南大將軍，管理紅旗，把守南投
陳　闖						北路先鋒
陳　啇						水陸將軍
陳　樵	福建漳州府漳浦縣東山保人	臺灣彰化縣大肚地方	43 歲		宰豬營生	
陳　梅	福建泉州人				算命	軍師
陳　舉						洪號大將軍
陳　牙						洪號開南左先鋒
陳媽球	同安縣人	臺灣鳳山縣萬丹新莊	38 歲		傭工度日	先鋒
陳建平						先鋒
陳寧光						護駕大將軍
陳天送						林爽文派遣前往鳳山糾約南路天地會
陳秀英						中南總統大元帥
陳奉先						軍師
涂　虎						游擊將軍
涂　龍						監軍
許　尙						靖海侯兼都督使
許　溪		臺灣彰化縣大肚地方			宰豬營生	
許光來						副主帥
莊大田	福建漳州府平和縣人	臺灣鳳山篤家港		莊大韮之族兄	種田度日	南路天地會的重要首領。眾人推爲大哥。自稱洪號「輔國大元帥」

莊大韮	福建漳州府龍溪縣人	臺灣鳳山阿里港		莊大田之族弟	開設鞋舖營生	南路天地會的重要頭領，封開南大將軍
莊大九						護國元帥
張　文	福建漳州府長泰縣黃土鄉人	臺灣彰化縣刺桐腳莊	41 歲			隨同攻破彰化縣城
張　四						
張　火						頭人
張隆生						頭人
張基光						招討使，並稱總統營
鄭　記						總先鋒
黃　實（劉實）	廣東饒平縣石井莊人	臺灣彰化縣咬走莊	38 歲			隨同攻打彰化縣城
黃　成						副主帥
黃　潘						金吾將軍
黃玉娘						副元帥
彭　喜	漳州府詔安縣人	臺灣南澳地方	45 歲		拔補千總，曾升任澎湖守備，後又做委署北路淡水都司，但經軍政參革	被林小文脅迫幫助抵抗官兵
董　喜						軍師
楊　章	不知原籍	諸羅縣子良廟莊	42 歲			管隊
楊　望						
楊　軒	漳州府龍溪縣二十五都楓林鄉人		38 歲			委辦軍務，給與木戳一個，上刻辦理軍務字樣，留守彰化
楊振國（楊咏）	福建漳浦縣南鄉人	臺灣彰化縣	43 歲		彰化縣快役	當過縣快役副元帥，據守彰化縣城
葉　娥						洪號右將軍

溫　道						護駕大將軍
廖　攀		龍海山口地方			把總	把火藥三十斤送給林全
劉　升		臺灣彰化大里杙莊				先被莊內耆老推舉爲盟主，因眾人不服，改封副先鋒，北路協
劉　三						忠武將軍
劉　四						彰化縣官
劉　笑						英武將軍劉升爲副先鋒，兼管北路協
劉長芳						軍師
劉賢士						海防廳同知
劉懷清						彰化縣知縣
蔡　福		臺灣諸羅縣				總督內外諸軍務，管理青旗，把守諸羅，據守古坑
蔡　綱	福建漳州府南靖縣人	臺灣淡水廳擺接地方	42 歲			
賴　達						保駕大將軍
賴　樹	福建漳州府平和縣人	淡水新莊街居住	31 歲		開雜貨店生理	大將軍
賴子玉						頭人
謝　檜						都督將軍
鍾　祥	汀州府武平縣人	臺灣彰化縣碑仔頭地方	29 歲			留守彰化
簡　鳩	汀州府永定縣洪岸鄉人	臺灣彰化縣城內	24 歲		做畫匠度日	彩畫旗邊，隨同入夥辦事
簡　乾						頭人
簡添德						南路軍師，加封總參軍，書寫會中往來書信
盧　菊						頭人

藤　老						黃音頭人
蘇普	同安縣人	諸羅縣他里霧莊	20 歲			
蘇　良						征西將軍
蘇　敬						左都督
嚴　煙（莊煙、嚴若海）	福建漳州平和縣人	臺灣彰化溪底阿密里莊	30 歲		販賣布匹	

資料來源：閩浙總督常青奏摺，乾隆五十一年十二月十七日、常青奏摺，乾隆五十二年正月初六日，收錄於《宮中檔乾隆朝奏摺》v62.648、821；林爽文供詞、劉升供詞、莊大韮供詞，收錄於《軍機處檔・月摺檔》，第 2778 箱，16 包，38807 號、161 包，38813、38814 號；天地會成員供詞，收錄於《清廷查辦秘密社會案》，v20~24。

臺灣林爽文率領天地會起事一案，參與人數眾多，在籍貫分佈上有鳳山縣上淡水地方的社番；廣東省境內的饒平縣西門地方、饒平縣石井莊人；福建省境內漳州府漳浦縣戴坑人、漳州府漳浦縣東山保人、漳州府漳浦縣南鄉人、漳州府龍溪縣人、漳州府長泰縣人、漳州府詔安縣人、漳州府南靖縣人、漳州府平和縣人、汀州府武平縣人、汀州府永定縣人、泉州府同安縣人以及仙游縣人，另外尚有來臺已久已不知原籍者；在居住地的分佈上有臺灣淡水廳扈尾莊地方、淡水廳新莊街、淡水廳擺接地方、南澳地方、龍海山口、彰化縣城內、彰化縣刺桐腳莊、彰化縣咬走莊、彰化縣大肚社、彰化縣大里杙莊、彰化縣西門大街、彰化縣馬楚遴社、彰化縣下埔姜侖莊、彰化溪底阿密里莊、彰化縣碑仔頭地方、彰化縣犁頭莊鹿仔港、諸羅縣子良廟莊、諸羅縣他里霧莊、鳳山縣城、鳳山縣上淡水社、鳳山縣萬丹新莊、鳳山縣篤家港以及鳳山縣阿里港等地；其之間的連繫多有親屬關係或地緣關係；就年齡分佈來說，年歲最大者爲七十一歲，年歲最小者爲二十歲，大部分參與天地會的成員，平均年齡介於三十至五十歲間；在職業及身份類別上有種田度日、傭工度日、趕車度日、挑夫、剃頭、餵養雞鴨、賣魚度日、宰豬營生、販賣糕餅、開雜貨店、開設鞋舖、開張藥舖、開設布鋪、唱戲營生、畫匠度日、訓蒙、監生、秀才、畫符治病、算命以及竊賊，除此之外，更有在身份職業上，具官方色彩的淡水廳現役捕役、淡水廳現役把總、彰化縣現役快役、鳳山縣現役皂役、鳳山縣現役糧差、曾任彰化縣捕役者、退休的彰化縣皂役、遭斥革的海壇鎮外委、遭斥革的委署北路淡水都司等，身份相當多元。

由上述分析林爽文所率領的天地會內成員基本背景資料中，可以看出成員的祖籍籍貫同時包含有來自廣東與福建兩省，其中，更有在臺灣相處不甚和睦的泉州籍與漳州籍人士。閩粵械鬥與彰泉械鬥在清代臺灣拓墾社會中爲常態，但在林爽文所率領的天地會成員中，同時存在這些相處不睦的族群，其中，有被迫威脅加入者；亦有因地方吏治敗壞，被兵丁官吏騷擾，憤而加入者；也有貪圖搶劫，爲非作歹者。而天地會的領導者，不論是北路的林爽文，或是南路的莊大田，在其人格特質上，皆俱有爲人爽快，講求義氣，素喜交結，慷慨不吝錢文的特徵，故深受會內眾人的推戴。

至於天地會在臺灣發展迅速，且甚爲活躍，地方民眾紛紛加入，反映出當時清代臺灣拓墾社會的問題。因爲早期移墾社會普遍貧窮，凡遇有各類婚喪事宜，或衝突糾紛，皆需幫助，而天地會內強調互助的性質，同會之人「有難相救，有事相助，武斷一方，莫敢過問。」因此，加入者眾。而在其會內有其規範，故此呈現出秩序與互助；但對外部社會而言，則呈現出天地會在地方上具衝突、暴力且擾亂社會秩序的面貌。使得天地會這類秘密會黨其所具有「片面社會功能」的特徵，在遇到地方官府處理事件不當，很容易在地方上釀成武裝暴力事件。

乾隆五十三年（1788），清軍平定林爽文率領的天地會戰役後，有參與天地會起事的逸犯陳信躲避清軍捉拿，逃至南投，並借住於素識的廣東客家人謝志家中。謝志自幼即隨同父母從廣東原鄉遷移到臺灣，先前曾居住於彰化，平日以肩挑營生。謝志看見陳信的衣包內藏有天地會的誓章一紙，內容書寫「有福同享，有禍同當，一人有難，大家幫助。若是不救，及走漏消息，全家滅亡，刀下亡身」等字樣。謝志便像陳信尋問天地會的結法。陳信便即將天地會的盟誓儀式及其會內的隱語暗號傳授給謝志，並教其排設香案，以及在神前宰雞，歃血鑽刀，並且對天立誓，一人有難，大家幫助，如若負盟，刀下亡身。立誓完畢後，即將誓章在神前焚化，並吃血酒。乾隆五十五年（1790）七月間，有福建漳州人張標，因移居南投後，與當地居住的泉州籍移民相處不睦，結了許多仇家，因此便起意欲糾人結會，以防備泉人。此時，張標遇見素識的謝志，兩人閒談後，便決定復興天地會。謝志將陳信所教的天地會結會儀式告訴張標。兩人遂商定先邀幾個同心的人，再各自分頭邀人。凡入會者，即將刻有「福忠興萬合和」六字的圖書印在紙片上，發與眾人以作爲憑據。

張標隨後邀得吳順光、張阿秀、蕭翁、陳把、江元祿、林祿、張夜、張文八人，入會者共計十人，於是年九月初二日在南投虎仔坑地方訂盟結會。眾人公推張標爲大哥，排設香案，並在神前宰雞歃血鑽刀。謝志取出天地會的舊誓章，與張標等人在神前跪讀，讀畢後將誓章於神前焚化，與眾弟兄分飲血酒，謝志亦將天地會用左手伸三指朝天的舊記號傳授給眾人。隨後，張標另又添邀賴東等六人，於是月十五日在張標家中結會；張夜亦轉邀張英等四人，於十八日在張夜家內結會；陳把轉邀王受等三人，於九月十九日在陳把家中結會；吳順光轉邀陳光等三人，亦於九月十九日在吳順光家中結會；張文轉邀陳蘭，於九月二十日在張文家中結會；張阿秀轉邀張萬等六人，於九月二十一日在張阿秀家中給會；蕭翁轉邀陳和等三人，於九月二十二日在蕭翁家中結會；林祿轉邀施莫等二人，於九月二十三日在林祿家中結會；江元祿轉邀楊呈等二人，於九月二十四日在江元祿家中結會；謝志轉邀施錸一名，於九月二十五日在謝志家中結會。張標等人復興天地會，先後入會者共計四十九人。[28]

表 3-2-3 臺灣南投張標復興天地會要犯一覽表

姓名	籍貫	居住地	行業	備註
陳　信				至謝志家躲藏，並教受天地會結拜方法與暗號
謝　志	廣東客家人	先前曾居住於彰化，後搬至南投	肩挑營生	與張標起意復興天地會，並邀人結拜天地會
張　標	福建漳州人	南投		

28 《明清史料》，戊編，第 4 本，頁 395。臺灣鎮總兵官奎林等奏摺移會抄件，乾隆五十六年三月十二日。

吳順光				張標邀入天地會
張阿秀				
蕭　翁				
陳　把				
江元祿				
林　祿				
張　夜				
張　文				
張　英				張夜邀入天地會
王　受				陳把邀入天地會
陳　光				吳順光邀入天地會
陳　蘭				張文邀入天地會
張　萬				張阿秀邀入天地會
陳　和	福建漳州府平和縣人	寄居臺灣嘉義縣醬寮莊		蕭翁邀入天地會
施　莫				林祿邀入天地會
楊　呈				江元祿邀入天地會
施　鍊				謝志邀入天地會

資料來源：奎林等奏摺移會抄件，乾隆五十六年三月十二日，收錄於《明清史料》，戊編，v4.395。

臺灣南投張標復興天地會一事，參與人數達四十九人，在原鄉籍貫的分佈上，有廣東客家人、福建漳州府人。其中，以福建漳州籍移民者居多；另外，在其會內成員居住地的分佈上，有臺灣嘉義縣、彰化縣以及南投等地，其會內成員之間的連繫多具有地緣關係；在職業及身份類別上肩挑營生者；至於在其會內的結構上，有倡結者張標與謝志。兩人起意糾人入夥，拜盟結會，而又因為謝志已知有天地會的集結方式，及會內規約，因此便乾脆復興天地會。其復興天地會以及加入天地會內的成員共同目的在於，團結彼此，以防備當地泉州籍的居民，這一例天地會的復興與組織，反映出臺灣當時社會中，漳州籍移民與泉州籍移民之間的不睦情形。

乾隆五十五年（1790），九月間，有漳州府龍溪縣人吳祖生，寄居於淡水廳貓里地方。吳祖生聽聞彰化縣民人張標等在南投地方糾人重新結拜天地會，並聞欲俟稻穀收成，尚須做總會。吳祖生便起意糾人前往加入張標的天地會，即向平素相好的杜渺、黃再、吳堅、吳東、張宣、何院、林翰奇、林元、林智等九人商量，並託各人分頭邀人，預定糾集一百多人，使其聲勢浩大，要加入張標的天地會時，令張標等人不敢小看他。於是杜渺轉邀吳年等四人，又迫脅莊器等三人入會；吳堅轉邀張奪等四人；張奪轉邀林弼等二人；張宣轉邀陳在等二人；陳在轉邀柯賢等二人；吳東轉邀林萬壽等二人；楊香轉邀鄭田一人；黃再轉邀杜贊一人；何院轉邀謝夏一人；林翰奇轉邀羅太白等二人；林元轉邀劉佛一人；林智轉邀趙潮一人；羅太白轉邀吳寬一人；吳寬轉邀鄭井一人入會。此外，亦有迫脅引誘入夥者，共計已糾集三十餘人。時至該月月底，因吳祖生等人聽聞張標被捕，便即通知眾人暫行歇手。乾隆五十六年（1791）三月，吳祖生又開始計劃在原邀三十餘人的基礎上，再添邀二、三百人，並於該年冬成後，自行結立天地會，但於四月十六日即被淡水營拏獲。[29]

表 3-2-4 臺灣淡水廳吳祖生結拜天地會要犯一覽表

姓名	籍貫	居住地	備註
吳祖生	漳州府龍溪縣人	寄居淡水廳貓里地方	吳祖生夥同各人分頭邀人，預定糾集一百多人，一同入張標的天地會
杜　渺			
黃　再			

29 《天地會》，第 5 冊，頁 386。福建水師提督奎林等奏摺錄副，乾隆五十六年九月二十二日。

吳　堅			
吳　東			
張　宣			
何　院			
林翰奇			
林　元			
林　智			
吳　年			杜渺邀引入天地會
莊　器			
張　奪			吳堅邀引入天地會
林　弼			張奪邀引入天地會
陳　在			張宣邀引入天地會
柯　賢			陳在邀引入天地會
林萬壽			吳東邀引入天地會
杜　贊			黃再邀引入天地會
謝　夏			何院邀引入天地會
羅太白			林翰奇邀引入天地會
劉　佛			林元邀引入天地會
趙　潮			林智邀引入天地會
吳　寬			羅太白邀引入天地會
鄭　井			吳寬邀引入天地會

資料來源：奎林等奏摺錄副，乾隆五十六年九月二十二日，收錄於《天地會》v5.386。

臺灣淡水廳吳祖生結拜天地會一事，參與人數達三十餘人，在籍貫分佈上多爲福建漳州籍人士；其會內成員在居住地上，多居住於臺灣淡水廳。糾夥入會的起意者吳祖生是受到南投地方張標等人復興天地會，以糾集漳州籍移民，共同抵禦泉州籍移民的影響，故而起意糾人，欲加入張標等人所結立的天地會。但因吳祖生擔心人數若不多，恐不受張標等人的重視，爲免被輕視，而邀集會內成員各自再行糾人入會，以達百餘人爲目標。但在輾轉糾人至三十餘人時，便傳來南投地方，張標等人所復興的天地會已被官府拏辦，便令眾人暫時停歇。又於數個月後，吳祖生決定自行組織天地會，故又繼續糾人，但不久後即被官府查拏。

乾隆五十四年（1789）七月裡，有福建泉州府同安縣人吳光彩渡海來臺，在彰化縣埔心莊居住，與當地村民張阿秀交好。乾隆五十五年（1790）張標復興天地會，張阿秀聽邀加入，同年十月，張阿秀等即被拏獲正法，因此，吳光彩便起意邀人結拜天地會，要爲張阿秀報仇。乾隆五十七年（1792）三月間，吳光彩與素來交好的吳基同至陳潭家中閒談，陳潭提及欲糾人結會搶奪。次月初九日時，吳光彩、吳基同以及張標案內逸犯王都、張英、吳刊三人齊集至陳潭家中，由王都傳授天地會的結拜儀式，隨後邀得陳僭等九人入會，隨後便旋即被官府破獲，陳潭等人即被拏獲正法。[30]

表 3-2-5 臺灣彰化吳光彩結立天地會要犯一覽表

姓名	籍貫	年齡	備　註
吳光彩	福建泉州府同安縣人	彰化縣埔心莊	吳光彩起意邀人結拜天地會，要爲張阿秀報仇
張阿秀		彰化縣埔心莊	張標復興天地會，聽邀加入，其後被拏獲正法
吳基同			欲糾人結會搶奪
陳潭			
王都			張標案內逸犯
張英			
吳刊			
陳僭			被陳潭等人邀入天地會

資料來源：哈當阿等奏摺，乾隆五十八年十二月十一日，收錄於《明清史料》，戊編 v5.445。

30 《明清史料》，戊編，第 5 本，頁 445。福建水師提督兼臺灣鎮總兵官哈當阿等奏摺，乾隆五十八年十二月十一日。

臺灣彰化吳光彩等人結立天地會一事，亦受到南投地方張標等人復興天地會的影響。從此案例中，可以得知臺灣地區參與結拜天地會的成員，在其心態因素上，呈現出相當多元的面貌。張標所復興的天地會，在用意上，原爲糾集漳州籍移民，共同抵禦泉州籍移民，並吸引不少福建漳州籍人士的參與。當時有張阿秀居住於臺灣彰化埔心莊，亦聽從邀約，一同參與張標結立的天地會，其後，因爲張標等人被捕，張阿秀亦被拏獲到案，並被正法。而有與其向來交好的吳光彩，聽聞張阿秀被拏獲正法後，即希圖爲其報仇，再結天地會。但吳光彩本身原鄉籍貫爲福建泉州籍人士，與張標以糾集漳州籍移民抵制泉州籍移民爲主旨復興天地會，其會內成員張阿秀素相交好，有些矛盾。或爲吳光彩與張阿秀兩人私下極爲友好，或爲吳光彩結拜天地會被官府拏獲後的藉口。而陳潭與吳基同在倡結天地會時，即以欲糾人一同搶劫爲由，糾人結拜，入夥成員在心態上皆希圖獲利，而一同結拜，至於張標案內的逸犯王都、張英、吳刊，因有結拜天地會的經驗，故而帶領吳光彩、陳潭等人結拜天地會。此一案例中，亦再次說明漳州籍移民與泉州籍移民並非絕對無法一同相處，而在共同的利益之下，漳州籍移民與泉州籍移民亦能有合作的可能性。

乾隆五十二年（1787），廣東境內查獲多起結拜天地會案件。有饒平縣上繞鄉人許阿協，年三十歲，向在福建省平和縣小溪地方與開張麯店的賴阿邊買麯，零賣酒麯度日。乾隆五十一年（1786）十月初八日，帶著番銀欲至小溪和賴阿邊買曲，在路過麻塘地方時，被四、五個不識姓名的人，將番銀搶去。許阿協到賴阿邊家中告知此事，賴阿邊便和許阿協說若加入天地會，將來行走便可免於搶奪，而此時被搶去的番銀亦可代爲要回。許阿協一時情急，當即應許加入，與賴阿邊及其弟弟賴阿立一同燒香拜會，賴阿邊又傳授以大指爲天，小指爲地，並接遞茶煙的暗號，復又傳授詩句。而許阿協被搶去的番銀亦有要回。[31]

又有廣東潮州饒平縣小榕鄉人賴阿恩，年四十二歲，與同鄉的林阿俊，年四十四歲，其子分別爲十六歲的賴娘如和林阿真，向在漳州福興班唱戲。賴阿恩於乾隆五十一年七月，帶了三件衣服，衣包一個，從家中起身到漳州去看兒子賴娘如，在前往的路途中，被三、四個不認識的人搶去。賴阿恩趕到戲館裡，告訴管班閩省龍溪縣埔南墟人梁阿步此事，梁阿步即勾引賴阿恩入會，並幫其回被搶衣包；至十月時，林阿俊亦到漳州看視其子林阿真，林阿真給其銀錢，當林阿俊要返回時，梁阿步以這路上不好走，須防人搶奪爲由，邀林阿俊入會，梁阿俊當下隨即應允，梁阿步便教以如逢搶奪之人，只用手指三個，按住心坎，即爲同夥暗號，並傳授詩語。賴阿恩與林阿俊先後回家，彼此告知其事。[32]但在官府拏獲賴阿邊與賴阿立爲天地會成員時，其兄弟兩人皆稱，因許阿協常來店裡買酒麯，不過是主顧間素相認識而已，並沒有糾許阿協入天地會的事；而戲館管班梁阿步被拏時，亦供稱賴阿恩、林阿俊有子賴娘如、林阿真在其班內唱戲，而賴阿恩、

31 劉子揚、張莉編，《清廷查辦秘密社會案》，第 20 冊，頁 4924~4931。孫士毅錄副奏摺並附供單，乾隆五十二年正月二十一日。
32 同註 32。賴阿恩、林阿俊供詞。

林阿俊兩人屢來索錢，口角而去，因賒欠飯錢，扣留衣袱在飯店，其曾出銀代爲贖出，但並無糾其入會，而賴阿恩、林阿俊兩人之子亦與其管班供稱內容相同。[33]

另有廣東饒平縣小榕鄉人涂阿番，年四十七歲，平日在墟上賣飯過活，有福建詔安縣人黃阿瑞，常到在墟上販賣木桶，買涂阿番的飯吃，積欠飯錢。涂阿番向他要錢時，黃阿瑞便說福建漳州有天地會，若入了會，便有好處，並教涂阿番以大指爲天，小指爲地，吃煙用三個指頭接煙筒的暗號。涂阿番便問黃阿瑞說入天地會有何好處，黃阿瑞便說若到福建的路上，遇有搶奪的人，做暗號與他看，就不搶了。因涂阿番没有要到福建去，因此没有聽黃阿瑞的話入天地會。[34]

除此之外，有廣東饒平縣南陂鄉人林功格，今年二十七歲，平日到漳浦、平和各縣唱戲度活。乾隆五十年（1785），林功格在平和縣地方唱戲，有林邊鄉人林三長，年約三十多歲，到戲館閑坐，與林功格認爲同宗。次年五月，林功格聘定平和縣下寨鄉周杰的婢女爲妻。林三長對林功格說，你已定了老婆，須入天地會才好娶回，林功格當下應允。六月二十四日，林三長便叫林功格至其書房，用桌子供設香爐，把劍兩把插在地上，叫林功格由劍下走過，發誓若觸破事機，死在刀劍之下。並教其用三指接遞茶煙，如路上有人搶奪，把三指按住胸膛，即可無事。同會的人查問，只說是水裏來的話。林三長又說，有個朱洪德，係食仙桃孕生，年約十五

33 劉子揚、張莉編，《清廷查辦秘密社會案》，第 20 冊，頁 4950~4952。李侍堯錄副奏摺，乾隆五十二年三月初八日。

34 同註 32。涂阿番供詞。

六歲，是詔安縣雲霄人張扳桂向他傳說的。[35]

在經過官府反覆問供，徹查的結果確認許阿協、賴阿立二人確實是福建省平和縣人賴阿邊勾引入會；而賴阿恩、林阿俊二犯，確爲福建省龍溪縣人梁阿步所勾引。許阿協、賴阿恩即林阿俊等人在入會之時，皆有先經同會在旁目擊。另外，涂阿番則是福建省詔安縣人黃阿瑞勾引，因黃阿瑞以病故，涂阿番堅稱其爲入會，但其後查出涂阿番曾轉而勾引余阿緒入會；另外，林功裕是福建省平和縣人林三長勾引。[36]

表 3-2-6 廣東境內許阿協等入天地會要犯一覽表

姓名	籍貫	年齡	關係	行業	入會情形
許阿協	廣東饒平縣上繞鄉人	30 歲		零賣酒麵度日	賴阿邊邀許阿協入天地會，以免於被搶，而被搶之番銀亦可要回。許阿協當應許，便與賴阿邊及其弟賴阿立燒香拜會
賴阿邊	福建平和縣小溪人		賴阿立之兄	開張麵店	
賴阿立	福建平和縣小溪人		賴阿邊之弟		
賴阿恩	廣東潮州饒平縣小榕鄉人	42 歲	賴娘如之父		梁阿步以防人搶奪爲由，邀林阿俊、賴阿恩入會
林阿俊	廣東潮州饒平縣小榕鄉人	44 歲	林阿真之父		
梁阿步	福建龍溪縣埔南墟人			漳州福興班戲館管班	
賴娘如	廣東潮州饒平縣小榕鄉人	16 歲	賴阿恩之子	在漳州福興班唱戲	爲其管班梁阿步做僞證，稱梁阿步並未傳佈天地會
林阿真	廣東潮州饒平縣小榕鄉人		林阿俊之子	在漳州福興班唱戲	

35 劉子揚、張莉編，《清廷查辦秘密社會案》，第 20 冊，頁 4947~4950。孫士毅等錄副奏摺並附供單，乾隆五十二年二月二十七日。

36 劉子揚、張莉編，《清廷查辦秘密社會案》，第 20 冊，頁 4985~4987。孫士毅等錄副奏摺，乾隆五十三年六月初四日。

涂阿番	廣東潮州饒平縣小榕鄉人	47 歲		賣飯過活	黃阿瑞積欠涂阿番飯錢，便說福建漳州有天地會，入會不怕人搶，引其入會
黃阿瑞	福建詔安縣人			販賣木桶	
林功格	廣東潮州饒平縣南陂鄉人	27 歲		唱戲度活	林功格在平和縣地方唱戲，林三長到戲館閑坐，與林功格認爲同宗，引其入會
林三長	福建省平和縣林邊鄉人	30 多歲			
張扳桂	福建詔安縣雲霄人				
朱洪德		15、6 歲			食仙桃所孕生

資料來源：孫士毅錄副奏摺並附供單，乾隆五十二年正月二十一日、孫士毅等錄副奏摺並附供單，乾隆五十二年二月二十七日、李侍堯錄副奏摺，乾五十二年三月初八日、孫士毅等錄副奏摺，乾五十三年六月初四日，收錄於《清廷查辦秘密社會案》v20.4924~4931、4947~4950、4950~4952、4985~4987。

廣東境內許阿協等人入天地會一事，共四個案例，因情節相似，官府一同查辦。在參與天地會成員的在籍貫分佈上有廣東潮州饒平縣小榕鄉人、南陂鄉人、上繞鄉人，以及福建平和縣小溪人、龍溪縣埔南墟人、詔安縣雲霄人等，其之間的連繫多有親屬關係或地緣關係；在職業類別上有賣飯過活、販賣木桶、開張麵店、零賣酒麵度日、戲館管班以及戲館唱戲等。在傳播天地會的情節上，皆以防止在路上被搶爲由，引人入會，而有剛巧被搶的人，因可討回被搶得財物，因而加入天地會。天地會內成員利用被害人希圖要回被搶財物的心理，而引其入會；而未被搶奪的人，則用其趨吉避禍的心理，引人加入天地會。

乾隆五十七年（1792）查獲一起天地會改名爲靝黮會案件。有福建泉州府同安縣人陳蘇老、蘇葉，與陳滋以及陳池素相交好。其中，陳蘇老與蘇葉均籍隸同安，向在臺灣耕種度日。乾隆五十一年曾拜臺灣的天地會頭目李水為師。後因林爽文起事，李水、陳蘇老以及蘇葉皆隨同入夥，但並未殺人，亦未得受封。在林爽文被擒之後，陳蘇老等人竄入內山之中，以幫同生番種地營生。至乾隆五十七年四月間，陳蘇老、蘇葉因事隔年久，便前赴海邊詐稱是遭風難民，附搭不識姓名的船隻，內渡回家。次月，陳蘇老至素相交好的晉江縣民陳滋家中探望，適遇陳池、莊堆、黃飽、蘇葉、姚訓、楊拂送以及洪廷賀亦先後至其家中。一干人等均是游惰，各道貧難，陳蘇老遂與陳滋等人起意糾眾搶掠，但因人數不多，恐被拿獲。陳蘇老憶及從前天地會內之人，四處糾約，互相幫助，是以無人敢欺；蘇葉又以現聞廣東石城縣高溪地方洪三房即朱九桃起會之事，向陳滋等人慫恿拜會，眾人均各允從。陳蘇老遂傳授三指訣，並教令入會之人，須架起雙劍，先從劍下鑽過，焚香設誓，受拜為師，令其各自糾夥。其後陳蘇老又在同安縣蘇葉家中，添邀王培、王爽、卓三捷、許繼入會。嗣因陳蘇老見會夥漸多，三指手訣，眾所皆知，恐難分辨。且天地會匪現在查拿嚴緊，隨改成靝黲名色，並書寫「順國源分」四字，令素能刻字的吳牛刊刻靝黲二字，並順國源分印板一塊，用黃紙印刷，刊刷分給會內成員，輾轉布散，作為暗號；又編造口歌令入會之人誦習，以便互相照會。復令會內成員身帶刀械防身，於搶掠之時，或遇有兵役查拿，即可作為抵拒之用。並訂期於八月十五日，各赴村鎮鋪戶分頭劫掠。[37]

37 劉子揚、張莉編，《清廷查辦秘密社會案》，第29冊，頁8175~8178。伍拉納等錄副奏摺並附供單，乾隆五十七年八月初五日。同書，同冊，

但靝黰會尚未起事，已露風聲，蘇葉知事蹟已敗露，即令王輝、蘇來通知陳蘇老、洪廷賀等人，囑其乘勢劫搶村民，得贓逃遁。洪廷賀隨招集會內成員於二十二、二十三等日至新店鄉，趕入洪文麟店內搶劫番銀五十圓、錢二十四千文。又搶得洪振源鋪內錢十三千、番銀三十四圓。二十四日至馬巷地方，途遇驛夫陳祖、黃啓遞送臺灣各衙門文冊赴省，洪廷賀等人疑心是稟拿會匪的公文，即將陳祖、黃啓用繩勒斃，棄屍井內，並將各文冊燒毀。是日蘇葉、楊拂送、姚訓、黃飽、王培、王爽、卓三捷、許繼邀同莊堆、蘇執、葉瑞光、蘇談、楊寧、孫度、王其英等會內成員，亦在同安縣孫厝鄉搶劫孫宿家衣物二十餘件、錢十二千五百文、紋銀十一兩。陳滋、陳池亦同倪神奇、白兜、王旭、梁神老、郭宇、蘇來搶得馬巷下廟陳朝家內衣箱一隻、錢十八千文。隨後經官府察拏，先後共計拿獲會內成員共二百二十七名。其中以陳蘇老、蘇葉、陳滋、陳池、黃飽、姚訓、楊拂送、洪廷賀、王培、王爽、卓三捷、許繼等十二名爲首。[38]

表 3-2-7 福建同安陳蘇老改天地會爲靝黰會要犯一覽表

姓名	籍貫	關係	行業	會黨內身份
李　水		陳蘇老、蘇葉之師		臺灣的天地會頭目
陳蘇老	福建泉州府同安縣人	李水之徒	向在臺灣耕種度日、後幫生番種地營生	第一次在福建同安結天地會
蘇　葉	福建泉州府	李水之徒	向在臺灣耕種	

頁 8184~8193。伍拉納錄副奏摺，乾隆五十七年八月二十五日。

38 《大清高宗純皇帝實錄》，卷 1413，頁 3。上諭，乾隆五十七年九月壬子。

	同安縣人		度日、後幫生番種地營生	
陳　滋	福建泉州晉江縣人	陳蘇老之徒	游惰	
陳　池		陳蘇老之徒	游惰	
莊　堆		陳蘇老之徒	游惰	
黃　飽		陳蘇老之徒	游惰	
姚　訓		陳蘇老之徒	游惰	
楊拂送		陳蘇老之徒	游惰	
洪廷賀		陳蘇老之徒	游惰	
洪三房（朱九桃）	廣東石城縣高溪地方			在廣東結立天地會
王　爽				
卓三捷				
許　繼				
王　培				在蘇葉家第二次結拜
吳　牛			刻字	刊刻䨻䨺二字並順國源分印板一塊，用黃紙印刷，刊刷分給會內成員

資料來源：伍拉納等錄副奏摺並附供單，乾隆五十七年八月初五日、伍拉納錄副奏摺，乾隆五十七年八月二十五日，收錄於《清廷查辦秘密社會案》v29.8175~8178、8184~8193。上諭，乾隆五十七年九月壬子，收錄於《大清高宗純皇帝實錄》，卷 1413，頁 3。

福建同安陳蘇老改天地會爲䨻䨺會一事，參與人士在籍貫分佈上有福建泉州府同安縣人、泉州晉江縣人，其之間的連繫多有地緣關係；參與在內的成員在地方上多屬游惰。其中，爲首倡立者陳蘇老與蘇葉，曾渡海至臺灣，並在臺灣以耕種度日，曾拜臺灣天地會的頭目李水爲師，其後又參加過林爽文天地會的戰役，但在掃蕩林爽文天地會餘黨時，並未被官兵抓住，而是逃竄內山中，過著幫生番種地的生活，在風頭過去後，便偷渡回福建原鄉。

陳蘇老等人返回原鄉後，又糾集附近游手好閒之人起意搶掠，蘇葉即以聽聞廣東石城縣高溪地方洪三房起會之事，來慫恿陳滋等人。陳滋等人因希圖搶劫圖利，便同意拜陳蘇老爲師入夥結會。這起結拜靝黲會，會中成員是以聚夥搶劫爲目的，所結立的秘密會黨。

乾隆末年臺灣鳳山縣境內查獲一起天地會改名爲小刀會的案件。有福建漳州府龍溪縣人鄭光彩，年四十二歲，自幼生長在臺灣鳳山縣境內，與漳州府海澄縣人陳旺，年三十七歲、泉州府同安縣人魏東，年三十歲，以及泉州府同安縣人楊骨，年四十三歲，四人素相交好。鄭光彩等四人俱無恆業，起初靠著爲村人看守田園度日，後來便勒令附近各莊每年給與工錢，聲稱代其保護田園，如不依從，即強割偷竊。附近各莊居民雖然怨恨，但都因害怕而允從，歲給工資；但廣東客家莊籍的村人不服，並聲言欲行告官究辦。鄭光彩慮及結仇甚多，恐被告發查拏時無人幫助，又憶及從前天地會內之人，凡遇事則互相幫助，群眾皆畏懼，遂起意結會。乾隆五十九年（1794）五月，鄭光彩即與陳旺等人相商拜會，但因天地會名目易於招搖，必須改換會名以掩人耳目，又因會內成員，每人各置小刀一把，隨身攜帶，因此便決定改名爲小刀會。鄭光彩糾得侯旋、徐阿滿、陳砍、林祿、蘇對、陳菖、張石隴、傅滿、李學、蘇孝等共十二人，又逼脅蔡侯、鄭尾、郭麟、陳武、陳穴、施水、陳款們七人入夥；陳旺糾得洪贊、鄭細、邱越、侯六、林楚、陳烏東、方石、侯炎、林專、林補、莊評共十一人，又逼脅陳明、侯岩、陳城三人入夥；魏東糾得莊徑、刁富、林貴、林捷、吳評、沈連、吳什、鄭允八人，又逼脅黃番、陳置、洪彩、林高同們四人入夥；楊骨也糾得林養、張保、陳滿三人，又逼脅李添助、許章二人入夥。於五月二十三日約齊眾人至鹽埔莊楊骨家中，備辦牲醴香燭，拿到莊外僻靜空埔排設。眾人公推鄭光彩為大哥，陳旺為二哥，魏東為三哥，楊骨為四哥，一共五十四人，拜天立誓，相約齊心，如一人有事，眾人皆協力相幫，背盟之人，死於刀下。又由鄭光彩為首，挨次用刀將左手食指割破，滴血入酒中，當天因蔡侯、鄭尾、郭麟、陳武、陳穴、施水、陳款、陳明、侯岩、陳城、黃番、陳置、洪彩、林高同、李添助、許章十六人臨時害怕，鄭光彩與陳旺把他們的手指強割，各人分飲。約定每人各置備小刀一把，用牛角作柄，隨身攜帶，作為同夥暗號，以及防身之用。後來因為楊骨家內房屋窄小，恐怕外人識破，又不能聚集多人，於是便在近山偏僻的柳仔林無人地方，搭蓋草寮數間，以供聚會。五月二十八日才開始搭草寮，旋即就被鳳山縣民人施水赴衙門首告破案，鄭光彩等四十九人被拏獲。[39]

表 3-2-8 臺灣鳳山鄭光彩改天地會為小刀會要犯一覽表

姓名	籍貫	居住地	年齡	行業	備註
鄭光彩	福建漳州府龍溪縣人	臺灣鳳山縣	42 歲	為村人看守田園度日	眾人推舉為大哥
陳　旺	福建漳州府海澄縣人	臺灣鳳山縣	37 歲	為村人看守田園度日	眾人推舉為二哥
魏　東	福建泉州府	臺灣鳳山縣	30 歲	為村人看守	眾人推舉為三哥

39 劉子揚、張莉編，《清廷查辦秘密社會案》，第 32 冊，頁 9372~9392。哈當阿等錄副奏摺並附供單，乾隆五十九年七月初三日。《明清史料》，戊編，第 2 本，頁 158。刑部為內閣抄出臺灣總兵愛等奏移會，嘉慶五年十一月二十三日。

	同安縣人			田園度日	
楊　骨	福建泉州府同安縣人	臺灣鳳山縣	43 歲	爲村人看守田園度日	眾人推舉爲四哥
侯　旋	南安縣人	臺灣鳳山縣	27 歲		鄭光彩糾邀拜小刀會
徐阿滿	永定縣人	臺灣鳳山縣	30 歲		
陳　砍	惠安縣人		32 歲		
林　祿	不知祖籍		34 歲		
蘇　對	晉江縣人	臺灣鳳山縣	28 歲		
陳　莒	不知祖籍		22 歲		
張石隴	南安縣人		43 歲		
傅　滿					
李　學					
蘇　孝					
蔡　侯	不知祖籍		30 歲		被鄭光彩逼脅加入小刀會
鄭　尾	龍溪縣人		33 歲	幫工	
郭　麟	不知祖籍		36 歲		
陳　武	不知祖籍		25 歲		
陳　穴	平和縣人		43 歲		
施　水	龍溪縣人		30 歲		
陳　款	龍溪縣人		39 歲		
鄭　細	不知祖籍		44 歲		陳旺糾邀入小刀會
邱　越	不知祖籍		22 歲		
侯　六	南安縣人		20 歲		
洪　贊	同安縣人		33 歲		
林　楚	同安縣人		33 歲		
陳烏東	同安縣人		46 歲		
方　石					
侯　炎					
林　專					
林　補					
莊　評					
陳　明	不知祖籍		19 歲		被陳旺逼脅加入小刀會
侯　岩	南安縣人		28 歲		
陳　城	不知祖籍		30 歲		
莊　徑	不知祖籍		36 歲		魏東糾入小刀會
刁　富	不知祖籍		33 歲		
林　貴	同安縣人		47 歲		

林　捷	漳浦縣人		33 歲	雇工	
吳　評	不知祖籍		22 歲		
沈　連					
吳　什	不知祖藉		37 歲		
鄭　允					
黃　番	不知祖籍		20 歲		魏東逼脅入小刀會
陳　置	晉江縣人		24 歲		
洪　彩	南安縣人		35 歲		
林　高	晉江縣人		27 歲		
林　養	不知祖籍		37 歲		楊骨糾入小刀會
張　保	南靖縣人		30 歲		
陳　滿					
李添助	永定縣人		44 歲		楊骨逼脅入小刀會
許　章	不知原籍		28 歲		
吕　桑	同安縣人		38 歲		目擊楊骨等人結會但因怕事沒有首報

資料來源：哈當阿等錄副奏摺並附供單，乾隆五十九年七月初三日，收錄於《清廷查辦秘密社會案》v32.9372~9392；刑部爲內閣杪出臺灣總兵愛等奏移會，嘉慶五年十一月二十三日，收錄於《明清史料》，戊編，v2.158。

臺灣鳳山鄭光彩改天地會爲小刀會一事，參與人數共達五十四人，在籍貫分佈上多爲福建漳州與泉州籍，其中有龍溪縣人、海澄縣人、同安縣人、南安縣人、惠安縣人、永定縣人、平和縣人、漳浦縣人、晉江縣人、南靖縣人，尚有不知原籍者。無論是不知原籍者，或有其祖籍自漳州者，或有原籍爲泉州者，其因多自小即隨同家人渡海至臺，長年生長於臺灣鳳山縣等地，故其原籍意識較爲淡薄，而其中不知原籍者，多爲父母已故，年歲較小；至於其年齡分佈上，年歲最大者爲四十七歲，年歲最小者爲十九歲，且參與小刀會的成員，平均年齡多介於二十至四十歲間；其成員之間的連繫多有地緣關係；在職業及身份類別上有爲村人看守田園度日者以及替人幫工者等，多爲從事勞力工作者。

在小刀會內成員的結構上，參與者或有自願，或有被迫者。其中，自願跟隨參與者，在心態上，皆爲貪圖可以搶奪，有人幫助，不怕查拿，故而應允入夥；至於被迫參與者，則因害怕鄭光彩等人兇狠強橫，且又聲言如不入夥，便要尋事陷害，故只能聽從入會。在鄭光彩等人結拜小刀會時，被楊骨的鄰居呂桑所目擊，但因呂桑的左腳爛去兩趾，平日以求乞度日，楊骨等人因其爲殘疾人士，故並不避忌，而呂桑因怕事，而沒有去官府首報，前赴官府首報者，則爲被逼迫加入小刀會的施水，其原先心裡害怕，原想首告，但怕鄭光彩等人發現，但其後聽聞地方查拿，才赴府城投首，並供出小刀會首夥姓名。

乾隆末年，臺灣鳳山縣境內查獲一起結拜天地會案件。有福建人陳光愛，住居臺灣鳳山縣境內的和尚莊，其與呂恭、林牛、吳媽記、鄭續、黃亨、陳周等六人素相交好，往來甚密。乾隆六十年（1795）正月初二日，呂恭等人至陳光愛家中拜年吃酒，呂恭等慫恿陳光愛結會，呂恭等表示願爲頭人，分頭邀人入會。陳光愛應允，隨後邀得鄭待等二十七人，呂恭邀得彭裕等十六人，林牛邀得陳潮老等十二人，吳媽記邀得董添等九人，鄭續邀得葉海等十一人，黃亨邀得陳雄等十二人，陳周邀得林和等十五人。正月二十六日，陳光愛糾邀葉告等人，首夥共一百零九人，由陳光愛帶領所邀弟兄齊於臺灣鳳山縣境內和尚莊附近烏山後僻靜處，設立香案，排列牲醴香燭，拜天立誓，歃血飲酒，結拜天地會，會內成員俱推舉陳光愛爲大哥，結拜儀式結束後，會內成員各自散去。

正月二十八日，呂恭、林牛前赴陳光愛家中，呂恭提及從前臺灣所結秘密會黨因等待邀人，時間拖久，不即起事，以致敗露被拿。而今會內所邀人數尚少，當在外面四處散播遙言，說程香莊人已歸和尚莊，時必各莊多有人附從，便可稱已定日期豎旗攻縣，各村莊民必驚恐搬逃，人心浮躁，此時必有更多人加入附和。屆時即可乘機先攻石井，搶得汛上鳥鎗，彼時既有器械，附和參與之人便會更多，到時就可攻縣。於是，會內眾人即商定，由呂恭等人四處播散謠言。不久，即見莊民們紛紛搬遷，陳光愛便認爲人心已動，隨即決定起事，並訂於二月初四日的夜間攻打石井汛。

是日午前，有萬丹街人李聰明探聞得知陳光愛等人已定於該天夜晚欲攻石井汛地，即與素來交好的陳益等人商謀，共同邀得陳雄等十七人，約定二更時分一同往至相近的石井汛處所，等候動靜。至該夜裡三更時分，陳光愛率眾圍攻石井汛地，李聰明等人即跟隨在後面附從。陳光愛攻打汛地時，汛兵放鎗打死會內成員數人，天地會成員又聽聞府城官兵將到，眾人害怕，隨即各自逃散，其後，陳光愛等人先後被官府拿獲到案。[40]

表 3-2-9 臺灣鳳山陳光愛結拜天地會要犯一覽表

姓名	籍貫	居住地	會黨內身份即入會情節
陳光愛	福建人	臺灣鳳山縣境內和尚莊	天地會會首
呂　恭		臺灣鳳山縣境內	天地會頭人
林　牛		臺灣鳳山縣境內	天地會頭人

40 《宮中檔》，第 2712 箱，55 包，7368 號，臺北：國立故宮博物院藏。愛新泰奏摺，嘉慶七年二月初十日；《天地會》，第 6 冊，頁 3~4。福建水師提督哈當阿奏摺抄件，乾隆六十年三月十七日。

吳媽記		臺灣鳳山縣境內	天地會頭人
鄭　續		臺灣鳳山縣境內	天地會頭人
黃　亨		臺灣鳳山縣境內	天地會頭人
陳　周		臺灣鳳山縣境內	天地會頭人
鄭　待		臺灣鳳山縣境內	呂恭邀引入天地會
彭　裕		臺灣鳳山縣境內	
陳潮老		臺灣鳳山縣境內	林牛邀引入天地會
董　添		臺灣鳳山縣境內	吳媽記邀引入天地會
葉　海		臺灣鳳山縣境內	鄭續邀引入天地會
陳　雄		臺灣鳳山縣境內	黃亨邀引入天地會
林　和		臺灣鳳山縣境內	陳周邀引入天地會
葉　告		臺灣鳳山縣境內	陳光愛邀引入天地會

資料來源：福建水師提督哈當阿奏摺抄件，乾隆六十年三月十七日，收錄於《天地會》v6.3~4；愛新泰奏摺，嘉慶七年二月初十日，收錄於《宮中檔》，第 2712 箱，55 包，7368 號。

臺灣鳳山陳光愛結拜天地會反清一事，參與人數達一百零九人，在籍貫分佈上有福建籍移民，在居住地上則居住於臺灣鳳山縣境內，其之間的連繫多有地緣關係；在會內結構上，天地會會首陳光愛及天地會頭人呂恭、林牛、吳媽記、鄭續、黃亨、陳周等六人，爲此一天地會的主要領導階層。而此一天地會的集結目的爲豎旗反清。其會內頭人呂恭善於分析，對於過去臺灣秘密會黨組織反清失敗，有其看法，認爲原因在於等待邀人的時間拖久，還來不及起事，便先被官府拿獲。此外，更提出以散播謠言爲策略，以增加其他莊人附從，再策畫搶得器械後，附和參與之人更多，便可攻縣。但陳光愛等人在進行至搶奪武器之時，因聽聞府城官兵將到，天地會內成員害怕，隨即各自逃散，最後陳光愛等人先後被拏獲到案，以致其反清計畫失敗。

福建泉州府同安縣人陳周全，又名陳周，自幼在臺灣生長。陳周全於乾隆五十七年（1792）時，曾渡海返回同安縣原籍，遇有陳蘇老等人改天地會爲靝黰會，四處糾人入會，陳周全便於該時加入陳蘇老等人倡立的靝黰會。在陳蘇老以及會內部分成員在被官府查拿以後，陳周全即趁亂逃回臺灣鳳山縣，並以賣糖度日，此時，即與臺灣鳳山縣和尙莊陳光愛等人交好。乾隆六十年（1795）正月二十六日，陳光愛糾夥結拜天地會時，陳周全亦參與其中，一同結拜天地會。其後，陳光愛等人率領天地會成員起事失敗後，官府差兵丁四處捉拿陳光愛案內餘夥，陳周全害怕被拿，便逃往西螺等地藏匿，後來又輾轉逃至彰化湖仔莊的福建泉州府同安縣人馬江家中藏匿。是年二月間，臺灣因遇青黃不接，又因中國大陸內地的米價昂貴，中國沿海一帶的船戶來臺買米過多，以致臺灣的米價日漲，每石市價賣至四、五千文，值銀五兩上下，彰化城內因而時有饑民搶米，地方官便率兵前往鎮壓。[41]

陳周全等人遂商量結拜天地會趁亂起事，有會內成員王寧、蔡三元、蔡比、蔡雙茂等人各幫助番銀千百圓不等，作爲糧餉。陳周全便將會內成員以籍貫作區隔，分作漳、泉、粵三股，其中，以晉江人洪棟爲軍師，並以陳光秀等人爲將軍。陳周全起事陣營當中，有不少人曾爲陳光愛天地會起事案件的逸犯。至三月初十日，軍師洪棟建議先攻鹿仔港，再取彰化，因此，陳周全便定日期於三月十二日夜間四更時，聚集天會會內成員，一同攻打鹿仔港。會眾馬江、陳光秀等人率領會內眾人攜帶竹篙槍、牛斬刀等器械前赴埔鹽莊會

41　《天地會》，第6冊，頁15。寄信上諭，乾隆六十年四月初九日。

何，於次日清晨即攻陷鹿仔港，十四日早晨便乘勝追擊，進攻彰化縣城，但出師不利，遂轉攻八卦山，該日夜晚便攻破彰化縣城。其中，有天地會內成員彰化縣馬鳴潭莊人廖協，其曾跟隨天地會參加攻打彰化縣城及八卦山營盤的戰爭。在廖協被官府拿獲後，便即供稱：

> 乾隆六十年三月十三日，陳周全們攻破鹿港。十四日，廖川來招我入夥，我跟廖川們去攻彰化縣城、八卦山營盤，與官兵打仗。適下大雨，官兵槍礮不能施放，後見八卦停火起，大家就乘勢擁上。[42]

從天地會內成員廖協的供詞中，可以得知，天地會成員在攻打彰化縣城以及八卦山營盤時，因遇臺灣三、四月的梅雨季，因下雨天，官兵的槍砲潮濕，不能施放，而攻破彰化縣城。另外，有鄭載為廈門籍人士，乾隆五十八年（1793），渡海來臺，並在鹿仔港開設米鋪生理。乾隆六十年（1795）時，鄭載在理番廳裡充當行保。曾親眼目睹陳周全率領天地會內眾人攻陷鹿仔港情形：

> 這三月十三日卯時，有陳光秀、陳周全等在鹿港街聚眾豎旗謀逆的事，攻破鹿港，理番同知朱慧昌、游擊曾紹龍俱被殺害，小的是眼見的。後來聞得彰化縣於十四日晚也被攻破，緣今年正月內陳光愛等在南路鳳山地方鬧事，被城守營陳游擊、代理府朱同知帶兵剿捕。陳周全等脫逃，文武懸賞緝拏未獲。本年三月十三日早，在鹿港地方土名湖仔莊內聚匪，糾眾攻破鹿港地方。[43]

---

42 《天地會》，第6冊，頁58。廖協供詞。
43 《天地會》，第6冊，頁47。鄭載供詞。

至三月十七日，陳周全繼續率領天地會會眾前往攻打斗六門，出師不利，旋即便和會內成員馬江，率領天地會眾三百餘人，前往攻打犁頭店巡撿署，該日晚間即屯駐於柴坑仔地方。次日便往赴攻打田中央，但又失利。都司焦光宗便趁勢將彰化縣城奪回，而義民亦奪回鹿仔港。陳周全等人遂逃至埔心莊，其後旋即於三月二十三日被捕到案。

表 3-2-10 臺灣彰化陳周全結拜天地會要犯一覽表

姓名	籍貫	居住地	行業	備註
陳周全（陳周）	福建泉州府同安縣人	先住臺灣鳳山縣，又往彰化躲藏	賣糖度日	曾加入陳蘇老倡立的鵜鶘會，亦參與陳光愛的天地會
馬江	福建泉州府同安縣人	臺灣彰化湖仔莊		藏匿陳周全
王寧				
蔡比				
蔡三元				
蔡雙茂				
洪棟	福建晉江人			天地會內軍師
陳光秀				天地會內將軍
馬鳴		臺灣彰化縣		
廖協		潭莊地方		
廖川				
鄭載	福建廈門人		開設米鋪生理，又充當行保	目睹陳周全率領天地會內眾人攻陷鹿仔港情形

資料來源：鄭載供詞筆錄、廖協供詞，收錄於《天地會》v6.47、58。

臺灣彰化陳周全結拜天地會一事，參與人士在籍貫分佈上多為福建省籍，其之間的連繫多有地緣關係；在會內結構上，領導此天地會者為陳周全，其曾加入陳蘇老倡立的鵜鶘會，亦參與陳光愛的天地會，且在官府查辦時，皆躲過官兵的緝捕，最後在其逃至臺灣彰化地方時，遇到青黃不接，米價高漲不下，彰化城內時有饑民搶米，地方官便率兵前往鎮壓。陳周全等人即趁亂起事，將會內成員以籍貫作區隔，分作漳、泉、粵三股，會內成員出錢出力，另有天地會內成員洪棟爲軍師、陳光秀等人爲將軍。借天時而發動攻擊，攻陷鹿仔港、彰化縣城，但其後被義民及官兵先後奪回鹿仔港及彰化縣城等地，而陳周全等人亦先後被拏，致陳周全所率領的天地會起事失敗。

第三節　其他秘密會黨中的人物

乾隆年間（1736~1795），秘密會黨案件層出不窮，除了閩粵地區盛行的小刀會外，更有天地會的出現與活躍，令地方政府相應不及，而在此一時期，亦有其他會黨活動。福建地區仍是秘密會黨盛行之地，乾隆十二年（1747）六月間，福建福安縣出現半錢會。福安縣角源地方有居民何老妹等人，糾眾結拜邊錢會，其會內成員將制錢對半切開，並將切開的半邊分給參與會內的成員，以做爲入會憑據。此外又用紙張對裁，半張紙包錢文，另外半張紙內開寫自己姓名年歲，包有錢文的半張紙分散給會內眾人，而眾人所寫姓名年歲的另外半張紙，則交由會首何老妹收藏。此會因會中使用半邊錢作爲憑據，故稱作半錢會。[44]次年十月，福建漳浦縣官府拿獲北帝會。在漳浦縣雲霄地方有縣民吳豹等人奉祀玄武，

44 《軍機處檔‧月摺包》，第 2772 箱，10 包，1257 號。新柱奏摺錄副，乾隆十二年九月初九日。

號爲北帝會。官府聞訊訪查，並拏獲北帝會會內成員共十三人，並起出神像三座，小刀一把。福建北帝會的會員爲一夥闖棍，每當一人有釁，便群起扛幫，恃強凌弱，橫行市肆。[45]

乾隆十二年（1747）在江西宜黃縣有民人糾夥聚眾結拜關聖會。乾隆十二年十一月間，有江西人蕭其能在宜黃縣加入關帝會，其後，又轉邀曾元章等人一同入會。次年四月十六日，關帝會內成員蕭其能等人同往宜黃縣境內寫立會簿，便於次日，眾人聚集焚表，隨後即在會內成員唐榮發家中舉行歃血飲酒的儀式，會內眾人將焚表所剩的煙灰拌同雞血混入酒內，分與會內成員喫喝，並宰殺牛一頭、豬三隻，喫完酒宴後，眾人各自散去。[46]

表 3-3-1 江西宜黃蕭其能等倡結關聖會要犯一覽表

姓名	籍貫	結拜儀式
蕭其能	江西人	寫立會簿，歃血飲酒焚表，並將焚表所剩的煙灰拌同雞血混入酒內，分與會內成員喝，並宰殺牛一頭、豬三隻，酒宴結束後，即各自散去
曾元章		
唐榮發		

資料來源：開泰奏摺錄副，乾隆十三年六月二十九日，收錄於《軍機處檔・月摺包》，第 2772 箱，19 包，2710 號。

江西宜黃蕭其能等倡結關聖會一事，參與人士在籍貫分佈上多爲居住於江西。關公信仰向來在民間流傳甚廣，三國時，劉關張三人義結金蘭，在民間百姓的心中，關公即爲義氣與忠心的象徵，因此，江西人士結拜關聖會，又稱爲關帝會，

---

45 《軍機處檔・月摺包》，第 2772 箱，24 包，3618 號。福建巡撫潘思榘奏摺錄副，乾隆十三年十月二十八日。

46 《軍機處檔・月摺包》，第 2772 箱，19 包，2710 號。江西巡撫開泰奏摺錄副，乾隆十三年六月二十九日。

亦有取其重義氣之意，希望會內成員，皆能對會內盡忠，彼此成員有事相挺，講求義氣。會內成員蕭其能本身即爲關帝會成員，其後又轉邀曾元章等人一同入會。其後，關帝會內成員又相約寫立會簿焚表，即至唐榮發家中舉行歃血飲酒的儀式，並宰殺牛、豬，至酒宴結束後，隨即各自散去，並無騷擾地方的秩序與安寧。

天地會林爽文事件的導火源頭起因於臺灣諸羅縣楊氏兄弟爭執家產，各結添弟會與雷公會。有諸羅縣民捐貢楊功懋即楊光勳，監生楊功寬即楊媽世兄弟二人者，其中，楊光勳是捐職州同楊文麟的螟蛉長子，楊媽世則是楊文麟的親生之子。楊文麟居住在臺灣諸羅縣九芎林山僻，家道殷實，爲人昏憒，無法管束其子。楊光勳好事遊蕩，楊媽世不安本分，兄弟倆人素來不合，情感不睦。其後，楊文麟因溺愛楊媽世，便將楊光勳遷居移往相離九芎林數里之石溜班房屋，每年給以定數銀穀，但楊光勳不敷花用，父子兄弟時常因爭財而吵鬧。乾隆五十一年（1786）六月間，楊光勳糾人潛至其父親楊文麟的臥室中搬取財物，被楊媽世發現後，隨即率眾趕逐而散。楊光勳因此心懷忿恨，便起意結會樹黨，準備要在秋成之時，搶割在田稻穀，以做鬥毆之備。遂約素好之何慶爲主謀，糾集夥眾，意欲弟兄日添，則爭鬥必勝，因而取名爲添弟會，會中設立會簿一本，逐日登記入會成員的姓名及其住址。添弟會成員陳耀被拏後即供稱：

> 楊光勳因被伊義父楊文麟析居，心懷不忿……冀圖糾眾搶割，兼備鬥毆，遂起意立會。每人先給番銀二圓，藉其幫助，並許搶割之後，再爲分潤米穀，惟恐會內

之人不肯出力，是以立簿登名，倘有臨時退諉者，仍向討還番銀，伊等貪圖微利，聽從入會。[47]

楊媽世聞知消息後，因九芎林距離諸羅縣城較遠，且田穀即將成熟，怕告官禁阻恐致不及，爲了防備楊光勳等人搶鬥，亦起意結會樹黨，因而邀約向交之潘吉爲主謀，其取意以楊光勳兇惡不孝，違悖倫常，必被雷公擊死，因此名爲雷公會。其後，陸續糾邀何稽、何歸、何啓明、黃冷、林奢、林晚、呂僥、呂逑、楊永、鄭忠、朱袒、方雅、陳青即陳清、吳勝、蘇應、張仲、楊柃、歐潁川、許開生、賴琳、林信、林力、張賢等二十四人，加上楊媽世本人，共二十五人，凡入雷公會成員，每人各給錢五百文。[48]因田穀將熟，楊文麟恐楊光勳與楊媽世爭鬥致使釀成慘案，乃赴縣衙首告楊光勳結拜添弟會，楊光勳亦控告楊媽世糾眾結拜雷公會。是年閏七月初四日，官府帶領兵役前往九芎林、石溜班二處，拿獲楊媽世及添弟會、雷公會成員黃鍾、張泮、張闞、張仁、張汀、賴振、賴運、蔡孝、陳郡、何淡、黃冷、林奢、林晚等共十四名，亦將其父親楊文麟及楊光勳之子楊狗一同押解回縣審辦，楊狗後來因賄釋放。據其二會成員供稱添弟會成員共有六十餘人，雷公會匪亦有二十餘人，官府隨即飭令兵役四處查緝。[49]

47 《宮中檔乾隆朝奏摺》，第 61 輯，臺北：國立故宮博物院，1987 年，頁 551。福建按察使李永祺奏摺，乾隆五十一年九月十八日。

48 《明清史料》，戊編，第 3 本，頁 229。刑部移會，乾隆五十一年九月二十二日。

49 劉子揚、張莉編，《清廷查辦秘密社會案》，第 20 冊，頁 5079~5082。柴大紀等錄副奏摺，乾隆五十一年七月十六日；同書，同冊，頁 5098~5101。李永祺錄副奏摺，乾隆五十一年九月十八日。

初七日未刻，石溜班汛把總陳和拿獲住石溜班的添弟會成員張烈，該弁帶兵四名，即於酉刻起身解犯來縣，至亥刻時，行至斗六門地方，在倪二所開飯店歇息。楊光勳、何慶、張能等人得知張烈被拏獲後，遂起意計畫劫囚，即邀集添弟會成員何夜等四十七人，各持刀棍趕至倪二店前。楊光勳先令何才、林日、張光輝等人放火，店內驚喊火起，此時楊光勳、何慶、張能令何夜等人圍店劫犯。把總陳和與兵丁各拔腰刀，出店抵禦。把總陳和砍傷添弟會成員許微、姚托，隨同的兵丁伊盛、吳得陞砍傷添弟會成員盧桓、賴丕。但因各犯格鬥不退，眾寡不敵，把總陳和被添弟會成員許微、姚托、張能、魏景、葉東等人用鐵串、半斬刀殺傷，當場斃命，兵丁伊盛、吳得陞、游清等三人亦被添弟會成員盧桓、賴丕、何夜、涂華、沈典等殺傷身亡，惟高正恭帶傷走脫，各匪即將張烈奪去。斗六門汛把總陳國忠、外委陳德貴、巡檢渠永湜聞知放火劫囚之事，雖即率領兵役，攜帶鳥搶、刀仗，星飛救火拿犯。該弁等人看見兇犯約有三四十人，各持刀棍拒捕，又傷斃巡檢家丁華喜一名。陳國忠即飭令兵丁施放鳥槍，打死添弟會成員何郎、陳其三、柯英、柯山貴、吳遠、胡再、何嗣、陳道等八人，適遇驟雨夜黑，只擒獲何夜、盧桓二犯，據其二人供是楊光勳、何慶、張能等人爲首，糾合添弟會會內成員行兇劫囚。其餘添弟會成員蔡福等人皆四散奔逃至彰化縣境內林爽文等天地會成員密集的大里杙藏匿，遂與彰化縣境內的天地會合爲一會。其後，陸續拿獲何慶、張能等三十六名，並在彰化縣境內拿獲楊光勳，並於十五日解犯到諸羅縣。整起案件中，添弟會成員共七十六名，雷公會則有二十五名，加上楊文麟，應拏人數，合計一百零二人，官府先後拏獲到案者共八十九名，其他逸犯或潛逃至其他村莊及中國內地，或流入彰化縣與林爽文所領導的天地會結合。[50]

表 3-3-2 臺灣諸羅楊氏兄弟各結添弟會與雷公會表

姓名	居住地	關係	行業/身份	會黨別
方　雅				雷公會成員
朱　衵				雷公會成員
何　淡				添弟會成員
何　才				添弟會成員
何　郎				添弟會成員
何　嗣				添弟會成員
何　夜				添弟會成員
何　慶				主謀糾人結添弟會
何　稽				雷公會成員
何　歸				雷公會成員
何啓明				雷公會成員
呂　僥				雷公會成員
呂　述				雷公會成員
沈　典				雷公會成員
吳　勝				雷公會成員
吳　遠				添弟會成員
林　力				雷公會成員
林　日				添弟會成員
林　奢				雷公會成員
林　信				雷公會成員
林　晚				雷公會成員
姚　托				添弟會成員
胡　再				添弟會成員
柯　英				添弟會成員
柯山貴				添弟會成員
陳　青（陳清）				雷公會成員

50 《宮中檔乾隆朝奏摺》，第 67 輯，頁 595。

陳　耀				添弟會成員
陳　郡				添弟會成員
陳　道				添弟會成員
陳其三				添弟會成員
張　烈	臺灣諸羅縣石溜班			添弟會成員
張　仲				雷公會成員
張　泮				添弟會成員
張　仁				添弟會成員
張　汀				添弟會成員
張　賢				雷公會成員
張　闢				添弟會成員
張　能				添弟會成員
張光輝				添弟會成員
許　微				添弟會成員
許開生				雷公會成員
涂　華				添弟會成員
楊光勳（楊功懋）	臺灣諸羅縣石溜班	楊文麟之螟蛉長子	捐貢	起意結拜添弟會
楊媽世（楊功寬）	臺灣諸羅縣九芎林山僻	楊文麟之親生兒子；楊狗	監生	起意結拜雷公會
楊文麟	臺灣諸羅縣九芎林山僻	楊光勳、楊媽世之父	捐職州同	楊文麟赴縣衙首告楊光勳結拜添弟會
楊　狗		楊光勳之子		
楊　永				雷公會成員
楊　枔				雷公會成員
黃　冷				雷公會成員
黃　冷				添弟會成員
黃　鍾				添弟會成員
葉　東				添弟會成員
蔡　孝				添弟會成員
歐潁川				雷公會成員
鄭忠雷				公會成員
潘　吉				主謀糾人結雷公會
盧　桓				添弟會成員
魏　景				添弟會成員
賴　琳				雷公會成員

賴　振				添弟會成員
賴　運				添弟會成員
蘇　應				雷公會成員

資料來源：柴大紀等錄副奏摺，乾隆五十一年七月十六日、李永祺錄副奏摺，乾隆五十一年九月十八日，收錄於《清廷查辦秘密社會案》v20.5079~5082、5098~5101；福建按察使李永祺奏摺，乾隆五十一年九月十八日，收錄於《宮中檔乾隆朝奏摺》v61.551；刑部移會，乾隆五十一年九月二十二日，收錄於《明清史料》，戊編，v3.229。

臺灣諸羅楊氏兄弟各結添弟會與雷公會一事，參與添弟會人數達七十六人；雷公會人數則爲二十五人，在居住地的分佈上，均爲臺灣諸羅縣境內，有石溜班、九芎林、打貓莊、他里霧、保長廍、石仔坑、馬稠莊、林仔莊、山仔頂、牛稠溪等地的居民；其之間的連繫多有親屬關係或地緣關係；在職業及身份類別上，添弟會的倡立者楊光勳爲捐貢，而雷公會的結立者楊媽世爲監生，兩人之父親則爲捐職州同。楊氏家庭家道頗爲殷實，一家人除有經科舉取得功名外，亦有經捐得功名。楊氏兄弟兩人因家產關係，常常發生爭執，而其父親卻無力解決兄弟倆人的糾紛，最後演變成兄弟倆人各自糾夥結盟拜會。

添弟會的結立者楊光勳，其糾眾拜會是爲了搶割自己父親的稻穀兼備鬥毆。以入會成員發給番銀二圓爲誘，並允諾會內成員，搶割稻穀事成之後，又會再行分潤米穀，因此，加入添弟會者人數相當多，加入者在心態上，多爲貪圖利益，倡結者楊光勳亦明白會內成員心態，爲避免會眾拿了好處又不出力，因此立有會簿，如有未出力幫忙的成員，仍將番銀追討回來；而雷公會的結立者楊媽世，則是爲了抵禦以楊光勳爲首的添弟會，因此糾人入夥結拜，楊媽世亦給予加入成員五百文作爲出力相幫的慰勞。

番銀二圓，相當於紋銀一兩四錢；而五百文銅錢，相當於紋銀半兩。這起事件是清代秘密會黨結立案件中，極爲少見的倡結者將錢財給予入會成員的案例。一般而言，起意結會者，多以提供保護與互相幫助爲由，結拜會黨，並向會內成員斂取銀錢；而這起會黨結拜，則是因爲倡結者需要會內成員的幫助，因此，反而將銀錢贈與給入會成員。

乾隆五十二年（1787）廣東、廣西有縣民結拜牙籤會。乾隆五十二年九月間，有廣東西寧縣人仇德廣與廣東高明縣人梁季舟，兩人私下商議結拜爲弟兄，並且相約如被外人欺侮，便要挺身而出，彼此幫護；此外，兩人又希圖能夠騙錢使用，遂與盧首賢等二十二人，在廣東西寧縣杜城墟新廟裡結盟拜會，眾人公推仇德廣爲大哥，並且會內成員每人各出會錢三百文，交給會首仇德廣收受，仇德廣當即解下身佩銀牙籤一副，並聲言當以牙籤會爲名，會內成員每人身帶銀牙籤一副，作爲暗號，隨後將自身所配的銀牙籤照樣打造，分散給會內成員。牙籤會內成員何昌輝寄居於廣西蒼梧縣文瀾村內，開店生理。廣西蒼梧縣與廣東西寧縣地界毗連，牙籤會首仇德廣率同會內成員來到蒼梧縣，眾人與何昌輝商同在廣西蒼梧縣糾夥結拜牙籤會，何昌輝便糾邀陳興遠等二十人，每人各出會錢三百文，於該年十月十八日，齊赴文瀾村古廟內會合，一同結拜牙籤會，此次拜盟結會仍推仇德廣爲會首。仇德廣便聲言每人於銀牙籤之外，尙須打造銀印一個，裝入小盒中，各自佩帶，方爲信記。仇德廣當下隨即編造印章，內刻「賢義堂記」四個字，另會內成員依樣打照，平日配帶，以此爲記。共計打造銀牙籤、銀印章各四十三副，每副賣錢一千六百文，並相互約定會內成員彼此幫護照應。[51]

表 3-3-3 廣東廣西仇德廣結拜牙籤會要犯一覽表

姓名	籍貫	關係	行業	會黨內身份	結拜梯次
仇德廣	廣東西寧縣人	私下商議結拜爲弟兄		牙籤會會首	乾隆五十二年九月，第一次結拜
梁季舟	廣東高明縣人				
盧首賢					
何昌輝	寄居於廣西蒼梧縣文瀾村		開店生理		乾隆五十二年十月十八日，第二次結拜
陳興遠		何昌輝所邀			

資料來源：孫永清奏摺，乾隆五十三年五月三十日，收錄於《宮中檔乾隆朝奏摺》v68.389。

廣東廣西仇德廣結拜牙籤會一事，參與人士在籍貫分佈上有廣東西寧縣人以及廣東高明縣人，亦有寄居於廣西蒼梧縣文瀾村者，其之間的連繫多有地緣關係；在職業及身份類別上有開店生理者，亦多有在外地工作者；在會內結構上，牙籤會的倡立者仇德廣與梁季舟兩人，先結拜爲異姓兄弟，約定如被外人欺侮，便彼此幫護，又希圖斂財，故先在廣東西寧縣結立牙籤會，收受會錢。不久後又在廣西蒼梧縣糾夥結拜牙籤會。兩次結會會首皆爲仇德廣。而仇德廣一方面以打造銀牙籤，分散給會員作爲會內成員的標記；另一方面，則利用打造銀牙籤爲由，向會內成員收取會費，以斂取銀錢。在第二次結拜時，舊成員皆一同參加，因爲舊成員皆已擁有銀

51 《宮中檔乾隆朝奏摺》，第 68 輯，臺北：國立故宮博物院，1987 年，頁 389。廣西巡撫孫永清奏摺，乾隆五十三年五月三十日。

牙籤，故此，仇德廣除了以會內成員配戴銀牙籤爲記外，又加上銀印章做爲信記，加以斂錢。牙籤會內上層之會首，以斂財爲目的，糾集眾人，結夥拜會；其內下層會眾，加入牙籤會則是希圖孤身在外，有能夠像兄弟一樣遇事互相幫護的人，因此便透過異姓結拜，會內成員之間相互幫助。

乾隆五十四年（1789）六月，臺灣諸羅縣有縣民結拜遊會。李效是臺灣諸羅縣崎內莊人，在天地會林爽文起事期間，趁機造謠，四處倡言天地會內夥黨將要來崎內莊搶掠，莊內居民人人惶恐，便紛紛搬家走避，李效便乘隙攫取村民遺失財物與來不及搬走的物品。但在清軍平定南北兩路後，天地會林爽文案件完結，地方上亦逐漸恢復寧靜，則崎內莊的居民便紛紛歸莊，整理房舍。此時，李效見村里居民歸來，便思及林爽文案發時的所作所爲，害怕被人告發，且慮出入被人暗算，遂於乾隆五十四年六月間，糾邀素識陳高陞等人一同結盟拜會，相約凡遇打架及官差拘捕時，彼此出來相幫抵禦。李效等人在結會以後，因可任意出入遊戲，是故取名遊會。[52]

表 3-3-4 臺灣諸羅李效糾眾結拜遊會要犯一覽表

姓名	居住地	會黨內身份	備註
李效	臺灣諸羅縣崎內莊人	遊會會首	糾邀夥黨結盟拜會，相約凡遇打架及官差拘捕時，彼此出來相幫抵禦。
陳高陞			

資料來源：奎林奏摺錄副，乾隆五十四年十一月初六日，收錄於《軍機處檔・月摺包》，第 2744 箱，175 包，42241 號。

52 《軍機處檔・月摺包》，第 2744 箱，175 包，42241 號。臺灣鎮總兵官奎林奏摺錄副，乾隆五十四年十一月初六日。

臺灣諸羅縣李效糾眾結拜遊會一事，參與人士在居住地上皆為臺灣諸羅縣崎內莊人，其之間的連繫多地緣關係，其會內成員多為村裡間無所事事之徒。遊會的組成起因於會首李效在天地會林爽文起事期間，臺灣各地村莊皆人心惶惶之時，四處造謠，迫使莊內居民搬家走避，即於乘隙攫取村民遺失財物與來不及搬走的物品。但因天地會林爽文案件被平定，各村莊亦逐漸恢復寧靜，居民們紛紛歸莊，李效因此害怕有人憶及當時情形，前赴官府告發，又擔心出入被人報復暗算，因此便糾邀陳高陞等人結拜遊會，相約打架或官差拘捕時，彼此出來相幫抵禦。或可說李效等人組織的遊會，對會內呈現互助性質，而對會外社會則為擾亂秩序。這種片利的性質，亦為多數秘密會黨令政府積極取締的原因之一。

第四章　嘉慶年間秘密會黨人物的分析

嘉慶年間（1796~1820），秘密會黨的傳播與活動更加活躍。此一時期的秘密會黨已不僅止盛行於福建、廣東等人口稠密的省份，隨著移民潮的出現與移動，在江西、廣西、雲南、湖廣以及貴州等地區，秘密會黨如雨後春筍般，不斷出現並蓬勃發展，這種分佈現象亦反映出秘密會黨在此一時期的橫向發展。[1]爲了方便敘述，以及便於釐清嘉慶朝時期參與秘密會黨的人物，本章在內容結構上，仍依循著官府取締案件，及其附有的口供材料進行分析。以下將以參與天地會與添弟會系統、乞丐結立秘密會黨系統以及其他秘密會黨的人物作爲分析依據，分別分節進行論述。

第一節　天地會與添弟會系統中的人物

乾隆年間出現「天地會」與「添弟會」，兩會名稱同音而字不同，其倡立時間、地點以及其會內人物亦不相同。其中，「天地會」名目，是取自因人生以天地爲本，原爲敬天

1 莊吉發，《清代秘密會黨史研究》，臺北：文史哲出版社，1994 年，頁 99~100。

地的意思，而會內宗旨在於內部成員彼此互助，在結會目的上，或為異地孤獨，或為糾眾搶劫，或為避禍免劫，或為斂取錢財，或為起事反抗政府等，目的多元，傳播日廣；至於「添弟會」的出現，則是因臺灣諸羅地方有楊氏兄弟不合，互爭家產所致，其名取意為欲弟兄日添，則爭鬥必勝而來，結會目的在於搶收稻穀，與人鬥毆。因地方官府查拏會眾，而潛逃至臺灣彰化地方，與當地林爽文所帶領的天地會逐漸融為一會，亦隨同林爽文等天地會成員一同參與起事。至嘉慶、道光時期的「添弟會」已多半與「天地會」無異，為其異名同會，故此，可以說在此一時期「添弟會」已納入「天地會」系統。

嘉慶二年（1797）十二月，臺灣淡水地方查獲一起的小刀會，此一小刀會是以天地會為模式，而倡立的秘密會黨。福建漳州府漳浦縣人楊肈，遷居臺灣淡水廳鹿寮莊，楊肈與鄭化素相熟識。嘉慶二年十二月初，楊肈與鄭化等人閑談，起意與鄭化等仿照天地會結盟，同心舉事，冀圖謀為不軌，眾皆允從。楊肈便於十二月初十日，備辦雞酒，邀同眾人到吳興家裡結會，一干人等拜天立誓，歃血飲酒，鑽刀定盟，口稱「一人有事大家幫，泄漏機關劍下亡。」又議定暗號，以三指取物，同會人相見，可以不問自知。會內眾人共推楊肈為會首，有鄭化、張聳、許圍、蔡香、吳興、林疪、楊銳等七人做頭目。因顧及天地會名目張揚，易招官府查辦，故將會名變更為小刀會。楊肈又商同鄭化等頭目分路糾人，照樣盟誓。其後，楊肈糾得陳賞等二十四人入會。是月二十日左右，各人糾約入夥者已達一百多人。楊肈思及臺灣區閩、粵兩籍移民素分氣類，若將其激成械鬥，便可掩飾結會情形，以便乘機豎旗起事，於是便命人製作了「漳泉滅廣」的布旗。十二月二十五日，楊肇率眾各帶器械，同往焚劫臺灣淡水水梘頭等莊，會內成員各自攜帶半斬刀、竹篙串、木棍等器械，殺斃粵民魏華古、曾玉生、魏彩雄、龍添罄、魏廷芳、鐘路坤、曾玉鳳、曾茂生以及林添麟九命，被殺害的皆是廣東客家莊民。楊肇等人正準備乘機煽惑舉事，不料官府已經得信，星夜派遣官兵前來捉拿，會內成員因猝難抵拒，又是遇逢大雨，天氣極為寒冷，小刀會內所糾夥黨僅到十分之五，遂各驚惶逃竄。迨後，兵役、義勇先後拏獲蔡香、吳興等人，楊肇知難逃躲，聽從義首何繪投首到官，僥幸減免重罪，仍可假隨義民緝匪，以便庇護未獲各夥匪等情。其陳宗等十二犯聞知楊肇投首減罪，亦即赴義首何繪等處懇求帶出各情由。[2]

表 4-1-1 臺灣淡水楊肇結立天地會改名小刀會

姓名	籍貫	年齡	會黨內身份
楊　肇	福建漳州府漳浦縣人，寄居淡水廳鹿寮莊	48 歲	小刀會會首
鄭　化	福建泉州府同安縣人	46 歲	小刀會頭目
張　聳	福建漳州府龍溪縣人		小刀會頭目
陳　賞	福建同安縣人	28 歲	
楊　安	福建漳州府府漳浦縣人	28 歲	
陳　宗	福建泉州府永春縣人	44 歲	
許　團	福建漳州府南靖縣人	46 歲	小刀會頭目
楊　銳	福建漳州府漳浦縣人	29 歲	小刀會頭目
吳　興	福建泉州府安溪縣人		小刀會頭目
蔡　香	福建泉州府同安縣人		小刀會頭目
陳　英	福建泉州府晉江縣人	30 歲	

2 劉子揚、張莉編，《清廷查辦秘密社會案》，第 32 冊，北京：線裝書局，2006 年，頁 9393~9403。哈當阿等錄副奏摺並附供單，嘉慶三年二月二十一日；同書，同冊，頁 9403~9407。哈當阿等錄副奏摺並附供單，嘉慶三年七月二十日。

徐　送	福建漳州府南靖縣人	32 歲	
林　疵	福建漳州府漳浦縣人		小刀會頭目
林　標	福建漳州府龍溪縣人	21 歲	
戴　今	福建漳州府漳浦縣人	27 歲	

資料來源：哈當阿等錄副奏摺並附供單，嘉慶三年二月二十一日、嘉慶三年七月二十日，收錄於《清廷查辦秘密社會案》v32.9393~9403、9403~9407。

臺灣淡水楊肇結立天地會改名小刀會一案，參與人數達一百餘人，在籍貫分佈上以福建籍的移民爲主，多來自彰州及泉州兩地，其中有漳浦縣人、同安縣人、永春縣人、南靖縣人、晉江縣人以及龍溪縣人，其之間的連繫多有地緣關係，不論是在原鄉上或是遷徙移居的地點上都可明顯看出；至於在年齡層的分布上，參與會眾年歲分佈於二十至五十歲之間，年齡最大者四十八歲，最小者二十一歲；在會內結構上，小刀會會首楊肇，以天地會爲模式，組織會黨，其所招收的基本成員皆爲福建漳州與泉州籍移民，連其自身亦爲來自福建漳州府的人士。楊肇等人組織小刀會的目的在於進行武裝暴力來推翻政府。小刀會欲起事反清所使用的策略在於勾起臺灣移墾社會中，普遍的「閩粵分類意識」，在挑起廣東人與福建人的紛爭，製造社會混亂，並趁機起事，即是爲「用械鬥掩護民變」的策略。但因結盟小刀會時間未久，即遭政府聞拏，因此，亦未造成大規模的閩粵分類械鬥。

其外，値得注意的一點在於，小刀會內的基礎成員，包含會內會首、頭目以及部分成員，如楊肇、鄭化、陳賞、楊安、陳宗、許圍、楊銳、陳英以及林標等人的父母俱故，且並無兄弟、妻子；而戴今的父母俱故，有兄弟五人，但無妻子；至於徐送則是父死母嫁，並無兄弟、妻子。從小刀會成員的家庭狀況而言，身邊無父母、兄弟、妻子，更甚是子女者，比例相當高。在當時臺灣移墾社會中，這種「獨身」而無後顧之憂的情形相當普遍，而這樣獨自一身的背景條件，加上臺灣吏治鬆弛，造就移墾臺灣社會的混亂與動盪。

嘉慶三年（1798）七月，臺灣嘉義縣查獲一起天地會改名小刀會案件。有福建漳州府漳浦縣人徐章，住居在臺灣嘉義縣地方，向無恒業。嘉慶三年七月初，徐章與素相交好的胡杜猴、陳尉會遇閒聊，各道窮苦難度，便商量糾夥搶劫，但又恐被兵役查拏，徐章遂起意邀人結會，又因天地會名目容易張揚，所以將會名改爲小刀會，並令各人置備小刀防身，並可拒捕抵禦官兵。隨後，徐章糾得胡番婆、李印、李對、蘇周光以及張狗五人；胡杜猴糾得胡倦、林貴、陳鞭、林小川、張紅五人，福建泉州府晉江縣陳尉糾得王兆、戴昆、楊莪、周知四人，福建漳州府詔安縣人胡番婆又糾得康疊一名，一共十八人。眾人定期於是年七月初九日，在臺灣嘉義縣茅港尾荒埔地方會齊，成員各出錢三百文，買備牲醴香燭，排列在空地，會內眾人皆推徐章做大哥。會眾拜天立誓，言定各再邀人入夥搶劫，倘被兵役查拏，都要齊心協力，相幫拒捕，如若背盟，立死刀下。立誓完畢後，徐章同胡杜猴各拿小刀架住，並由陳尉率領會內眾人從刀下鑽過，坐地飲酒。並商議暗號，日後會內成員在路上相遇，伸出兩指問要到那裡去，並伸出一指回說本要到這裡來。以作爲辨識同會兄弟的方法。散後，胡番婆又續糾張戰入夥，張戰允從，尚未與徐章等會面，至七月二十日，臺灣嘉義縣知縣吳球稟報密會營員查拏，徐章等人即聞風逃散。福建水師提督兼管臺灣鎮總兵官哈當阿據稟後，即飭府縣會營員嚴拏，先後拏獲徐章、陳尉等人。[3]

表 4-1-2 臺灣嘉義徐章結立天地會改名小刀會

姓名	籍貫	居住地	年齡	行業	入會情節
徐章	福建漳州府漳浦縣人	臺灣嘉義縣	30 歲	無恒業	因貧難度，欲糾人結拜小刀會，以搶劫拒捕
陳尉	福建泉州府晉江縣人	臺灣嘉義縣鹽水港	26 歲		
胡杜猴		臺灣嘉義縣			
胡番婆	福建漳州府詔安縣人				聽從徐章糾邀入小刀會
李印					
李對					
蘇周光					
張狗					
胡倦					聽從胡杜猴糾邀入小刀會
林貴					
陳鞭					
林小川					
張紅					
王兆					聽從陳尉糾邀入小刀會
戴昆					
楊莪					
周知					
康疊					聽從胡番婆糾邀入小刀會
張戰					尚未入夥，即遇官府訪查

資料來源：哈當阿等錄副奏摺並附供單，嘉慶三年八月二十二日、哈當阿等硃批奏摺，嘉慶四年五月十一日，收錄於《清廷查辦秘密社會案》v32.9407~9411、9416~9417。

3 劉子揚、張莉編，《清廷查辦秘密社會案》，第 32 冊，頁 9407~9411。哈當阿等錄副奏摺並附供單，嘉慶三年八月二十二日；同書，同冊，頁 9416~9417。哈當阿等硃批奏摺，嘉慶四年五月十一日。

臺灣嘉義徐章結立天地會改名小刀會一事，參與人數共十八人，在籍貫分佈上亦以福建籍移民爲主，有漳州人也有泉州人，其中有漳浦縣人、詔安縣人以及晉江縣人，其之間的連繫多有原鄉地緣關係；在職業及身份類別上，參與小刀會內的成員，大部分爲遊手好閒，向無恆業之徒。在其會內成員的結構上，有小刀會會首徐章，已即會內眾要幹部胡杜猴及陳尉兩人，小刀會以此三人爲會內核心人物，其會內組成目的，即是因爲窮苦難度，因而欲糾夥搶劫，但是又害怕被官府查拏，引此便結拜小刀會，以便搶劫、拒捕。而其他參與其中的會內成員，之所以應邀請而加入，亦因搶劫分贓所得的利益引誘，而聽從入夥。

嘉慶五年（1810）三月，臺灣嘉義縣查有一起陳錫宗復結拜小刀會案件。小刀會會首徐章等人在嘉慶三年（1798）被拏正法後，其會內頭目胡杜猴等人逃逸未獲。嘉慶五年三月，胡杜猴潛返回臺灣嘉義縣。有福建漳州府海澄縣人謝商，移居臺灣嘉義縣，平日挑賣雜貨爲生。胡杜猴潛回嘉義後，即藏匿於謝商家中，並央求謝商等人幫助，謝商等人遂決定復結小刀會。會內成員共同擁戴陳錫宗爲會首，並與以吳泰爲軍師，小刀會成員有謝商、胡杜猴、王思謙、陳綿、戴助、蔡忠、謝雪梅等二十餘人，嗣後又輾轉糾人，人夥者日增。會內成員約於稻穀收成後，得有稻穀，遂定期約於五月間起事。約定分路糾人入會，齊心協力，大家幫扶。至四月初三日時，臺灣嘉義縣兵役拏獲部分會中成員，會首陳錫宗聞知事泄，即於四月初五日傳齊眾人商議起事，會內眾人允從。齊集四百餘人，會首陳錫宗吩附眾人先攻鹽水港營汛同巡檢衙門，搶奪器械、錢糧。當晚四更時候，一夥人同至鹽水港，謝商跟同陳錫宗、胡杜猴等人攻搶巡檢衙署，陳錫宗首先率眾擁入佳里興巡檢衙署，殺死巡檢姜文炳及兵丁吳銘恩等十餘名，焚燬鹽水港汛防。因汛官奉差緝拏盜匪不在營汛，又因黑夜猝不及防，以致未能抵抗。會內眾人一同回到陳錫宗家中，探聞官兵前來勦捕，陳錫宗令各人在沿途埋伏拒敵。臺灣鎮總兵官愛新泰即派撥兵役五百名，次日連日出城，馳往勦捕。是月初七日午刻，五百名兵役行抵木柵地方，但因木柵以北沿途竹林密集，俱有會黨持械埋伏攔截，官兵不敢前往。四月初八日黎明，官兵分隊前進，行至十里曾文地方，雙方激戰，各有傷亡，小刀會眾人向北敗逃，官兵緊追至茅港尾地方紮營，這時小刀會成員約有七、八百人。次日黎明，小刀會會眾增加至千人，遂由四面圍攻官兵營盤，會首陳錫宗從東北角手執紅旗督隊猛撲，官兵鎗礮並施，陳錫宗中礮落馬身故，小刀會內成員傷亡百餘人，其餘成員各自四處逃散，小刀會成員先後被捕者多達四百餘人。[4]

表 4-1-3 臺灣嘉義陳錫宗復結小刀會要犯一覽表

姓名	籍貫	居住地	行業	入會情節與會內身份
胡杜猴				胡杜猴於徐章結立小刀會案中逃逸，潛回嘉義藏匿謝商家中，並尋求協助，復結小刀會
謝　商	福建漳州府海澄縣人	臺灣嘉義縣	挑賣雜貨爲生	
陳錫宗				小刀會會首
吳　泰				小刀會軍師
王思謙				小刀會基礎成員
陳　綿				

4 《天地會》，第 6 冊，北京：中國人民大學出版社，1980 年，頁 95。臺灣鎮總兵官愛新泰奏摺錄副；同書，頁 107，閩浙總督玉德奏摺錄副。

戴　助				
蔡　忠				
謝雪梅				

資料來源：臺灣鎮總兵官愛新泰奏摺錄、閩浙總督玉德奏摺錄副，收錄於《天地會》v6.95、107。

臺灣嘉義陳錫宗復結小刀會一事，初結立小刀會時，基礎參與人數僅二十餘人，至聞官府查拏，倉促起事之時，人數已至四百餘人，在與官府對抗之時，參與會眾人數飆升至一千餘人。在參與小刀會成員的籍貫分佈上多爲福建籍移民，其之間的連繫多有原鄉與移居地上的地緣關係。這起小刀會的結立，原於徐章小刀會案內逸犯胡杜猴央求謝啇、陳錫宗等人的幫助，而復立小刀會，準備進行武裝起事。徐章所結立的小刀會，宗旨原爲會內眾人因貧難度，欲糾人結拜，以便於搶劫、拒捕；但其案內逸犯胡杜猴轉而央求謝啇、陳錫宗的幫忙，所結立的小刀會，其宗旨就從搶劫分贓，轉變爲和政府官兵對抗的武裝起事。

在小刀會的成員結構上，有會首陳錫宗，其爲會內核心人物；尚有軍師吳泰，爲會內出主意者；此外，亦有部分成員爲徐章案內逃犯加入。在陳錫宗所率領的小刀會初結立不久後，即有會內成員，因別事而被官府拏獲，陳錫宗等人預想結拜小刀會準備起事之事，恐會被該成員洩漏，因而倉促提前起事。從結立小刀會時的基礎成員二十餘名，至與官府最後決戰當日黎明時的千餘人，參與會黨人數，未隨敗走情勢，不減反增。其中或人心向背，或其他原由，值得深入思考。

有白啓居住於臺灣嘉義縣屬許秀才莊內，素無恒業，與林烏番、李權、柯瓊、鐘添送、楊美等人素相交好。嘉慶六年（1801）十一月初五日，有陳錫宗案內逸匪郭定從內山逃出，前赴白啓家藏躲。林烏番等人聞知，同往白啓家中探望。郭定自揣罪重難逃，即懇求眾人設法相救。白啓便起意再結小刀會，糾人攻搶鹽水港，冀圖滋事，眾人允從。隨於是月初七日夜裡，林烏番、李權、柯瑗、鐘添送以及楊美等人齊赴白啓家中，連白啓轉糾之王諧及郭定等人在內一共八人，攜帶牲醴香燭，赴許秀才莊荒埔排列。會內眾人共推白啓爲會首，林烏番爲頭目，王諧爲軍師，一同拜天立誓，歃血訂盟。言明各自招人入會，並訂於該年十一月十一夜，各帶所糾夥黨，赴洲仔地方會齊，先攻鹽水港汛防，奪有槍炮、刀械，再行起事。[5]

小刀會會首白啓又令王諧刊刻「大將軍白」四字木戳，用黃綾剪成尖角旗式，上蓋戳記分給會內成員。白啓隨糾得蔡光嬰、詹全、白添、戴挺、潘面、白倫、林面、王四湖、白尊九犯；林烏番糾得張送、林獅、林陶、林強以及蔡獻五犯；李權糾得黃力、詹代、蘇白、蘇梓、陳遑、沈富以及施謗等七犯；郭定糾邀陳傳、翁切二犯；柯瑗糾得郭烏番、王歡二犯；郭烏番又轉糾林景一犯；鐘添送糾得葉清彩、鐘柔、林章以及陳儉四犯；楊美糾得謝樺、李達、陳逞、蔡經、蔡寧以及林色六犯。該犯等各持器械於是年十一月十一日夜前赴洲仔荒埔齊集。白啓隨令王諧將糾到夥黨逐名登簿，查點人數，僅止四十四名。因聞營縣已有防備，恐難抵敵官兵，

5 《宮中檔》，第2712箱，55包，7396號，臺北：國立故宮博物院藏。閩浙總督玉德奏摺，嘉慶七年二月十三日。

不敢動手。因知武生蔡廷光家中養有馬匹，隨帶糾到夥黨赴蔡家行搶，搶劫過程中戳傷二人。嗣後白啓復令會內眾人再分頭多招夥黨，改期再聽信息。小刀會頭目柯瓊隨潛赴郡城，並令郭烏番帶同所糾的林景前赴南路鳳山縣地方糾人，以圖將來接應。至十一月十五日，臺灣鎮道訪聞有小刀會結盟信息後，便選派兵役前往查拏，共計拏獲首夥三十六名，另有王四湖等四人逃逸未獲但隨即先後被官府拏獲。[6]

表 4-1-4 臺灣嘉義白啓復立小刀會要犯一覽表

姓名	居住地	行業	會身身份	入會情節
白　啓	臺灣嘉義縣屬許秀才莊內	素無恒業	小刀會會首	郭定爲陳錫宗案內逸犯，從內山逃出，躲於白啓家。林烏番等聞知，往白啓家中探望。郭定即懇求眾人相救。白啓便起意再結小刀會。
林烏番			小刀會頭目	
李　權				
柯　瓊			小刀會頭目	
鐘添送				
楊　美				
郭　定				
王　諧			小刀會軍師	
蔡光嬰				聽從白啓糾邀加入小刀會
詹　全				
白　添				
戴　挺				
潘　面				
白　倫				
林　面				
王四湖				
白　尊				
張　送				聽從林烏番糾邀加入小刀會

6 劉子揚、張莉編，《清廷查辦秘密社會案》，第 33 冊，頁 9492~9493。愛新泰等錄副奏摺，嘉慶六年十二月二十八日。

林　獅				
林　陶				
林　强				
蔡　獻				
黃　力				聽從李權糾邀加入小刀會
詹　代				
蘇　白				
蘇　梓				
陳　遑				
沈　富				
施　謗				
陳　傳				聽從郭定糾邀加入小刀會
翁　切				
郭烏番				聽從柯瑗糾邀加入小刀會
王　歡				
林　景				聽從郭烏番糾邀加入小刀會
葉清彩				聽從鐘添送糾邀加入小刀會
鐘　柔				
林　章				
陳　儉				
謝　樺				楊美糾邀加入小刀會
李　達				
陳　逞				
蔡　經				
蔡　寧				
林　色				

資料來源：愛新泰等錄副奏摺，嘉慶六年十二月二十八日，收錄於《清廷查辦秘密社會案》v33.9492~9493；閩浙總督玉德奏摺，嘉慶七年二月十三日，收錄於《宮中檔》，第 2712 箱，55 包，7396 號。

臺灣嘉義白啓復立小刀會一事，初結立小刀會時，基礎參與會黨人數僅八人。會內眾人約定各自分頭糾邀，至期逐名登記會簿時，亦僅增加三十六人，連同基礎成員八人，共計四十四人。這起小刀會參與成員的籍貫上，仍多以福建籍移民爲主，其之間的連繫多有原鄉與移居地上的地緣關係。而此一小刀會的結立，原於陳錫宗小刀會案內逸犯郭定央求白啓、林烏番、李權、柯瓊、鐘添送、楊美等人幫忙，白啓便決定再次復立小刀會，準備進行武裝起事。

在小刀會的成員結構上，有會首白啓，其在臺灣嘉義縣內居住，素無恆業，爲人義氣，收留陳錫宗案內的逃犯郭定，爲會內的核心人物；另有小刀會頭目林烏番與柯瓊等，以及小刀會軍師王諧等，皆爲小刀會內重要基礎核心成員。此次小刀會內的武裝起事雖亦定有計畫，但因參與人數始終無法增加至相當規模，且聞官府已有防備，因此僅至武生蔡廷光家中行搶。嗣後，又赴南路鳳山縣地方糾人，有些仿照天地會林爽文起事的模式，冀圖南路北路相互接應，但最後仍被官府查拏，失敗收場。

有福建漳州府南靖縣人顏和尙即佘和尙，嘉慶三年（1798）二月間，因屢次搶劫，畏人告官問罪，憶及漳州舊有天地會名目，取物吃烟俱用三指向前，並有口不離本，手不離三暗號，顏和尙即自爲天地會會首，糾邀許城等二十人入會。嘉慶五年（1810）正月間，又糾詹集等二十六人入會，均在顏和尙家中會齊。許城、詹集先後俱拜顏和尙爲師；至嘉慶六年（1811）四月間，又糾眾拜會，令佘朗轉糾佘漢等人，以及縣差王崇、黃昆入會，在佘朗家會齊，亦同拜顏和尙爲師，各傳授口號手訣。其中，加入天地會，拜顏和尙爲師者，各送給顏和尙錢三四百文不等。嘉慶五年正月二十六日，顏和尙起意糾同許城等十九人，行劫上杭縣監生吳應昌錢鋪銀錢，事主喊叫，顏和尙即用刀砍死吳應昌。又於閏四月初八日，聽從鄒寮夥同林堅等七人，在龍岩州地方搶奪鄧宗茂等銀物。[7]

其後，又於嘉慶五年六月十二日，顏和尚與李夥、李兩、林中以及黃脫同在宋九河家商謀行劫附近許姓家銀物，被兵役查知圍拿。顏和尚喝令拒捕，同李夥、李兩殺傷兵丁溫國寶、楊日身死。又於次年八月初七日，聽從梁廣夥同林作等二十五人，行劫安溪縣民陳源喜家銀物。嗣後，又於九月十一日，聽從黃黑夥同黃水等十二人，謀竊陳瓊魁家銀物，用刀嚇禁事主，入室搜贓。前後多次夥同會內成員強盜取財，由於會內成員王崇、黃昆爲縣差，故凡遇兵役查拿，俱由黃昆、王崇探聽信息，預令潛逃。[8]

表 4-1-5 福建漳州顏和尚糾眾結拜天地會要犯一覽表

姓名	籍貫	行業/身份	會內身份/關係
顏和尚（余和尚）	福建漳州府南靖縣人	僧人、強盜	天地會會首
許　城			顏和尚之徒
詹　集			
余　朗			
余　漢			
王　崇		縣差	
黃　昆		縣差	

資料來源：玉德奏摺，嘉慶八年七月二十二日，《硃批奏摺》，第 631 卷，12 號；玉德等錄副奏摺，嘉慶八年七月二十二日，收錄於《清廷查辦秘密社會案》v29.8267~8271。

7 《硃批奏摺》，第 631 卷，12 號，北京：中國第一歷史檔案館藏。閩浙總督玉德奏摺，嘉慶八年七月二十二日。

8 劉子揚、張莉編，《清廷查辦秘密社會案》，第 29 冊，頁 8267~8271。玉德等錄副奏摺，嘉慶八年七月二十二日。

福建漳州顏和尙糾眾結拜天地會一事，參與天地會內成員在籍貫分佈上爲福建籍人士，其之間的連繫多有親屬關係或地緣關係。此一天地會組成目的在於進行斂財、強盜搶劫等不法作爲。其會內結構上，由天地會會首顏和尙爲主謀，四處拉人入夥，顏和尙本身的身份爲僧人，但其時常搶劫財物，並殺傷事主，在地方上，強橫霸道，胡作非爲；而其他加入此一天地會的會中成員，則是貪圖利益，冀圖搶得財物得以分贓。其中，會內成員尙有在身份上爲縣差者，王崇、黃昆兩人即爲縣差身份，並因其職務之便，常探聽風聲，通風報信，使地方上要捉拏這群以強盜劫財爲目的的天地會會黨組織相當不易。

有天地會會首福建泉州人陳文滔，向潛匿於福建福鼎縣地方開山種地。有梁背背、鄭德顏、邱四方、蕭盛容、金藍藍、龐仔、曾烏佬、李顏籠、王烏迓、王赤米、虞發、趙興、趙八羅、劉章富、王弟仔、王二、吳明仔以及徐孫仔等，於嘉慶三年（1798）九月、十一月間，先後聽從陳文滔招引入會。入會成員希圖免受欺侮，各拜陳文滔爲師，陳文滔即傳授三指向前暗號，梁背背等人各送錢四五百文及二三百文不等。嘉慶三年十月間，有福建建陽縣人游效標及福建崇安縣人毛羽豐即毛梓貴，聽從陳文滔招引入會，陳文滔向會內成員傳授取物吃烟俱用三指向前的暗號。同年十一月間，游效標因貧難度，便起意糾人入會，欲騙錢使用，陸續糾得梁婢婢、梁觀德、游朝棟、楊如經、劉元貴、劉瓜子殼以及徐弟仔七人，游效標聲言入會之後，即可免人欺侮。梁婢婢等人被其愚惑，均各聽從，同拜游效標爲師，游效標即傳授取物吃烟俱用三指向前暗號，梁婢婢等人各送錢二三百文不等。至十二月間，毛背、謝廣、詹五佬、謝禹春以及張一發等十人經游效標引拜陳文滔爲師，陳文滔亦授三指向前暗號。揭六仔等各送錢三四百文不等，游效標與陳文滔兩人均分而散。[9]

有福建晉江縣人董希聖，遷居福建福鼎縣水澳地方，是福鼎縣學生員，因事斥革。嘉慶四年（1799），董希聖聽從陳文滔入會。其後遂復糾素識的王步油、陳日教等一共十四人結拜天地會。約期於同年三月十五日，同至王步油家會齊。陳文滔聲言入會後可以免人欺侮，並稱會內有事，各人均須出力幫護，董希聖等人被其愚惑，即拜陳文滔爲師，陳文滔即傳授取物吃烟俱用三指向前暗號，入會成員均送給陳文滔錢二三百文不等，惟盧三弟害怕走回，並未入會。其後，因營縣訪拿董希聖，經林茂榮通信脫逃。並究查出董希聖等人在地方上種種不法行徑，其於嘉慶四年三月十七日，向福建福鼎縣縣民陳啓伯借錢不遂，邀同王步油擲毀陳啓伯家屋瓦；又是月二十一日，福建福鼎縣縣民柯阿照挑柴經過，誤碰王步油身上，王步油詐稱衣服扯碎，勒賠不允，與董希聖兩人搶奪柯阿照的柴，責錢一百文，沽酒共飲；又鄭廷信、林猴猴、李敬三犯亦於是月二十二日，聽從陳文滔入會，與劉漢明、劉阿海、劉阿佑、王應元七人，俱拜陳文滔爲師，陳文滔並授以取物吃烟用三指向前暗號，入會成員各送陳文

9 劉子揚、張莉編，《清廷查辦秘密社會案》，第 29 冊，頁 8244~8246。福昌等硃批奏摺，嘉慶四年三月二十六日。

滔錢三百文。[10]

表 4-1-6 福建福鼎陳文滔結拜天地會要犯一覽表

姓名	籍貫	職業	會內身份
陳文滔	福建泉州人	開山種地	天地會會首
梁背背			聽從陳文滔招引加入天地會，並拜陳文滔爲師
鄭德顏			
邱四方			
蕭盛容			
金藍藍			
龐　仔			
曾烏佬			
李顏籠			
王烏迓			聽從陳文滔招引加入天地會，並拜陳文滔爲師
王赤米			
虞　發			
趙　興			
趙八羅			
劉章富			
王弟仔			
王　二			
吳明仔			
徐孫仔			
游效標	福建建陽縣人		聽從陳文滔招引加入天地會
毛羽豐（毛梓貴）	福建崇安縣人		
梁婢婢			聽從游效標招引加入天地會，並拜游效標爲師
梁觀德			
游朝棟			
楊如經			
劉元貴			
劉瓜子殼			

10 《硃批奏摺》，第 630 卷，1 號。福建巡撫汪志伊奏摺，嘉慶四年十月十二日；劉子揚、張莉編，《清廷查辦秘密社會案》，第 29 冊，頁 8248~8251。玉德等錄副奏摺，嘉慶五年正月三十日。

徐弟仔			
毛　背			經游效標引拜陳文滔爲師，加入天地會
謝　廣			
詹五佬			
謝禹春			
張一發			
揭六仔			
董希聖	福建晉江縣人，遷居福建福鼎縣水澳地方	福鼎縣學生員，因事斥革	聽從糾邀結拜天地會，拜陳文滔爲師
王步油			
陳日教			
盧三弟			害怕走回，並未入會
鄭廷信			聽從陳文滔入天地會，拜陳文滔爲師
林猴猴			
李敬三			
劉阿海			
劉漢明			
王應元			聽從陳文滔入天地會，拜陳文滔爲師
劉阿佑			

資料來源：福昌等硃批奏摺，嘉慶四年三月二十六日、玉德等錄副奏摺，嘉慶五年正月三十日，收錄於《清廷查辦秘密社會案》v29.8244~8246、8248~8251；福建巡撫汪志伊奏摺，嘉慶四年十月十二日，收錄於《硃批奏摺》，第 630 卷，1 號。

福建福鼎陳文滔結拜天地會一事，參與人士在籍貫分佈上多爲福建籍，有建陽縣人、崇安縣人以及晉江縣人，在居住地少，皆住居於福建福鼎縣附近，其之間的連繫多有地緣關係；在職業及身份類別上有生員、開山種地等；在會內結構上，天地會會首陳文滔爲會內核心人物，本身向在山種地，其組織天地會的目的在於斂財使用；而其他入會的成員，大部分是希圖免受欺侮，故拜陳文滔爲師，並給予錢文；而部份成員，如遭斥革生員董希聖等人，加入天地會一方面是希圖斂錢使用，另一方面，則是人多勢眾，可橫行於鄉里。

有福建浦城縣人羅名揚，與僧德賢兩人素相交好。嘉慶四年（1799）十一月初一日，羅名揚至僧德賢庵內閑談，兩人各道窮苦。羅名揚因向知福建省地方上向有天地會名目，遂起意糾人入會，騙錢使用，便與僧德賢商允。其後，羅名揚糾邀楊廷濱、沈亦照、吳榮、黃懷、范升、喻松、高細二、范林佬佬、陳仔、李五觀、葉小妹、危佬香、葉三舊、吳餘觀、葉被佬以及羅四弟十六人；僧德賢亦糾邀黃文通、羅二、劉阿金、葉九弟、吳佬洋、徐幅全、丁楠仔、李草聰、汪王狗、范可觀、烏棗仔、徐新第、吳開全以及張五觀等十四人。聲言加入天地會後，即可免人欺侮，楊廷濱等人均各聽從。是年十一月初四日，會中成員約齊至僧德賢庵内結盟拜會，楊廷濱等十六人拜羅名揚爲師；而黃文通等十四人則拜僧德賢爲師，兩人遂傳授取物吃烟俱用三指向前爲會內暗號，各送錢二三百文不等，一共得錢七千四百文，羅名揚與僧德賢兩人均分花用。[11]

表 4-1-7 福建浦城羅名揚結拜天地會要犯一覽表

姓名	籍貫	行業/身份	入會情由
羅名揚	福建浦城縣人		因窮苦難度，遂起意糾人入會，騙錢使用
德　賢		僧人	
楊廷濱			聽從羅名揚糾邀加入天地會，拜羅名揚爲師
沈亦照			
吳　榮			
黃　懷			聽從羅名揚糾邀加入天地會，拜羅名揚爲師
范　升			
喻　松			

11 劉子揚、張莉編，《清廷查辦秘密社會案》，第 29 冊，頁 8248~8251。玉德等錄副奏摺，嘉慶五年正月三十日。

高細二			
范林佬佬			
陳　仔			
李五觀			
葉小妹			
危佬香			
葉三舊			
吳餘觀			
葉被佬			
羅四弟			
黃文通			聽從僧德賢糾邀加入天地會，拜僧德賢爲師
羅　二			
劉阿金			
葉九弟			
吳佬洋			
徐幅全			
丁楠仔			
李草聰			
汪王狗			
范可觀			
烏棗仔			
徐新第			
吳開全			
張五觀			

資料來源：玉德等錄副奏摺，嘉慶五年正月三十日，收錄於《清廷查辦秘密社會案》v29.8248~8251。

福建浦城羅名揚結拜天地會一事，參與人數達三十二人，在籍貫分佈上多爲福建人士，其之間的連繫多有地緣關係。在會內結構上，此一天地會的核心人物爲僧德賢與羅名揚兩人，兩人組織天地會糾人入夥，起因是由於生活窮困，希圖透過引人入會，來斂取錢財；而其會內成員在心態上，則大多是爲了冀圖免受人欺負。其中，比較特別的部分是，此起天地會結盟拜會，並非以結拜異姓兄弟的形式，而是以拜師收徒的形式，來做爲其會黨內成員間的連結。

有廣東肇慶府陽江縣平岡墟人關定進等人，在地方上搶竊兇詐，無惡不作，而被紳衿蔡耀等人率領佃戶群起毆打，並經廣東陽江縣差役緝拏。關定進等人因此心生怨忿，冀圖報復，因知悉有村民仇大欽手下人多，且有膂力，其附近的村莊多被脅制，關定進等人便前往仇大欽家中，懇其糾人結拜弟兄，以爲其復仇洩恨。仇大欽隨即應允，其後，即糾得王者進等十一人，並約期於嘉慶五年（1800）三月二十四日，在淪水墟觀音廟內聚集，搭臺拜盟結會。仇大欽家中藏有天地會盟書一張，是福建漳州人何其昌所贈送，仇大欽便即將舊存盟書填名改換首尾，會內眾人，不論年齒，群推仇大欽爲天地會會首。仇大欽思慮拜會人少，故又令關定進等人各自分頭糾邀，邀得施得立等八十四人，共分爲四起結拜，於同年三月二十九、四月初二以及初六等日，先後在五馬嶺、紅奇山、白石嶺、黑石岡等地方結拜，並以仇大欽爲總會首。[12]

表 4-1-8 廣東陽江仇大欽結立天地會要犯一覽表

姓名	籍貫	行業	會内身份/做為
關定進	廣東肇慶府陽江縣平岡墟人	強盜、竊賊	天地會頭目
仇大欽	廣東肇慶府陽江縣人		天地會總會首
王者進			天地會頭目
何其昌	福建漳州人		贈送仇大欽天地會盟書一張
施得立			天地會

12 《硃批奏摺》，第 642 卷，5 號。兩廣總督覺羅吉慶奏摺，嘉慶五年六月初六日。

資料來源：兩廣總督覺羅吉慶奏摺，嘉慶五年六月初六日，收錄於《硃批奏摺》，第 642 卷，5 號。

廣東陽江仇大欽結立天地會一事，參與人士在籍貫分佈上多爲福建、廣東兩省人士，其之間的連繫多有地緣關係。而此一天地會的結立源於私人恩怨因素，關定進在地方上，爲非作歹，被官府緝拿，心生怨忿，因此便想找手下多人，臂力又強大的仇大欽來幫忙報復洩恨，在仇大欽答應下，便開始糾人結拜天地會，並以仇大欽爲天地會總會首。其中，會內成員多遊手好閒之徒，常爲鄉里間常造成村裡不安寧的份子。

有福建興化府莆田縣人僧弗性，自幼在福建莆田縣屬白雲寺內披剃出家，與民人許炳素相熟識。嘉慶五年（1800）六月初間，許炳往赴白雲寺內與僧弗性閒談，兩人各道貧苦。僧弗性遂憶及福建漳州、泉州地方，素有天地會名目，便起意糾人入會，欲騙錢使用。僧弗性隨與許炳商允，並陸續糾邀吳松等三十九人，許炳亦陸續糾邀翁禪輝等十四人。並於是月初六日，共糾邀五十餘人，在白雲寺內結拜天地會，僧弗性聲言入會之後，即可免人欺侮，吳松、翁禪輝等人均各自允從。吳松等拜僧弗性爲師，翁禪輝等拜許炳爲師，兩人傳授取物吃煙俱用三指向前暗號，會內成員各送給錢二三百文不等而散。[13]不久即經府縣訪聞，先後拿獲首夥各犯，會內成員劉煖等人因聞拿畏罪，先後赴縣投首。僧弗性堅稱結拜是希圖騙取錢文，而糾人入會。而吳松、翁禪輝等人則供

13 《硃批奏摺》，第 632 卷，9 號。閩浙總督玉德奏摺，嘉慶五年八月二十五日。

稱，加入天地會僅圖免受欺凌，而被惑聽從。[14]

表 4-1-9 福建莆田僧弗性結拜天地會要犯一覽表

姓名	籍貫	行業/身份	會黨內身份
弗性	福建興化府莆田縣人	僧人	生活貧苦，起意糾夥結拜天地會
許炳	福建興化府莆田縣人		
吳松			聽從僧弗性糾邀加入天地會，拜僧弗性爲師
翁禪輝			聽從許炳糾邀加入天地會，拜許炳爲師
劉煖			因聞拿畏罪，赴縣投首

資料來源：玉德等錄副奏摺奏摺，嘉慶五年八月二十五日、玉德奏摺，嘉慶五年八月二十五日，收錄於《清廷查辦秘密社會案》v29.8255~8257、《硃批奏摺》，第 632 卷，9 號。

福建莆田僧弗性結拜天地會一事，參與人數達五十餘人，在籍貫分佈上多爲福建籍人士，其之間的連繫多有地緣關係。在此一天地會內結構上，有僧弗性與許炳兩人，爲此一天地會的核心人物，亦爲起意結盟拜會的倡起者。兩人結拜天地會的原因在於，希圖斂財使用；參與會內成員在心態上，則爲避免受人欺侮，因此給予錢文，加入天地會。其中，天地會成員劉煖，在聽聞官府查拏時，因害怕而赴縣投首到案。

有廣東新會縣人鄭嗣韜，嘉慶七年（1802）五月內，有熟識的黃思聘、伍允會至鄭嗣韜家探望，共談窮苦。鄭嗣韜憶及從前有陳文南傳授結拜天地會盟詞、口號，後陳文南被縣訪拿逃走，結拜未成。鄭嗣韜便起意商同糾夥結拜，遇事互相幫助，可以乘機搶劫，得銀分用。黃思聘等人應允，鄭

14 劉子揚、張莉編，《清廷查辦秘密社會案》，第 29 冊，頁 8255~8257。玉德等錄副奏摺，嘉慶五年八月二十五日。

嗣韜隨糾得黃思炳、陳擴大、李基倉、麥昌休即麥亞盛、黃思簪即黃思贊、李啓義、譚仁煥、黃世求、李基胡、黃賢等人，連鄭嗣韜、黃思聘、伍允會在內，一共十三人，議定每人出錢三百文，交鄭嗣韜買備香酒各物，約定日期於是月二十六日，在廣東新會縣屬土名牛過凹地方結拜。鄭嗣韜用木斗一個，斗內插五色統旗五面，上寫日月清風令五字。又插劍二口，剪刀、尺各一把，銅鏡一面，置放桌上。並用黃紙開寫「眾兄弟沐浴，拜請天地日月，各人以洪爲姓，患難相扶，拜天爲父，拜地爲母」等字，歃血拜訖。鄭嗣韜持刀在手，口稱「忠心義氣劍前過，不忠不義刀下亡。」令黃思聘等人各自由刀下鑽過，日後聽其指揮。每人分給大、小布記號二張，並傳授「開口不離本，舉手不離三」，作爲日後相逢暗號。會內成員不序年齒，共推鄭嗣韜爲大哥。焚化盟詞，飲酒各散。鄭嗣韜見拜會人數尚少，不能搶劫，隨與黃思聘等人分頭糾約。鄭嗣韜又糾得陳寬大、李廣逢、黃思昂、李亞興三人，連鄭嗣韜共夥十人，於是月三十日，在廣東新會縣屬紅壕涌地方結拜。會內成員不序年齒，仍以鄭嗣韜爲大哥。黃思聘糾得黃傳復、李名魁，連黃思聘共夥十人，於六月初二日，在廣東新會縣屬長沙涌口地方結拜，不序年齒，以黃思聘爲大哥。伍允會糾得李廣達、陳崇佩、連伍允會共夥八人，於六月初三日，在廣東新會縣屬土名牛過凹地方結拜，會內眾人不序年齒，以伍允會爲大哥。李基胡糾得李基裕、謬士昭、黃賢萼，連李基胡共夥十人，於六月初五日，在廣東新會縣屬芝麻山地方結拜，會眾不序年齒，以李基胡爲大哥。黃賢等邀得鄭振吕、黃亞樂、連黃賢等共夥九人，於十六日在廣東新會縣屬長沙涌口地方結拜，會內不序年齒，以黃賢等爲大哥。各成員向鄭嗣韶告知，約俟八月十五日在牛過凹地方結拜總會，共推鄭嗣韶爲總會首，並乘機往各處村莊搶劫。但尚未起事，即經該縣訪聞，先後拿獲到案。[15]

表 4-1-10 廣東新會鄭嗣韶結拜天地會要犯一覽表

姓名	籍貫	入會情節/會內身份
鄭嗣韶	廣東新會縣人	天地會會首
黃思聘		天地會大哥
伍允會		天地會大哥
陳文南		傳授鄭嗣韶天地會盟詞、口號
黃思炳		聽從鄭嗣韶糾邀入天地會
陳擴大		
李基倉		
麥昌休（麥亞盛）		
黃思簪（黃思贊）		聽從鄭嗣韶糾邀入天地會
李啓義		
譚仁煥		
黃世求		
陳寬大		
李廣逢		
黃思昂		
李亞興		
李基胡		天地會大哥
黃賢等		天地會大哥
黃傳復		聽從黃思聘糾邀入天地會
李名魁		
李廣達		聽從伍允會糾邀入天地會
陳崇佩		
李基裕		聽從李基胡糾邀入天地會

15 劉子揚、張莉編，《清廷查辦秘密社會案》，第 30 冊，頁 8670~8673。吉慶等錄副奏摺，嘉慶七年九月二十日。

謬士昭		
黃賢尃		
鄭振吕		聽從黃賢等糾邀入天地會
黃亞樂		
連黃賢		

資料來源：吉慶等錄副奏摺，嘉慶七年九月二十日，收錄於《清廷查辦秘密社會案》v30.8670~8673。

廣東新會鄭嗣韜結拜天地會一事，參與人數達五十餘人，在籍貫分佈上多爲福建、廣東兩省人士爲主，其之間的連繫多有地緣關係。在會內結構上，有鄭嗣韜、黃思聘以及伍允會三人爲這起天地會的組成核心，因其生活窮困，難以度日，便欲起意糾夥結拜天地會，遇事互相幫助，可以乘機搶劫，得銀分用；而其他聽從糾邀加入天地會的會內成員，亦因冀圖搶劫得利後，分得贓銀。因此，也可以說這起天地會的組成，是起因於利益，而組織成的會黨。

有廣東海康縣人林添中，曾入縣學，平日以教讀度活，因事斥革。嘉慶五年（1800）十二月內，有福建同安縣人陳姓到廣東海康縣地方看相，林添申邀其至家中看相。陳姓談及從前在福建同安縣曾拜過天地會，並告以入會好處，林添申即詢問拜會方法，陳姓即聲稱結拜之後，各人以洪爲姓，拜天爲父，拜地爲母，遇事互相幫助。其暗號開口即說本字，以三指取物。如是會中之人，彼此即可認識，並將身帶天地會舊表一紙交林添申收存，囑令糾人，俟伊往別處轉回再行結拜。林添申詢問陳姓名字，陳姓稱俟結拜時再行告知，隨即辭去。嗣後，林添申因貧苦難度，起意自行糾夥結拜。嘉慶六年（1801）六月內，有認識的方庭相、陳魁進、蔡有湖、游紹賢、符吉洪、陳吉洪至林添申家探望，共談貧苦。林添申即將福建陳姓傳給之暗號、表文告知，起意商同糾夥結拜，遇事相幫，並乘機搶劫村莊，得贓分用。方庭相等人應允，一共七人，議定每人出錢三百文，交林添申買備酒肉，於該年七月初七日在林添申居住的村外僻靜處結拜。至期齊至該處，林添申遂持刀，令方庭相等人鑽過，並說日後俱要聽從指揮，如有負盟不義者，死於刀下。又將暗號傳給會內成員，不序年齒，眾人共推林添申爲大哥，拜畢歃血，焚表飲酒各散。其後，林添申、方庭相等人隨分頭糾人，先後邀得百人，分爲七起，不論年齒，各以林添申、方庭相、陳魁進、蔡有湖、游紹賢、符老洪、陳老洪爲大哥，於本年七月十二、十四、十五等日，先後在東坡村、白水塘、東角埔等處結拜，共以林添申爲總會首，約於八月十五日同赴高山坡地方結拜，乘機往各處村莊城市搶劫。尚未起事，即經該府及營縣訪聞，會同查拿獲解。[16]

又有廣東新寧縣人葉世豪，傭工度日。嘉慶六年二月內，有福建同安縣人陳姓到該處看相，葉世豪請其至家中。陳姓說起前在福建同安縣拜過天地會，推陳飄學爲大哥。葉世豪詢問結拜天地會的好處，以及結拜方法。陳姓說以洪字爲姓，拜天爲父，拜地爲母，遇事互相幫助，可以乘機搶劫村莊。暗號則是開口不離本，舉手不離三，如是會中之人，彼此即可認識。並將會薄一本，交葉世豪收存，並囑其在廣東新寧地方邀人入會，俟伊往別處轉回，再行結拜。葉世豪詢其名

16 劉子揚、張莉編，《清廷查辦秘密社會案》，第 30 冊，頁 8666~8669。吉慶等錄副奏摺，嘉慶六年十一月二十八日。

字，陳姓說俟結拜時告知，隨即辭去。嗣後，葉世豪因無人雇用，貧苦難度，便起意自行糾夥結拜天地會。至同年八月內，有素相熟識的余籠壯、陳文南、林運昌、關仁恩至葉世豪家閒坐，共談貧苦，葉世豪即將福建陳姓傳授結拜天地會緣由告知，起意商同糾夥結拜，遇事相幫，並乘機搶劫村莊，得贓分用，余籠壯等應允。一共五人，議定每人科錢二百文，交葉世豪買備酒肉，於九月初十日，往土名石笋灘地方結拜。至期齊到該處，葉世豪取出陳姓所給會簿，給余籠壯等看過。接著葉世豪持刀一把，令餘籠壯等在刀下鑽過，說日後都要聽從指揮，如有負盟不義者，死於刀下。遂不叙年齒，共推葉世豪爲大哥，共坐飲酒，葉世豪見拜會人少，不能搶劫，與余籠壯等復分頭糾得人，並分爲五起，不論年齒，各以葉世豪、余籠壯、陳文南、林運昌、關仁恩爲大哥。於是年九月十五、十八等日，先後在石笋灘河邊西坑、勒涌、北坑、和寧等處結拜，各向葉世豪告之，並約定十月初十日內同往石笋灘地方結拜總會，乘機往各村莊搶劫。尚未起事，即經該縣查拏。

又有廣東惠來人方振思，平日充當更夫。嘉慶六年正月內，有福建同安縣人陳姓到縣屬地方看相，方振思邀其至家觀看，陳姓談及曾拜過天地會，便令方振思糾人結拜，並說結拜之後各人以洪爲姓，拜天爲父、拜地爲母，可以乘機搶奪村莊，無人敢行抵禦。並傳給開口不離本，舉手不離三暗號，如是會中之人，彼此就可認識，方振思應允。陳姓將所帶拜會表文一紙、會簿一本，交該犯收存，令其在本處糾人，等伊另往別處糾人轉回，再行結拜。方振思問其名字，陳姓即說俟結拜時再行告知，隨即辭去。方振思將表文、會簿留存家里，後因患病，辭退更夫，貧苦難度，起意糾夥結拜。嘉慶七年（1802）八月初三日，方振思隨邀熟識的陳宗元、鄭阿惠、高阿眉、胡仁棋以及陳登建到家，將陳姓交存表文、會簿，結拜天地會緣由告知，令各人分頭糾夥結拜，陳宗元等應允。方振思因將來劫掠村莊需用刀槍器械，想起有素識的謝秀發，向以打鐵營生，隨往糾邀入夥，令其先到赤山空廟打造挑刀、耙頭各物。隨糾得黃奕財等共六十九人。每人出錢二百零八文，交該犯買備香燭，於八月十五日夜，在縣屬土名赤山地方結拜，至期齊到，方振思取出表文交給鄭阿惠抄寫，擺設香燭一同結拜，共推方振思爲總大哥。方振思同鄭阿惠架起雙刀，令眾人從刀下鑽過，日後俱要聽指揮，拜畢焚表飲酒各散。尚未舉事，就經該縣訪聞，會營拿獲。[17]

表 4-1-11 福建同安陳姓散佈天地會結拜方法要犯表

姓名	籍貫	行業	入會情節/會內身份
陳　姓	福建同安縣人	看相	傳受天地會結拜方法、暗號
陳飄學	福建同安縣人		天地會大哥
林添申	廣東海康縣人	曾入縣學，因事斥革，以教讀度活	因貧苦難度，起意自行糾夥結拜天地會。天地會總會首
方庭相			天地會大哥
陳魁進			天地會大哥
蔡有湖			天地會大哥
游紹賢			天地會大哥
符吉洪（符老洪）			天地會大哥
陳吉洪（陳老洪）			天地會大哥

17 劉子揚、張莉編，《清廷查辦秘密社會案》，第 30 冊，頁 8686~8687。瑚圖禮錄副奏摺，嘉慶八年二月二十三日。

葉世豪	廣東新寧縣人	傭工度日	無人雇用，貧苦難度，起意自行糾夥結拜天地會。天地會總會首
余籠壯			天地會大哥
陳文南			天地會大哥
林運昌			天地會大哥
關仁恩			天地會大哥
方振思	廣東惠來縣人	充當更夫	因患病，辭退更夫，貧苦難度，起意糾夥結拜。天地會總會首
陳宗元			聽從方振思糾邀加入天地會
鄭阿惠			
高阿眉			
胡仁棋			
陳登建			
謝秀發		打鐵營生	打造挑刀、耙頭各物

資料來源：吉慶等錄副奏摺，嘉慶六年十一月二十八日、瑚圖禮錄副奏摺，嘉慶八年二月二十三日，收錄於《清廷查辦秘密社會案》v30.8666~8669、8686~8687。

福建同安陳姓四處散佈天地會結拜方法，致使廣東多處糾人結拜天地會一事，在籍貫分佈上有福建、廣東兩省人士，其中，除了天地會成員陳姓與天地會會首陳飄學爲福建人外，其餘皆爲廣東籍人士，分佈於海康縣、新寧縣以及惠來縣三個地方，這是一起天地會由福建傳入廣東的案件。參與入會的成員之間連繫多有地緣關係，在職業及身份類別上有曾入縣學，因事斥革，以教讀度活者、傭工度日、更夫、打鐵營生以及看相。

其中，天地會成員福建人陳姓以看相爲業，因其工作四處遊走，在游走看相的其間，亦將天地會的結拜方式進行傳播。在三個案例中，皆爲廣東境內，有海康縣人林添申，曾入縣學，因事斥革，以教讀度活，是個書生，其後因貧苦難度，起意自行糾夥結拜天地會，最後爲天地會總會首；新寧縣人葉世豪，向以傭工度日，其後因無人雇用，貧苦難度，起意自行糾夥結拜天地會，最後也成了天地會總會首；至於惠來縣人方振思，充當更夫，嗣後因爲患病，辭退更夫，而使生活貧苦難度，遂起意糾夥結拜，最後亦成爲天地會總會首。在這三起案例中，這三位天地會總會首，經由陳姓看相，並聽得天地會結拜方法後，陳姓皆立即離開，前往他處，而其皆未立即糾夥結拜天地會，均爲過了一段時間後，因生活中出現經濟上的困難，而憶及福建人陳姓所傳，爲改善生活上的經濟問題，而糾邀素識鄰人結立天地會；而其聽從糾邀之人，在心態上皆希冀搶劫圖利，分得銀錢花用，因而加入天地會。至於福建人陳姓，原稱將會一同與其結拜，但最終仍未見其返回，而其究竟姓名爲何，亦無從得知，但從這三起案例中，雖然皆在廣東境內，但分佈於不同縣裡，不過其對天地會成員陳姓的描述，卻可認定其爲同一人。

嘉慶六年（1801）十月，廣東香山縣人黃名燦駕船載運柴薪，赴湖南新寧縣售賣，有平日熟識的譚亞辰到船上閒坐，邀約黃名燦結拜天地會。黃名燦便詢問拜會方法，譚亞辰即聲稱會內眾人以洪爲姓，拜天爲父，拜地爲母，立誓鑽刀，遇事互相幫助，可以乘機搶劫。其會中暗號是「三八二十一，無錢亦食得」、「開口不離本，舉手不離三」。如是會中之人，彼此即可認識。黃名燦聽從應允，但因其適值患病，故未經前往。嘉慶七年（1802）五月內，有熟識的梁勇生、周亞湖、鄭城祖、張金垣、胡真儒至黃名燦家閒坐，共談貧苦。

黃名燦憶及譚亞辰告知結會可以搶奪，起意商同糾夥結拜，乘機搶劫村莊，得贓分用。梁勇生等人應允，一共六人，議定每人出錢三百文，交由黃名燦買備香燭酒肉，約定是月初十日，往廣東香山縣屬土名牛角地方結拜。至期齊集該處，黃名璨用木斗一個，內插五色小旗，並鏡一面，劍一把及剪刀各物置放桌上。再用黃紙開寫各人姓名、年歲，及「情願姓洪，拜天爲父，拜地爲母，如有患難，兄弟相扶。負盟不義，死於刀下」等字。在神前焚燒結拜，會內眾人不序年齒，共推黃名燦爲大哥。黃名燦持刀在手，令梁勇生等人在刀下鑽過，日後聽其指揮，隨即飲酒各散。黃名燦因拜會人少，不能搶劫，與梁勇生等人又分頭邀人入會。

黃名燦復糾得黃亞旺十六人；黃亞旺又轉糾黃庭漢二人；梁亞酉轉糾容亞和、李亞安二人；李俊奇轉糾曾基業、黃勝柏二人，連黃名燦一共二十三人，於是年六月初四日在廣東香山縣屬洲門地方拜會，眾人不序年齒，仍推黃名燦爲大哥。梁勇生糾得黃甸奇十三人；黃甸奇轉糾黃正南、黃連啓二人；鄧三寬亦轉糾黃亞七、黃德潮二人。連梁勇生一共十八人，於六月十二日在廣東香山縣屬沙嘴山邊結拜，眾人不序年齒，以梁勇生爲大哥。周亞湖糾得黃興品、曾亞烈、阮亞三，連周亞湖一共八人，於六月二十二日在香山縣屬三竈山邊結拜，會眾不序年齒，以周亞湖爲大哥。鄭城祖糾得蕭亞興一共十六人，於六月十六日在廣東香山縣屬蓮塘地方結拜，會內不序年齒，以鄭城祖爲大哥。張金垣糾得林潮勝，連張金垣一共十四人，於六月二十七日，在廣東香山縣屬牛仔尾地方結拜，不序年齒，以張金垣爲大哥。各大哥各向黃名燦告知，商同用「共洪和合結萬爲記」等字刻成木戳，刷印紅白號布，凡入會者每人分給二塊，一存各人家內，一帶自己身上，作爲憑據，會中也使用「三八二十一，無錢亦食得」等口訣。俟七月十五日結拜總會，另立會簿，合夥搶劫。尙未至期，即經該縣官府訪聞，並會營查拿，天地會內成員先後獲解到案。[18]

表 4-1-12 廣東香山黃名燦結拜天地會要犯一覽表

姓名	籍貫	行業	入會情節
黃名燦	廣東香山縣人	售賣柴薪	天地會會首
譚亞辰			邀約黃名燦結拜天地會
梁勇生			天地會大哥
周亞湖			天地會大哥
鄭城祖			天地會大哥
張金垣			天地會大哥
胡真儒			聽從黃名燦糾邀結拜天地會
梁亞酉			
李俊奇			
黃亞旺			
黃庭漢			聽從黃亞旺糾邀結拜天地會
容亞和			聽從梁亞酉糾邀結拜天地會
李亞安			
曾基業			聽從李俊奇糾邀結拜天地會
黃勝柏			
黃甸奇			聽從梁勇生糾邀結拜天地會
黃正南			聽從黃甸奇糾邀結拜天地會
黃連啓			
黃亞七			聽從鄧三寬糾邀結拜天地會
黃德潮			
黃甸奇			聽從梁勇生糾邀結拜天地會
黃正南			聽從黃甸奇糾邀結拜天地會

18 劉子揚、張莉編，《清廷查辦秘密社會案》，第 30 冊，頁 8674~8677。吉慶等錄副奏摺，嘉慶七年九月二十日。

黃連啓			
黃亞七			聽從鄧三寬糾邀結拜天地會
黃德潮			
黃興品			聽從周亞湖糾邀結拜天地會
曾亞烈			
阮亞三			
蕭亞興			聽從鄭城祖糾邀結拜天地會
林潮勝			聽從張金垣糾邀結拜天地會

資料來源：吉慶等錄副奏摺，嘉慶七年九月二十日，收錄於《清廷查辦秘密社會案》v30.8674~8677。

廣東香山黃名燦結拜天地會一事，參與人士在籍貫分佈上多為廣東人，其之間的連繫多有地緣關係。此一天地會會首為廣東香山縣人黃名燦，向以售賣柴薪為生，因受譚亞辰邀約，原要加入天地會，但其後因譚亞辰聞拏逃跑而未結成。但其後因生活窮苦，而起意糾人結拜天地會，其意為糾夥搶劫村莊，得贓分用，並邀梁勇生、周亞湖、鄭城祖、張金垣等人為基礎成員，再另外糾人結拜，為天地會大哥。此外，聽從糾邀入夥的會黨成員，在心態上是冀圖加入會黨，以謀求利益，搶劫村莊，分得贓銀。

有廣東新寧縣人陳積引，嘉慶七年（1802）六月間，有素識的伍允會勸說糾人加入鄭嗣韜的天地會，可以乘機搶劫村莊，得贓分用，陳積引應允入會，但因嗣後伍允會被官府緝拏逃走，故未經結拜。至同年九月初二日，有素識的梅瑞屋、衛道伸、陳德元、朱啓任、林其球、蕭象宏、方璧山先後到陳積引家內閒坐，談及貧苦。陳積引遂起意糾人結盟拜會，各皆應允。一共八人，議定每人出錢二百文，交由陳積引買備香燭酒肉。約期於九月初六日，在廣東新寧縣屬南岡廟內結拜。陳積引用木斗一個，內插五色小旗及鏡、劍、剪刀各物置放桌上，用黃紙開寫「姓名、年歲，及情願姓洪、拜天爲父，拜地爲母，如有患難，兄弟相扶，負盟不義，死於刀下」字樣，在神前焚燒結拜，會內成員每人分給紅布一塊，作爲入會憑據，會內眾人不序年齒，共推陳積引爲大哥。陳積引持刀在手，叫梅瑞屋等人在刀下鑽過，日後都要聽從指禪。拜畢飲酒各散。但因拜會人少，不能搶劫，陳積引隨後又與梅瑞屋等人商量各自分頭糾夥入會，候糾人眾多，再拜總會。[19]

陳積引隨糾得馮嗣勝，連陳積引共八人，於十月初六日在廣東新寧縣屬土名下川大嶺尾地方結拜，共推陳積引爲大哥。梅瑞屋糾得胡麟書，連梅瑞屋共十一人，於十月初七日，在廣東新寧縣屬土名西角地方結拜。不序年齒，共推梅瑞屋爲大哥，衡道伸糾得方慕庚共十三人，於十月初八日，在廣東新寧縣屬上名下川灣地方結拜，不序年齒，共推衛道伸爲大哥。陳德元糾得方亞連共五人，於十月初十日，在廣東新寧縣屬土名南岡廟地方结拜，不分年齒，共推陳德元爲大哥。朱啓任糾得徐世拱十人，徐世拱轉糾周亞樂、陳亞乙二人，連朱啓任共十三人，於十月十二日，在廣東新寧縣屬土名上川大坦地方結拜，不序年齒，共推朱啓任爲大哥。林其球糾得何亞四、王運先，連林其球十人，於十月十三日，在廣東新寧縣屬筋涌地方結拜，不序年齒，共推林其球爲大哥，約定十月二十日結拜總會，以陳積引爲總會首，夥同搶劫。但

19 《硃批奏摺》，第 642 卷，4 號。署理兩廣總督瑚圖禮奏摺，嘉慶八年二月十六日。

尚未到期，即被該縣官府訪聞，並會營先後將會黨成員拿獲到案。[20]

表 4-1-13 廣東新寧陳積引結拜天地會要犯一覽表

姓名	籍貫	行業	會黨內身份
陳積引	廣東新寧縣人		天地會總會首
伍允會			糾陳積引加入鄭嗣韜的天地會
梅瑞屋			天地會大哥
衛道伸			天地會大哥
陳德元			天地會大哥
朱啓任			天地會大哥
林其球			天地會大哥
蕭象宏			聽從陳積引糾邀加入天地會
方璧山			
馮嗣勝			
胡麟書			聽從梅瑞屋糾邀加入天地會
方慕庚			聽從衛道伸糾邀加入天地會
方亞連			聽從陳德元糾邀加入天地會
徐世拱			聽從朱啓任糾邀加入天地會
周亞樂			聽從徐世拱糾邀加入天地會
陳亞乙			
何亞四			聽從林其球糾邀加入天地會
王運先			

資料來源：瑚圖禮奏摺，嘉慶八年二月十六日，收錄於《硃批奏摺》，第 642 卷，4 號；瑚圖禮錄副奏摺，嘉慶八年二月十八日，收錄於《清廷查辦秘密社會案》v30.8682~8684。

廣東新寧陳積引結拜天地會一事，參與人士在籍貫分佈上多爲廣東籍人士，其之間的連繫多有地緣關係。天地會會首爲廣東新寧縣人陳積引，原經素識的伍允會勸其加入鄭嗣韜的

20 劉子揚、張莉編，《清廷查辦秘密社會案》，第 30 冊，頁 8682~8684。瑚圖禮錄副奏摺，嘉慶八年二月十八日。

天地會，但因案發伍允會逃跑，而並未結成。嗣後，因陳積引及梅瑞屋、衛道伸、陳德元、朱啓任以及林其球等人因生活貧困，而起意糾人結拜天地會，人多好搶劫村莊，得贓分用。這類以搶劫爲目的的秘密會黨，在招人結拜上，常能糾得多人，而聽從糾邀者，在生活上，亦多半貧困難度，故而希圖加入會黨，並從中獲得利益，改善貧苦的生活。

廣東東莞縣人蔡斗南與蔡廷仕是無服族兄弟，分村居住。嘉慶六年（1801）二月，蔡廷仕會遇素相交好的陳文安，言及聽從陳禮南糾邀結拜天地會，並邀其入夥，並告知拜會方法，蔡廷仕應允。適値陳禮南破案被獲正法，陳文安畏罪逃走，蔡廷仕亦外出躲避。至嘉慶八年（1803）閏二月，蔡廷仕返家，起意再糾人結會。先後向素識的溫成復、蔡渭波、鄭柱端、劉潮連、連道籠、廣東博羅縣人劉敬堂即僧敬堂以及蔡紀升説知，囑令邀人入夥。溫成復等人各皆應允，糾約多人。因地方文武兵役查察天地會嚴密，衆人不敢遽行結拜。同年三月十三日，蔡廷仕向蔡斗南買穀，欲其每斗照市價減錢三十文，蔡斗南不允，蔡廷仕即以時當青黃不接，不將稻穀在近村出糶，轉而載運出外獲利，斥其爲富不仁；而蔡斗南則斥蔡廷仕平日結交匪類，又短價勒買穀石，定當鳴官究治。

兩人互相爭吵而散，致使蔡廷仕懷恨在心，起意搶劫蔡斗南的財物，隨後往告溫成復等人，令其幫忙糾人。蔡廷仕先自糾得蔡金復等共二十人；溫成復糾得蔡亞長即亞二等十人；蔡渭波糾得黎亞養、蔡木槌等共十五人；鄭柱端糾得鄭機端等共十五人；劉潮連糾得蔡茂庭等共十四人；連道籠糾得連貴仁等共十四人；劉敬堂糾得蔡老虎等共十八人，均於十七日齊集拜會。會內眾人不序年齒，共推蔡廷仕爲總大哥，聽其指使。蔡廷仕給與每人紅布一塊，當即派定溫成復等共三十四人，於三月十九日各帶刀械、扁挑、籮筐、布袋，至山下園外會齊，同往蔡斗南家，劈開大門，一齊擁入。事主蔡斗南同眷屬等驚慌逃避，蔡廷仕等搜劫番銀衣飾，並存儲稻穀，交蔡紀信等人分挑先走。蔡廷仕又抬取柴草，將蔡斗南房屋放火焚燒後，同溫成復等隨後走出，正值事主喊同鄰人趕上捉拏。蔡廷仕、溫成復等人用刀砍避鄰人數人。其後，蔡廷仕等人趕上先行的蔡紀信等人後，告知殺人情由，並將贓物攜至蔡廷仕家中查點，一共搶得番銀一千六百七十六圓、衣服首飾共一百四十二件、稻穀一十二石零五斗。蔡廷仕等人隨將衣飾稻穀變賣番銀一百八十圓，連劫得贓銀分別俵分各散。隨後，經該縣田文壽查知通稟，立即會營督帶兵役，先後將首犯蔡廷仕及正兇夥匪先後拿獲，共一百二十餘名，提解省城。[21]

表 4-1-14 廣東博羅蔡廷仕結拜天地會要犯一覽表

姓名	籍貫	行業	會內身份
蔡廷仕	廣東東莞縣人		天地會會首
陳文安			邀蔡廷仕入夥陳禮南的天地會
溫成復			聽從蔡廷仕糾邀加入天地會
蔡渭波			
鄭柱端			
劉潮連			
連道籠			
蔡紀升	廣東博羅縣人		

21 劉子揚、張莉編，《清廷查辦秘密社會案》，第 30 冊，頁 8692~8696。倭什布等錄副奏摺，嘉慶八年六月二十四日。

劉敬堂（僧敬堂）	廣東博羅縣人	僧人	聽從蔡廷仕糾邀加入天地會
蔡金復			
蔡亞長（亞二）			聽從溫成復糾邀加入天地會
黎亞養			聽從蔡渭波糾邀加入天地會
蔡木槌			
鄭機端			聽從鄭柱端糾邀加入天地會
蔡茂庭			聽從劉潮連糾邀加入天地會
連貴仁			聽從連道籠糾邀加入天地會
蔡老虎			聽從劉敬堂糾邀加入天地會

資料來源：倭什布等錄副奏摺，嘉慶八年六月二十四日，收錄於《清廷查辦秘密社會案》v30.8692~8696。

廣東博羅蔡廷仕結拜天地會一事，參與人士在籍貫分佈上多爲廣東人，其之間的連繫多有地緣關係；在職業及身份類別上多爲有手好閒之徒，常在地方上擾亂社會秩序。此一天地會會首蔡仕廷，原受陳文安之邀，欲入夥陳禮南的天地會，但尚未結拜，即因其案發而未結成。嗣後，蔡仕廷與素鄉教好的溫成復、蔡渭波、鄭柱端、劉潮連、連道籠等人欲自行結拜天地會，但因時値官府查拏嚴厲之時，蔡仕廷等人不敢貿然結拜，直至蔡仕廷與其不服族的表兄弟蔡斗南兩人因稻穀交易而爭執，致使蔡仕廷懷恨在心，意欲挾怨報復，故糾人結拜天地會，並一同前往搶劫蔡斗南的財物，以報復蔡斗南。

有廣東長樂縣人賴六青與廣東揭陽縣人李阿七，兩人素相交好。嘉慶八年（1803）五月，有溫唐五等人前赴賴六青家中探望。賴六青因憶及從前福建的漳州以及泉州各處，有聽說添弟會的結拜儀式，遂起意商同溫唐五等人一同糾人結會，以便遇事幫助，並乘機搶劫。至六月初十日，會內眾人約齊於廣東長樂縣屬土名青子山地方結拜，一共七人，賴六青聲言結拜之後，會中成員皆要以「洪」爲姓，會內眾人公推賴六青爲大哥。因人數尚少，不能搶劫，因此，添弟會會首賴六青又令溫唐五等人，各自分頭糾人入會。嗣後，會中成員先後於六月十三、六月二十四、七月初四、七月初八、七月初九、七月十三以及七月十六等日，在廣東長樂縣境內青子山、塘嶂山地方、揭陽縣屬大成嶺、籠充山、金山、潛門嶺等地方，以及廣東豐順縣屬埔子山地方進行結拜，其中溫唐五、李阿七、何阿常、曾左籠、高阿芝、張三朋爲各起結拜的會首，而其會內又以賴六青爲總會首。[22]

表 4-1-15 廣東常樂賴六青結立添弟會要犯一覽表

姓名	籍貫	會內身份
賴六青	廣東長樂縣人	天地會總會首
李阿七	廣東揭陽縣人	天地會會首
溫唐五		天地會會首
何阿常		天地會會首
曾左籠		天地會會首
高阿芝		天地會會首
張三朋		天地會會首

資料來源：兩廣總督倭什布奏摺，嘉慶八年九月二十九日，收錄於《硃批奏摺》，第 642 卷，8 號。

廣東常樂賴六青結立添弟會一事，參與人士在籍貫分佈上皆爲廣東人，其之間的連繫多有地緣關係。此起天地會的總會首賴六青，亦以糾人搶劫爲目的，加以遇事又可得人幫助，結拜天地會。此一天地會在糾人結拜的策略上，亦爲基礎成員李阿七、溫唐五、何阿常、曾左籠以及高阿芝、張三朋等

22 《硃批奏摺》，第 642 卷，8 號。兩廣總督倭什布奏摺，嘉慶八年九月二十九日。

人，由其各自糾人拜會，而這些基礎成員，則成爲各自糾人拜會時的會首，這樣的方式，即爲天地會迅速增加參與人數的策略。

廣東惠州海豐縣人蔡亞堂，向與楊亞練等人熟識，素相交好。嘉慶九年（1804）八月十六日，楊亞練等人先後前往蔡亞堂家中閒坐，共談貧苦。蔡亞堂素與洋盜鄭烏豬相互熟識，聞知結拜添弟會好處後，便起意商同糾人結拜，便勾引鄭烏豬搶劫墟場。至八月十八日時，共糾得六十五人，約齊聚在菴後埔僻處結拜，會中成員共推蔡亞堂爲大哥，並推楊亞練爲二哥。並與鄭烏豬等人相約於嘉慶十年（1805）正月初二日夜間，搶劫廣東海豐縣梅隴墟地方。[23]

表 4-1-16 廣東海豐蔡亞堂結拜添弟會要犯一覽表

姓名	籍貫	行業/身份	會內身份
蔡亞堂	廣東惠州海豐縣人		大哥
楊亞練			二哥
鄭烏豬		洋盜	

資料來源：兩廣總督那彥成奏摺，嘉慶十年六月初六日，收錄於《硃批奏摺》，第 642 卷，23 號。

廣東海豐蔡亞堂結拜添弟會一事，參與人士在籍貫分佈上爲廣東人，其之間的連繫多有地緣關係。此一添弟會的結拜目的，在於遇事會能成員彼此可以互相幫助，亦可搶劫得財花用。此一添弟會內有蔡亞堂與楊亞練兩人爲會內核心人物，糾人結拜添弟會時，分別被推爲大哥及二哥，此外，因其會

23 《硃批奏摺》，第 642 卷，23 號。兩廣總督那彥成奏摺，嘉慶十年六月初六日。

中打算從事搶劫行爲，因此，其會內成員亦有鄭烏豬，其本身即爲盜賊身份。

廣東博羅縣人曾佑卿，又名曾博羅，平日以訓蒙度日。因有表兄陳淋，向來在廣東瓊州府瓊山縣境內貿易，於嘉慶九年（1804）二月間，曾佑卿前往倚靠。至廣東瓊山縣後，方知陳淋先已病故，但因曾佑卿盤費用盡，不能回鄉，只得沿街測字營生。

至三月二十六日，曾佑卿遇見劉豆腐二，彼此接談，意氣相投，劉豆腐二隨即邀曾佑卿至家中住歇。同年四月初一日時，有楊亞四、陳登遂、王亞二、陳添士先後赴劉豆腐二家中閒坐，談及貧苦。曾佑卿因素知天地會結拜儀式，便起意商同眾人糾夥結拜，乘機搶劫財物，劉豆腐二等人允從。其後，劉豆腐二隨糾得易亞四、黃亞三、李山猪公、馬亞四、陳長春、張承昌、劉裕光、岑亞二、鐘夫盛、王達境以及陸潮光十一人；楊亞四糾得陸燕、尹光秀、尹光明、梁亞六、陳進義、陸正和、張興以及陸清八人；陳登遂糾陳前剛、鄒亞土、鄭文、江世管、陳文芳、潘有志以及楊亞尾七人；王亞二糾得黃元正、吳思禮、龐亞狗、池亞爛、鄭石弄、張世泰、李長腳二以及林五八人；陳添士糾得何奇榮、洪亞牛、許亞進以及黃時忠四人，一共四十四人，議定各出錢三百六十文，交由曾佑卿買備香燭酒醴，於是月初五日在土名大山水地方結拜。至期鐘夫盛、陳進義、陳文芳、李長腳二心生畏懼，托故不往，止曾博羅等四十人結拜。曾佑卿傳授「開口不離本，舉手不離三」口訣暗號，並分給劉豆腐二等人三角紅布各一塊，會內眾人共推曾佑卿爲大哥，拜畢歃血飲酒各散。

旋據瓊山縣訪聞，會營查拿，曾佑卿聞知後即與劉豆腐二、楊亞四、陳登遂、王亞二、陳添士、易亞四、黃元正、林五、王達境、陸正和、張興、潘有志、楊亞尾於初七日逃至廣東臨高縣蘭陽博吉地方。曾佑卿因缺少路費，遂率劉豆腐二等人擁入王大美家中搶取番銀十四圓、銅錢三千文逃跑，王大美追捕即被楊亞四等人殺斃，並放火焚燒事主茅屋而逸。隨後經瓊山、臨高二縣，會同雷瓊鎮督帶員井兵役，將各犯先後拿獲。[24]

表 4-1-17 廣東瓊山曾佑卿結拜天地會要犯分佈表

姓名	籍貫	行業	入會情節/會內身份
曾佑卿（曾博羅）	廣東博羅縣人	先以訓蒙度日，其後沿街測字營生	天地會會首
劉豆腐二			聽從曾佑卿糾邀加入天地會
楊亞四			
陳登遂			
王亞二			
陳添士			
易亞四			聽從劉豆腐二糾邀加入天地會
黃亞三			
李山猪公			
馬亞四			
陳長春			
張承昌			
劉裕光			
岑亞二			
鐘夫盛			
王達境			

24 劉子揚、張莉編，《清廷查辦秘密社會案》，第 30 冊，頁 8738~8741。倭什布等錄副奏摺，嘉慶九年十一月二十二日。

陸潮光			
陸　燕			聽從楊亞四糾邀加入天地會
尹光秀			
尹光明			
梁亞六			
陳進義			
陸正和			
張　興			
陸　清			
陳前剛			聽從陳登糾邀加入天地會
鄒亞土			
鄭　文			
江世管			
陳文芳			
潘有志			
楊亞尾			
黃元正			聽從王亞二糾邀加入天地會
吳思禮			
龐亞狗			聽從王亞二糾邀加入天地會
池亞爛			
鄺石弄			
張世泰			
李長腳二			
林　五			
何奇榮			聽從陳添士糾邀加入天地會
洪亞牛			
許亞進			
黃時忠			

資料來源：倭什布等錄副奏摺，嘉慶九年十一月二十二日，收錄於《清廷查辦秘密社會案》v30.8738~8741。

廣東瓊山曾佑卿結拜天地會一事，參與人數達四十四人，其中鐘夫盛、陳進義、陳文芳、李長腳二四人，因心中害怕，因此託辭未前往結拜，因此，真正結拜之成員僅四十人。在參與成員的籍貫上，多為廣東人，此一天地會核心人物曾佑卿爲廣東博羅縣人，原先以訓蒙度日，其後因投靠表哥陳淋不成，得知已去世的消息，但因盤費用盡，沒錢回鄉，因此以沿街測字營生，並在路途中結交劉豆腐二、楊亞四、陳登遂、王亞二、陳添士等人，即成爲其結立天地會的基礎成員。此天地會爲強盜集團，糾夥結拜的目的在於搶劫財物。

嘉慶十三年（1808），廣西向武土州地方拏獲一起結拜天地會案件。有廣東始興縣生員林瓊宴，嘉慶十二年（1807）七月間，林瓊宴前往廣西向武土州，以堪輿爲業。同年八月裡，林瓊宴在向武土州把荷墟地方，會遇福建汀州府上杭縣人游德，兩人閒談，各道貧苦，故游德勸令林瓊宴加入天地會，並交給紅布腰憑二塊。嘉慶十三年三月，林瓊宴即糾邀三十九人，在奉議州瓦窯結拜天地會，林瓊宴自爲師傅，並派張經伯爲大哥。嗣後，又於同年五月，再次糾邀十七人，於駝寧地方拜會。其後，自七月至十二月間，又再糾人結會共計五次，林瓊宴俱自稱爲師傅。[25]

表 4-1-18 廣西向武土州林瓊宴結拜天地會要犯一覽表

姓名	籍貫	行業/身份	會內身份
林瓊宴	廣東始興縣人	生員，以堪輿爲業	天地會師傅
游　德	福建汀州府上杭縣人		勸令林瓊宴加入天地會
張經伯			天地會大哥

資料來源：恩長奏摺，嘉慶十四年四月二十九日，收錄於《宮中檔》，第 4724 箱，80 包，14008 號。

廣西向武土州林瓊宴結拜天地會一事，參與人數達五十餘

25 《宮中檔》，第 4724 箱，80 包，14008 號。廣西巡撫恩長奏摺，嘉慶十四年四月二十九日。

人，在籍貫分佈上多爲福建與廣東兩省人士，其中有始興縣人、上杭縣人，其之間的連繫多因出門至外地營生，而相互認識的關係。在其會內結構上，廣東始興縣人林瓊宴，爲天地會會首，林瓊宴的身份原爲生員出身，其後以堪輿爲業，替人看造風水，因遇福建汀州府上杭縣人游德，勸林瓊宴加入天地會，林瓊宴聽從加入，至次年林瓊宴便自行成立天地會，糾人一同結拜，並自稱爲天地會傳會師傅，另外並有張經伯，爲天地會大哥，兩人均爲天地會內核心人物。天地會傳會師傅林瓊宴、天地會大哥張經伯，以及加入天地會內的成員，在其內部成員結立、加入天地會的心態上，會內成員均認爲天地會這樣的秘密會黨，能夠改善其生活的窮困情形。

有廣東人古致昇，向在廣西平南縣賣藥營生。嘉慶十三年（1808）二月，古致昇在廣西平南縣丹竹墟地方會遇廣東人蘇顯名，在兩人閒談後，得知爲同鄉，古致昇便向蘇顯名訴苦，感歎賣藥所得到的利益極其微薄，而且做生意時，常會被人欺侮，故欲另謀生理。蘇顯名聽後，即勸令古致昇一同糾夥結拜天地會。一方面可以斂錢使用，另一方面又可搶劫獲利，且若遇有鬥毆，會內成員則會相助。因此，古致昇便向蘇顯名詢問如何充當師傅及令人信從。蘇顯名隨即傳授天地會暗號，會員相遇，便知互相照應。以其天地會內的拜會儀式，爲竪竹架兩層作門，竹門內用木斗貯米，紅布圍蓋，安設香燭，大哥居左，師傅居右，各拿順刀一把，斜架作叉，令欲入會的成員鑽刀，之後拜神立誓，再用雞血滴酒同飲。凡入會者每人皆須出錢五百一十六文。同年四月，古致昇便糾邀三十三人，在廣西平南縣境古廟內，按照蘇顯名所傳授的入會儀式結拜天地會，其中，周勝海因力大強橫，被會內眾人推爲大哥，而古致昇則自爲師傅。[26]

表 4-1-19 廣西平南古致昇糾人結拜天地會要犯一覽表

姓名	籍貫	行業	會內身份
古致昇	廣東人	賣藥營生	天地會師傅
蘇顯名	廣東人		勸令古致昇一同糾夥結拜天地會
周勝海			天地會大哥

資料來源：恩長奏摺，嘉慶十三年十月初四日，收錄於《宮中檔》，第 4724 箱，74 包，12134 號。

廣西平南古致昇糾人結拜天地會一事，參與人數共三十四人，在籍貫分佈上多爲廣東、廣西兩省人士，其之間的連繫多有地緣關係。在會內結構上，廣東人古致昇，向在廣西賣藥營生，因賣藥利潤微薄，加上出門在外地營生不易，常受人欺負，又有孤獨無依之感。其後，遇到同鄉的蘇顯名，便向其訴苦，蘇顯名便想起天地會，因此即勸令古致昇一同糾夥結拜天地會。古致昇聽從後，便開始糾人結拜天地會，並自稱爲天地會傳會師傅，此外，會內有力大強橫的周勝海，被會內眾人推爲大哥。從中可以看出，此一天地會內的組織結構上，核心人物爲天地會傳會師傅以及天地會大哥兩人，其二人爲帶領天地會成員的重要人物。天地會傳會師傅，這一職掌同常由具文人特色的成員擔任；而天地會大哥，則多爲會內身強力大者擔任。此一天地會的成立，參與會內成員冀圖一同搶劫，並從中獲得利利，或在外遇有鬥毆，或被人欺負，會內成員則會相助，因此，願意參與此一天地會的人

26 《宮中檔》，第 4724 箱，74 包，12134 號。廣西巡撫恩長奏摺，嘉慶十三年十月初四日。

士相當多。

嘉慶年間，江西查獲一起三點會案件。三點會即爲天地會系統之秘密會黨，會內所祭祀的洪二和尙則爲清代天地會在目前現存檔案中，所能追溯最早天地會會首。廣東省與江西省相互比鄰，有廣東連平州人邱利展到江西贛州府龍南縣謀生，與江西贛州府龍南縣人鍾錦龍彼此熟識。嘉慶十九年（1814）三月，鍾錦龍聽從邱利展的糾邀，結拜三點會，邱利展聲稱入會以後，凡遇有事，會內成員互相幫助，可免被外人欺侮。邱利展排列案桌，於桌上設香燭紙旗，以及洪二和尙萬提喜的牌位，又用白布在兩椅上搭作橋梁，令鍾錦龍等人從橋下鑽過立誓，並宰雞滴血入酒同飲。其後，邱利展即傳授會內口訣暗號，並給與鍾錦龍等人悝詞紅布一塊，其紅布悝詞內有「五祖分開一首詩，身上洪英無人知，自此傳得眾兄弟，後來相見團圓時」。嗣後，又於同年四月間，鍾錦龍等人先後結拜三點會多次，入會者相當多。[27]

表 4-1-20 江西龍南邱利展傳立三點會要犯一覽表

姓名	籍貫	行業	入會情節
洪二和尚（萬提喜）	福建人	僧人	天地會內傳說最早的會首
鍾錦龍	江西贛州府龍南縣人		鍾錦龍聽從邱利展的糾邀，結拜三點會
邱利展	廣東連平州人	外地謀生	

資料來源：阮元奏摺，嘉慶十九年十一月十七日，收錄於《宮中檔》，第 2723 箱，91 包，16925 號。

江西龍南邱利展傳立三點會一事，參與人士在籍貫分佈上有

27 《宮中檔》，第 2723 箱，91 包，16925 號。江西巡撫阮元奏摺，嘉慶十九年十一月十七日。

福建人、廣東人以及江西人三省人士爲主，其之間的連繫多有地緣關係，其中，三點會內成員之間或爲居住地互相認識者，或爲出門至外地營生後認識者。三點會的結立源於，廣東連平州人邱利展，其至江西贛州府龍南縣謀生，因出門在外，孤身一人，總倍感孤獨，又害怕受人欺負，在江西贛州府龍南縣與當地居民鍾錦龍熟識後，便希圖一同結拜三點會，凡遇有事情，會內成員即可互相幫助，可免被外人欺侮。因此，此一三點會可以看做爲一個互助性質強烈的秘密會黨。雖然會黨名稱取名「三點會」，但從其會內結拜儀式、成員結構、組成性質以及其會內的暗號悝詞中，皆與天地會的內容即爲相似，僅會黨名稱不同，因此，可以將三點會看做爲天地會系統的秘密會黨。

有廣東曲江縣人楊憨頭，曾拜廣東高要縣人王姓爲師，加入添弟會。嘉慶二十年（1815）十月，楊憨頭遷居至雲南開化府文山縣新寨塘地方，與雲南開化府文山縣人楊贊相好，並一同居住。楊憨頭爲人兇惡強悍，附近村民皆飽受其欺凌，每逢年節，均須致送食物給楊憨頭。楊憨頭見地方居民易於欺壓，便起意復興添弟會。嘉慶二十一年（1816）二月，楊憨頭糾得二十七人，每人各出銀一兩，或出錢米，多寡不等，會中成員共推楊憨頭爲大爺，推朱仕榮爲先生。其結會儀式是在夜間舉行，由先生朱仕榮寫立五祖牌位，供奉在桌上，並在桌前插刀兩把，地下挖掘小坑，凡欲入會之人，俱須跳火坑、從刀下鑽至牌位前跪拜盟誓，當天焚化表文，各飲雞血酒一杯。會內存有會簿及祝文，俱爲白紙黑字，詩句聯對，多爲勸會眾齊心，有事共相幫助等語。楊憨頭以從前王姓傳會時，會內眾人各給紅布一塊，易於遺失，所以規定將髮辮向左邊繞去挽住，作為會中辨識成員的記號。[28]

表 4-1-21 雲南開化楊憨頭傳立添弟會要犯一覽表

姓名	籍貫	會內身份
楊憨頭	廣東曲江縣人	添弟會大爺
王　姓	廣東高要縣人	楊憨頭之師
楊　贊	雲南開化府文山縣人	添弟會成員
朱仕榮		添弟會先生

資料來源：伯麟奏摺錄副，嘉慶二十一年六月二十七日，收錄於《軍機處檔·月摺包》，第 2751 箱，7 包，48382 號。

雲南開化楊憨頭傳立添弟會一事，為一起添弟會自廣東傳至雲南的案件，添弟會最早出現於臺灣諸羅縣境內，其後傳入福建、廣東一帶，至此案件時，添弟會傳至雲南境內。參與人士在籍貫分佈上有廣東人、雲南人，其成員之間的連繫多有雲南在地地緣關係者，以及或因遷居，或因工作而至雲南地區的廣東人。在會內結構上，廣東曲江縣人楊憨頭，曾拜廣東高要縣人王姓為師，加入添弟會，其後楊憨頭搬至雲南後，因覺當地居民易於欺負，便自行糾人結拜添弟會，會內成員推其為添弟會大爺，又推朱仕榮添弟會先生，亦有不少雲南當地開化府文山縣人加入會內，加入添弟會的成員，部份冀圖從中謀取利益，部份則希圖免受人欺負，而添弟會內部成員彼此幫助，但對外部社會，多有欺壓，常常擾亂地方秩序與安寧。

28 《軍機處檔·月摺包》，第 2751 箱，7 包，48382 號，臺北：國立故宮博物院藏。雲貴總督伯麟奏摺錄副，嘉慶二十一年六月二十七日。

第二節　乞丐結立秘密會黨系統中的人物

嘉慶年間（1796~1820），秘密會黨的結立隨著人口增加與流動，在底層社會中益發活躍，除了逐漸向各地擴張並壯大的天地會系統外，亦出現多種具鮮明特徵或性質的秘密會黨。其中，「乞丐」在底層社會間流竄，居無定所，亦無恆產，也不從事正當工作，以行乞度日。這群人士無論是處於盛世或亂世之中，皆有相當數量。在嘉慶年間，地方官府查獲數起秘密會黨，其組織中的成員身份以「乞丐」爲主，這些人在地方上流竄、活動，多分佈於福建、江西、貴州以及湖南等地。以下將透過臺北國立故宮博物院藏《宮中檔》、《軍機處檔・月摺包》以及《清廷查辦秘密社會案》等史料中所載有關乞丐結夥組織秘密會黨案件，於下表羅列出嘉慶年間乞丐結立秘密會黨系統的活動及案件取締，並藉由這些案件中所附供詞及其他資訊，對其會內人物進行分析與探討。

表 4-2-1 嘉慶年間乞丐結立秘密會黨系統案件一覽表

會黨	案件時間	分佈位置	備註
邊錢會	嘉慶十年七月	江西臨川縣	表 4-2-2
	嘉慶十一年五月	江西安仁縣	表 4-2-3
	嘉慶十三年三月	江西撫州	
	嘉慶十六年三月	江西境內	
	嘉慶十八年	江西高安縣	
	嘉慶二十一年八月	貴州境內	
	嘉慶二十二年	江西境內	
江湖串子會	嘉慶十三年五月	福建武平縣	表 4-2-4

花子會	嘉慶十三年八月	福建紹武縣	表 4-2-5
	嘉慶十八年	福建泰寧縣	表 4-2-6
	嘉慶十九年	江西、福建等地	
孝義會	嘉慶十八年	湖南	
	嘉慶二十一年八月	貴州	
擔子會	嘉慶十九年五月	江西撫州	
	嘉慶二十四年	湖南	

資料來源：臺北國立故宮博物院藏《宮中檔》、《軍機處檔・月摺包》、中國第一歷史檔案館藏《硃批奏摺》以及《清廷查辦秘密社會案》。

由上列簡表可知嘉慶年間，官府所查出的乞丐結立秘密會黨系統在地理位置分布上有福建、江西、貴州以及湖南等地，至於會黨名目，則是共計五種：邊錢會、江湖串子會、花子會、孝義會以及擔子會。其中，嘉慶十年（1805）二月十五日，有王瞎子求乞年久，其所結交的夥丐逐漸添多，因此，王瞎子便陸續與王黃腫子等四十四人，起意結拜兄弟，問及眾人，眾人皆應允。一夥人便開始商議，推爲首之人爲老大，其餘成員依次分爲一肩、二肩、三肩等名目。並且會內成員每人皆用錢一文，切分成兩半，以作爲暗號來辨識會內成員。錢文一邊交由老大來收藏，另外一邊則各自收執，用以作爲聚散通行的根據，名曰邊錢會。結盟拜會起意者因是王瞎子，加以王瞎子年紀又長，因此眾人共推其爲老大，剩下的成員則依照年齒長幼爲序。在王瞎子等人結拜之日，凡是乞丐身分的會內成員須出米一升；而竊賊身份的會員則是出雞一隻及錢一二百文不等，並且同買酒肉，在龍谷渡附近的山内無人行走之處會齊成員，舉行儀式。王瞎子等人寫立關帝神位，並傳香跪拜，會內儀式中並無盟書亦未焚表。結拜儀式結束後，一干人等又復約嗣後每逢五月十三、八月十五兩日作會兩次。又其邊錢會內亦有共同遵守的規約，如老大乘轎而至，會內眾人皆須跪迎，以示尊嚴；且會中設立禁約規範不許強劫，亦不許做殺人放火等事，若有違犯規約者，便由會內老大問明後責罰。除此之外，其會內成員中，有年力強壯者，平日肆竊勒贖，自定價值，不容事主討價還價；而其會內成員中，有老弱殘廢者，結伴強索，稍不遂欲，便會臥地詐傷圖賴；此外，其內會員有彈錢賭博者，則群起包攬護庇。這些邊錢會內成員在地方四處騷擾民眾，以各種手段取得錢財或食物，而其會內成員皆將所賺之錢財抽頭給老大，會內成員皆有供奉老大之義務。地方上的受害之人，有到官府具報者，邊錢會成員必定會共同設法報復，是以人雖側目，但仍甘心隱忍。其後，又有黃紅面子等九人亦欲加入邊錢會，邊錢會老大王瞎子應允收留，並應許至下次會期時結辦。不久，即旋經地方察拿，先後拿獲會內首夥共計三十五名，並解省審辦。[29]

表 4-2-2 江西臨川王瞎子結立邊錢會要犯一覽表

姓名	行業	備註
王瞎子	求乞度日	邊錢會老大
王黃腫子	求乞度日	
黃紅面子		欲加入邊錢會

資料來源：秦承恩錄副奏摺，嘉慶十年八月初三日，收錄於《清廷查辦秘密社會案》v33.9539~9540。

29 劉子揚、張莉編，《清廷查辦秘密社會案》，第 33 冊，頁 9539~9540。秦承恩錄副奏摺，嘉慶十年八月初三日。

江西臨川王瞎子結立邊錢會一事，參與人數三十五人，此一邊錢會成員多在江西境內活動，其之間的連繫多有地緣關係及身份或職業相同者；其職業及身份類別上主要以乞丐與竊賊爲主；在會內結構上，有眾人推舉的老大王瞎子，其爲邊錢會中年齡最長著，且邊錢會的結立，即爲其所提出。從其會內立的規範，可以看出，邊錢會的成員在會內的身份有類似「階級」之分，並非會內眾人平等。且會中老大俱有崇高的地位，可以處罰會內成員，此外，會中成員對上有供養老大的責任，對其他會內成員有彼此互助的功能。

嘉慶六年（1801）三月間，有江西寧都州人蕭爛腳，先在各處抬轎營生，聽從素識的李次元，在江西南昌進賢縣地方，夥同二十二人，依照齒序長幼拜把結會。其後因事發被官府查緝，蕭爛腳便潛逃各處，以求乞度日。次年八月裡，蕭爛腳復聽從擔子會成員周癩子在江西臨川縣地方，一共夥同三十二人，不序年齒，拜把結會。至嘉慶十年（1805）二月，又聽從擔子會成員王瞎子搶劫，創立邊錢會，一共夥同四十四人，在江西臨川縣地方，依照齒序長幼拜把，共同結拜邊錢會。其會內爲首者即爲老大，又稱爲頭肩，會內眾人稱其爲大老官。其會中成員最爲善走者，則爲「老滿頭」，如遇有官府查拿，即令「老滿頭」探聽消息，以便通知會內眾人躲避。會內用錢一文，分爲兩半，暗作記認，一邊交給爲首的老大收藏，另外一邊則交老滿頭收執，爲聚散通信憑證。並於結拜之時，會員身分爲乞丐者，出米一升；會員身分爲竊賊者，出雞一隻及錢一二百文，同買酒肉，寫立關帝神位，眾人傳香跪拜，並約齊會內眾人於每年五月十三、八月十五兩日作會兩次。

至嘉慶十一年（1806）五月間，有江西撫州金溪縣人繞華俚、江西撫州東鄉人余秋俚、江西貴溪縣人周五俚、江西安仁縣人鄒心田、李亦俚、倪幅喜以及倪梁頭等人，素相交好，且平日均以求乞度日。繞華俚、鄧痲子、宋懷俚、桂妹子、洪接俚、陳友仔、陳明春、胡廣鄒、賀癩子等人，均在江西安仁縣與已結的王瞎子案內在逃邊錢會會犯蕭爛腳陸續會遇。蕭爛腳因求乞日久，丐伴漸多，遂起意自行結會漁利，便以眾人皆爲行乞度日，遊說眾人起意復立邊錢會，互相幫助，繞華俚等共三十九人各自允從。其中，以鄧痲子的年紀最大，但鄧痲子是屬瞽目之人，不方便管束眾人。故此，一干人等在結拜時，遂不依序會內成員的年齒排列，眾人便以蕭爛腳爲「老大」，而繞毛俚善於行走，便名之以「老滿頭」稱號。並且約同會內眾人，於五月十三日舉行結拜儀式，該日眾人買備酒肉雞隻，在安仁縣鄧家埠沙洲上設立關帝神位。會中老大蕭爛腳坐於神位旁側，其餘會員皆序立跪拜，並共食酒肉，會眾將雞血分飲。其會內成員將錢一文，切分爲兩半，一半交與會中老大蕭爛腳收執，另外一半則由會內成員各自收執，儻遇有事，便將半邊錢交給「老滿頭」，由「老滿頭」通信會內成員聚會。其會中共同議定會內成員彼此患難相扶，如有行竊勒贖等事，皆須告知老大；若有會內成員爲老弱殘疾者在鄉求乞，被人欺負，則俱合力報復；並且會內規範會中成員，不許用強搶劫，並殺人放火之事皆不可爲，一切邊錢會中禁約均仿照王瞎子會規。附近村里鄉民皆畏懼邊錢會人眾、強悍，故均隱忍不敢首報官府，邊錢會內成員紛紛在地方上犯下多起夥竊勒贖案。其後，旋經地方訪聞，先後拿獲繞華俚等十四名邊錢會成員，解省審辦。[30]

嘉慶十四年（1809）八月十二日，蕭爛腳又復糾約龔已子及羅萬受等共六十六人，結拜邊錢會，會能成員不序年齒，共推蕭爛腳爲老大，萬丁香爲老滿頭，會中分一肩至十四肩名色，其會中一切會規皆仿照王瞎子創結邊錢會時所立會規。惟邊錢上添用五色絲線纏縛，其外用紅紙包裹。一邊交由老大存留，取名「坐令」；另外一邊則交三肩之羅萬受收執，取名「行令」。如有會內成員違反會約，則由羅萬受將半邊錢給「老滿頭」，由其傳到責罰。[31]

表 4-2-3 江西安仁蕭爛腳結拜邊錢會要犯一覽表

姓名	籍貫	行業	會內身份	結拜情節
蕭爛腳	江西寧都州人	抬轎營生 求乞度日	邊錢會老大	嘉慶六年三月間，在江西南昌進賢縣地方拜把結會
李次元				
周癩子			擔子會成員	嘉慶七年八月，在江西臨川縣地方拜把結會
王瞎子		求乞度日	擔子會成員 邊錢會老大	嘉慶十年二月，創立邊錢會
繞華俚	江西撫州金溪縣人	求乞度日	邊錢會老滿頭	嘉慶十一年五月間，經蕭爛腳遊說復立邊錢會
余秋俚	江西撫州東鄉人	求乞度日		
周五俚	江西貴溪縣人	求乞度日		
鄒心田	江西安仁縣人	求乞度日		
李亦俚	江西安仁縣人	求乞度日		
倪幅喜	江西安仁縣人	求乞度日		

30 劉子揚、張莉編，《清廷查辦秘密社會案》，第 33 冊，頁 9541~9542。金光悌錄副奏摺，嘉慶十二年七月二十七日。

31 劉子揚、張莉編，《清廷查辦秘密社會案》，第 33 冊，頁 9546~9548。先福錄副奏摺，嘉慶十六年四月十二日。

洪接俚		求乞度日		
陳明春		求乞度日		
賀癩子		求乞度日		
胡廣鄒		求乞度日		
陳友仔		求乞度日		
倪梁頭		求乞度日		
鄧麻子		求乞度日		嘉慶十一年五月間，經蕭爛腳遊說復立邊錢會
宋懷俚				
桂妹子				
羅萬受			邊錢會三肩	嘉慶十四年八月，蕭爛腳復糾結拜邊錢會
萬丁香			邊錢會老滿頭	
龔巳子				

資料來源：金光悌錄副奏摺，嘉慶十二年七月二十七日、先福錄副奏摺，嘉慶十六年四月十二日，收錄於《清廷查辦秘密社會案》v33.9541~9542、9546~9548。

江西安仁蕭爛腳結拜邊錢會一事，參與人士在籍貫分佈上多爲江西人，其之間的連繫多有地緣關係，或從事相同行業或身份；在職業及身份類別上，邊錢會的成員有抬轎營生、求乞度日以及竊賊等；在會內結構上，有蕭爛腳爲老大，蕭爛腳在成爲乞丐前，曾以抬轎爲生，具有多次拜把結會的經驗，在前三次的拜把結會上，蕭爛腳皆爲聽從入會者，分別受李次元、周癩子以及王瞎子糾約入會。直至嘉慶十一年，因其求乞日久，丐伴漸多，遂起意自行結會，以謀取利益，便以眾人皆爲行乞度日，互相幫助爲由，復立邊錢會。蕭爛腳做爲邊錢會的老大，因其曾參與王瞎子所倡立的邊錢會，便透過此經驗，移植王瞎子創立邊錢會的規約、成員執掌以及會內制度，先後結立兩次邊錢會。至於，其他聽從蕭爛腳而參與邊錢會的成員中，身份多數爲乞丐，或爲竊賊；其中，或有年老者，或有肢體器官殘障者，爲了得到其他同行的幫助或避免被人驅趕、欺侮，而多爲自發性參與。

福建武平縣人朱德輝，平日務農爲業，其素知福建省境內向有添弟會名目，結拜入會之人，遇事相幫，可免被人欺淩。朱德輝便起意結盟拜會，因添弟會在地方上，奉禁甚嚴，便起意改作江湖串子會，但其相幫互助等性質仍與添弟會相同。嘉慶十三年（1808）五月初間，朱德輝先後糾約福建武平縣人朱三古、李學周、鐘秀、易賢耀、王世興、邱覺養、曾奇漢、黃應雄、王洪明、謝寧興、羅起鳳、江西安遠縣人葉良即葉奇瑞，江西贛州府長寧縣人劉夢雄、尹懷書、江西會昌縣人朱揚幅，連其在內，一共十六人，於是月十三日在朱德輝家中會齊，會中成員各出錢文，買備香燭、酒肉，並供奉神牌，旁設紅木棍一根，言明會內之人如不相互關照，即用棒棍責罰。其會內成員結拜江湖串子會不序年齒，共推朱德輝爲總大哥，其餘成員俱依齒序列，名爲散大哥，一同結拜。朱德輝分給會內眾人半邊錢一個，紅布一塊，紅布上蓋用輝記圖章，以作爲會內成員彼此辨識記認，並將會眾姓名登記會簿，但其會內並無傳授手訣、暗號。會內成員送給朱德輝錢五六百文及番銀一二圓不等。結拜儀式結束後，朱德輝又復囑會中成員輾轉糾人入會，隨時收入散大哥名下而散。其後，朱德輝等人旋因聽聞官府查拿嚴緊，遂將半邊錢並會簿、紅布、木棍等物一併燒毀，但其會內成員仍被官府先後拿獲到案。[32]

32 劉子揚、張莉編，《清廷查辦秘密社會案》，第 33 冊，頁 9550~9551。汪志伊等錄副奏摺，嘉慶十七年五月十四日。

表 4-2-4 福建武平朱德輝結拜江湖串子會要犯一覽表

姓名	籍貫	行業	會黨內身份
朱德輝	福建武平縣人	務農爲業	江湖串子會總大哥
朱三古	福建武平縣人		江湖串子會散大哥
李學周	福建武平縣人		
鐘　秀	福建武平縣人		
易賢耀	福建武平縣人		
王世興	福建武平縣人		
邱覺養	福建武平縣人		
曾奇漢	福建武平縣人		
黃應雄	福建武平縣人		
王洪明	福建武平縣人		
謝寧興	福建武平縣人		
羅起鳳	福建武平縣人		
葉　良（葉奇瑞）	江西安遠縣人		
劉夢雄	江西贛州府長寧縣人		
尹懷書	江西贛州府長寧縣人		
朱揚幅	江西會昌縣人		

資料來源：汪志伊等錄副奏摺，嘉慶十七年五月十四日，收錄於《清廷查辦秘密社會案》v33.9550~9551。

福建武平朱德輝結拜江湖串子會一事，參與人士在籍貫分佈上有福建武平縣人、江西安遠縣人、江西贛州府長寧縣人以及江西會昌縣人等。起意結拜者爲福建籍的朱德輝，向以務農爲生，因福建當地有添弟會會黨名目，而其會中成員以互相幫助爲特色，故此，朱德輝亦希圖結拜以互助爲目的的會黨。由於，添弟會名目官府查辦甚嚴，故改以江湖串子會爲會名，保留添弟會的互助性質，而會內無傳授近似天地會系統的手訣、暗號，而在儀式的半邊錢上，則與邊錢會相似，而會內之會首亦具有權威，管束眾人，且會內成員除了須服從會首外，亦須提供錢銀供養會首，並再各自招人。

嘉慶十二年（1807）正月十八日，有乞丐撫州唐起意糾結花子會，先與福建邵武縣人，兩目具瞽之寧齊公即寧明生商允，寧齊公便轉糾江西南堂縣人建寧仔即甘國茂、江西廣昌縣人老黃仔二人；撫州唐添糾福建長汀縣人彭七仔、江西石城縣人高老滿、吳大僕、王新瀧、羅祥、老馮、魏癩痢、米黃李，並不識姓名者一名，一共二十四人。由乞丐撫州唐起意爲首，並向會內眾人告知在福建邵武縣大浦、江高、節洋三鄉代人包管田稻，索錢酬謝，如若村眾有不依從，便彼此暗相關照，即可邀令同會之人前往強討，並可以要得銀錢分用。嘉慶十二年七月以及次年八月間，撫州唐與合夥寧齊公等人向各村內王張等姓人家強討兩次，共得錢一二千及三四千文不等。其後，建寧仔私自向村人索錢一千四百文，並一人侵用不分給會內眾人，寧齊公不依，便令吳大僕、老黃仔等會內眾人將建寧仔毆打，並將其左眼打瞎。[33]

表 4-2-5 福建紹武撫州唐結拜花子會要犯一覽表

<table>
<tr><th>姓名</th><th>籍貫</th><th>行業</th><th>備註</th></tr>
<tr><td>撫州唐</td><td></td><td>乞丐</td><td rowspan="2">起意糾結花子會</td></tr>
<tr><td>寧齊公
（寧明生）</td><td>福建邵武縣人</td><td></td></tr>
<tr><td>建寧仔
（甘國茂）</td><td>江西南堂縣人</td><td></td><td rowspan="2">寧齊公所糾</td></tr>
<tr><td>老黃仔</td><td>江西廣昌縣人</td><td></td></tr>
<tr><td>彭七仔</td><td>福建長汀縣人</td><td></td><td rowspan="4">撫州唐所糾</td></tr>
<tr><td>高老滿</td><td>江西石城縣人</td><td></td></tr>
<tr><td>吳大僕</td><td>江西石城縣人</td><td></td></tr>
<tr><td>王新瀧</td><td>江西石城縣人</td><td></td></tr>
</table>

33 劉子揚、張莉編，《清廷查辦秘密社會案》，第 29 冊，頁 8354。汪志伊等錄副奏摺，嘉慶二十年八月十一日。

羅祥	江西石城縣人		
老馮	江西石城縣人		
魏癩痢	江西石城縣人		
米黃李	江西石城縣人		

資料來源：汪志伊等錄副奏摺，嘉慶二十年八月十一日，收錄於《清廷查辦秘密社會案》v29.8354。

福建紹武撫州唐結拜花子會一事，參與人數達二十四餘人，在籍貫分佈上有福建邵武縣人、福建長汀縣人、江西南堂縣人、江西廣昌縣人以及江西石城縣人，其之間的連繫多有職業身份相同或地緣關係；在職業及身份上，多爲乞丐。會內成員除了以行乞爲生外，亦在福建紹武縣內，從事包管田稻，並向農戶索錢酬謝，徵收「保護費」。所收酬金皆由會內成員分用，但有會內成員建寧仔私自向農戶強討酬金，並且侵用該筆酬金，故被會內其他成員毆打。

福建省建寧縣人俞添才即俞冬狗，遷居福建泰寧縣，嘉慶十八年（1813）二月間，有乞丐寧上進，起意糾結花子會，遂邀俞添才、黃泳安、黃羅元、何雲輝並同江文興、劉德受、鄧貴才即邱貴才，余百萬、邱廷碧、廖連孫、黃舍、黃倖祿等人，其籍隸分別爲江西南豐、石城、南城以及福建省建寧、上杭等縣等地，一共三十人，在福建泰寧縣燮口地方結拜花子會。並以寧上進爲首，寧上進告知村里居民說：燮口地方，時常有流丐强乞，並自告願代爲查逐，並向各店鋪索錢酬謝，若有鋪戶不願允從，會內眾人彼此便會暗相關照，即邀會夥黨成員前赴該不願允從者之店內吵鬧，致使當地居民皆因其人眾強橫，只好各自應允。嘉慶十九年（1814）三月、及六月，寧上進曾邀江文興等花子會內成員，兩次向店家夥索錢銀數百文，及千餘文不等分用。[34]

表 4-2-6 福建泰寧寧上進結拜花子會要犯一覽表

姓名	籍　　貫	行業	備註
寧上進		乞丐	花子會會首
俞添才（俞冬狗）	福建省建寧縣人，遷居福建泰寧縣		寧上進所邀，在福建泰寧縣雙口地方結拜花子會
黃泳安	江西南豐縣、石城縣、南城縣以及福建省建寧縣、上杭縣人		
黃羅元			
何雲輝			
江文興			
劉德受			
鄧貴才（邱貴才）			
余百萬			
邱廷碧			
廖連孫			
黃　舍			
黃俸祿			

資料來源：汪志伊等錄副奏摺，嘉慶二十年八月十一日，收錄於《清廷查辦秘密社會案》v29.8354~8355。

福建泰寧寧上進結拜花子會一事，參與人數達三十人，在籍貫分佈上有福建省建寧縣人、上杭縣人以及江西南豐縣、石城縣、南城縣人，其之間的連繫多有地緣關係，在職業及身份類別上多爲乞丐。花子會會首寧上進，糾集眾人結盟拜會，告知雙口地方的居民、店家願代爲查逐流丐强乞，若有鋪戶不願允從，給與寧上進等人酬金，寧上進便即暗中邀花子會會內成員化爲「流丐强乞」，因此，當地居民只能各自繳交

34 劉子揚、張莉編，《清廷查辦秘密社會案》，第 29 冊，頁 8354~8355。汪志伊等錄副奏摺，嘉慶二十年八月十一日。

「保護費」。

邊錢會、花子會這類以乞丐爲主要成員的秘密會黨，集合當地的乞丐與竊賊，組織成會黨團體，雖然在其會內大多具有禁止殺人、放火以及強盜等非法行爲，但在地方上，仍倚勢著會內人多勢眾，屢有強乞勒索、敲詐欺騙以及竊取財物等行爲，騷擾地方秩序。

第三節　其他秘密會黨中的人物

嘉慶年間（1796~1820），秘密會黨的發展更加多元，除了前述的天地會系統與乞丐所結立的秘密會黨組織外，根據臺北國立故宮博物院藏《宮中檔》、《軍機處檔・月摺包》、《硃批奏摺》以及《清廷查辦秘密社會案》等史料中記載，在此一時期，官府所查出的其他秘密會黨在地理位置分佈上有福建、廣東、廣西、湖南、四川、江西以及雲南等地，至於會黨名目，則共計二十一種：共合義會、和義會、牛頭會、百子會、兄弟會、父母會、拜香會、雙刀會、三合會、忠義會、仁義會、仁義雙刀會、仁義三仙會、良民會、五顯會、洪錢會、明燈會、公義會、太平會、情義會以及平頭會。

表 4-3-1 嘉慶年間其他秘密會黨案件一覽表

會黨	案件時間	分佈位置	備註
共合義會	嘉慶五年	廣東	
和義會	嘉慶七年	福建	
	嘉慶八年閏二月	福建汀州府	
牛頭會	嘉慶七年	廣東	

雙刀會	嘉慶八年二月	福建建陽縣	
	嘉慶十六年	福建	
	嘉慶十六年	四川	
	嘉慶十九年八月	福建甌寧縣	
	嘉慶十九年十月	福建建陽縣	表 4-3-2
	嘉慶二十年八月	福建境內	
	嘉慶二十四年	廣東揭揚縣	
觀音會	嘉慶八年四月	湖南境內	表 4-3-3
仁義會	嘉慶八年	福建	
	嘉慶十八年三月	福建寧化縣	
	嘉慶十九年二月	福建長汀縣	
	嘉慶十九年閏二月	福建順昌縣	
	嘉慶十九年六月	福建建陽縣	表 4-3-4
	嘉慶二十年	福建建安縣	
兄弟會	嘉慶十年五月	湖南江華縣	表 4-3-5
百子會	嘉慶十年十月	福建甌寧縣	表 4-3-6
	嘉慶十六年三月	福建境內	
	嘉慶十九年	福建建陽縣	
三合會	嘉慶十六年十二月	廣東順德縣	表 4-3-7
五顯會	嘉慶十九年三月	江西境內	表 4-3-8
忠義會	嘉慶十八年十二月		
	嘉慶二十年十月	廣西	
	嘉慶二十一年十一月	湖南永明縣	表 4-3-9
	嘉慶二十二年	廣西、廣東等地	
仁義雙刀會	嘉慶十九年二月	福建邵武縣	表 4-3-10
仁義三仙會	嘉慶十八年十二月	福建紹武縣	
良民會	嘉慶十九年	雲南	
洪錢會	嘉慶十九年	福建	
拜香會	嘉慶十九年	福建沙縣	
	嘉慶十九年正月	福建長汀縣	
父母會	嘉慶十九年六月	福建霞浦縣	表 4-3-11
明燈會	嘉慶二十一年三月	福建沙縣	
公義會	嘉慶二十二年	四川保靖縣	
太平會	嘉慶二十三年	江西定南廳	
情義會	嘉慶二十四年	湖南	
平頭會	嘉慶二十五年	福建	

資料來源：臺北國立故宮博物院藏《宮中檔》、《軍機處檔・月摺包》、中國第一歷史檔案館藏《硃批奏摺》以及《清廷查辦秘密社會案》。

雙刀會盛行於福建省，嘉慶八年（1803）二月十九日，有江孝孝聚眾糾夥結盟拜會，邀同福建建陽縣人江水柏與江乾等，一共八人，在福建建陽縣地方，舉行儀式，結拜雙刀會。會內眾人共拜江孝孝爲師，江孝孝即傳授會內手訣與暗號，並要求會內眾人彼此立誓，凡遇事相幫，飲酒完畢後，會內成員各自而散，會中並無傳授符咒、經本。[35]又有福建建寧府建陽縣人陳佟仔，平日向在福建甌寧縣謀生，因孤苦無助，於嘉慶十九年（1814）八月，拜福建汀州人老謝爲師，加入雙刀會，會內眾人用紅布帶繫褲，作爲辨識同會中人之暗號。[36]

表 4-3-2 福建建陽江孝孝等結立雙刀會要犯一覽表

姓名	籍貫	會內關係
江孝孝		雙刀會傳會師傅
江水柏	福建建寧府建陽縣人	拜江孝孝爲師
江　乾	福建建寧府建陽縣人	
陳佟仔	福建建寧府建陽縣人	拜老謝爲師，加入雙刀會
老　謝	福建汀州人	雙刀會傳會師傅

資料來源：閩浙總督汪志伊奏摺，嘉慶十九年十一月初八日，收錄於《宮中檔》，第 2723 箱，91 包，16832 號；汪志伊等錄副奏摺，嘉慶二十年八月十一日，收錄於《清廷查辦秘密社會案》v29.8350~8355。

35 劉子揚、張莉編，《清廷查辦秘密社會案》，第 29 冊，頁 8350~8355。汪志伊等錄副奏摺，嘉慶二十年八月十一日。

36 《宮中檔》，第 2723 箱，91 包，16832 號。閩浙總督汪志伊奏摺，嘉慶十九年十一月初八日。

福建建陽江孝孝等結立雙刀會一事，參與人士在籍貫分佈上皆為福建籍人士，其之間的連繫多有地緣關係。在會內結構上，會中成員以拜師方式加入雙刀會，會黨組織內部成員以師徒關係維繫彼此，在結立與參與會黨的心態上，皆冀圖透過會黨，使自身在社會上，擁有安全感。會內成員彼此幫助即是其會黨的組成宗旨。此外，雙刀會傳會師傅老謝，結立雙刀會，令會內眾人用紅布帶繫褲，作為辨識同會中人之暗號，除了辨識功能外，亦為會內成員產生團體感的功能，更加緊密會內成員的關係。

嘉慶初年在湖南地方，出現觀音會的結拜案件。有湖南錦田人莫景兆，其曾充錦田司書辦，嘉慶八年（1803）四月初八日，有江西龍南縣人廖善子、吳亞勝等人，在清水墟地方居住，聽從莫景兆的糾邀，在湖南黃竹寨內的劉三柏即劉宗幅鋪內結盟拜會，名為觀音會，會內成員一共有二十九人，莫景兆寫有會簿一本。會內眾人共推莫景兆為大哥，吳腦即吳南埠為二哥，其餘都沒依序齒，一齊書寫至姓名簿上，交由大哥莫景兆收藏。觀音會會內成員彼此約定，其後，每年的四月初八日，亦約齊會內眾人，同到劉三柏即劉宗幅的飯店鋪子內聚會一次。嘉慶九年（1804）五月，吳腦又在廣東連州長冲墟地方附近的白虎墟地方，糾人結盟拜會。[37]

37 劉子揚、張莉編，《清廷查辦秘密社會案》，第 33 冊，頁 9534。成寧錄副奏摺，嘉慶十年閏六月十三日。

表 4-3-3 湖南境內莫景兆結拜觀音會要犯一覽表

姓名	籍貫	行業/身份	會內身份
莫景兆	湖南錦田人	曾充錦田司書辦	觀音會大哥
廖善子	江西龍南縣人		聽從莫景兆糾邀
吳亞勝	江西龍南縣人		
劉三柏（劉宗幅）	湖南黃竹寨地方	飯鋪	
吳　腦（吳南埠）			觀音會二哥

資料來源：成寧錄副奏摺，嘉慶十年閏六月十三日，收錄於《清廷查辦秘密社會案》v33.9534。

湖南境內莫景兆結拜觀音會一事，參與人數士在籍貫分佈上有湖南錦田縣人、湖南黃竹寨人以及江西龍南縣人，在職業及身份類別上有湖南錦田縣人莫景兆曾充錦田司書辦，在官府衙門內做過文書工作。莫景兆結立的觀音會，亦以互助爲原則，並有定期的聚會時間，另外，劉三柏在湖南黃竹寨地方開有飯鋪，亦爲觀音會內的成員提供現成且安全的聚會場地。

嘉慶十年（1805）二月間，有福建汀州府長汀縣人黃開基，平日向以縫紉營生。黃開基在福建延平府南平縣地方，起意糾人結盟拜會，並且邀得五十九人，欲一同結拜添弟會。到了嘉慶十九年（1814）二月，黃開基因貧難度，便又再次糾邀鍾老二等十三人，在福建延平府順昌縣小坑仔山廠內結盟拜會，黃開基等人因添弟會明目，官府奉文查禁，查辦甚嚴，並將添弟會會名改稱爲仁義會。該年三月二十八日、四月十二日以及五月十二日三天裡，黃開基又再次於福建建寧府建陽縣桂陽鄉等地進行結盟拜會，總共三次，約人結拜仁義會。其會中成員有福建汀州府上杭縣人李青雲、福建長汀縣人鍾和先以及福建邵武府光澤縣人何子旺。[38]

表 4-3-4 福建建陽黃開基結拜添弟會為仁義會一覽表

姓名	籍貫	行業	會內身份
黃開基	福建汀州府長汀縣人	縫紉營生	仁義會會首
鍾老二			聽從黃開基糾邀加入
李青雲	福建汀州府上杭縣人		
鍾和先	福建長汀縣人		
何子旺	福建邵武府光澤縣人		

資料來源：盧蔭溥奏摺，嘉慶二十二年九月初七日，收錄於《軍機處檔・月摺包》，第 2751 箱，32 包，52909 號。

福建建陽黃開基結拜添弟會為仁義會一事，參與人士在籍貫分佈上多為福建籍人士，其中有長汀縣人、上杭縣人，以及光澤縣人。福建汀州府長汀縣人黃開基為仁義會會首，其向以縫紉營生，有多次結盟拜會的經歷，其結拜的主要原因，是因為生活貧困，日子難以度過，希望藉由結拜添弟會，糾引多人加入，並且從中斂取銀錢。

廣東惠州府龍川縣人鄒腦即鄒占魁，遷移至廣東連州長冲墟地方居住，鄒占魁平日不務正業，素習拳棒工夫，時常招聚地方上的無賴與游民，演練、教授拳棒。有廣東惠州府龍川縣人劉觀祥，遷居湖南江華縣圍塘地方，由於江華縣地處湖南省南部邊緣，而湖南江華縣的東南恰鄰廣東連州地方，與鄒占魁所住居的連州長冲墟地方相近，因此，劉觀祥與鄒占魁兩人認識交好。嘉慶九年（1804）五月，鄒占魁便邀同劉觀祥在廣東連州長冲墟結盟拜會。至嘉慶十年（1805）

38 《軍機處檔・月摺包》，第 2751 箱，32 包，52909 號。盧蔭溥奏摺，嘉慶二十二年九月初七日。

四月二十四日，鄒占魁與其弟侄鄒二、郭光六等人由廣東連州清水墟來至湖南黃竹寨地方，住居於劉宗幅開張的飯店內。是月二十六日，鄒腦等人共邀集七、八十人結拜爲兄弟，眾人放炮飲酒，並共推鄒占魁爲大哥，其餘會內眾人有江西人黃慶瑞、鄺韶武、曾士章、陳世棟、曾文元、黃德、劉麻子、駱坤輝、何昌明、陳立青、陳海平、莫景兆、劉拔之、張滿、曾亞悅、黃明東、劉滿、劉觀祥、鄺老五、陳時東、趙老八、鄧昌鳳、劉華珍等人俱以兄弟相稱。其後，因聞官府查拿，會內成員遂各自散去。[39]

表 4-3-5 湖南江華鄒腦結拜兄弟會要犯一覽表

姓名	籍貫	關係	行業/身份	會內身份
鄒腦（鄒占魁）	廣東惠州府龍川縣人	鄒二之叔	不務正業，教授拳棒工夫	兄弟會大哥
劉觀祥	廣東惠州府龍川縣人			
鄒二	廣東惠州府龍川縣人	鄒占魁之弟侄		
郭光六				
劉宗幅	湖南黃竹寨地方		開張飯店	
黃慶瑞	江西人			
鄺韶武				
曾士章				兄弟會成員
陳世棟				
曾文元				
黃德				
劉麻子				
駱坤輝				

39 劉子揚、張莉編，《清廷查辦秘密社會案》，第 33 冊，頁 9514~9515。成寧錄副奏摺，嘉慶十年五月十六日。

何昌明				
陳立青				
陳海平				
莫景兆	湖南錦田縣人		錦田司書辦	觀音會大哥，亦爲兄弟會成員
劉拔之				兄弟會成員
張　滿				
曾亞悅				
黃明東				
劉　滿				
鄭老五				
陳時東				
趙老八				
鄧昌鳳				
劉華珍				

資料來源：成寧錄副奏摺，嘉慶十年五月十六日，收錄於《清廷查辦秘密社會案》v33.9514~9515。

湖南江華鄒腦結拜兄弟會一事，參與人數眾多，在籍貫分佈上有廣東惠州府龍川縣人、湖南錦田縣人，亦有江西人等，其之間的連繫多有親屬關係或地緣關係。在職業及身份類別上有不務正業，教授拳棒工夫者、開張飯店者，以及錦田司書辦。在會內結構上，有廣東惠州府龍川縣人鄒占魁，向來不務正業，但喜歡教練拳棒工夫，在地方上亦常結交無賴與游民，其受會內眾人推戴爲兄弟會大哥，是兄弟會會內的核心領導人物。此外，在參與兄地會的成員中，有湖南錦田縣人莫景兆，其曾充錦田司書辦，在官府衙門內做過文書工作。莫景兆在前些年裡，曾自行結拜觀音會，並擔任會首一職。從觀音會會首莫景兆參與兄弟會一事上，或可看出重複結拜多次，或參與多個不同秘密會黨，且於不同秘密會黨內扮演不同的角色，是在清代秘密會黨中會出現的現象。另有劉三柏在湖南黃竹寨地方開有飯鋪，曾在莫景兆帶領觀音會成員結拜時，提供聚會場地，其後，觀音會每年所定期或不定期舉行的聚會，皆於劉三柏開張的飯店內舉行。而在此次兄弟會的結拜儀式中，劉三柏的飯鋪又扮演重要的角色，雖然劉三柏在被官府拏獲後，積極爲自己辯稱，僅是提供秘密會黨結拜、聚會的場地，雖然有與兄弟會內成員一同飲酒吃飯，但其並未加入兄弟會等語。不論劉三柏是否參與加入兄弟會內，但其所經營的飯鋪，的確在秘密會黨的活動中，如結拜、聚會等活動，皆扮演重要而不可或缺的角色。而其個人本身在心態上，亦對這些參與秘密會黨中的人物有著願相結交之感。

嘉慶十年（1805）十月，有福建汀州府清流縣人黃祖宏等十人，在福建甌寧縣地方，一同拜江西人李于高爲師，加入百子會。嘉慶十六年（1811）三月間，福建建寧府建陽縣人江婢仔，因貧難度，便欲糾人結盟拜會。有福建建陽縣人江家萬，先曾因行竊，被官府拿獲後刺字，江婢仔糾得永定縣人牛毛即陳昌幅，又名毛偶仔、江家萬、羅小孫、高允，以及江家萬轉邀的鄭達生、鄭左生入夥，一共三十九人，一同結拜百子會，共拜江婢仔爲師，會內成員各給江婢仔錢一百文。江婢仔傳授會內記認暗號，並讓會內成員彼此約定，如有被人欺侮，彼此互相幫助，儀式舉行完後，同飲雞血酒而散。江婢仔因會內人衆，難以辨認，而令會內成員將髮辮盤在頭上，並於髮辮尾端繫結紅繩，且垂於右側，作爲辨別同會中人之暗號，並令會內成員取物用二指，接物用三指；會內人稱爲「屏裡」，會外人則稱爲「屏外」，如會中成員在外被人欺侮，便用香火刺燒白紙三個孔洞，作爲關照暗號。[40]

表 4-3-6 福建境內江婢仔結拜百子會要犯一覽表

姓名	籍貫	行業/身份	會內身份
黃祖宏	福建汀州府清流縣人		拜李于高爲師，加入百子會
李于高	江西人		百子會傳會師傅
江婢仔	福建建寧府建陽縣人		百子會傳會師傅
江家萬	福建建陽縣人	竊賊	江婢仔糾邀加入百子會，共拜江婢仔爲師
牛　毛（陳昌幅、毛偶仔）	福建永定縣人		
羅小孫			
高　允			
鄭達生			江家萬糾邀加入百子會，共拜江婢仔爲師
鄭左生			

資料來源：汪志伊等錄副奏摺，嘉慶二十年八月十一日，收錄於《清廷查辦秘密社會案》v29.8353。

福建境內江婢仔結拜百子會一事，參與人士在籍貫分佈上有江西人、福建汀州府清流縣人、福建建寧府建陽縣人，以及福建永定縣人。在參與者的職業及身份類別上亦有竊賊參與其中。其中，百子會會首江婢仔，因生活貧困，欲糾人入會好斂取銀錢。至於百子會內成員結構，則是以師徒關係來維繫百子會內成員的關係。

有廣東廣州府增城縣人黃朱保，因曾犯有命案，脫逃在外地，其後潛赴至廣東順德縣內挑擔度日，與廣東順德縣人嚴貴邱、吳亞如等人彼此相互熟識。嘉慶十六年（1811）十

40 劉子揚、張莉編，《清廷查辦秘密社會案》，第 29 冊，頁 8353。汪志伊等錄副奏摺，嘉慶二十年八月十一日。

一月二十日，有嚴佩玉等人赴嚴貴邱家探望。嚴貴邱談及彼此孤單，被人欺侮，遂欲起意糾人結拜三合會。同年十一月二十五日，在嚴貴邱居住地方的村外荒地，約齊眾人，一共六十六人，結拜三合會，會中成員共推嚴貴邱爲大哥；其後，會內眾人又於十二月初一日，共到五十六人，在廣東順德縣桂洲鄉外荒地，再次結拜，會內成員共推黃朱保爲大哥；至十二月初五日，共到五十人，在吳亞如居住的村外荒僻地方，又再次結拜，眾人共推吳亞如爲大哥。[41]

表 4-3-7 廣東順德嚴貴邱結拜三合會要犯一覽表

姓名	籍貫	行業	會黨內身份
黃朱保	廣東廣州府增城縣人	挑擔度日	三合會大哥
嚴貴邱	廣東順德縣人		三合會大哥
吳亞如	廣東順德縣人		三合會大哥
嚴佩玉			三合會成員

資料來源：兩廣總督蔣攸銛奏摺，嘉慶十七年四月二十二日，收錄於《硃批奏摺》，第 662 卷，1 號。

廣東順德嚴貴邱結拜三合會一事，參與人士在籍貫分佈上有廣東廣州府增城縣人、廣東順德縣人等，在職業及身份類別上有廣東廣州府增城縣人黃朱保挑擔度日爲三合會大哥，另有廣東順德縣人嚴貴邱，以及吳亞如皆爲三合會大哥。黃朱保、嚴貴邱以及吳亞如三人，皆爲此一三合會內重要領導人物。

江西贛州府長寧縣有生員郭秀峰和羅曰彪，兩人素不相合。嘉慶六年（1801），郭秀峰斥罵其妻彭氏賭博，以致彭

41 《硃批奏摺》，第 662 卷，1 號。兩廣總督蔣攸銛奏摺，嘉慶十七年四月二十二日。

氏自縊身故；嘉慶十五年（1810），羅曰彪調戲劉宗德之妻子，兩人先後被褫革發落。其後，郭秀峰易名投充刑書，但經江西贛州府長寧縣查出，並將其斥革。嘉慶十八年（1813），郭秀峰搬至三標墟地方，因其害怕鄉居被人欺侮，因此遂而起意，欲糾人結盟立會，彼此相約，凡遇事相助。是年十二月十三日，郭秀峰一共糾得四十一人，一干人等即於郭秀峰在三標墟地方的莊屋內齊集結拜，取名爲忠義會，不序年齒，眾人共推郭秀峰爲老大。郭秀峰遂傳授會內暗號：凡會中成員相見時，以手揣摸左耳，以做爲辨識同會中人的暗號。並在舉行結拜儀式時，在眾人前將雞頭斬下立誓，如遇有事、犯案以及與外人爭鬥，若不相互扶助者，即如雞頭一樣。會內眾人立誓完畢後，郭秀峰集取雞血滴酒，分給會內成員飲用，儀式完成後，會員各自散去。不久後，羅曰彪聞知郭秀峰糾夥結拜忠義會，會內人多勢眾，羅曰彪即因害怕郭秀峰等人恃眾欺侮，遂亦起意糾人結拜，以希圖抵抗郭秀峰，隨後，羅曰彪即邀得黃鷹揚等四十人，於嘉慶十九年（1814）三月初四日，約齊眾人，在三標墟地方上的五顯廟內聚集結拜，取名五顯會，會內成員共推羅曰彪爲老大，亦斬雞頭立誓。五顯會內成員中有羅、黃、胡三姓的成員最多，因此五顯會會首羅曰彪即將三姓的漢字拆字，作爲同會中人相認的口號，即取「羅」字頂頭的「四」字、「黃」字底下的「八」字，以及「胡」字右邊偏旁的「月」字。[42]

42 《宮中檔》，第2723箱，99包，19411號。江西巡撫阮元奏摺，嘉慶二十年七月二十五日。

表 4-3-8 江西郭秀峰立忠義會與羅曰彪立五顯會表

姓名	籍貫	行業	會內身份
郭秀峰	江西贛州府長寧縣人	遭革生員，易名投充刑書	忠義會老大
羅曰彪	江西贛州府長寧縣人	遭革生員	五顯會老大
黃鷹揚			五顯會成員

資料來源：阮元奏摺，嘉慶二十年七月二十五日，收錄於《宮中檔》，第 2723 箱，99 包，19411 號。

江西贛州郭秀峰結立忠義會與羅曰彪結立五顯會一事，參與忠義會人數達四十一人；而參與五顯會人數則爲四十人。在籍貫分佈上，五顯會老大羅曰彪與忠義會老大郭秀峰皆爲江西贛州府長寧縣人，且兩人在職業及身份類別上皆原爲生員，而其後相繼因事遭到斥革。但郭秀峰和羅曰彪兩人彼此不和，又因兩人在地方上都喜愛結交「不逞之徒」，因此各自組織忠義會與五顯會，兩人所倡立的秘密會黨在性質上皆是屬於地方性的械鬥組織。

有廣東南海縣佛山鎮人梁老三，向在廣西生理。嘉慶二十年（1815）七月初四日，梁老三邀得歐發祥、華克紹等七人，至廣西恭城縣櫟木寨空坪結拜忠義會，因歐發祥出錢四千文，較同批入會的成員多，故將其派爲大哥，舉行儀式時由舊成員鄧謹賓等人在場經理把圈等事宜；有湖南衡陽縣人李泳懷，亦在廣西恭城縣內經營小貿過日，李泳懷與梁老三兩人素相熟識。是年十月初間，李泳懷向梁老三談及孤身無靠，梁老三便稱與其侄廣東南海縣佛山鎮人梁老九在廣西恭城縣邀人結拜兄弟，取名爲忠義會，加入會內，即可免於外人欺侮。凡參與入會之人，量力出錢，如若出錢較多，則派爲大哥，給與紅布一塊，准其自行邀人結會斂錢，若入會之後，再能多出錢文，即可加爲總大哥，便可管束同會兄弟。而會內成員，如遇有疾病、事故等情，會內其他成員須各幫錢一百八文，並由總大哥用尖角紅紙旗寫一令字，傳知同會之人，並照數出錢轉發。每次結會，舊會員到場經理把圈等事宜。李泳懷聽信允從入會，梁老三又邀有劉老二等一共十一人，於是月十一日，齊至廣西恭城縣櫟木寨空廟中，不序年齒，結拜兄弟，其中，因李泳懷出錢三千文，故會內派其爲大哥。梁老三擺設案桌，用紅紙寫忠義堂三字，粘貼於桌邊，又供設關帝神位，旁插紙旗五面，並點油燈數盞，外用篾圈三個，每圈派令先曾聽從梁老三入會的舊成員老蓮和尚等六人，每人各執鐵尺、尖刀在旁把圈。梁老三自稱爲總大哥，頭戴紅布，髻插紙花，身披長紅布一條，立於桌旁，並令李泳懷戴紅布，與劉老二等人各從圈內鑽過，名爲「過三關」。接著，又令新加入的成員跳火盆，名爲「過火焰山」。並用針在李泳懷等人左手中指刺血，將血滴入雞血酒內同飲，又將各人姓名開寫表文，同所設神位紙旗焚化，篾圈等物燒毀而散。並未設立會簿，以防被人執薄告官。

嘉慶二十一年（1816）五月初五日，李泳懷起意邀得仇可達、陶和尚、李老六、陳占鰲、蔣鐵匠、唐皮匠、祝老晚、李富祿、李宗林，以及投首被脅入會之瑤人俸臣信等十人，至廣西恭城縣潮水庵內結拜。不序年齒，因陳占鰲出錢三千二百文，爲同期入會者金額最多者，遂派其爲大哥。並有先前入會的舊成員唐老五、趙老六、李亞八、朱顯一、易顯才以及老蓮和尚等人在場經理把圈等事宜。庵內住持伍和尚因見人多，未能禁阻，並未入會。會內成員舉行儀式，同飲血酒，並分錢而散。是年六月間，梁老九從廣東來至廣西恭城縣起意邀得李德光，並逼脅瑤人李富有、瑤人李宗臣等共十三人，於是月十二日至廣西恭城縣焦山坪內結拜，不序年齒，因李德光出錢較多，便派爲大哥，其舉行儀式由舊成員李泳懷、歐發祥、彭安華、鄒老滿、陳占鰲、蔣鐵匠、鄷謹賓以及劉奉祥在場經理把圈等事宜。其後，李泳懷許給梁老九錢六千文，因此被加爲總大哥。梁老九書給李泳懷紅布腰憑一塊，以做爲總大哥的身份憑驗。至該年八月初七日，梁老九起意邀得陳眯眼等共九人，在廣西恭城縣焦山坪地方結拜。不序年齒，因陳眯眼出錢較多，派爲大哥，入會儀式由舊成員歐發祥等在場經理把圈等事。其後，歐發祥亦許給梁老九錢六千文，梁老九亦加其爲總大哥。嗣後李泳懷聞知歐發祥新充總大哥，但並不邀其入場分給錢文，故心懷不甘，便往尋歐發祥理論。歐發祥用棍將李泳懷右腳毆傷骨損，李泳懷即將此事告知梁老九，便以罰令歐發祥出給醫藥錢文，將李泳懷腳傷醫痊息事。其後，梁老九又陸續邀得多人先後結拜忠義會，但不久後，旋經湖南永明縣知縣楊耀曾訪聞察拿，會中成員聞風逃逸，但官府仍將李泳懷等人先後拿獲到案。[43]

43 劉子揚、張莉編，《清廷查辦秘密社會案》，第 32 冊，頁 9138~9143。巴哈布硃批奏摺，嘉慶二十二年四月二十一日；《軍機處檔・月摺包》，第 2751 箱，8 包，48464 號。湖南巡撫巴哈布奏摺錄副，嘉慶二十二年六月二十四日。

表 4-3-9 湖南永明梁老三傳立忠義會要犯一覽表

姓名	籍貫	關係	行業/身份	會內身份
梁老三	廣東南海縣佛山鎮人	梁老九之叔	在廣西生理	總大哥
歐發祥				總大哥
華克紹				
酆謹賓				
李泳懷	湖南衡陽縣人		小貿過日	總大哥
梁老九	廣東南海縣佛山鎮人	梁老三之侄		總大哥
劉老二				
老蓮和尚			僧人	
陳占鰲				大哥
仇可達				李泳懷邀入忠義會
陶和尚			僧人	
李老六				
蔣鐵匠			鐵匠	
唐皮匠				
祝老晚				
李富祿				
李宗林				
俸臣信			瑤人	李泳懷逼脅加入忠義會
唐老五				忠義會舊成員
趙老六				
李亞八				
朱顯一				
易顯才				
李德光				大哥
李富有			瑤人	梁老九逼脅忠義會
李宗臣			瑤人	
彭安華				
鄒老滿				
劉奉祥				
陳眯眼				大哥

資料來源：巴哈布硃批奏摺，嘉慶二十二年四月二十一日，收錄於《清廷查辦秘密社會案》v32.9138~9143；巴哈布奏摺錄副，嘉慶二十二年六月二十四日，收錄於《軍機處檔‧月摺包》，第2751箱，8包，48464號。

湖南永明梁老三傳立忠義會一事，參與人數眾多，在籍貫分佈上有廣東南海縣佛山鎮人、湖南衡陽縣人其之間的連繫多有親屬關係或地緣關係；在職業及身份類別上有小貿過日、僧人、鐵匠，甚至有少數民族的瑤人參與其中。

此一忠義會的核心人物有梁老三、梁老九等人，其組成秘密會黨，並四處招人加入，是以斂財爲主要目的，每一梯次加入的成員，皆須給與銀錢，或多或少並不限制，但在當梯次中，出錢最多的新進成員，即可成爲會內的「初級領導階層」，便可擁有自行招人入會斂財的權力，而其他出錢入會的成員，雖因出錢金額並非最高，因此無法自行招人入會，以斂取銀錢，但在下一梯次舉行入會儀式時，可出席幫忙整個儀式的進行，並分得該梯次新進成員所出的銀錢。而會黨內部的舊成員即使在加入時，並非出錢最多，但仍可以在入會後，付以一定金額，以提升自己在會內的階層，進而成爲「進級領導階層」，除了自行招人入會斂財的權力外，更擁有對會黨內部成員進行懲處的權力。

除此之外，在其會黨糾人參與的手法上，類似於「層壓式推銷」，會內成員在招人加入時，所進行推銷的東西並非實體物質，而是「安全感」，參與會內的成員多爲隻身在外謀生，時常感覺孤身無靠，又害怕勢單力薄受人欺負，因此忠義會所推銷的「安全感」，即爲會中成員所需求的，又因爲加入會內，不僅有「依靠感」，在金錢的誘惑上，亦相當大，無論是否出錢金額最高，皆有將所出金錢賺回的機會。因此，入會的人數量相當多，但其會內財源的增加，取決於新參與入會的人數，只要不斷有新會員加入，會內成員皆能繼續分得銀錢，因此，便出現逼脅他人加入會黨的行爲。

嘉慶十九年（1814）二月間，福建邵武縣破獲一起仁義雙刀會案件。江西南豐縣人封老三即得珍，向在福建邵武府邵武縣謀生。封老三起意倡立仁義雙刀會，先在福建境內結拜兄弟多次。其後，又於嘉慶十八年（1813）十一月內，在福建光澤縣地方，糾同陳上元及盧清等共十六人，結拜兄弟，取名仁義雙刀會。仁義雙刀會的入會儀式有鑽刀宰雞，同飲血酒，並由封老三傳授開口本、出手三的會內口訣，以及衣服鈕扣納入裡面的暗號。至嘉慶十八年十二月十六日，封老三又再次糾邀陳上元等四十五人在福建邵武縣天臺山空廟內結會，因廟中供奉三仙，所以將會名取作仁義三仙會。封老三仍對會內成員傳授開口不離本，出手不離三的口訣暗號，以及衣服第二鈕釦解開不扣，會內人呼爲石子會，外人則呼爲沙子會。[44]

表 4-3-10 福建邵武封老三結拜仁義雙刀會要犯一覽表

姓名	籍貫	會黨內身份
封老三（得珍）	江西南豐縣人	仁義雙刀會會首
陳上元		仁義雙刀會成員
盧清		仁義雙刀會成員

44 劉子揚、張莉編，《清廷查辦秘密社會案》，第 29 冊，頁 8306~8307。先福錄副奏摺，嘉慶十九年三月初十日。

資料來源：先福錄副奏摺，嘉慶十九年三月初十日，收錄於《清廷查辦秘密社會案》v29.8306~8307。

福建邵武封老三結拜仁義雙刀會一事，參與人士在籍貫上有江西南豐縣人。在會內結構上，江西南豐縣人封老三，爲仁義雙刀會會首，其倡立仁義雙刀會的目的爲孤身在外，希圖以結立會黨團結會內成員，以達到互相幫助的目的。因此，仁義雙刀會本身即是屬於互助性的秘密會黨。

福建漳州府漳浦縣人歐狼即歐品重，遷居福建霞浦縣地方。嘉慶十九年（1814）六月間，歐狼因貧難度，因稔知福建有添弟會名目可以斂錢使用，遂起意糾人結拜，先後糾邀謝奶桂、謝傳華、林萬傳、鄧公剡、石外孫、莫來發、許文文、董長振、郭漢澤、林枝興、林芳、林恒錦、謝萬英、黃聰及王春觀入會。其後，歐狼又邀董阿枝、林恒泰及黃胡頭等三十六人，約於是月十五日在福建霞浦天岐山空廟內會齊，拜歐狼爲師，名爲父母會，傳授三八二十一洪字口號及取物吃烟俱用三指向前暗號，以便會內人彼此關照。宰雞取血，滴酒共飲，凡入會成員各人送給歐狼錢二百文而散。[45]

45 劉子揚、張莉編，《清廷查辦秘密社會案》，第 29 冊，頁 8334~8336。王紹蘭錄副奏摺，嘉慶二十年二月三十日；《宮中檔》，第 2723 箱，94 包，17998 號，臺北：國立故宮博物院藏。福建巡撫王紹蘭奏摺，嘉慶二十年二月三十日。

表 4-3-11 福建霞浦歐狼倡立父母會要犯一覽表

姓名	籍貫	行業	會黨內身份
歐狼（歐品重）	福建漳州府漳浦縣人，遷居福建霞浦縣地方		父母會會首
謝奶桂			歐狼糾邀加入父母會，並拜歐狼爲師
謝傳華			
林萬傳			
鄧公剡			
石外孫			
莫來發			歐狼糾邀加入父母會，並拜歐狼爲師
許文文			
董長振			
郭漢澤			
林枝興			
林芳			
林恒錦			
謝萬英			
黃聰			
王春觀			
董阿枝			
林恒泰			
黃胡頭			

資料來源：王紹蘭錄副奏摺，嘉慶二十年二月三十日，收錄於《清廷查辦秘密社會案》v29.8334~8336；福建巡撫王紹蘭奏摺，嘉慶二十年二月三十日，收錄於《宮中檔》，第 2723 箱，94 包，17998 號。

福建霞浦歐狼倡立父母會一事，籍貫上多爲福建籍人士。其中，歐狼爲父母會的倡立者，亦爲父母會的傳會師傅，是重要的核心領導人物。其倡立父母會的目的在於斂錢。以加入會黨遇事會內成員彼此照應，可以免人欺侮爲誘。此外，父母會內的成員間以師徒關係作爲連繫，會內成員供奉銀錢給傳會師傅，而會黨內部則提供互助給會內成員。

第五章　道光年間秘密會黨人物的分析

道光年間（1821~1850），秘密會黨的傳播與活動承襲了嘉慶年間的發展，活躍程度不減反增。其中，天地會系統在此一時期，仍然是規模較大，活動活躍的秘密會黨，多活動於福建、廣東、廣西、江西以及雲南等省份，活動範圍益加擴大；另外，以「錢」命名的秘密會黨如紅錢會、邊錢會等，亦爲活躍。其中，邊錢會與乞丐的關連性甚大，而參與成員身份以乞丐爲主的亦有花子會等秘密會黨，此類秘密會黨多活動於福建、廣東、江西以及貴州等省份；除此之外，亦有除上述秘密會黨以外的會黨組織，其規模或大或小，散布於福建、臺灣、廣東、廣西、河北、湖南、浙江、江西以及貴州等地。在本章的敘述及內容結構上，仍以案件爲主軸，依循案件中所附的口供材料進行分析，以下將以參與「天地會及其異名同會系統」、「邊錢會、紅錢會與乞丐結立秘密會黨系統」、以及「其他秘密會黨」中的人物爲分析依據，分別分節進行論述。

第一節 天地會及其異名同會系統中的人物

道光年間的天地會系統多為延續嘉慶時期的天地會系統發展而來，隨著時間的推移，與人民移動的變化，天地會逐漸蔓延至福建、廣東、廣西、江西以及雲南各地。天地會系統除了地理位置的向外擴張外，不斷更換會黨名目，亦為此一時期的鮮明特色。天地會系統自乾隆年間開始發展，不斷成長茁壯，組織天地會的成員偶有發動武裝起事，因此，天地會名目是地方政府嚴查的對象，地方居民亦聞名色變。天地會系統一方面為了躲避地方政府的注意，另一方面則為了容易糾邀居民，而常常將天地會明目更改為其他名稱，但會內暗語、口訣，以及拜會儀式，變動性不高，多維持天地會原先的形式。更改名目在乾隆、嘉慶年間即有少數的例子，但至道光年間，天地會系統大肆更改名目，即成為此一時期相當鮮明的特色。

有廣東人練老晚即練正科，到廣西陽朔縣小貿度日，另有湖南人傅老八即傅都華，亦向以小貿度日。道光元年(1821)四月初一日，練老晚在路上會遇傅老八。兩人相見，共談生活貧苦，練老晚遂起意糾人結拜添弟會，遇事得有幫助，並可騙錢使用，傅老八允從，兩人約定各自糾人入夥，嗣後再會齊結拜。練老晚隨另糾得廣西陽朔縣人秦連有五人，並逼脅馮老四即馮貴植十三人；而傅老八則轉糾得王明祥一人，並逼脅王清泰、曾士明二人。所邀約、威逼入會者，再加上練老晚、傅老八兩人，共夥黨二十三人，約期於是年四月初八日在廣西陽朔縣秦連有家中齊集。會內眾人各出錢三百文，並將錢文交由練老晚買備香燭雞酒，並紮篾圈三個，令會內眾人鑽過，並以練老晚爲師傅，傅老八爲大哥，率眾跪拜。練老晚即傳授開口不離本、出手不離三暗號，各用針刺指血，並宰雞滴血入酒分飲，又將同夥姓名開寫，同篾圈一併燒毀各散。用剩錢文，練老晚與傅老八均分花用。其後，旋經該縣訪聞，會營先後將該犯等全行拿獲。[1]

表 5-1-1 廣西陽朔練老晚結立添弟會要犯一覽表

<table>
<tr><th>姓名</th><th>籍貫</th><th>行業</th><th>會內身份/入會情節</th></tr>
<tr><td>練老晚
（練正科）</td><td>廣東人</td><td>小貿度日</td><td>師傅</td></tr>
<tr><td>傅老八
（傅都華）</td><td>湖南人</td><td>小貿度日</td><td>大哥</td></tr>
<tr><td>秦連有</td><td>廣西陽朔縣人</td><td></td><td>聽從練老晚糾邀加入添弟會</td></tr>
<tr><td>馮老四
（馮貴植）</td><td></td><td></td><td>練老晚逼脅加入添弟會</td></tr>
<tr><td>王明祥</td><td></td><td></td><td>聽從傅老八糾邀加入添弟會</td></tr>
<tr><td>王清泰</td><td></td><td></td><td rowspan="2">傅老八逼脅加入添弟會</td></tr>
<tr><td>曾士明</td><td></td><td></td></tr>
</table>

資料來源：趙慎畛錄副奏摺，道光元年十月十七日，收錄於《清廷查辦秘密社會案》v32.9188~9189；趙慎畛奏摺，道光元年十一月十七日，收錄於《天地會》v7.399。

廣西陽朔練老晚結立添弟會一事，參與人數共二十三人，在

---

1 劉子揚、張莉編，《清廷查辦秘密社會案》，第 32 冊，北京：線裝書局，2006 年，頁 9188~9189。趙慎畛錄副奏摺，道光元年十月十七日；《天地會》，第 7 冊，北京：中國人民大學出版社，1980 年，頁 399。廣西巡撫趙慎畛奏摺，道光元年十一月十七日。

籍貫分佈上有廣東人、廣西人，以及湖南人。在會內結構上，有湖南人傅老八，向以小貿度日，爲此一添弟會大哥；另有廣東人練老晚，亦以小貿度日，爲添弟會傳會師傅。此二人爲此添弟會會內核心的領導人物，亦爲倡立結拜此一添弟會的倡立者。傅老八與練老晚兩人在職業上，皆從事商業活動，且在官方的敘述上，稱其二人「先未爲匪」，亦指兩人均沒有爲非作歹的前科。而致使兩人一同起意四處糾人結拜添弟會的原因，在於經濟利益的考量，兩人雖然從事商業貿易活動，但生意並不是相當成功，因此，生活貧困，便憶及過往有人結拜添弟會，並從中斂取錢財花用，故起而四處糾邀、逼脅民眾加入。

江西贛州府信豐縣人黃百幅，向以測字度日，黃百幅與同鄉黃沅瀧、鍾心瀧以及張北斗等人素相熟識。道光二年（1822）九月初時，黃百幅、黃沅瀧、鍾心瀧以及張北斗等人在江西南康縣會遇江西上猶縣人毛元奇，毛元奇向黃百幅等人告知其爲添弟會即三點會內人，如若拜師入會，可免外人欺侮。黃百幅等人聽從糾邀，即於九月初九日，拜毛元奇爲師，結拜三點會。毛元奇將花帖分給黃百幅、鍾心瀧等人，以便自行傳徒。其後毛元奇在另傳徒弟王貞才時被官府通緝後逃避，便將其祖師所傳的長方三角木戳二顆，以及符書一本交給黃百幅收存。嗣後，張北斗即被官府拏獲，發遣新疆回城爲奴。至道光六年（1826）七月十九日，有江西信豐縣人陳土養等人在江西定南廳地方拜溫塊老爲師，加入三點會。次年五月，黃百幅、鍾心瀧在江西信豐縣地方，各自糾人結拜三點會；次月，陳土養、郭文瀾在信豐縣地方，亦各自糾人結拜三點會。其後，黃百幅等人遂計畫起事。因黃百幅在江西安遠縣內地方出生，小名安遠，遂自稱安遠公；黃沅瀧則爲將軍；鍾心瀧則擔任副總府；張貴任職守備，三點會內成員分別設官分職，但尚未起事即被官府破獲。[2]

表 5-1-2 江西境內黃百幅結立三點會要犯一覽表

姓名	籍貫	關係	行業	會內身份
黃百幅	江西贛州府信豐縣人	毛元奇之徒	以測字度日	自稱安遠公
黃沅瀧	江西贛州府信豐縣人	毛元奇之徒		將軍
鍾心瀧	江西贛州府信豐縣人	毛元奇之徒		副總府
張北斗	江西贛州府信豐縣人	毛元奇之徒		
毛元奇	江西上猶縣人	黃百幅、黃沅瀧、鍾心瀧、張北斗、王貞才之師		
王貞才		毛元奇之徒		
溫塊老		陳土養之師		
陳土養	江西信豐縣人	溫塊老之徒		
張　貴				守備

資料來源：韓文綺奏摺錄副，道光七年十二月初三日，收錄於《軍機處檔・月摺包》，第 2747 箱，27 包，58159 號。

江西境內黃百幅結立三點會一事，參與人士在籍貫分佈上有均爲江西贛州府及其附近地方人士，其中有信豐縣人以及上猶縣人，其之間的連繫多有地緣關係。在會內結構上，有江西上猶縣人毛元奇，四處招收徒弟，糾人結拜三點會，此三點會即是添弟會。毛元奇以拜師入會，可免外人欺侮爲誘，

2 《軍機處檔・月摺包》，第 2747 箱，27 包，58159 號，臺北：國立故宮博物院藏。江西巡撫韓文綺奏摺錄副，道光七年十二月初三日。

四處遊走，糾人結拜並分給花帖，以便其徒另再自行傳徒。其後，毛元奇在另外傳徒時，即被官府通緝逃逸，逃逸前將其祖師所傳的長方三角木戳，以及符書交給黃百幅收存。至使黃百幅得以再另外糾人傳徒，黃百福因而成爲此一三點會內的核心領導人物。其徑自收徒，結拜三點會，人數漸增，遂計畫武裝起事。黃百幅自稱安遠公，令黃沅瀧爲將軍，鍾心瀧則擔任副總府，至於張貴則任職守備，皆爲三點會內重要成員。

有雲南廣南府寶寧縣人平四，小本營生，先未爲匪。道光十年（1830）十二月間，平四前赴廣西百色地方進行貿易，與廣西人劉阿大同飯店住歇。平四在店內窺見劉阿大身帶荷包，裡面裝有紅布一塊，當向劉阿大查問。劉阿大便向平四說明其爲添弟會內成員，紅布爲會內號片，並言明拜添弟會有許多好處，出門行路，互相幫護，不受人欺負。倘若貧窮，又可以商同搶劫，得贓使用。平四即求劉阿大傳授入會，並許以酬謝。劉阿大即給平四紅布號片，並傳授會內暗號「開口不離本、舉手不離三」等口訣、手勢，以及拜會儀式等細節，平四謝給錢文而散。其後，平四旋因做生意折本，而返回原籍。道光十一年（1831）三月間，平四與素識的岑博禁、黃亞岡、李潮珍，以及陳阿全等人會遇，共談生活貧苦。於是，平四便起意糾人結拜添弟會，聲言散發紅布號片可以斂錢，結拜後又可以出外搶劫，即邀允黃亞岡等人入夥。隨又糾得楊阿洋、梁阿香，以及黎亞他二十七人，並逼脅楊阿梅六人入夥。楊阿梅等人原先畏法不允，但平四聲稱，如不依從結拜，即約人搶劫燒殺，到時不可後悔，楊阿梅等人無奈勉從。平四約定眾人於是月二十五日在寨後山內會齊，屆期，賴亞傳因畏懼，中途逃回，其餘眾人俱前往，共三十八人。每人出錢二、三百文不等，交由平四買備香燭雞酒。平四用竹樁數根釘於地上，安放簸箕一個，寫供五祖牌位，以便對神拜盟。四固用竹紮門，令眾人由竹門進內，會內成員共推平四為會首，同在牌位前行禮盟誓，眾人又向平四磕頭，各飲雞血酒一杯。平四將眾人姓名登立會簿，並傳口訣、手勢。有願領要紅布號片者，令各出錢一千文，岑博禁、杜亞忙、梁滿、黎亞他、彭亞貴如數給錢，平四寫給紅布號片各一塊，日後相見，作為記認，其餘因無錢，並未寫給。嗣後，旋經該府縣會營訪聞查拿稟報，即委員前往拏獲平四等各犯，起出紅布號片，一併提省審辦。[3]

表 5-1-3 雲南寶寧平四結立添弟會要犯一覽表

姓名	籍貫	行業	會黨身份
平　四	雲南廣南府寶寧縣人	小本營生	添弟會會首
劉阿大	廣西人		添弟會內成員
岑博禁			聽從平四糾邀加入添弟會
黃亞岡			
杜亞忙			
李潮珍			
陳阿全			
梁　滿			
楊阿洋			
梁阿香			
黎亞他			
彭亞貴			
楊阿梅			受平四逼脅加入添弟會
賴亞傳			

3 劉子揚、張莉編，《清廷查辦秘密社會案》，第 32 冊，頁 9342~9344。阮元等硃批奏摺，道光十二年五月初四日。

資料來源：阮元等硃批奏摺，道光十二年五月初四日，收錄於《清廷查辦秘密社會案》v32.9342~9344。

雲南寶寧平四結立添弟會一事，參與人士在籍貫分佈上，除了傳添弟會給平四的劉阿大爲廣西人外，其於由平四糾入添弟會內的成員，連同平四均爲雲南籍人士。其之間的連繫多有地緣關係。

此起添弟會案件，可以看出天地會傳播的路徑。平四因赴廣西百色地方進行貿易，而在投宿的飯店中遇有亦爲投宿過夜的廣西人劉阿大，因在不經意下，平四看見劉阿大帶有紅布，在好奇心驅使下，平四即向劉阿大詢問，劉阿大便告知平四紅布是添弟會內的號片，其則爲天地會的成員。劉阿大又向平四說明添弟會的結立與好處，平四便心動加入添弟會。其後，平四因做生意賠本回鄉，在生活貧困難度下，起意在家鄉結拜添弟會。此即爲平四因在廣西做生意而得知並加入添弟會，其後返回雲南家鄉，便將添弟會帶進雲南。亦可以看出秘密會黨的流動，與人的流動有很大的關連性。

平四將添弟會帶進雲南後，仍以加入添弟會有許多好處爲誘，吸引民眾加入。如出門在外，會內之人互相幫護，便可不受外人欺負，而若貧窮難度，又可以商同會內眾人一同搶劫，得贓分用。因此，吸引許多或生活貧困之人，或性格投機之人結拜添弟會。此外，參與會內的成員中，亦有被逼迫參與入會者，或因不允入會恐被報復，或因入會以保身家安全者。因此，入會者人數相當多。

廣東龍川縣人李江泗，在廣東加入三點會，三點會又稱雙刀會。李江泗後來到福建邵武縣內開張雜貨店。有廣東龍川縣人李魁，又名鄒李魁，在十餘歲時，即前往福建邵武縣地方搭廠種茶，與李江泗是同鄉，兩人彼此素相交好。道光十三年（1833）八月間，李江泗至李魁山廠內，向其告知前在廣東加入三點會，又名雙刀會，凡是同會之人，有事互相幫助，今寄居異地，欲糾人一同結盟拜會，以免被人欺侮。李江泗即邀李魁入會，李魁允從，李江泗又添邀江西贛州府人王萬太、江西人毛莫三、江西人徐復平共四人，同至李江泗家中，一同拜李江泗爲師。李江泗用紅紙寫「五祖之位」四字，貼在壁上，作爲牌位，又用五色紙五面、剪刀、裁尺、戥子各一件，插放米斗內，供奉香燭雞酒。李江泗自立上首，設一竹圈，其圈上紮縛木柄兩把，令李魁等人先向牌位跪拜，各由圈內鑽過，共拜李江泗爲師，誓入會後如有異心，死於刀下。李江泗將各人姓名開單焚化，宰雞取血，並在眾人左手食指上用針取血滴入酒內，會內成員各飲一口。李江泗傳授開口不離本，起手不離三歌訣，如有人問姓，答云：「本姓某，改姓洪」，接遞物件，只用三指。每日上午，髮辮自右盤左，下午自左盤右，胸前鈕釦解開兩顆，折入襟內，以做爲同會辨識的暗號。李魁送李江泗番銀五圓，王萬太等亦各送銀二圓而散。不久李江泗患病，李魁前往探望，李江泗自揣病重不能復起，取出抄寫之結會歌訣一本，紅布一塊，亦寫有歌訣。聲言李魁爲人慷慨，可作會首，並將歌本、紅布連拜會時所用的木柄刀二把，皆交付與李魁收執。並告以三點會原是添弟會，又名三合會，李魁將歌本等物攜回，李江泗即於是年九月間病故。嗣後，李魁因有歌訣、暗號，又知拜會的儀式，故多次糾人結拜三點會。[4]

表 5-1-4 福建邵武李江泗結立三點會要犯一覽表

姓名	籍貫	行業	會內身份/入會情節
李江泗	廣東龍川縣人	開張雜貨店	傳會師傅
李魁（鄒李魁）	廣東龍川縣人	搭廠種茶	聽從李江泗糾邀，拜李江泗爲師，加入三點會
王萬太	江西贛州府人		
毛莫三	江西人		
徐復平	江西人		

資料來源：陳祖洛等奏摺，道光十五年十一月十七日，收錄於《硃批奏摺》，第 661 卷，9 號。

福建邵武李江泗結立三點會一事，參與人數僅五人，在籍貫分佈上有廣東龍川縣人、江西贛州府人，其之間的連繫多爲在外地工作者。在職業及身份類別上有開張雜貨店、搭廠種茶等；在會內結構上，有爲廣東龍川縣人李江泗，在福建開張雜貨店，爲此起三點會的傳會師傅，爲會內核心人物。李江泗開有雜貨店鋪，糾人結拜三點會，雖收有入會成員所贈與的銀錢，但其結拜三點會並非完全因爲經濟因素的考量。而其會內成員加入三點會亦非經濟因素的考量，如廣東龍川縣人李魁與傳會師傅李江泗爲同鄉，自幼即在福建搭廠種茶。無論是李江泗或李魁等人，在經濟上，有正當行業，並無貧困難度，其加入三點會之因爲互助考量。結拜三點會內成員的共同特色均爲，異地人至他鄉工作者，在經濟上雖無

4 《硃批奏摺》，第 661 卷，9 號，北京：中國第一歷史檔案館藏。閩浙總督陳祖洛等奏摺，道光十五年十一月十七日。

困難，但在心理因素上，或感孤獨，或恐被人欺負，結拜三點會即給予會內成員安全感，雖身在他鄉異地，但有一群身世相似之人，可以互相幫助。

道光十三年（1833）十一月間，廣東龍川縣人李魁即鄒李魁，向在福建邵武縣地方搭廠種茶，因有李江泗傳給的歌訣，便欲起意結會斂錢，遂邀允駱上書、藍大倡、黃日貴、鄒禮接、王寶子以及胡保仔六人同至李魁廠內。李魁即照李江泗所傳的拜會儀式，令駱上書代寫紅紙牌位，粘在壁上，並書寫各人姓名。李魁自立上首，令駱上書等一同跪拜牌位，並各鑽竹圈，立誓後，共拜李魁爲師，各飲血酒。李魁傳授手勢、口號等事，駱上書等人各送番銀三四圓不等。其後，李魁因會中人少，便起意自次年起，每年糾人結會一次。又思即本境之人不肯入會，便與駱上書等人商議，捏稱三點會又名保家會，入會之人彼此幫護，可以保家、防身等爲誘，央駱上書等人引誘糾人，斂錢分用。駱上書等人應允後各散。道光十四年（1834）三月初四日，李魁有糾邀邱添喜、曾石四子、陳吉淙；駱上書轉邀有陳吉泗、陳吉萬、彭泳坤；藍大倡轉邀有嚴老六、嚴保仔，黃日貴轉邀有龔大興、陳吉得、陳吉發、刁順倡、陳得仔、朱汝彰以及羅受一共十七人，在李魁廠内照前結會，同拜李魁爲師。次年四月初六日，李魁又邀趙春生、熊良明等六人；駱上書轉邀熊良風、陳鴉娘、陳家詳四人；藍大倡轉邀彭泳柏、張良斗二人；黃日貴轉邀羅九、駱信滌八人，一共二十人，在李魁廠内照前結會，共拜李魁爲師。因駱上書、藍大倡、黃日貴等入會在先，眾人呼爲大哥。邱添喜等人先後送李魁番銀一、二圓至四、五圓不等，李魁因駱上書等幫同糾人，每次分給各番銀二圓。

其中，有黃日貴拜會後與李魁往來甚密，道光十四年冬間，李魁將結會歌訣借與黃日貴抄錄一份，其原本經毛莫三借抄未還。黃日貴恃有會夥幫護，强取鄰村的郭惇宏在山上的雜糧。道光十五年（1835）四月，黃日貴因見郭惇宏懦弱，便强將其山場占種，五月初九日，郭惇宏帶同雇工前向理論，黃日貴恃强辱駡，持棍向毆，被郭惇宏奪棍回毆，右腿骨損，經眾人勸告後各自散去。黃日貴同居胞叔黃雲顯工作回家，斥其不應占人山場。黃日貴稱有異姓弟兄幫助，俟腿傷醫痊定害郭惇宏性命。黃雲顯聞言盤問，始知其幫同糾人入會，抄有歌本情由，慮其滋事，往向隔村居住之胞兄黃雲行、黃雲開告知前情，商議送官究治，約定是月二十三日幫同捆送。至期，黃雲行等走至黃雲顯家內，黃日貴因腿傷稍痊，先已赴山巡視。黃雲開等即赴黃日貴房內搜出結會歌訣一本，正在翻閱，適黃日貴走回，不依趕奪，並將黃雲行推跌。黃雲開見其兇橫，拾取竹簽戳傷黃日貴左眼，黃日貴取門旁柴刀拼命，黃雲開奪刀過手，砍傷其右肋倒地。黃日貴在地滾駡，聲言告之會眾，定將黃雲開等一併殺害。黃雲開一時忿激，起意致死，用刀速砍其腦後、左手腕、頂心偏左、偏右，登時殞命。黃雲行主令黃雲開、黃雲顯將屍身抬至土名深窠山地方掩埋各散。

會內成員藍大倡查知其事，便往向李魁投訴，李魁答以糾人報復。於六月初八日，李魁邀駱上書、藍大倡、王萬太、陳吉淙、曾石四子一共六人，前往黃雲顯山廠。黃雲顯先已聞風躲避，李魁等搜搶廠內布衣八件，棉被四條，又將黃雲顯幼子黃細苟同黃雲開之子黃有則一併擄走。回至駱上書廠內，李魁將所搶衣被令陳吉淙攜赴賣錢五千六百文分用，囑令駱上書將黃細苟等關禁勒贖。其時即經福建邵武府、縣訪聞會營查拿，並據黃雲開等將搜出黃日貴所抄歌訣一本赴府呈首。李魁等聞官府查拿，便各自逃散。[5]

表 5-1-5 福建邵武李魁復立三點會改名保家

姓名	籍貫	行業	會內身份/入會情節
李　魁（鄒李魁）	廣東龍川縣人	搭廠種茶	會首
駱上書			大哥
藍大倡			大哥
黃日貴			大哥
鄒禮接			聽從李魁糾邀，拜李魁爲師，入保家會
王寶子			
胡保仔			
邱添喜			
曾石四子			
陳吉淙			
趙春生			
熊良明			聽從李魁糾邀，拜李魁爲師，入保家會
陳吉泗			聽從駱上書糾邀，拜李魁爲師，入保家會
陳吉萬			
彭泳坤			
熊良風			
陳鴉娘			
陳家詳			
嚴老六			聽從藍大倡糾邀，拜李魁爲師，入保家會
嚴保仔			
彭泳柏			
張良斗			

5 劉子揚、張莉編，《清廷查辦秘密社會案》，第 29 冊，頁 8383~8390。程祖洛等硃批奏摺，道光十五年十一月十七日。

龔大興			聽從黃日貴糾邀，拜李魁爲師，入保家會
陳吉得			
陳吉發			
刁順倡			
陳得仔			
朱汝彰			
羅受			
羅九			
駱信涤			

資料來源：程祖洛等硃批奏摺，道光十五年十一月十七日，收錄於《清廷查辦秘密社會案》v29.8383~8390。

福建邵武李魁復立三點會改名保家會一事，參與人數相當多，在籍貫分佈上除了傳會師傅李魁爲廣東龍川縣人外，其於參與會中的成員多爲福建紹武縣附近居民，其之間的連繫多有地緣關係。在會內結構上，有廣東龍川縣人李魁，自幼即在福建搭廠種茶，曾拜同鄉李江泗爲師，加入三點會。李江泗過世前便將會內歌訣傳給李魁，嗣李江泗過世後，李魁即復立三點會，四處糾人結拜。

李魁所結拜三點會的考量因素主要爲貪圖經濟上的利益，與李江泗結拜三點會時會內的宗旨不同；而參與三點會內的成員結構亦迥然不同，李江泗多糾邀在福建紹武縣內工作的異鄉人，而李魁則將糾邀入會的成員鎖定爲福建紹武縣的當地居民，因此，李魁爲方便糾邀，隨即將三點會名目改立爲保家會，取其加入會內後，可以保得身家安全之意。加入保家會的成員相當多，便在地方上產生不好的影響，保家會內成員恃強凌弱，在地方上橫行霸道，常常製造糾紛，最終被官府查拏。

有江西贛州府雩都縣人曾輝要，向以裁縫爲生。道光十六年（1836），曾輝要赴京抱冤控訴江西雩都縣所屬龍頸壩市，有蕭輝章等多人結拜天地會，並改名長江會，在鎮上把持市面，勢眾強橫，暴寡凌弱，而地方官府不肯究辦。道光十五年（1835）六月十四日，長江會會首蕭輝章家遺失牛隻，竊賊袁泳榜誣陷與其素有嫌隙的堂姪曾興萱偷牛，蕭輝章即率眾捆去曾興萱，並拆毀房屋，搶走其屋內傢俱。曾興萱的母親曾劉氏趕赴蕭輝章家中哀求，但蕭輝章仍不肯將其釋放。至該月十八日，蕭輝章將被誣陷的曾興萱及竊賊袁泳榜一併捆綁在河壩樁柱上，並用火將其二人燒斃，屍骨成灰。曾劉氏令曾衍造前赴縣內呈報，但官府未予受理報案。同年閏六月初八日，曾輝要便同堂弟曾衍迪前赴江西贛州府至江西巡撫前呈告，但又被批回雩都縣辦理。而長江會會首蕭輝章，則請托訟棍劉鴻舉賄，囑咐代書易應兆改換原稿，以致江西雩都縣久未拏人究辦。[6]

表 5-1-6 江西雩都曾輝要控訴蕭輝章結立天地會改名長江會關係表

姓名	籍貫	關係	行業/身份	案由
蕭輝章	江西贛州府雩都縣人		長江會會首	袁泳榜偷竊蕭輝章家中牛隻，誣陷袁泳榜所偷，蕭輝章將袁泳榜、曾興萱一併捆綁在河壩樁柱上，並用火將其二人燒斃，屍骨成灰。
袁泳榜	江西贛州府雩都縣人	曾興萱之堂叔	竊賊	
曾興萱	江西贛州府雩都縣人	袁泳榜之堂姪		
曾劉氏		曾興萱之母		因曾劉氏之子被蕭輝章綁走，受託前赴縣內呈報，但縣府未予受理報案。
曾衍造	江西贛州府雩都縣人			

6 《軍機處檔・月摺包》，第 2768 箱，95 包，70137 號。耆英奏摺錄副，道光十六年二月二十九日。

曾衍迪		曾輝要之堂弟		與曾輝要至江西巡撫前呈告，但被批回雩都縣辦理。
劉　鴻			訟棍	舉賄代書易應兆改換原稿，致江西雩都縣久未拏人究。
曾輝要	江西贛州府雩都縣人	曾衍迪之堂兄	以裁縫爲生	曾輝要赴京控訴江西雩都縣所屬龍頸壩市，有蕭輝章等人結拜天地會，並改名長江會，在鎮上把持市面，勢眾強橫，地方官府不肯究辦。

資料來源：耆英奏摺錄副，道光十六年二月二十九日，收錄於《軍機處檔‧月摺包》，第 2768 箱，95 包，70137 號。

江西雩都曾輝要控訴蕭輝章結立天地會改名長江會一事，此一案件顯現出秘密會黨在地方上把持市面，勢眾強橫，橫行霸道，連官府都無法約束，不敢將其依法處理。這起案件起因爲長江會會首蕭輝章家中的牛隻被竊。

蕭輝章爲地方會黨的首領老大，行事風格強勢霸道，地方居民對其皆相當畏懼。竊走牛隻的人是當地的竊賊袁泳榜，袁泳榜將牛隻竊走後反向蕭輝章誣陷與其素有嫌隙的堂姪曾興萱將牛隻偷走，蕭輝章聽後即率會內眾人前去將曾興萱捆綁回來，順手拆毀曾興萱的房屋，並搶走其屋內的傢俱，曾興萱的母親曾劉氏聽聞後，趕赴蕭輝章家中哀求放人，但蕭輝章不肯將其釋放。兩天後，蕭輝章便將被誣陷的曾興萱及竊賊袁泳榜一併捆綁在河壩樁柱上，並用火將其二人一起燒斃，屍骨成灰。在這事發過程中，長江會會首蕭輝章明目張膽，且竟無人敢前去制止蕭輝章，亦或是營救曾興萱。

事發後曾劉氏令便令人前赴縣府內呈報，但縣府未予受理報案；其後，曾興萱族人曾輝要便前赴江西贛州府要在江西巡撫前呈告，卻又被批回雩都縣辦理。這時，蕭輝章便請托訟棍劉鴻舉賄代書易應兆改換原稿，致使江西雩都縣遲未辦理此案。從此案中，可以看出長江會蕭輝章在地方上的勢力極大，連縣府亦懼怕蕭輝章，因此曾興萱之母令人赴縣府控告，而縣府不予辦理，至曾家族人求助於江西巡撫時，又將案件發回原縣。而常將會會首蕭輝章在地方上有錢有勢，買通訟棍以及縣府內代書，因此，地方官府無法將其依法辦理。最後曾家族人曾輝要，只得赴京控訴蕭輝章結拜天地會，並改名長江會，在鎮上把持市面，勢眾強橫，而地方官府不肯究辦等事。

福建漳浦縣人戴仙即戴毓祥，素習堪輿卦命，亦以爲人卜卦算命爲生。道光二十三年（1843）七月間，戴仙前赴廣東惠州府陸豐縣大安圩地方擺攤算命，有福建長樂縣人曾阿三，曾阿三常至廣東陸豐縣大安圩地方與戴仙閒談，兩人彼此熟識。曾阿三告知戴仙，其之前在福建漳州生理時，曾在路上拾得天地會歌訣圖一張，並總帶於身邊，遇事有人相助，戴仙即用布，照樣描畫一張。道光二十四年（1844）八月，戴仙至廣東揭陽縣地方，假冒曾阿三姓名，並捏稱爲天地會大哥，與當地會黨首領林阿隆、黃大頭等人聯爲同黨。並商同林阿隆、黃大頭糾人結拜，遂取出天地會歌訣圖，添寫「雄兵百萬，英雄盡招」等字樣，並刊刻木板及三省玉記圖章等，共糾得一百五十二人，分作四起，於九月二十八等日，在廣東揭陽縣屬楊厝菴等處結拜，以林阿隆等爲大哥，戴仙爲會總，舉行結盟拜會儀式，並將會單分給會內眾人。[7]

表 5-1-7 廣東揭陽戴仙結立天地會要犯一覽表

姓名	籍貫	行業	會黨內身份
戴仙（戴毓祥）	福建漳浦縣人	爲人卜卦算命爲生	先假冒曾阿三姓名，並揑稱爲天地會大哥，後爲天地會會總
曾阿三	福建長樂縣人	曾在福建漳州生理	
林阿隆	廣東揭陽縣人		先爲會黨首領，後爲天地會大哥
黃大頭	廣東揭陽縣人		會黨首領

資料來源：耆英等奏摺錄副，道光二十五年二月二十八日，收錄於《軍機處檔・月摺包》，第 2752 箱，73 包，73446 號。

廣東揭陽戴仙結立天地會一事，參與人數達一百五十二人，在籍貫分佈上有福建漳浦縣人、福建長樂縣人、廣東揭陽縣人。在職業及身份類別上福建漳浦縣人戴仙，向以爲人卜卦算命爲生，因與曾阿三閒聊，得知有天地會，其後，至廣東地方時假冒曾阿三姓名，揑稱爲天地會大哥，與當地會首林阿隆、黃大頭聯合，一同糾人結拜天地會，並成爲該起天地會的總會首，與天地會大哥林阿隆、黃大頭皆爲此一天地會內中的核心人物。

有廣東潮陽縣人黃悟空，曾加入天地會，爲天地會內成員。道光二十四年（1844）四月初五日，黃悟空因與族人黃銀生爭水結怨，欲挾怨報復，故糾邀同爲天地會內的成員黃寬書等人，一起將黃銀生殺死後逃逸。至該年八月二十六日時，黃悟空商同林大眉、黃阿隆等人分頭糾人結盟拜會，黃

7 《軍機處檔・月摺包》，第 2752 箱，73 包，73446 號。兩廣總督耆英等奏摺錄副，道光二十五年二月二十八日。

悟空等人因思及天地會名稱沿用已久，恐難吸收會員，遂改名爲雙刀會。至該月二十八日時，一共糾得十一人，齊集於林大眉居住的港內鄉外涵元空廟內，舉行儀式，設壇結拜，會內眾人共推黃悟空爲大哥。壇上供設有洪令牌位，天地會大哥黃悟空隨率領會內眾人向牌位跪拜，另紮蔑圈爲門，架起雙刀，令會內成員由刀下鑽過。接著，黃悟空即傳授會內口訣暗號，又將會單一紙分給會內成員，並宰雞滴血入酒，分給會內眾人，會中成員飲後各散。其後，黃悟空因拜會人數尚少，又製得紅布三角洪令小旗，其上寫有「䒑𡉕」字樣，意即「天地」二字，以作爲會內成員的憑信，交給林大眉等十人，令其再行分頭糾人入會，嗣後，林大眉等人先後共糾得一百八十人，分作五起，於九月初八、九、十三、十八、二十六等日，在港內、港尾、浦東、港邊等處結拜，以林大眉、黃阿隆、李阿宅、黃阿五、黃阿璧爲各起大哥，又以黃悟空爲會總。[8]

表 5-1-8 廣東境內黃悟空結立天地會改名雙刀會要犯一覽表

姓名	籍貫	會黨內身份
黃悟空	廣東潮陽縣人	原爲天地會內成員，後爲雙刀會會總
黃寬書		原爲天地會內成員
林大眉	港內鄉人	雙刀會大哥
黃阿隆		雙刀會大哥
李阿宅		雙刀會大哥
黃阿五		雙刀會大哥
黃阿璧		雙刀會大哥

資料來源：耆英等奏摺錄副，道光二十五年二月二十八日，收錄於《軍機處檔・月摺包》，第 2752 箱，73 包，73446 號。

8 《軍機處檔・月摺包》，第 2752 箱，73 包，73446 號。兩廣總督耆英等奏摺錄副，道光二十五年二月二十八日。

廣東境內黃悟空結立天地會改名雙刀會一事，參與人數眾多，在餐與會內成員的籍貫分佈上多爲廣東人，其之間的連繫多有地緣關係。在會內結構上，有廣東潮陽縣人黃悟空，原爲天地會內成員。黃悟空爲人向來霸道，在地方上常逞凶鬥狠，後因挾怨殺死族人逃逸，爲亡命之徒。後來黃悟空又自行糾人結拜爲雙刀會，並成爲雙刀會會總，與雙刀會大哥林大眉、黃阿隆、李阿宅、黃阿五，以及黃阿璧等人均爲雙刀會內核心人物。

有廣東香山縣人周佩居，向與高名遠熟識。道光二十四年（1844）十一月二十六日，周佩居前赴高名遠家中閒坐，談及孤單害怕被人欺侮。高名遠憶及舊時外出生理，曾路過不識地名的山洞邊拾得布包，布包內有天地會名目會簿一本。在與周佩居閒談後，便起意商同糾夥拜會，以便遇事可以互相幫助，兼可恃眾搶劫。高名遠又因天地會名目已久，恐難煽惑，遂將會名由天地會改名爲隆興會。其後，即糾得黃孔懷等六十八人，一夥人便定期於該年十二月初二日，在廣東香山縣屬草旅山地方進行結拜儀式，會內眾人共推高名遠爲大哥，並設立洪令牌位，大哥高名遠便率領會內眾人跪拜，另結篾圈爲門，門口架起紙刀兩把，高名遠即令會內成員從刀下鑽過。至次年九月，高名遠等人即被官府拏捕到案。[9]

9《軍機處檔・月摺包》，第 2752 箱，127 包，76028 號。兩廣總督耆英等奏摺錄副，道光二十五年九月二十八日。

表 5-1-9 廣東香山高名遠結立天地會改名隆興會要犯一覽表

姓名	籍貫	會內身份
周佩居	廣東香山縣人	隆興會成員
高名遠		隆興會大哥
黃孔懷		隆興會成員

資料來源：耆英等奏摺錄副，道光二十五年九月二十八日，收錄於《軍機處檔・月摺包》，第 2752 箱，127 包，76028 號。

廣東香山高名遠結立天地會改名隆興會一事，參與人數共六十八人，其會內成員之間的關聯多爲出門在外地工作者。在會內結構上，有高名遠曾拾得裝有天地會會簿的布包一個，其後，高名遠與廣東香山縣人周佩居閒談，因在隻身在外地生理，常感孤獨，又害怕受人欺負，便起意糾人結拜。高名遠因知天地會明目不容易招收到成員，因此便將會名改爲隆興會，取其會內興隆之意；又以遇事有人相幫，又可以恃眾搶劫，分得銀錢花用爲誘，四處糾人入會。至於參與會內的成員，亦因入會有經濟上的好處，遇事又有人幫護，而加入興隆會。

有江西長寧縣人謝詞封與凌成榮素相熟識，道光二十七年（1847）正月間，謝詞封與凌成榮等人會遇閒談，一夥人聊至江西贛州一帶向有天地會，會內成員彼此幫扶，凡入會者即可免受人欺侮，又可以結夥訛詐搶劫，並得贓分用，於是謝詞封便起意糾人結會，因天地會歷來奉官府拏辦甚嚴，謝詞封等人害怕取天地會明目太過張揚導致行跡敗露，所以將天地會改名爲關爺會，以圖掩飾，避人耳目。至正月二十六日，共糾得二十四人，一同在謝詞封家中會齊。謝詞封用紅紙寫立關爺會牌位，又做成布旗五面，每面書寫「忠義堂」

三字，插入米斗之中，又買備香燭雞酒供奉，登記會中參與成員的姓名，並在神牌前跪拜，會內成員不序年齒，謝詞封自居爲總老大，而凌成榮、僧道禪、易永盛等人各爲散老大。謝詞封站立上首，口念「有忠有義，無得欺兄騙弟，如有欺騙，立見消亡」等誓詞。關爺會中規定，若總散老大有事呼喚，會內成員不許不至，會中各以髮辮左盤爲記。因會內成員不多，故又於是年五月二十四日，再次糾集七十二人結拜關爺會，並約期於五月二十九日，傳集會內成員入城搶劫。[10]

表 5-1-10 江西境內謝詞封結拜天地會改名關爺會要犯一覽表

姓名	籍貫	行業	會內身份
謝詞封	江西長寧縣人		關爺會總老大
凌成榮	江西長寧縣人		關爺會散老大
僧道禪		僧人	關爺會散老大
易永盛			關爺會散老大

資料來源：吳文鎔奏摺錄副，道光二十七年十一月十八日，收錄於《軍機處檔・月摺包》，第 2749 箱，148 包，79825 號。江西巡撫。

江西境內謝詞封結拜天地會改名關爺會一事，參與人士在籍貫分佈上多爲江西人，其之間的連繫多有地緣關係。關爺會亦爲天地會的異名同會，因天地會名目容易形跡敗露，因此改名爲關爺會。關爺會的結立可以說是強盜集團，參與會內的成員一方面冀圖入會後，有會內成員彼此幫護，可免受外人欺負；另一方面則是可以恃眾搶劫，結夥訛詐，分得贓銀花用，因此，參與入會的成員眾多，並約期搶劫村莊。在會內結構上，江西長寧縣人有謝詞封爲關爺會總老大，又有江

10 《軍機處檔・月摺包》，第 2749 箱，148 包，79825 號。江西巡撫吳文鎔奏摺錄副，道光二十七年十一月十八日。

西長寧縣人凌成榮、具和尚身份的僧道禪，以及易永盛等人為關爺會散老大，其四人皆為關爺會內核心的領導人物。

有羅三鳳在廣西平樂縣等地謀生，因異鄉託業，勢單力薄，時感孤獨，又害怕在外受人欺侮，遂起意糾人結拜弟兄，希圖遇有事情，會內成員間，彼此得有幫助。道光二十七年（1847）九月，羅三鳳先後邀得廖漢庭等一百五十餘人，每人各出錢二、三、四百文不等，交由羅三鳳買備香燭雞酒，欲舉行結拜儀式，會內眾人不序年齒，共推羅三鳳為首，於該年十月初七日，在山廠內結拜，焚香立誓，誓言一人有事，彼此齊心幫助，均聽羅三鳳使令。羅三鳳見結盟拜會的人數眾多，遂與海九等人起意復興天地會，會內眾人共推羅三鳳與海九為總大哥，而廖漢庭等人則為副大哥。[11]

表 5-1-11 廣西平樂羅三鳳結拜天地會要犯一覽表

姓名	行業/身份	會黨內身份
羅三鳳	外地生理	天地會總大哥
廖漢庭		天地會副大哥
海　九		天地會總大哥

資料來源：鄭祖琛奏摺錄副，道光二十八年四月二十七日，收錄於《軍機處檔・月摺包》，第 2749 箱，158 包，81998 號。

廣西平樂羅三鳳結拜天地會一事，參與人數達一百五十餘人，會內成員之間的關連皆為出外生理者。此一天地會的結立源於羅三鳳等人，因向在外地生理，總覺得勢單力薄，害怕受人欺負，又時感孤獨，因此起意邀集同為隻身在外地謀生者，一同結拜弟兄，希冀遇事有人幫扶，而參與結拜者眾

11 《軍機處檔・月摺包》，第 2749 箱，158 包，81998 號。廣西巡撫鄭祖琛奏摺錄副，道光二十八年四月二十七日。

多。在其會內結構上，有羅三鳳與海九兩人爲天地會總大哥，又有廖漢庭爲天地會副大哥，其三人則爲此一天地會內的重要領導人物。

有陳慶真向與王泉合出資本，在暹羅國收買洋貨，販至廣東境內銷售，往返經營，歷有年所，旋因虧本，於道光二十五年（1845）歇業回家。至道光三十年（1850）夏間，陳慶真因在廣東素知添弟會即三點會內的歌缺、口號，便起意將添弟會改名爲小刀會名目，欲結夥斂錢，並圖搶劫，遇事有會內成員相助，便與王泉商允，遂各分糾劉標、林鳳鳴、黃旦、曾飛瀧、葉周、胡象、李吉忠等人。劉標亦轉邀劉然入會。連陳慶真等十二人，於道光三十年六月間，潛至廈門旗杆腳地方。即在該處五祖廟内，令入會之劉標等十人，各出錢六百九十三文，交由陳慶真買備雞酒香燭，供設神前。陳慶真與王泉兩人用木柄尖刀兩把架起，令劉標等人各從刀下鑽過立誓，並將各人左手中指用針刺血，滴酒共飲，又將各人姓名年庚，開單焚化。陳慶真復授以「紅旗飄飄，兄弟招招」及「開口不離本，舉手不離三」等口號、歌訣，令劉標等人各自記誦。入會之後，逢人問姓，答以本姓某，改姓洪；接遞物件，止用三指；盤辮不拘左右，但須將發梢垂下兩三寸；褲腳左長右短；胸前鈕扣解開兩顆摺入襟内，以作爲會內成員辨識記認，會內結拜儀式完成後，成員各自走散。[12]

陳慶真等人正欲繼續糾人結拜，即經該管營縣記聞查拿，並拏獲劉標、林瀰鳴、黃旦、曾飛瀊、葉周、胡象、李

12 《月摺檔》，第 2709 箱，3 包，462 號，臺北：國立故宮博物院藏。閩浙總督裕泰等奏摺，咸豐元年四月十六日。

吉忠七犯。其中，劉標在被拏獲時，情急圖脫，順用身帶小刀劃傷營兵劉朝華手指。該營縣等即將各犯先行解省。陳慶真因聞拿嚴緊，不敢返赴廈門，又探知石鼓堂地方有空廟一所，是福建同安縣、龍溪縣、海澄縣三縣的交界，地處偏僻，可以潛藏，便於該年十月間與王泉商允，分邀王靖、李景、黃允、王淮、王秀、李喜然、蘇羊古、劉四、林媽紹、王超、王喜、許勞，陳慶即陳罄、王倉凛等共十四人入會。嗣後，陳慶真因入會人數不多，又與王泉四處揚言，若不入會者，即糾眾搶擄。因此，福建同安縣、龍溪縣、海澄縣等地鄉民為保身家，而多被迫入會。陳慶真又陸續添邀陳北、王春、陳沙、林掌、陳國、王晏、鄭瑜、李茂等共十二人，先後至石鼓堂廟內照前結會，以陳慶真、王泉、王靖、李景、王允、王淮、李喜然、劉四、林媽紹、王超、許勞、陳慶、王蒼凛十三人為會首。陳慶真復用紅布剪成紅小旗，紅旗寫天上聖母，白旗寫天庭各色等字。每人分給紅布一塊，均是隨入隨散。而陳北、王春、陳沙三人入會後均於十一月十一日夜，聽從陳甜夥同陳亮、陳木、陳樵、陳化、陳芳、陳勃、陳胡、陳慶蘭等共十三人，在福建同安縣灌口街地方行劫蔡崇染店內銀錢布物。陳北在路把風，王春在門外接贓，陳沙入室搜贓。道光三十年十二月初二日，興泉永道張熙宇會同水師參將陳勝元等督帶兵役前往包圍陳慶真住所，捉拏陳慶真本人、廚工李芳圃及周德等三人，解送同安縣衙門審訊，其後陸續緝獲小刀會內成員四十七人，其中，多分隸於福建泉州府同安縣、福建漳州府龍溪縣、福建漳州府海澄縣、福建漳州府詔安縣等地。[13]

正當分別訊辦小刀會陳慶真等人時，有英國領事蘇哩文（G.G.Sullivan）照會興泉永道張熙宇，以陳慶真等人生長英屬息力地方，國籍上應作英國民人爲由，主張應歸領事辦理。因蘇哩文未獲覆音，便親至道署坐索。張熙宇雖以條約情理反覆說明，但蘇哩文堅執不從，並率英人多名在大堂外索取，聲勢洶洶。張熙宇等即隨令其暫回領事館，聽候派員交送，但於暗中，卻將陳慶真杖責垂死，然後與李芳圃、周德一併交送蘇哩文收領。當蘇哩文領回陳慶真等人後，陳慶真業已傷重身故。[14]

關於小刀會會首陳慶真一事，黃嘉謨所著〈英人與廈門小刀會事件〉中，對於陳慶真的身份，有做說明。從英屬海峽殖民地返至廈門的華人，其定居廈門者甚少，陳慶真即其少數者之一。陳慶真的弟弟陳慶星在英國領事館擔任通譯，兄弟兩人皆是小刀會重要首領人物。[15]

表 5-1-12 福建廈門陳慶眞結拜添弟會改名小刀會要犯一覽表

姓名	關係	行業	會內身份/入會情節
陳慶真	與王泉合資	暹羅國收買洋貨，販至廣東	小刀會會首
陳慶星	陳慶真之弟	英國領事館任通譯	小刀會會首
王泉	與陳慶真合資	暹羅國收買洋貨，販至廣東	小刀會會首

13 劉子揚、張莉編，《清廷查辦秘密社會案》，第 35 冊，頁 10352~10355。裕泰等錄副奏摺，咸豐元年五月十六日。
14 《月摺檔》，福建巡撫徐繼畬奏摺附片，咸豐元年二月十一日。
15 黃嘉謨，〈英人與廈門小刀會事件〉，《中央研究院近代史研究所集刊》，第 7 期，臺北：中央研究院近代史研究所，1978 年 6 月，頁 317。

劉標			聽從陳慶真、王泉糾邀加入小刀會
林鳳鳴			
黃旦			
曾飛瀧			
葉周			
胡象			
李吉忠			
劉然			聽從劉標糾邀加入小刀會
王靖			小刀會會首
李景			小刀會會首
黃允			小刀會會首
王淮			小刀會會首
王秀			小刀會成員
李喜然			小刀會會首
蘇羊古			小刀會成員
劉四			小刀會會首
林媽紹			小刀會會首
王超			小刀會成員
王喜			
許勞			小刀會會首
陳慶（陳磬）			小刀會會首
王倉凛			小刀會會首
陳北			小刀會成員
王春			
陳沙			
林掌			
王晏			
鄭瑜			
李茂			
陳國			
李芳圃		廚工	小刀會成員

資料來源：裕泰等奏摺，咸豐元年四月十六日，收錄於《月摺檔》，第2709 箱，3 包，462 號；裕泰等錄副奏摺，咸豐元年五月十六日，收錄於《清廷查辦秘密社會案》，v35.10352~10355。

福建廈門陳慶真結拜添弟會改名小刀會一事，參與人數眾多，其之間的連繫多有親屬關係或地緣關係；在職業及身份類別上有自暹羅國收買洋貨，販至廣東境內從事商業貿易者、英國領事館任通譯以及廚工等。陳慶真等人組織的小刀會，在性質上，屬於搶劫斂財的強盜集團。

在會內結構上，有陳慶真、陳慶星兩兄弟以及王泉三人，皆爲小刀會會首，其中，陳慶真與王泉向來合資自暹羅國收買洋貨，再轉販至廣東境內，而陳慶真的弟弟陳慶星則爲英國領事館任通譯，三人爲此一小刀會內重要領導人物。其中，陳慶真與王泉因生意賠本，又因在廣東作生意時素知添弟會內的歌訣、暗號，便起意糾人結拜，將添弟會改名爲小刀會，並以結拜入會，可以結夥搶劫，得銀花用。因此，有部分的小刀會成員加入原因，是貪圖結夥搶劫，可以分得贓銀花用，且會內成員眾多，亦可不需畏懼官府查辦，正當陳慶真與會內成員希圖糾約更多人結拜時，官府即聞得風聲，前來拿辦小刀會成員，遂有部分成員經官府拿獲。陳慶真等人即潛藏至福建同安縣、龍溪縣、海澄縣三縣的交界，地處偏僻的石鼓堂地方內的空廟中。繼續糾人結拜，有部分加入的成員，或爲地方上游手好閒之人，或爲逞凶鬥狠之徒，或爲貪圖搶劫得利者；但多數加入的成員則爲當地居民，爲保身家安全，不得已才加入小刀會。此一小刀會的結立，在地方上造成負面影響，騷擾地方鄰里間的安寧。

第二節　邊錢會、紅錢會與乞丐結立秘密會黨系統中的人物

秘密會黨的結立在名稱上，時有變動，有同名異會者，亦有同會異名者。其中，「三點會」名目即具有此一特性。三點會一般而言，多爲天地會系統的異名同會，但並非所有命名爲三點會的秘密會黨皆屬於天地會系統，偶而也出現邊錢會系統的秘密會黨以三點會來做命名，這些三點會即爲邊錢會系統的異名同會。也就是說「天地會系統」中的三點會與「邊錢會系統」中的三點會，並無直接關連，可將其看作同名異會。本節中蒐集以錢命名的秘密會黨，如紅錢會及邊錢會。此外，邊錢會與乞丐之間有相當高的關連性，故此連同以乞丐爲主要成員的花子會等秘密會黨皆一同探討。這些秘密會黨在地裡分佈上，多分佈於廣東、福建、江西，以及貴州等地。以下將透過臺北國立故宮博物院藏《宮中檔》、《軍機處檔・月摺包》、中國第一歷史檔案館藏《硃批奏摺》以及《清廷查辦秘密社會案》等史料中所載，有關以錢命名的密會黨以及乞丐結夥組織秘密會黨等案件，並於下表羅列出道光年間（1821~1850）此類秘密會黨系統的活動及案件取締，並藉由這些案件中所附供詞及其他資訊，對其會內人物進行分析與探討。

表 5-2-1 道光年間邊錢會與紅錢會系統中的案件一覽表

會　黨	案件時間	分佈位置	備註
邊錢會	道光元年八月	江西南昌等地	
	道光八年	貴州松桃地方	
	道光九年十二月	貴州臺拱廳	
	道光十五年	貴州黎平府	表 5-2-2
	道光十六年	江西	
花子會	道光十六年二月	福建浦城	表 5-2-3
三點會	道光十二年六月	江西臨川縣	表 5-2-4
	道光十三年	福建紹武縣	
	道光十五年	福建紹武縣	
	道光十六年	廣東	
	道光二十七年七月	江西、福建境內	表 5-2-5
紅錢會	道光二十七年七月	江西、福建境內	
	道光二十八年	福建建寧府	

資料來源：臺北國立故宮博物院藏《宮中檔》、《軍機處檔・月摺包》、中國第一歷史檔案館藏《硃批奏摺》以及《清廷查辦秘密社會案》。

有貴州黎平府人李順成，向與楊長畏相互熟識，皆在外地生理。道光十五年（1835）六月二十四日，李順成與楊長畏等共十人，因在外寄居，害怕被人欺侮，便起意結會，會內成員共推李順成爲大哥。李順成將銅錢三枚砍去一缺，用紅藍線穿紮，由李順成等會內成員各執一枚，並約定日後有事，即用邊錢傳知會內眾人聚集相助。是年閏六月二十八日，有郭興旺等人，亦因貧苦難度，遂起意興立邊錢會。[16]

16 莊吉發，《清代秘密會黨史研究》，臺北：文史哲出版社，1994 年，頁 173。

表 5-2-2 貴州黎平李順成結立邊錢會要犯一覽表

姓名	籍貫	會內身份
李順成	貴州黎平府人	邊錢會大哥
楊長畏		邊錢會成員
郭興旺		

資料來源：莊吉發，《清代秘密會黨史研究》，頁 173。

貴州黎平李順成結立邊錢會一事，參與人士之間的連繫多為在外地工作者。在會內結構上，有為貴州黎平府人李順成，為此邊錢會的大哥，是此一會內的核心領導人物。邊錢會大哥李順成糾人結拜邊錢會，並非完全因為經濟因素的考量，至於其會內成員加入邊錢會之因，主要在於互助考量。結拜邊錢會內成員的共同特徵均為，異地人至他鄉工作者，在心理上或感孤獨，或恐被人欺負，因此結拜邊錢會以使會內成員感到安全感，雖身在他鄉異地生理，但有一群身世背景相似之人，可以互相幫助；至於郭興旺等人結拜邊錢會，則並非完全因為安全感與互助上的考量，其主要原因為生活貧苦難度，希冀透過興立邊錢會，來斂取銀錢，使生活上的經濟有所改善。

有乞丐江西人熊兩儀即老熊、江西金溪縣人周添寶即老周，以及福建浦城縣人吳添得即老吳正、王得亮即王爪奐、方金悌即龔奐老，均寄居於福建浦城縣地方，平日以求乞為生。熊兩儀與周添寶等人素相熟識，常一同結夥求乞。道光十五年（1835）四月初間，熊兩儀起意設立花子會名目，糾人結拜，斂錢使用。凡入會成員，均可不再受人欺侮。熊兩儀即令周添寶等四人，幫同邀人入夥，周添寶等人各自允從，分頭轉邀陳清妹、張珠、老倒竈黃、李瘌痢、李發升、吳和一、老魏坤正、土老黃、蘇長生、王老大、趙阿蹄、小老曾、朱俚揚、徐六妹、邱牛頭、邱小、老彭足、老吳冬悌、吳春悌、伊朋冷、魏源仔、趙婢、老黃細妹等二十三人。其中，有陳清妹等人初猶未允，但因周添寶等人以如不入會，定被欺侮爲由，用言恐嚇，陳清妹等隨後被迫依允入會。會內眾人約定於是月十九日，在觀前地方觀音廟內結會。至期會成員齊聚觀音廟內，熊兩儀又逼脅年老瞽目的觀音廟齋工老曾一同入會，一共二十九人，在觀音廟內焚香點燭，各報姓名、籍貫，並拜會老熊爲師。熊兩儀隨傳授會內暗號，如會內成員相遇，即如用大指、食指遮烟，不令吃烟，用中指、食指翻手向上，以爲會內人暗號。會內眾人各送熊兩儀香燭錢四五十文以及一二百文不等。不久，旋經前署建寧府知府陳鳳翰同浦城縣知縣范奉恒先後訪聞，先後拿獲花子會周添寶等十七名，並供出會首熊兩儀姓名，熊兩儀因聞官府查拿緊急，在家服毒身死。[17]

表 5-2-3 福建浦城熊兩儀結拜花子會要犯一覽表

姓名	籍貫	行業/身份	會黨內身份
熊兩儀（老熊）	江西人，寄居福建浦城縣地方	乞丐	
周添寶（老周）	江西金溪縣人，寄居福建浦城縣地方	乞丐	
吳添得（老吳正）	福建浦城縣人	乞丐	
王得亮（王爪奐）	寄居福建浦城縣地方	乞丐	

17 劉子揚、張莉編，《清廷查辦秘密社會案》，第 33 冊，頁 9588~9590。魏元烺奏摺，道光十六年九月二十一日。

金　悌（龔奐老）	寄居福建浦城縣地方	乞丐	
陳清妹			周添寶等人糾邀加入花子，並拜會老熊爲師
張　珠			
老倒竈黃			
李瘌痢			
李發升			
吳和一			
老魏坤正			
土老黃			
蘇長生			
王老大			
趙阿蹄			
小老曾			
朱俚揚			
徐六妹			
邱牛頭			
邱　小			周添寶等人糾邀加入花子，並拜會老熊爲師
老彭足			
老吳冬悌			
吳春悌			
伊朋冷			
魏源仔			
趙　婢			
老黃細妹			
老　曾		觀音廟齋工	熊兩儀逼脅入花子會，並拜會老熊爲師

資料來源：魏元烺奏摺，道光十六年九月二十一日，收錄於《清廷查辦秘密社會案》v33.9588~9590。

福建浦城熊兩儀結拜花子會一事，參與人數共二十九人，在籍貫分佈上有江西人、福建人等，均寄居於福建浦城縣地方，其之間的連繫多有地緣關係；在職業及身份類別上有乞丐以及觀音廟齋工等；在會內結構上，有江西人熊兩儀四處糾人結拜花子會，爲花子會內傳會師傅。熊兩儀起意設立花子會，並糾邀其他當地乞丐加入，主要目的在於斂錢使用。其以凡入花子會，即可不再受人欺侮為誘，引誘附近乞丐加入，附近乞丐多有聽從加入者；亦有不允從而被逼脅加入者，花子會成員向不允從加入者恐嚇，若不入會，定被欺侮，使得原不允從者皆因害怕而被迫依允入會。

道光十二年（1832）六月，御史鮑文淳奏請嚴辦江西三點會，軍機大臣遵旨寄信江西巡撫周之琦嚴拏究辦。隨後拏獲三點會要犯張義老、黃老萬等人。有江西清江縣人張義老又名曾大漢，先因在其原籍行竊，以及兩次聽從鄒接麻子等人結會，因案內擬軍發配浙江。嘉慶二十五年（1820），張義老遇大赦釋回，並以求乞度日。至道光十年（1830）五月，張義老與聶新子等人會遇，彼此各談生活貧苦，遂起意復行結會。張義老等人隨後邀得黃廣六等二十六人，一同結盟拜會，會內成員共推張義老為老大，因黃廣六善走，而被推為老滿頭，其餘分一肩至十肩名目。會內立有禁約，不許強劫、放火以及姦淫婦女等非法事宜，若有會內成員違犯會規，便應聽從老大責罰。此外，會內眾人又公出錢文，各打銀戒指一個，暗作同會中人的記認，以作為入會憑據。結拜時，凡是在職業身份類別為乞丐者，須出米一升；若為竊賊，則出雞一隻，及錢二、三百文不等。至該年五月初四日，張義老等人約在江西清江縣山僻地方，寫立關帝神位，傳香結拜後，會內成員各自散去。同年七月初五日，有陳毛俚等人也在清江縣山僻孤廟內結拜三點會。南昌府豐城縣人黃老萬，又名黃萬仔，向以傭工度日。道光十一年（1831）十一月十五日，在江西臨川縣孤廟內設立神位，結拜三點會，分一肩至六肩，會中禁約，與邊錢會相近。[18]

表 5-2-4 江西臨川張義老結拜三點會要犯分佈表

姓名	籍貫	行業/身份	會黨內身份
張義老（曾大漢）	江西清江縣人	竊賊、乞丐	三點會老大
鄒接麻子			三點會成員
聶新子			三點會成員
黃廣六			三點會老滿頭
陳毛俚			糾人結拜三點會
黃老萬（黃萬仔）	江西南昌府豐城縣人	傭工度日	糾人結拜三點會

資料來源：周之琦奏摺錄副，道光十四年八月初六日，收錄於《軍機處檔・月摺包》，第 2743 箱，88 包，68995 號。

江西臨川張義老結拜三點會一事，參與人士在籍貫分佈上多有江西籍人士，其中有清江縣人以及豐城縣人，參與會內的成員間，在連繫上多爲地緣關係。在職業及身份類別上有竊賊、乞丐以及爲人傭工度日等。其會內結構上，有江西清江縣人張義老，曾當過竊賊及乞丐爲生，是此一三點會內老大。在張義老結拜三點會並成爲會內老大前，曾兩次聽從鄒接麻子等人結盟拜會，並遭官府拿辦，發配浙江過，是因遇大赦才被放回。大赦後，旋又故態復萌，但此次非聽從糾邀結盟拜會，而是主動邀人結拜入會，並且被會內成員推舉爲老大，爲屢次結拜會黨的累犯。另有江西南昌府豐城縣人黃老萬向以傭工度日，亦四處糾人結拜三點會，爲三點會內重要幹部。

道光年間，福建建寧府建陽縣地方查獲李仙迓倡立紅錢

18 《軍機處檔・月摺包》，第 2743 箱，88 包，68995 號。江西巡撫周之琦奏摺錄副，道光十四年八月初六日。

會一案。有江西南豐縣人李先迓即吳仙迓，移徙至福建建陽縣地方，向以種山度日。道光二十六年（1846）十二月間，有江西人饒聶狗亦在福建建陽縣內尋人雇工。饒聶狗與李仙迓往來交好，在饒聶狗陷於困餒時，李仙迓隨慷慨資助。道光二十七年（1847）三月間，饒聶狗患病，經李仙迓出資延醫調治，饒聶狗在感激之餘，即向李仙迓告知，從前曾在三點會會首李魁家中傭工，素知李魁曾在福建邵武縣地方，糾人結拜三點會，又稱作保家會，斂錢甚多，彼時因是傭工，而未能入會，嗣後，李魁結拜三點會破案，被官府拿獲，便先期辭退，但有拾得三點會的結會歌訣一本，收存多年，不敢聲張，遂將歌本交給李先迓閱看。李先迓因目不識丁，故饒聶狗照其歌本語句一一告知，如「開口不離本，出手不離三」口訣；遇人問姓，即說本姓某，吃飯拿物俱用三指暗號，並將歌本交給李仙迓收存，不久後，饒聶狗隨即病故。[19]

至道光二十七年六月間，李先迓因有三點會結會歌本，遂起意糾人結會斂錢，因聞三點會查禁甚嚴，便將三點會改名，自行創立紅錢會。其後，即四處邀人入會，於七月二十五日，第一次結會，一共邀得七十二人；又於七月二十九日，第二次結會，到會者共有六十三人。兩次結會皆在山僻空廠內，會內成員俱拜李先迓爲師，李先迓即傳授口訣，並用銀硃將銅錢塗紅，發給會內眾人每人一枚，以作爲入會憑據。此外，亦另用紅布一小塊，內蓋黑色木戳，稱爲過江票，分給會內成員鄒國謨、李添幅等二十六人，每人一塊，各令會

19 《軍機處檔・月摺包》，第 2749 箱，159 包，82041 號。福建巡撫徐繼畬奏摺，道光二十八年三月二十八日。

內成員隨帶身邊，爲同會人關照暗號。其後，隨於七月間，經官府先後拿獲會內首夥李先迓等多名，並起獲歌訣抄本、布旗、木戳、紅錢、過江票等件。[20]

表 5-2-5 江西福建李仙迓結拜紅錢會要犯一覽表

姓名	籍貫	行業	會內身份
李仙迓（吳仙迓）	江西南豐縣人，移徙至福建建陽縣地方	向以種山度日	倡立紅錢會，爲紅錢會傳會師傅
饒聶狗	江西人	雇工	曾在三點會會首李魁家中傭工
鄒國謨			紅錢會會內成員
李添幅			紅錢會會內成員

資料來源：徐繼畬奏摺，道光二十八年三月二十八日，《軍機處檔・月摺包》，第 2749 箱，159 包，82041 號。徐繼畬錄副奏摺，道光二十八年三月二十八日，收錄於《清廷查辦秘密社會案》v37.10982~10983。

江西福建李仙迓結拜紅錢會一事，參與人士多爲外鄉人至福建建陽縣地方生裡之人，其之間的連繫多有地緣關係。在職業及身份類別上有向以種山度日者，以及爲人雇工者等。在會內結構上，有江西南豐縣人李仙迓，移徙至福建建陽縣地方種山度日。李仙迓遇江西人饒聶狗，與之往來，因兩人皆爲江西籍人士，離家背井至福建見陽地方謀生，因此，李仙迓對饒聶狗多加照看，多方給與幫助。饒聶狗心生感動，又因曾在三點會會首李魁家中幫忙傭工過，因此對於結拜三點會的相關事宜皆有所了解，深知結拜會黨可以斂取銀錢，便將結拜會黨的好處以及方式告訴李仙迓。在饒聶狗過世後，

20 劉子揚、張莉編，《清廷查辦秘密社會案》，第 37 冊，頁 10982~10983。徐繼畬錄副奏摺，道光二十八年三月二十八日。

李仙迓因有饒聶狗給的三點會結會歌本，便將三點會改名，開始倡立紅錢會，其目的在於斂取銀錢花用，並自稱爲紅錢會傳會師傅，爲紅錢會內的核心人物。

第三節　其他秘密會黨中的人物

道光年間（1821~1850），秘密會黨在地方上的發展呈現多元面貌，除了前述的天地會系統與紅錢會、邊錢會以及乞丐、竊賊所組織的秘密會黨組織外，透過臺北國立故宮博物院藏《宮中檔》、《軍機處檔・月摺包》、中國第一歷史檔案館藏《硃批奏摺》以及《清廷查辦秘密社會案》等史料之中所載的秘密會黨案件可以看出，在此一時期，官府所查出的秘密會黨在地理位置分布上有福建、臺灣、廣東、廣西、河北、湖南、浙江、江西以及貴州等地方；至於會黨名目，則是共計十七種，分別有老人會、洪連會、添刀會、兄弟會、仁義會、父母會、鐵尺會、鈎刀會、天罡會、棒棒會、認異會、丫叉會、紅黑會、江湖會、拜上帝會、臥龍會、靶子會。

表 5-3-1 道光年間其他秘密會黨案件一覽表

會黨	案件時間	分佈位置	備註
老人會	道光元年	廣西	
	道光二十年	貴州	
洪連會	道光元年	江西	
添刀會	道光四年	江西	
祖師會	道光六年二月	河北境內	表 5-3-2
兄弟會	道光六年五月	臺灣淡水廳	表 5-3-3
仁義會	道光六年五月	湖南境內	表 5-3-4

父母會	道光十年二月	廣西永淳縣	
鐵尺會	道光十一年八月	江西寧都州	
鈎刀會	道光十一年	浙江	
天罡會	道光十四年三月	江西撫州	表 5-3-5
棒棒會	道光十六年	湖南	
	道光二十七年	廣西、湖南等地	
認異會	道光十九年	湖南	
丫叉會	道光二十年	湖南東安縣	
紅黑會	道光二十年	湖南寧鄉縣	
江湖會	道光二十一年	福建	
拜上帝會	道光二十四年	廣西	
臥龍會	道光二十五年	廣東	
把子會	道光二十七年	廣西	
	道光二十九年	湖南新寧縣	表 5-3-6

資料來源：臺北國立故宮博物院藏《宮中檔》、《軍機處檔・月摺包》、中國第一歷史檔案館藏《硃批奏摺》以及《清廷查辦秘密社會案》。

有祖師會從河南朱仙鎮傳至河北新安縣漾堤口地方，再由漾堤口地方傳至河北容城縣馬家莊，並由馬家莊傳至胡村東祖師堂，自胡村東祖師堂傳至西祖師堂，再由西祖師堂傳至薛家莊，薛家莊傳至河北新城縣東馬營村。由來已久，已無從考證起自何年，創自何人。祖師會向給人治病，會內有「香頭」、「馬匹」等名目。香頭不過隨同幫忙，馬匹即是許給祖師當徒弟，所習之事，是燒香上表，低頭彎腰，將兩手搖擺，隨勢倒在地上，聲言祖師附體，即須脫卸衣服，光赤上身。第一要耍鍘刀，一手將刀柄執住，刀刃放在肚腹上，另一手用刀背狠力而砸，只須刀柄執牢，不致傷損；第二要會耍腰刀，兩手各執一刀，左手之刀砍右膀，右手之刀砍左膀；第三又要會扎針，或從左腮頰穿入右腮頰出來，或從右腮頰穿入左腮頰出來，以上均是假裝騙人，並非真砍真扎；第四又要打鞭，凡是妖魔皆畏鞭聲。除此之外，又要記些偏方，可以給人治病。如治瘋病，須剪一個紙人，用病人頭髮一綹，扎在紙人身上，再用火焚化，稱是「送邪」，兼畫符一紙，貼在病人家門外，稱是能使邪祟不敢再來。此事皆爲騙錢方法，即使是親人父母妻子，亦未實告。

康熙年間，河北容城縣人張儉故祖張思敬在日，見胡村之祖師會給人治病，頗有靈驗，遂起意在本村亦立此會。因聞祖師牌須向別處偷竊，方有靈應，即赴胡村祖師堂竊得牌位，蓋造廟宇，裝塑泥像，將牌供奉，治病斂錢。嗣張思敬病故，張儉已故之父親張瑞宗接續做會。至嘉慶年間張瑞宗故後，張儉便起意接手，將廟宇重新修理完固，當祖師會總會頭。祖師會內有張堪、張名宗、劉半串兒即劉黑兒，以及河北容城縣人胡文四人。劉半串兒是乾隆年間入會，許當馬匹，並未隨人學習；胡文是嘉慶年間聽從入會，隨已故的河北容城縣胡村人楊起學習。旋於嘉慶、暨道光年間，有河北容城縣人馮泳太、張呈兒、劉卓亦先後聽從入會。劉卓並未隨人學習，亦未給人治病；馮泳太隨已故的張名宗學習，張呈兒隨已故的張堪學習，並未轉傳他人，惟與張儉時常給人治病，不記人名次數，所得錢文亦不記數。又有馬家莊祖師堂馬匹劉文，是乾隆年間入會，胡村西祖師堂馬匹段套兒即段安，是乾隆年間入會，均未隨人學習。

有河北新城縣東馬營村人胡犄角起意立會，治病斂錢，以及張茂等人聽從入會。道光五年（1825）十月間，河北新城縣人胡犄角因見同村杜文場之妻生產不下，又有同村人高煥染患噎嗝病症，均是河北容城縣薛家莊祖師會治好，便起意於本村結立祖師會，可以治病斂錢，即向河北新城縣人張茂商允。適有並未入會的河北容城縣薛家莊人任玉赴新城縣與胡犄角、張茂會遇，胡犄角告知前情，任玉即以聞得祖師牌位須向別處偷竊，方有靈應之言而告，旋各走散。至該年十月十六日，胡犄角即邀同張茂，前赴薛家莊祖師堂竊得牌位十四個，隨向同村人張謙借得木杆、席片，搭起棚座，將牌供奉。並令張謙當香頭，經管錢文帳目。旋有同村人鄧辰兒、張一兒因母患病，前往燒香，胡犄角勸令入會，鄧辰兒等人應允，遂各許當馬匹，並未隨人學習。又有孫起林、胡升兒、吳春、張太、劉呈兒、吳鶴齡、鄧幅真、鄧良兒、王大嘴，或因父母，或因己身，或因兄弟，或因妻子染患病症，先後往令胡犄角醫治，各給京錢六七千不等，共陸續得過京錢五十五千有零，立有會簿，張謙因無處存放，便令素識的同村人孫昆山代爲收存。嗣經張謙買磚一千五百塊，餘錢同磚仍存孫昆山家，以作蓋造祖師堂之用。

道光六年（1826）二月十三日，河北定興縣北兆村人李清太，因其父李連染患瘋病，往邀胡犄角等人前往醫治。胡犄角因從未治過瘋病，因此轉邀張儉、馮泳太、張呈兒同往幫治。又因向來治病不能寫字，僅報藥名，令病家自行開寫，慮恐李清太家不知藥名，無人能寫，又邀允素識的同村人范玉章同往開方，有劉卓、胡文亦與其同往。旋經新城縣知縣奚澄、定興縣知縣朱文奎、容城縣知縣何志清訪聞此事，即飛飭典史分別查拿。張儉等人聞知官府查拏，便逃往各處躲避。適劉半串兒先期自外探親回歸，與香頭寧岳和求神治病之人，思及此事究非正道，而胡村、馬家莊之馬匹、香頭人等亦各悔悟，各將祖師堂屋宇拆毀，泥像打壞，出具切實甘結，同所用腰刀等物赴縣投首。[21]

表 5-3-2 河北境內張儉結拜祖師會要犯一覽表

姓名	籍貫	關係	會內身份
張　儉	河北容城縣人		接手祖師會總會頭
張思敬	河北容城縣人	張儉之祖父	見胡村祖師給人治病靈驗，遂起意在本村立祖師會。
張瑞宗	河北容城縣人	張儉之父	接續祖師會總會頭
張　堪	河北容城縣人	張呈兒之師	祖師會成員
張名宗	河北容城縣人	馮泳太之師	祖師會成員
劉半串兒（劉黑兒）	河北容城縣人		祖師會馬匹。乾隆年間入會。
胡　文	河北容城縣人	楊起之徒	祖師會成員。嘉慶年間入會。
楊　起	河北容城縣胡村人	胡文之師	祖師會成員
劉　卓	河北容城縣人		祖師會成員
馮泳太		張名宗之徒	祖師會成員
張呈兒		張堪之徒	祖師會成員
劉　文	河北容城縣馬家莊人		祖師會「馬匹」。乾隆年間入會。
段套兒（段安）	河北容城縣胡村人		西祖師堂「馬匹」。乾隆年間入會。
胡犄角	河北新城縣東馬營村人		結立祖師會
張　茂			祖師會成員
杜文場	河北新城縣人		妻生產不下，河北容城縣薛家莊祖師會治好
高　煥	河北新城縣人		染患噎嗝病症，河北容城縣薛家莊祖師會治好
張　茂	河北新城縣人		

21 劉子揚、張莉編，《清廷查辦秘密社會案》，第 33 冊，頁 9558~9562。那彥成錄副奏摺，道光六年六月十三日。

張　謙	河北新城縣人		祖師會「香頭」，經管錢文帳目。
鄧辰兒	河北新城縣人		因母患病，聽從胡犄角入會。祖師會「馬匹」
張一兒	河北新城縣人		因母患病，聽從胡犄角入會。祖師會「馬匹」
孫起林			或因父母，或因己身，或因兄弟，或因妻子染患病症，先後往令胡犄角醫治
胡升兒			
吳　春			
張　太			
劉呈兒			
吳鶴齡			
鄧幅真			
鄧良兒			
王大嘴			
孫昆山	河北新城縣人		代張謙收存祖師會會簿
李清太	河北定興縣北兆村人		因父李連染患瘋病，邀胡犄角等人醫治
寧　岳			祖師會「香頭」

資料來源：那彥成錄副奏摺，道光六年六月十三日，收錄於《清廷查辦秘密社會案》v33.9558~9562。

河北境內張儉結拜祖師會一事，參與人數眾多，在籍貫分佈上多為河北籍人士，其中有容城縣人、新城縣人，以及定興縣人，其之間的連繫多有親屬關係或地緣關係。在會內結構上，有「香頭」、「馬匹」等名目。香頭在會內扮演隨同幫忙或管理帳本，以及處理會內大小事物的角色；而馬匹即是真正治療病患者，從事燒香上表，低頭彎腰將兩手搖擺，隨勢倒在地上聲言祖師附體，並為病患開立藥方等。其會內馬匹有隨同學習者，雖稱無師徒名分，但卻有師徒之實。從此案中，可以看出河北地區祖師會的傳播途徑，而各村莊內，設立祖師會之因，多為觀察祖師會成員替人看病，獲取銀錢，因此便招人結立祖師會。而亦有發展成「家族事業」者，如張儉的祖父張思敬，因見胡村的祖師會給人治病，頗有靈驗，遂欲結立祖師會，治病斂錢，至張思敬病故後，其子張瑞宗亦承接祖師會，替人治病斂財，嗣張瑞宗故後，其子張儉接手，又將廟宇重新修理，並接續當祖師會總會頭，儼然爲家族事業。除此之外，加入祖師會者，亦有家人或自身患病，經祖師會治癒後，亦加入祖師會。如河北新城縣人鄧辰兒、張一兒兩人皆因母患病，經由胡犄角治癒後，聽從入會，並成爲祖師會馬匹，亦從事爲人治病。

道光年間，臺灣地區有廣東人巫巧三爲兄弟會首領，帶領會內成員四百二十餘名，參加閩粵分類械鬥。道光六年（1826）四月間，有福建泉州府晉江縣人許霞與施點聽從福建人黃源糾邀，連日攻搶廣東客家莊，相應附和的福建人不計其數；另有許霞、施點隨同許排、許存等經過瓦窯厝客家莊時，望見草寮失火，人多擁擠，許霞趁火打劫。[22]臺灣彰化縣及淡水廳境內的廣東籍客家莊，因被福建漳州、泉州籍人士焚搶，使得廣東客家莊居民憤圖報復，遂與福建籍移民發生分類械鬥。

廣東人巫巧三、嚴阿奉平日賭博游蕩，不安本分，因屢受福建人欺侮，於是各自邀人入會。隨後有羅弗生等入夥，會內眾人結拜，因會中均以兄弟相呼，故取名爲兄弟會。會內眾人議定日後與人爭鬥，須當同心協力，互相幫助，講求忠心義氣，兄弟們雖不能同年同月同日生，但願同年同月同

22 《軍機處檔・月摺包》，第 2747 箱，34 包，59574 號。福建臺灣鎮總兵官劉廷斌等奏摺錄副附清單，道光八年二月二十三日。

日死。因此兄地會又名同年會。會中共同推舉巫巧三和嚴阿奉爲首。有廣東陸豐縣人劉幅生，年三十四歲，以及廣東嘉應州人謝老五，年四十一歲。於道光六年五月間，田寮莊廣東籍移民與中港莊人相互鬥毆，廣東人黃幅萬糾邀劉幅生等人入夥，另有廣東人謝罄恩糾邀謝老五等人入夥，其後，遂由兄地會會首巫巧三率領兄弟會成員，先後攻打蘆竹濫、南港、中港等漳泉各莊。當兄弟會夥黨攻打中港街時，巫巧三等人用刀殺斃男婦三命；又在後壠商同吳阿生、傅祥淋、巫巧文等人擄獲素有嫌隙的福建泉州莊居民朱雄、趙紅二名。巫巧三將其綑縛樹上，一併支解，斷其手足，砍下頭顱，並剖開肚腹，挖取心肝，撩棄滅跡，手段兇殘，泯滅人性。嚴阿奉則糾眾出鬥，肆行焚殺，搶奪財物，形同盜匪。[23]

表 5-3-3 臺灣境內巫巧三結拜兄弟會要犯一覽表

姓名	籍貫	年齡	會內身份
巫巧三	廣東人		兄弟會首領
許　霞	福建泉州府晉江縣人		連日攻搶廣東客家莊
施　點	福建泉州府晉江縣人		
黃　源	福建人		
嚴阿奉	廣東人		兄弟會首領
羅弗生	廣東人		兄地會成員
劉幅生	廣東陸豐縣人	34 歲	
謝老五	廣東嘉應州人	41 歲	
黃幅萬	廣東人		
謝罄恩	廣東人		
吳阿生	廣東人		
傅祥淋	廣東人		
巫巧文			

23 《軍機處檔・月摺包》，第 2747 箱，25 包，57516 號。閩浙總督孫爾準奏摺錄副，道光六年十一月二十五日。

資料來源：孫爾準奏摺錄副，道光六年十一月二十五日、劉廷斌等奏摺錄副附清單，道光八年二月二十三日，收錄於《軍機處檔・月摺包》，第 2747 箱，25 包，57516 號、第 2747 箱，34 包，59574 號。

臺灣地區時有閩粵分類械鬥發生，其中常有秘密會黨牽連其中。道光年間，有兄弟會會黨組織，其會內成員達四百二十餘人，在籍貫分佈上皆為廣東客家人，其之間的連繫多有原鄉地緣關係。在會內結構上，有廣東人巫巧三與嚴阿奉兩人為兄弟會首領，是會內的領導核心人物。巫巧三與嚴阿奉兩人平日在地方上遊手好閒，時常遊蕩賭博，並結交地方上地痞無賴。因臺灣閩、粵兩籍移民，素來不睦，常有糾紛發生，導致分類械鬥嚴重。此一兄地會即為械鬥組織，因福建籍移民騷擾廣東籍移民居住的村莊，因此巫巧三等廣東籍移民便結立兄地會，並由其會內領袖巫巧三率領會內成員，攻打福建籍聚集的村莊，在手段上頗為兇殘。

有湖南道州人龔大，向在湖南永明縣以小貿經營生理。道光六年（1826）五月十三日，龔大與湖南江華縣人張跳、湖南寧遠縣人謝鬼鐵、湖南零陵縣人杜八喜，以及湖南寶慶府人謝老四等人一同結拜仁義會，參與入會者一共五十九人。會內眾人齊集至湖南永明縣、江華縣，以及湖南道州連界的上江墟空廟內，舉行結盟拜會儀式，會內成員希冀透過結拜仁義會，使會內弟兄同心協助，不受別人欺侮。[24]

24 《軍機處檔・月摺包》，第 2747 箱，32 包，59044 號。湖南巡撫康紹鏞奏摺錄副，道光六年十一月十八日。

表 5-3-4 湖南境內龔大結拜仁義會一覽表

姓名	籍貫	行業	備註
龔　大	湖南道州人	小貿經營生理	在湖南永明縣、江華縣、道州連界的上江墟空廟內結拜仁義會
張　跳	湖南江華縣人		
謝鬼鐵	湖南寧遠縣人		
杜八喜	湖南零陵縣人		
謝老四	湖南寶慶府人		

資料來源：康紹鏞奏摺錄副，道光六年十一月十八日，收錄於《軍機處檔・月摺包》，第 2747 箱，32 包，59044 號。

湖南境內龔大結拜仁義會一事，參與人數共五十九人，在籍貫分佈上多爲湖南籍人士其中有道州人、江華縣人、寧遠縣人、零陵縣人以及寶慶府人，其之間的連繫多有地緣關係。此一仁義會屬於互助性團體，其會內成員在地緣籍貫上相近，參與成員在心態上，皆希望透過結拜仁義會的方式，使會內成員彼此同心協助，不受外人欺侮。

有江西撫州府宜黃縣譚坊人鄒良俚以及鄒松俚，其二人爲兄弟，兩人平日爲人強橫霸道，在地方上常賭博訛詐，居住於附近的鄉里鄰人皆對鄒姓兄弟極爲畏懼。其中，兄自號梁王，弟則自號爲松王。鄒姓兄弟名下各有六、七百人，每逢兄弟出入，必乘大轎。此外，鄒姓兄弟在家中供奉有天罡星神牌位，如遇有村鄰患病者請治時，鄒良俚兄弟即約會族人約七、八人至十數人，並臨時用紙書寫製做天罡神牌位，用架扛抬，每人手中各執鐵叉，向患病者家屬問明病患常走道路後，即率領眾人，扛抬天罡神牌位，沿途吶喊收魂，且不准行人擋道，嗣病人痊癒，病患家屬則會宴請酒飯當作酬謝，鄒姓兄弟並不向患病家屬收取錢財。外人將其稱爲天罡會，或鐵叉會。天罡會內編有仁、義、禮、智、信字號，並刻有印信，如遇有事件，即先呈頭目，再持其印票往召各字號，會內各字號成員皆須如約而至。若有緊急者，封上加插雞毛，急於風火，嚴如軍令。其會內每月皆有會期，屆期頭目升堂，會中人各帶武器防身，頭目先剖決是非曲直，或罰或責無不聽命，其後設宴共飲，叫跳喧呼至夜方散，地方官府畏懼其人數眾多，因此不敢將其究辦。[25]

表 5-3-5 江西撫州鄒良俚結拜天罡會要犯一覽表

姓名	籍貫	關係	會黨內身份
鄒良俚（梁王）	江西撫州府宜黃縣譚坊人	鄒松俚之兄	天罡會首領
鄒松俚（松王）	江西撫州府宜黃縣譚坊人	鄒良俚之弟	天罡會首領

資料來源：金應麟奏摺，道光十三年六月十二日、周之琦奏片錄副，道光十三年九月十八日、良奏摺錄副，道光十四年三月二十一日，收錄於《軍機處檔‧月摺包》，第 2760 箱，58 包，63970 號、同檔，同箱，65 包，65113 號、同檔，第 2743 箱，78 包，67420 號。

江西撫州鄒良俚結拜天罡會一事，參與人數眾多，在籍貫分佈上皆爲江西撫州府宜黃縣譚坊人，其之間的連繫多有親屬關係或地緣關係。在會內結構上，有鄒良俚與鄒松俚兄第二人爲天罡會內核心人物。此一秘密會黨屬性與民間秘密宗教有相似處，組織內皆有供奉的神祇，並以特書的民間療法醫治患病者。天罡會雖在地方上，強橫霸道，且人多勢眾，連

25 《軍機處檔‧月摺包》，第 2760 箱，58 包，63970 號。江西道監察御史金應麟奏摺，道光十三年六月十二日；同檔，同箱，65 包，65113 號。江西巡撫周之琦奏片錄副，道光十三年九月十八日。同檔，第 2743 箱，78 包，67420 號。護理江西巡撫桂良奏摺錄副，道光十四年三月二十一日。

地方官府也不敢拏辦，但其會內替人治病，在病患痊癒後，僅止接受患病家屬設宴款待，並不斂取銀錢。

湖南新寧縣水頭村人李沅發，素性狂悖，常在外游蕩，並無田業。道光二十九年（1849）五月間，李沅發因見本境雨水過多，穀價昂貴，有穀富戶不肯糶賣；本縣既不勸諭減價，又不開倉平糶；紳士僅將賓興義穀出借，爲數無多，秋收後又復勒索重利，貧民多無力償還。是年九月間，李沅發乘人心不服，生計艱難，起意借稱劫富濟貧，糾眾搶奪，與謝有搭、劉復倡即劉八商議興立把子會，結拜弟兄，可以邀約多人，分途搶掠，遇有官差查拿，可以互相幫助抗拒，謝有搭等人允從。其後，又商同羅登爵、盧萬先、林茂春、陳爾坤、楊倡實、李世英、羅沅拔等人，分路轉糾徐良達、楊通友、艾升、陳僖晋、李廷維、唐全淮、陽繼日、李沅俊、李得化、黃紹洪，及李得俸、李沅品、陳名俊、僧玉堂、唐紹份、羅紹攀、劉應蘭、羅太等，各出錢百文，買備香燭雞酒，朝天同拜盟誓，如有反悔，死在刀下。因是李沅發起意，會內眾人即稱其爲大哥，盧萬先爲第二頭目，林茂春爲第三頭目，其餘會內成員俱依齒序列。結拜儀式結束後，即各自散去，會內成員到處邀人入會。其後，旋經地方官府訪聞，將楊倡實、李世英拿獲監禁。李沅發心懷忿恨，起意商同謝有搭、劉復倡、羅登爵、陳爾坤、羅沅拔、盧萬先、林茂春等進城劫獄，約定於十月十三日夜裡起事。三更時分，李沅發等人分途糾集三百餘人，先在東門外放火燒毀文昌書院，逼令掌教舉人陳佳保從逆未允，自縊身死。盧萬先等人隨即打開東門，李沅發等人即一同擁進，先至監所，毀門進内，將楊倡實、李世英搶出。適核汎千總熊勛猷赴寶慶府城考校領餉未回，該代理縣萬鼎恩帶領兵役親往查拿，行至東門，李沅發等率眾抗拒。時已天明，會內成員李成景、李八即雞子蛋等人將萬鼎恩捉住，喝令投降，萬鼎恩不屈怒罵，李成景、李八各用鐵矛將萬鼎恩戮傷殞命。李世英聲言不應戕官，釀成大事，李沅發因其抱怨，恐有外心，便將李世英殺死。隨到前署縣李知縣寓內抄搶銀物，找尋典史，先已跳牆失跌，經街皂等背送出城。會內成員又欲至學署尋殺教官，李沅發因教官不理民事，用言阻止，但又恐其透漏消息，派人圍守學署，不許出入。維時，該前署縣李博已赴會同縣新任，而其妻楊氏等人尚寄寓新寧縣內。楊氏因見會黨成員至寓，慮恐被污，當即自縊，四城內外良民聞信，當各紛紛逃散。楊氏嗣經其戚王重山解救得救蘇醒，但因受驚嚇過度，遂成瘋疾。李沅發因事已鬧大，便與謝有捈等商允謀逆，蓄髮變服，佔據縣城。李沅發一面據城占守，並令會內成員出城，於附近村莊搶掠；一面又令僧玉堂、陳名俊、唐紹扮、李沅品、羅紹攀、劉應蘭、黃紹洪等四路邀人，抗拒官兵，並逼脅鄉民進城防守服役，共有一、二千人，每人分給紅藍布一塊爲號。並派會內成員多人，或扮乞巧，或充客商，分赴楚粵兩省糾人入夥，並探聽官兵消息。一面設立五營頭目，分別派謝有捈管前營、羅沅拔管後營、陳爾坤管左營、羅登爵管右營，以及劉復倡管中營，俱稱大哥。李沅發自稱總大哥，總管五營，在後營居住。又派陳瑀洸、李紹書等爲軍師。[26]分造青紅黃白

26　劉子揚、張莉編，《清廷查辦秘密社會案》，第 35 冊，頁 10289~10294。裕泰錄副奏摺並附供單，道光三十年五月二十九日。

黑五色旗幟，李沅發又自豎立三軍司命、劫富濟貧大旗各一面。又另派有總散鐵板名色大小頭目，傳發號令，分管事件。[27]不料鄉勇日聚日多，層層圍堵，李沅發等人屢次逃竄，抗拒兵勇，屢被截殺，逃入城中，閉門據守，隨被兵勇拿獲。[28]

表 5-3-6 湖南新寧李沅發結拜把子會一覽表

姓名	籍貫	行業/身份	會內身份
李沅發	湖南新寧縣水頭村人	無業遊民	把子會總大哥，總管五營
謝有搭			把子會前營頭目
劉復倡（劉八）			把子會中營頭目
羅登爵			把子會右營頭目
盧萬先			把子會第二頭目
林茂春			把子會第三頭目
陳爾坤			把子會左營頭目
楊倡實			把子會成員
李世英			
羅沅拔			把子會後營頭目
徐良達			把子會成員
楊通友			
艾　升			
陳億晋			
陳瑀洸			把子會軍師
李廷維			把子會成員
唐全淮			
陽繼日			
李沅俊			
李得化			
黃紹洪			
李得倖			

27 劉子揚、張莉編，《清廷查辦秘密社會案》，第 35 冊，頁 10302~10319。裕泰硃批奏摺，道光三十年六月初七日。

28 劉子揚、張莉編，《清廷查辦秘密社會案》，第 34 冊，頁 10105~10107。馮德馨硃批奏摺，道光二十九年十一月三十日。

李沅品			
陳名俊			
僧玉堂		僧人	
唐紹份			
羅紹攀			
李紹書			把子會軍師
劉應蘭			把子會成員
羅　太			
李成景			
李　八（雞子蛋）			

資料來源：馮德馨硃批奏摺，道光二十九年十一月三十日、裕泰錄副奏摺並附供單，道光三十年五月二十九日、裕泰硃批奏摺，道光三十年六月初七日，收錄於《清廷查辦秘密社會案》v34.10105~10107、v35.10289~10294、10302~10319。

湖南新寧李沅發結拜把子會一事，參與人數眾多，在籍貫分佈上多為湖南籍人士，其之間的連繫多有地緣關係，在職業及身份類別上有無業遊民、僧人等。在會內結構上，有湖南新寧縣水頭村人李沅發為把子會總大哥，總管五營，另有把子會第二頭目盧萬先與把子會第三頭目林茂春。此外，因應武裝起事，派陳瑀洸、李紹書為軍師，又設置有五營，分別歸把子會前營頭目謝有挌、後營頭目羅沅拔、右營頭目羅登爵、左營頭目陳爾坤以及中營頭目劉復倡等人掌管，其皆為會中重要領導人物。把子會為李沅發倡立，其倡立之因為乘人心不服，生計艱難，欲借稱劫富濟貧為由，結拜兄弟糾眾搶奪，人多勢眾，若遇有官差查拿，便可互相幫助抗拒，因此，把子會本身的屬性即為強盜集團，但因會內成員被捕，而起意劫獄，過程中因殺官，將事鬧大，遂轉變成武裝起事。

第六章　清代後期秘密會黨人物的分析

清代政權即將進入統治尾聲，不論是對外或是對內都出現了危機。隨著外國勢力的出現，以及太平軍在地方上的武裝起事，秘密會黨的活動亦隨之起舞，在地方上的發展更加活躍。由於清政府對地方的控制能力越來越薄弱，使得秘密會黨的發展益發不可收拾。爲了書寫上的方便與敘述上的清析條理，對於清代後期秘密會黨發展過程的斷限劃分爲咸豐年間（1851~1861）、同治年間（1862~1874），以及光緒宣統時期（1875~1911）。以下將以此劃分斷限爲依據，分爲此三個階段，分別分節進行論述。

第一節　咸豐年間的秘密會黨人物

咸豐年間（1851~1861）的秘密會黨活動，受到太平天國武裝起事的影響很深，因清軍忙於太平天國戰役，不少秘密會黨亦趁機從事武裝起事活動。其中，或有秘密會黨組織欲與太平天國結盟者，或有打著太平天國名號者。以下將透過臺北國立故宮博物院藏《月摺檔》、《宮中檔》、《軍機處檔・月摺包》、《平陽縣志》、《上海縣志》、《青浦縣志》，以及《清廷查辦秘密社會案》等史料之中所載的秘密會黨案件與活動，於下表羅列出清末咸豐年間的秘密會黨活動及官府取締，並藉由這些案件中所附供詞及其他資訊，對參與秘密會黨人物進行分析與討論。

表 6-1-1 咸豐年間秘密會黨案件一覽表

會黨		案件時間	分佈位置	備註
天地會	尙弟會	咸豐元年七月	廣東、廣西等地	表 6-1-2
		咸豐三年正月	廣東清遠縣	
		咸豐三年二月	廣東清遠縣	表 6-1-3
	天地會	咸豐二年正月	廣東南雄縣	表 6-1-4
		咸豐四年八月	湖南、廣西等地	表 6-1-5
	拜上帝會	咸豐二年二月	湖南、廣西等地	
小刀會		咸豐元年	福建境內	
		咸豐三年	福建境內	
		咸豐三年	臺灣府鳳山縣	
		咸豐三年	江蘇境內	
		咸豐四年二月	臺灣府噶瑪蘭廳	表 6-1-6
江湖會		咸豐元年十二月	福建境內	表 6-1-7
邊錢會		咸豐二年十月	江西崇仁縣	表 6-1-8
		咸豐六年	江西寧都州	
紅錢會		咸豐三年	福建境內	
金錢會		咸豐八年	浙江溫州府	表 6-1-9
		咸豐十一年七月	浙江平陽縣	
		咸豐十一年九月	浙江境內	
孝義會		咸豐二年八月	廣西境內	表 6-1-10
		咸豐十年二月	四川貴州	表 6-1-11
羅漢黨		咸豐三年	江蘇嘉定縣	
塘橋幫		咸豐三年	江蘇南匯縣	
廟　幫		咸豐三年	江蘇寶山縣	
三合會		咸豐三年八月	福建、廣東、上海	表 6-1-12
紅旗會		咸豐六年	江西福安縣	
白頭會		咸豐十年七月	河南滑縣	表 6-1-13
長槍會		咸豐十一年	山東境內	

資料來源：臺北國立故宮博物院藏《月摺檔》、《宮中檔》、《軍機處檔‧月摺包》、《平陽縣志》、《上海縣志》、《青浦縣志》，以及《清廷查辦秘密社會案》。

由上列簡表可知在咸豐年間，官府所查出的秘密會黨在地理位置分布上有臺灣、福建、上海、廣東、廣西、江西、浙江、江蘇、河南、湖南、山東以及四川等地，至於會黨名目，則是共計十六種：天地會、尙弟會、拜上帝會、小刀會、江湖會、邊錢會、紅錢會、金錢會、孝義會、羅漢黨、塘橋幫、廟幫、三合會、紅旗會、白頭會、長槍會。

有左家發即劉開三，又名劉沅隴、文廷佶即文幅惺、劉青錢、蕭二即蕭定本、許秀山、謝發祥、王得榜、丁迪美、周蒂僖、李洸相、周茂榮、伍榮耀、黃顯雲、黃家保、黃家友、封桃山、王訓七、盛先發、李受古、唐立菊、黃潮僖、夏紹銀、周先告、羅永松、傅運林等人，各藉隸於衡陽、清泉、桂陽、祁陽、衡山等州縣。左家發素以眼科醫理，道光三十年（1850）七月間，左家發由湖南衡山縣搭船出外行醫，會遇同船的廣東人李丹及湖北人張添佐。適值李丹染患目疾，左家發爲其醫治，遂相交好，李丹便向左家發述及在廣東舊有添地會，現改爲尙地會，即上帝會，凡入會成員，彼此互相幫助，兼可恃眾搶劫，得銀分贓，便勸令左家發入會，張添佐亦在旁慫恿，左家發當即應允，拜李丹爲師，加入尙弟會。李丹隨發給三團印票數十紙，稱爲「門牌」，告以內有上蓋、中蓋、下蓋之分。並稱上蓋爲天盤，中蓋爲地盤，下蓋爲人盤，將之黏貼於門首，即知爲同會中人，便能免劫數。如有人領買上蓋者，須錢三千四百文，可保一族；中蓋二千四百文，可保一家；下蓋一千四百文，可保一身。凡發牌曰「發貨」，領牌則曰「開恩」，李丹囑令左家發四處勸人領買入會。又稱會中另分黃、紅、白三家，廣東老萬山之朱九濤爲黃家，住處設有忠義堂；而李丹爲紅家；至於張添佐爲白家，紅、白二家仍聽黃家統屬，牌內印信，即是黃家之印。李丹又告之以會中人相見，將髮辮由左盤右，將線垂下，便可認識。左家發一一聽記，將門牌收藏，李丹旋即返回廣東，張添佐亦改名赤松子，潛往岳州及湖北一帶，藉賣藥之名，暗相糾結，彼此互通信息。咸豐元年（1851）二月，左家發返回原籍湖南衡陽縣，即向素相交好的文廷佶、劉青錢、蕭二、許秀山、謝發祥、王得榜、丁迪美告知前情，邀令入會，並轉授會內歌訣，又各給與門牌一紙，囑令眾人輾轉邀人出錢入會。文廷佶等人邀允周蒂僖、李洸相、周茂榮、伍榮耀、黃顯雲、黃家保、黃家友、封桃山、王訓七、盛先發、李受古、唐立菊、黃潮僖、周先告、夏紹銀、羅永松、傅運林先後入會，入會成員各出錢一、二千暨六、七百文，左家發即傳授會內歌訣，並分給門牌，告以上、中、下三蓋名色。又囑留心，如有可搶之處，即約會搶劫，得財分用而散。是年六月間，左家發接得李丹自廣西蒼梧一帶，遣令彭定槐送信函告知有朱九濤爲明裔，現在廣東海邊拾得前明國璽，已稱爲太平王，並封李丹爲平地王，張添佐爲徐光王，令其糾人謀逆。李丹已在廣東糾得多人，囑令左家發趕緊糾邀，就近在湖南衡陽縣起事，一至定期，即有人前來接應，並封左家發爲衡州大總管。至同年七月，湖南清泉縣人寧狗俫因與左家發素識，亦聽從糾邀而加入尙弟會。[1]

---

1 《月摺檔》，臺北：國立故宮博物院藏。湖廣總督程矞采奏摺，咸豐元年十月初七日。

表 6-1-2 廣東廣西左家發結拜添地會改名尙弟會一覽表

姓名	籍貫	行業	會內身份/入會情節
左家發（劉開三、劉沅隴）	湖南衡山縣人	以眼科醫理	聽從李丹糾邀入會，爲衡州大總管。
李　丹	廣東人		尙弟會內紅家，爲平地王。
張添佐（赤松子）	湖北人	賣藥	尙弟會內白家，爲徐光王。
朱九濤	廣東老萬山人		尙弟會內黃家。
文廷佶（文幅惺）	湖南衡陽縣人		聽從左家發糾邀入會。
劉青錢	湖南衡陽縣人		
許秀山	湖南衡陽縣人		
蕭　二（蕭定本）	湖南衡陽縣人		聽從左家發糾邀入會。
謝發祥	湖南衡陽縣人		
王得榜	湖南衡陽縣人		
丁迪美	湖南衡陽縣人		
周蒂僖			聽從文廷佶等人糾邀入會。
李洸相			
周茂榮			
伍榮耀			
黃顯雲			
黃家保			
黃家友			
封桃山			
王訓七			
盛先發			
李受古			
唐立菊			
黃潮僖			
周先告			
夏紹銀			
羅永松			
傅運林			
彭定槐			往來會內送信。

朱九濤			太平王，爲明裔。
寧狗俫	湖南清泉縣人		聽從左家發糾邀加入尙弟會。

資料來源：程矞采奏摺，咸豐元年十月初七日，收錄於《月摺檔》。

廣東廣西左家發結拜添地會改名尙弟會一事，參與人數眾多，在籍貫分佈上有廣東人、湖北人，以及湖南人，其中多爲湖南衡陽、清泉、桂陽、祁陽、衡山等州縣人，其之間的連繫多有地緣關係，在職業及身份類別上有以眼科醫理、賣藥等。在其會內結構上，有朱九濤身份爲「明裔」，且聲稱於廣東海邊拾得前明國璽，並自稱爲「太平王」，即是打著明代的「血脈」、「國璽」來爲尙弟會的武裝起事，反抗清朝政府的行爲合理化，並拉攏人心，得到群眾支持，以便進行起事；另外，會內封有「平地王」廣東人李丹、「徐光王」湖北人張添佐，其爲會內重要頭目；而將左家發封爲「衡州大總管」，即是以官職來令會內成員賣力糾人入會，使入會成員增加，便於武裝起事。

咸豐三年（1853）正月二十八日，有廣東清遠縣人李北社途遇李亞三、李亞贊等人，談及彼此孤單，慮人欺侮。李北社憶及從前外出生理，路過不識名地方，拾獲布包一個，內有天地會名目會簿一本，並有黃布小旗數支，遂起意商同糾夥拜會，遇事會內成員彼此可以互相幫助，兼可恃眾搶劫。李亞三等人應允，因李北社思及天地會名目已久，恐難煽惑民眾，遂將會名改爲尙弟會。即將黃布、小旗等物交給李亞三等人，令其分頭邀人入會。李亞三等人即以尙弟會勢强人眾，入會可免搶劫之言，向眾煽惑，共糾得李亞藍等共五十六人，又逼脅劉亞蟻等三十九人；洪添詳等人轉糾洪永松等十二人，又威脅不識姓名之人，共一百二十三人，每人出錢一百文，交給李北社，買備香燭雞酒，不序年齒，會內眾人共推李北社爲大哥，李亞三、李亞贊、鐘南抖、張得青、凌二、洪添詳、李亞皆，以及李亞甲八人爲頭目。並約期於二月初一、二等日，先後在縣屬禾谷嶺地方空廟，舉行結拜儀式，率眾跪拜。李北社傳授「開口不離本，出手不離三」暗號，宰雞滴血入酒分飲。其後，李亞三等人又逼脅鄧揚保、余亞潮等二十一人入會。李北社與李亞三等人正欲分頭前赴各鄉，逼勒鄉民出錢入會，並乘機搶劫，即經地方官府訪聞，於是月初四日圍捕，先後拿獲李北社等人。[2]

表 6-1-3 廣東清遠李北社結拜天地會改名尙弟會要犯一覽表

姓名	籍貫	會內身份/入會情節
李北社	廣東清遠縣人	將天地會名改爲尙弟會，爲尙弟會大哥。
李亞三		尙弟會頭目。
李亞贊		尙弟會頭目。
李亞藍		聽從李亞三糾邀入會。
洪添詳		
劉亞蟻		被李亞三脅迫入會。
洪永松		聽從洪添詳糾邀入會。
鐘南抖		尙弟會頭目。
張得青		尙弟會頭目。
凌　二		尙弟會頭目。
洪添詳		尙弟會頭目。
李亞皆		尙弟會頭目。
李亞甲		尙弟會頭目。
鄧揚保		被李亞三逼脅入會。

資料來源：葉名琛等錄副奏摺，咸豐三年九月十八日，收錄於《清廷查辦秘密社會案》v36.10908~10909。

2 劉子揚、張莉編，《清廷查辦秘密社會案》，第 36 冊，北京：線裝書局，2006 年，頁 10908~10909。葉名琛等錄副奏摺，咸豐三年九月十八日。

廣東清遠李北社結拜天地會改名尙弟會一事，參與人士在籍貫分佈上多爲廣東籍人士，其之間的連繫多有地緣關係。在會內結構上，有廣東清遠縣人李北社，爲尙弟會會首，其下有李亞三、李亞贊、鐘南抖、張得青、凌二、洪添詳、李亞皆、李亞甲八人爲尙弟會頭目，由其九人爲會中核心人物。尙弟會會首李北社糾人結拜，起因於隻身倍感孤單，怕被人欺侮。而糾人結盟拜會，若遇事即有會內成員可以互相幫助，又可恃眾搶劫。至於加入會內成員，在心態上，或爲找尋安全感；或爲糾夥搶劫，得錢花用；或爲保護家園，加入以免被劫等，其加入尙弟會原因各有不同。

咸豐二年（1852）正月二十二日，有廣東南雄縣人曾河闌，在路途上遇有張大萌等人，彼此閒聊，談及隻身在外，常感孤單，又慮人欺侮。曾河闌即憶及曾藏有天地會會簿一本，以及太極八卦圖印木戳一個，遂起意糾人結盟拜會，會內成員遇事彼此互相幫助，兼可恃眾搶劫，得贓分用。又因曾河闌思及天地會名目沿用已久，以缺乏號召力，遂將會名改作齋公會，並用黃布刷立會單，蓋用太極八卦圖記，交由張大萌等人，約定彼此分頭糾夥。會內成員揚言齋公會勢強人眾，凡入會即可免被人搶劫。張大萌等人輾轉邀得饒四姊等共五百五十二人，每人出錢一百文，交由曾河闌買備香燭雞酒，會內眾人不序年齒，共推曾河闌爲大哥，張大萌等爲頭目，約期於正月二十三、六、九等日，在廣東南雄州屬大嶺背湖口墟空廟中，舉行結拜儀式，會內成員先後歃血盟誓，由曾河闌向會內成員傳授「開口不離本，出手不離三」等會內暗號口訣。[3]

表 6-1-4 廣東南雄曾河闌結拜天地會改名齋公會要犯一覽表

姓名	籍貫	會內身份/入會情節
曾河闌	廣東南雄縣人	天地會改名齋公會，齋公會會首。
張大萌		齋公會頭目。
饒四姊		聽從張大萌等人糾邀入會。

資料來源：葉名琛奏摺錄副，咸豐二年十月二十三日，收錄於《軍機處檔・月摺包》，第 2780 箱，20 包，86945 號。

廣東南雄曾河闌結拜天地會改名齋公會一事，參與人數達五百五十二人，在籍貫分佈上多爲廣東籍人士，其之間的連繫多有地緣關係。在會內結構上，有齋公會會首曾河闌、頭目張大萌爲會中領導人物。結會之因原爲隻身在外，害怕孤單、被人欺負，而結會遇事可互相幫助，又可恃眾搶劫，得贓分用，因此入會者眾。

廣東南海縣人洪大全即焦亮，自幼便跟隨胞叔洪雲秀在湖南衡陽縣讀書，科舉屢次不第，便出家當和尙，遊方至廣東時結交廣東花縣人洪秀全、馮雲山，至洪秀全起事後，便封其爲天德王，在洪大全被拿獲到案時，對於與洪秀全的結識經過有所說明：

> 我湖南衡州府衡山縣人，年三十歲，父母俱故，並沒弟兄妻子。自幼讀書作文，屢次應試，考官不識我文字，屈我的才，就當和尚。還俗後，又考過一次，仍未取進，我心中忿恨，遂飽看兵書，欲圖大事，天下

3 《軍機處檔・月摺包》，第 2780 箱，20 包，86945 號，臺北：國立故宮博物院藏。署理兩廣總督廣東巡撫葉名琛奏摺錄副，咸豐二年十月二十三日。

> 地圖都在我掌中。當和尚時，在原藉隱居，兵書看得不少，古來戰陣兵法，也都留心。三代以下，惟佩服諸葛孔明用兵之法，就想一朝得志，趙步孔明用兵，自謂得天下如反掌。數年前遊方到廣東，遂與花縣人洪秀全、馮雲山認識。洪秀全與我不是同宗，他與馮雲山皆知文墨，摩試不售，也有大志。先曾來往廣東、廣西，結拜無賴等輩，設立天地會名目。馮雲山在廣西拜會也有好幾年。凡拜會的人，總誘他同心合力，誓共生死。後來愈聚愈多，恐怕人心不固，洪秀全學有妖術，能與鬼說話，遂同馮雲山編出天父天兄及耶穌等項名目，稱爲天兄降凡，諸事問天父，就知趨向。……我是道光三十年十二月間等他們勢子已大，我才來廣西會洪秀全的。那時他們又勾結了平南縣監生韋正即韋昌輝，廣東人蕭潮潰、楊秀清等，到處造反，搶掠財物，抗官打仗。拜會的人，有身家田產妻室兒女，都許多從他，遂得錢財用度，招兵買馬，膽智越大。又將會名改爲上帝會。我來到廣西，洪秀全就叫我爲賢弟，尊我爲天德王，一切用兵之法，請教於我。他自稱爲太平王，楊秀清爲左輔正軍師東王，蕭潮潰爲右弼又正軍師西王，馮雲山爲前導副軍師南王，韋正即韋昌輝爲後護又副軍師北王。[4]

洪大全與洪秀全兩人雖非同宗，但洪秀全叫洪大全爲賢弟，並尊其爲天德王，在太平軍中亦爲重要頭目之一。咸豐二年

4 《軍機處檔・月摺包》，第 2780 箱，6 包，83658 號。洪大全供單。

（1852）二月十八日，洪大全在廣西被清軍拏獲，經欽差大臣賽尙阿派員將洪大全解送京師。同年四月十五日，即將洪大全押解到刑部。

表 6-1-5 湖南廣西洪大全結拜上帝會要犯一覽表

姓名	籍貫	年齡	行業/身份	會內身份
洪大全（焦亮）	廣東南海縣人，居湖南衡陽縣	30 歲	科舉不第書生，後出家又還俗	封「天德王」。
洪秀全	廣東花縣人		科舉不第書生	封「太平王」。
馮雲山	廣東花縣人		科舉不第書生	封「前導副軍師南王」。
蕭潮潰	廣東人			封「右弼又正軍師西王」。
楊秀清	廣東人			封「左輔正軍師東王」。
韋　正（韋昌輝）	廣西平南縣人		監生	封「後護又副軍師北王」。

資料來源：洪大全供單，收錄《軍機處檔・月摺包》，第 2780 箱，6 包，83658 號。

湖南廣西洪大全結拜上帝會一事，參與人士在籍貫分佈上有廣東人、廣西人等，其之間的連繫多有地緣關係，在職業及身份類別上有監生、科舉不第書生以及和尙等；在會內結構上，拜上帝會的領導核心人物多爲讀書人，或爲監生，或爲不第書生，因讀有兵書，對行軍得天下有所嚮往。又因其所提供條件，對當時民眾有所吸引，故追隨者多，且願意將家產交與會內作爲打仗之用。

咸豐年間有噶瑪蘭通判董正官會營捕賊，被匪戕害一案。臺灣噶瑪蘭廳地方距臺灣極北，計去城十三站，山路崎嶇，層巒險峻，民多耕作，夙稱安靜。近來生齒日繁，有無業游民流而爲匪。此次起意戕官、主謀爲虐，是小刀會成員吳磋及假充義首的林汶英。咸豐三年（1853）四月間，臺灣縣、鳳山縣、嘉義縣三縣匪徒遂乘機先後豎旗。吳磋亦圖起事，但因夥黨無多，廳營防拿嚴緊，未敢蠢動。迨至七月初間，鳳山等縣漸次蕩平，各股黨聚餘匪擊散後逃入內地，由番界小路繞至蘭屬火炭坑等處潛匿，苟延圖脫。適吳磋正慮手下乏人，一聞外匪逃至，即與林汶英商同勾結入夥。又有內地小刀會成員吳著、余立二人逃在林瀧家內，彼此會遇，起意搶劫。邀集鳳山縣、嘉義縣等地成員，分糾夥黨，在梅洲莊空廟會齊，飲酒立誓。該廳董正官訪聞，即會同都司劉紹春派撥隊伍役勇人等，約定八月十四日五程前往搜剿。劉始春帶隊前行，董正官押後。不料會黨成員聞風埋伏竹圍小路，俟劉紹春隊伍過後，吳磋率眾擁出，攔途截殺，董正官揮令役勇對敵，路途窄狹，前後抵禦不支，多有殺傷。劉紹春聞喊，率兵還擊，斃賊多人。會黨成員雖分潰四散，董正官卻已被戕害，不及起救。路歧兵寡，未敢窮追，即行折回，與在城之羅東巡檢沈樹政，督率兵丁役勇及紳民人等，分投防堵。該巡檢先將通判關防封固，並慮城內兵勇單薄不足以資守禦，於次日天明親往城外招募義民。吳磋戕官後逃回梅洲莊，與林瀧等商議豎旗，上寫大元帥字樣，吳磋即爲總元帥，林瀧、吳著、余立、林汶英、吳森各爲軍師，王强、吳三貴、王養、劉木、沈鐘爲將軍，林順、吳題、吳泰高、吳火生、林若、王順安、吳紅番、吳斗、吳静、吳偃十人皆充旗首。會黨成員即於十五日巳刻，各執器械，蜂擁攻城。城本插竹爲圍，都司劉紹春親督弁兵紳民於各門捍禦，槍炮疊施，眾寡不敵，竹木柔脆，致會黨成員砍破竹圍擁入，搜搶街署倉庫，縱放人犯。董正官眷屬及幕丁人等經劉紹春保護，破牆出署，送入營盤，維時沈樹政已差線民改扮到營，知在城外與六保頭人楊德昭、林國翰招有義丁四百名，聞警趕回，先紮城外。密約是夜乘賊甫經據城搶劫不暇之時，必疏戒備，內外接應夾攻，舉火爲號，火光一起，沈樹政即率義丁由外攻入，劉紹春由內領兵衝出喊殺，役勇同時接應，殺斃多名會黨成員。其餘會黨成員腹背受敵，力不能支，遂向東、北兩門四散奔逃。廳城收復已在深夜，未克遠追。查驗倉庫街署，均被搜搶，隨即安撫民人，分派兵勇防守各門要隘，並將董正官屍身覓回交屬收殮。而大批會黨成員仍聚梅洲、茅埔、埤口等莊，威脅當地居民，肆行猖獗。遂由都司劉紹春、巡檢沈樹政派撥兵勇義首進剿，連日接仗，殲斃多名會黨成員，並生擒林瀊、吳碞、余立等二十四名會黨成員，其餘俱逃入深山。嗣據探報，吳磋、吳森等敗後即竄至三貂嶺、控仔等莊，復糾夥黨焚攻頭圍，即經該廳、營飛派親丁兵勇及義首人等，星夜馳赴夾擊，連獲勝仗。當場殺斃無數，割取首級二十九顆。吳磋率夥竄入內山，該處山徑叢雜，須探明路途，方可兜捕，即選義民爲嚮導，直搗賊巢，槍炮並進，殺斃會黨成員多名。[5]

5 劉子揚、張莉編，《清廷查辦秘密社會案》，第36冊，頁10835~10842。紹連科等錄副奏摺並附清單，咸豐五年十二月初一日。

表 6-1-6 臺灣噶瑪蘭吳磋結拜小刀會要犯一覽表

姓　名	行業/身份	會內身份
吳　磋		小刀會總元帥。
林汶英	假充義首	小刀會軍師。
吳　碁		小刀會軍師。
余　立		小刀會軍師。
林　瀧		小刀會軍師。
吳　森		小刀會軍師。
王　强		小刀會將軍。
吳三貴		小刀會將軍。
王　養		小刀會將軍。
劉　木		小刀會將軍。
沈　鐘		小刀會將軍。
林　順		小刀會旗首。
吳　瓩		小刀會旗首。
吳泰高		小刀會旗首。
吳火生		小刀會旗首。
林　若		小刀會旗首。
王順安		小刀會旗首。
吳紅番		小刀會旗首。
吳　斗		小刀會旗首。
吳　靜		小刀會旗首。
吳　偃		小刀會旗首。

資料來源：紹連科等錄副奏摺並附清單，咸豐五年十二月初一日，收錄於《清廷查辦秘密社會案》v36.10835~10842。

臺灣噶瑪蘭吳磋結拜小刀會一事，參與會內成員多爲無業遊民，或爲街頭混混，多不務正業。因臺灣移墾社會，地方吏治不清，地方糾紛多以私下解決，常演變成地方械鬥，而此一小刀會的屬性即原爲地方械鬥組織。在會內結構上，有小刀會總元帥吳磋爲會中領導核心人物，其後，因會內成員不斷增加，而有了趁亂武裝起事，攻下臺灣的念頭。

福建連城縣、上杭縣、長汀縣等地，有會黨成員糾眾結會，以廖岸如及街役周勇即周恭爲首，設立江湖會，歃血結盟，又有其徒羅安、李標、謝彪同惡相濟，其中有多人亦爲衙役、捕快。其中，廖岸如爲江湖會會首，會內成員稱其爲「大霸」，另有周勇亦爲江湖會頭目，會內成員成其爲「二霸」，本是福建連城縣街役，本名周用，因事斥革，遂改名爲周勇，再充任街役，後遭官查出，並再革斥，又改名周恭，又在次充任捕役，屢革屢充，自號「三班總督」，乘轎出入，在地方上橫行霸道。會黨成員約期每年夏秋之交，做會一次，張掛神像，宴會作樂，每每聚集千人，煽惑地方鄉愚。起初入會者，每名出錢五百文，若富戶入會，爲自保身家，每人須出洋錢十圓、八圓不等。爲增加會內成員，周勇等人即在地方上聲言恐嚇，若有身家者，不來入會，大禍立至。以此誘脅居民入會者，多達三、四千人。其後，於道光二十一年（1841）間，在福建連城縣曲溪地方做會唱演雜戲，蓋搭棚廠數十座。道光二十九年（1849），又在曲溪同觀寺內做會一次。至咸豐元年（1851）又分遣會內頭目，在汀漳龍三府及福建上杭縣、長汀縣、連城縣交界處所擾害行旅，攔路設局，私抽貨稅。每有客商過往，即以貨物之貴賤，定稅錢之多寡，私給印票，可保無事，若不領票，並遭搶劫一空。江湖會在地方上結黨橫行，騷擾地方居民及過路商旅，上控案件，層出不窮。[6]

6 劉子揚、張莉編，《清廷查辦秘密社會案》，第 38 冊，頁 11455。雷維翰錄副奏摺，咸豐元年十二月初六日；同書，同冊，頁 11456。季芝昌錄副奏摺，咸豐二年二月十二日。

表 6-1-7 福建境內廖岸如結拜江湖會一覽表

姓名	籍貫	行業/身份	會內身份
廖岸如	福建人		江湖會大霸。
周　勇（周恭、周用）	福建連城縣人	連城縣街役	江湖會二霸，號「三班總督」。
羅　安	福建人		廖岸如、周勇之徒。
李　標	福建人		
謝　彪	福建人		

資料來源：雷維翰錄副奏摺，咸豐元年十二月初六日、季芝昌錄副奏摺，咸豐二年二月十二日，收錄於《清廷查辦秘密社會案》v38.11455、11456。

福建境內廖岸如結拜江湖會一事，參與人士在籍貫分佈上多爲福建籍人士，其中多有連城縣人、上杭縣人，以及長汀縣人，其之間的連繫多有地緣關係，在職業及身份類別上有衙役、街役、捕快，以及地方上游手好閒者、街頭流痞等，多不務正業。在會內結構上，有福建人廖岸如，爲江湖會大霸，以及福建連城縣人周勇，爲江湖會二霸，兩人爲江湖會重要領導人物。江湖會內結構共可分爲三層。或有「白道分子」，具官方色彩的衙役、街役以及捕快等身份，仗勢其權，欺壓地方百姓，並私抽商旅稅目，以斂取銀錢；或有「黑道份子」，爲地方上流氓混混、地痞無賴等人士，從中加以協助，並趁機敲詐訛騙，以圖好處；或有地方良家、富戶爲求避禍，被迫加入，提供會內物資金錢，以保身家安全。

咸豐元年（1851）九月間，有江西寧都州人李運紅從荒貨攤上買得舊書一本，內有邊錢會傳徒口訣，便起意邀人結會斂錢，並圖遇事有會內成員彼此相幫，遂先後與江西崇仁縣人盧金標、江西宜黃縣人管幅保商議結拜邊錢會。盧金標等八人約期於九月二十日，各出錢一千文，送交李運紅買備香燭雞酒，並前赴山僻空廟，舉行結拜儀式，儀式上設有洪二和尚牌位，用布搭橋，李運紅即令盧金標等人從橋下鑽過，口念「有忠有義橋下過，無忠無義劍下亡」。然後宰雞取血，滴酒同飲，李運紅接著傳授「開口不離本，出手不離三」以及「三八二十一」暗藏「洪」字口訣。會內成員約定將髮辮從左至右盤在頭上，以便會眾互相認識。盧金標等人各向李運紅領得傳徒紅布花帖後而散。其後，李運紅又再陸續傳徒約有一百五十餘人，盧金標等人亦分途糾邀多人入會。咸豐二年（1852）十月，李運紅與盧金標等人談及會內人數眾多，又逢廣西太平軍進攻湖南，江西撫州營兵均已調防在外，遂欲乘機起事。會中設置都督大元帥旗幟，假託太平天國名號，捏造諭旨，令當地居民出錢米幫助，免致擾害，又張貼告示號召民眾加入。因江西崇仁縣地方富饒，故李運紅約盧金標等人於十月二十五日，在江西崇仁縣鳳岡墟地方發難。會內成員共四百餘人分帶鳥槍前赴，李運紅即率盧金標等人向居民訛得錢米食用，率眾圍住鳳岡司衙署，勒令派出銀錢米穀，巡檢孔繼賡不從，會眾即擁入署內，將房屋打燬，搶掠一空，嗣攻撲大羅村、南城、南豐、宜黃、樂安等處。[7]

7 《宮中檔》，第2709箱，26包，3884號，臺北：國立故宮博物院藏。江西巡撫張芾奏摺，咸豐三年四月十九日。

表 6-1-8 江西崇仁李運紅結拜邊錢會一覽表

姓　名	籍貫	會內身份
李運紅	江西寧都州人	邊錢會會首。
盧金標	江西崇仁縣人	邊錢會頭目。
管幅保	江西宜黃縣人	邊錢會頭目。

資料來源：張芾奏摺，咸豐三年四月十九日，收錄於《宮中檔》，第 2709 箱，26 包，3884 號。

江西崇仁李運紅結拜邊錢會一事，參與人數達四百餘人，在籍貫分佈上多爲江西籍人士，其中有寧都州人、崇仁縣人、宜黃縣人，其之間的連繫多有地緣關係。在會內結構上，有江西寧都州人李運紅爲邊錢會會首，另有江西崇仁縣人盧金標、江西宜黃縣人管幅保兩人均爲邊錢會頭目，是邊錢會中核心人物。李運紅起意結拜邊錢會是因曾買得舊書內藏邊錢會傳徒口訣，便思得結會可以斂財，遇事又有會內成員可以互相幫助，因此糾人結拜邊錢會，除去其斂財的性質，邊錢會在地方上，亦可屬爲互助性組織。後又適遇時機，趁地方營兵因太平軍起事，調防在外，而欲乘機武裝起事。

咸豐八年（1858），有趙起等人在浙江溫州平陽縣結立金錢會。以抵禦太平軍爲名，威脅地方富戶出錢，以做爲軍費，聚眾十萬餘人。在符璋等撰《平陽縣志》中，對於金錢會的緣起有作記載：

> 咸豐八年戊午，趙起、朱秀三、謝公達、繆元、張元、孔廣珍、劉汝鳳與金華周榮八人，在錢倉合謀爲金錢會。周兆榮以賣筆流寓青田，嘗以妖術教人喫菜，聚眾山中，青田令捕之急，遂走溫州，流轉至錢倉鎮，

易名曰周榮。趙起爲錢倉步役，設店寓客，以結盟拜會聚諸惡少年，入會者人給銅錢一，紅帖條約一，無少長老幼皆稱兄弟。其錢文曰「金錢義記」；其帖分八卦，卦以三千人起，數至五、六千人，以張聲勢。[8]

金錢會的名稱由來，即是因入會者，每人給銅錢一枚，銅錢上有「金錢義記」字樣而得名。其後，金錢會因與白布會矛盾，遂引發金錢會起事。至咸豐末年，官府拿獲浙江平陽縣金錢會成員項阿右、章阿笑、劉森然、劉瑞湏、陳大坤、鄭卿村、王聲三、林有足、林有琴九名。金錢會成員均籍隸浙江平陽縣，劉森然是平陽右營額外外委，鄭卿村是平陽縣學附生，王聲三由附生報捐貢生，劉瑞湏、陳大坤等人向以傭趁度日。咸豐十一年（1861）七月間，劉森然、劉瑞湏、陳大坤、項阿右，以及章阿笑等人聽從趙起即趙啓結拜金錢會，冀圖糾眾赴平陽各鄉搶掠，得分錢用。有鄭卿村、王聲三、林有足、林有琴四人被脅迫入會，不知逆情，嗣聞官兵前來搜捕，鄭卿村等四人畏懼走避，項阿右起意抗拒，遂招聚會內成員各執刀械迎敵，項阿右殺死兵勇三人，章阿笑殺死兵丁二人，劉森然、劉瑞湏、陳大坤並隨同拒捕，但仍先後拿獲到案。[9]

8 符璋等纂，《平陽縣志》，武衛志二，卷 18，頁 13，臺北：國立故宮博物院藏，頁 81。

9 劉子揚、張莉編，《清廷查辦秘密社會案》，第 37 冊，頁 11067~11068。徐宗幹錄副奏摺，同治元年七月二十八日。

表 6-1-9 浙江境內趙起結拜金錢會一覽表

姓名	籍貫	行業/身份	會黨身份
趙起（趙啓）	浙江溫州平陽縣人	錢倉步役，設店寓客	金錢會倡立者。
朱秀三			金錢會頭目。
謝公達			金錢會頭目。
繆元			金錢會頭目。
張元			金錢會頭目。
孔廣珍			金錢會頭目。
劉汝鳳			金錢會頭目。
周兆榮（周榮）	金華縣人，流寓青田縣	賣筆	金錢會頭目。
項阿右	浙江平陽縣人		
章阿笑	浙江平陽縣人		
劉森然	浙江平陽縣人	平陽右營額外外委	
劉瑞滙	浙江平陽縣人	以傭趁度日	
陳大坤	浙江平陽縣人	以傭趁度日	
鄭卿村	浙江平陽縣人	平陽縣學附生	被脅迫入會。
王聲三	浙江平陽縣人	附生報捐貢生	
林有足	浙江平陽縣人		
林有琴	浙江平陽縣人		

資料來源：徐宗幹錄副奏摺，同治元年七月二十八日，收錄於《清廷查辦秘密社會案》v37.11067~11068。

浙江境內趙起結拜金錢會一事，參與人數達十餘萬人，規模龐大，在籍貫分佈上多爲浙江籍人士，其中多爲平陽縣人，其之間的連繫多有地緣關係。在職業及身份類別上有步役、軍營外委、縣學附生、報捐貢生、賣筆、開張飯店，以及傭趁度日者等。在會內結構上，有浙江溫州平陽縣人趙起，爲錢倉步役，又開設飯店寓客，是金錢會倡立者，另有朱秀三、謝公達、繆元、張元、孔廣珍、劉汝鳳，以及周兆榮等人爲金錢會內頭目，均是金錢會中重要領導人物。因適逢太平軍起事，金錢會便以抵禦太平軍爲名，威脅地方居民、富戶出錢作軍費，聚眾十萬餘人，地方居民皆爲其人多勢眾；此外，會內成員又糾夥四處搶掠，以得贓分用。金錢會在地方上，可以說其爲以斂財、劫掠爲目的的會黨組織。

咸豐年間，地方武裝起事案件頻繁。咸豐二年（1852）八月間，有楊三通因聞知太平軍攻撲長沙省城，便料想官兵攻剿太平軍吃緊，因而不能兼顧他處，於是便起意乘機進行武裝起事。楊三通隨即與素識的李白毛等人一同創立孝義會，並分頭四處邀人結拜弟兄，先後邀得三十六人，齊集於雞籠山偏僻地方拜會，歃血盟誓。楊三通自爲總頭目，並編造「玉寶明鏡」四字篆文木印一方。會內成員畫分爲前、後、中、左、右五營，並派李白毛、鄧大發、侯定耀、陳紹勳，以及任發欣五人，分別擔任五營大頭目，另外分派吳三才等三十人爲散頭目。楊三通又令散頭目三十人再輾轉邀人結拜入會，糾約多人，結拜入會後即焚劫西延州同衙門起事。[10]

表 6-1-10 廣西境內楊三通結拜孝義會一覽表

姓名	籍貫	會黨身份
楊三通	廣西人	創立孝義會。孝義會總頭目。
李白毛	廣西人	孝義會前營大頭目。
鄧大發		孝義會後營大頭目。
侯定耀		孝義會中營大頭目。
陳紹勳		孝義會左營大頭目。
任發欣		孝義會右營大頭目。
吳三才		孝義會散頭目。

資料來源：勞崇光奏摺錄副，咸豐二年十二月二十四日，收錄於《軍機處檔・月摺包》，第 2780 箱，24 包，88694 號。

10 《軍機處檔・月摺包》，第 2780 箱，24 包，88694 號。廣西巡撫勞崇光奏摺錄副，咸豐二年十二月二十四日。

廣西境內楊三通結拜孝義會反清一事，參與人士在籍貫分佈上多爲廣西籍人士，其之間的連繫多有地緣關係。在會內結構上，有楊三通創立孝義會，亦爲孝義會總頭目，另有李白毛、鄧大發、侯定耀、陳紹勳、任發欣，以及吳三才分別爲大小頭目，均會中核心成員。孝義會原爲地方上，互助型會黨組織，因聞知太平軍起事，便想趁官兵攻勦太平軍，無法顧及他處時，乘機進行武裝起事，坐享漁翁之利，但因人數尚少，且成員良莠不齊，故而失敗收場。

咸豐年間，四川敘永廳永寧縣境與貴州連界的古藺巖寨等地有貴州人胡幅瀧等人倡立孝義會，惑眾起事。咸豐九年（1859），有貴州人胡幅瀧，於某日晚間夢見有一神人，對其傳授槍刀陣法，其後，胡幅瀧即在與藺卯沅等人閒談時，言及刀兵四起，亦有意進行武裝謀反。至咸豐十年（1860）正月間，胡幅瀧糾眾結拜孝義會，雕刻「漢」字印紙，並打造刀矛兵器，製作旗幟器械。會內眾人皆推胡幅瀧爲總統主帥，並封藺卯沅爲元帥將軍，聚眾數千人，議定於該年三月二十八日，在古藺巖寨地方起事，預計先破四川永寧縣及瀘州，再直攻四川省城。但因事機洩漏，在二月初間，即被地方官府拿獲。[11]

表 6-1-11 四川貴州胡幅瀧結拜孝義會一覽表

姓名	籍貫	備註
胡幅瀧	貴州人	倡立孝義會。爲總統主帥。
夢中神人		傳授槍刀陣法給胡幅瀧。
藺卯沅		孝義會元帥將軍。

11 《宮中檔》，第2714，72包，12129號。署理四川總督曾望顏奏摺，咸豐十年三月三十日。

資料來源：曾望顏奏摺，咸豐十年三月三十日，收錄於《宮中檔》，第2714，72包，12129號。

四川貴州胡幅瀧結拜孝義會反清一事，參與人士在籍貫分佈上多爲貴州籍人士。在會內結構上，有貴州人胡幅瀧倡立孝義會，並自號爲總統主帥，又有藺卯沅，爲孝義會重要頭目，受封爲元帥將軍。因見各地均有武裝起事活動，亦想組織會黨武裝起事，爲吸引民眾加入，便聲稱於某日晚間，夢見神人傳授槍刀陣法，來將自身添以神秘色彩，來拉攏人心，糾人入會，以便武裝起事。

有江蘇青浦縣人錢廷茂即錢坤、王勝、金阿和、楊錦廷即楊蹺、蔣耀、周茂，以及沈芝雲。江蘇青浦縣人楊錦廷、周立春兩人曾充江蘇青浦縣地保，咸豐二年（1852）五月間，周立春糾約楊錦廷帶同鄉民王阿辛等人進城求緩錢漕，因鬧堂毆官拒捕，經官兵查拿逃避。至咸豐三年（1853）七月，楊錦廷、周立春返回原籍，時遇有陳木金、徐耀兩人因搶奪犯案，經江蘇嘉定縣官府拿獲到案，並收緝木籠，因楊錦廷與陳木金等人素相交好，即邀江蘇嘉定縣人封洪、李章、戴研峰前往找尋周立春商量，周立春即教令楊錦廷糾人進城將陳木金搶出。其時，周立春探知江寧、鎮江、揚州等地尚未收復，松江、太倉等處的官兵又均調出防剿太平軍，致使本地空虛，遂起意謀逆，從事武裝起事活動，隨邀錢廷茂、蔣耀等人向富戶勒索錢洋，如有不依允者，即行殺害。又在江蘇青浦地方，設立帳房，假寬免錢漕之名，煽惑附近鄉民隨聲附和。每人日給飯錢五千文，並派錢廷茂經管，勒收錢洋，王勝在帳房照應，並由楊錦廷、沈芝雲管理帳目。周立春另邀浙江寧波縣人王幗初、廣東人李少卿、江蘇寶山縣人杜成齋及王小山等人及福建、廣東、上海人，約數千入夥，創立三合會名目，封王幗初爲大元帥，杜成齋爲軍師。由杜成齋書寫告示，刊刻木印，蓋用張貼。於是年八月初三、初五等日，周立春令王幗初、李少卿各自帶人先後攻陷嘉定、上海；又令王小山、李少卿等帶人分赴寶山、南匯、川沙等處佔據城池。又至新經巡檢司署內搶得印信、衣箱等物，運至青浦地方，交由周茂、沈芝雲收管。又兩次撲犯太倉州城，皆被官兵擊退。於八月十五日，周立春令錢廷茂爲先鋒，王勝及張煥等執旗與楊錦廷等帶人攻佔青浦縣城，王勝把守南門，金阿和守北門，楊錦廷管理銀錢。旋經官兵趕到即將各城門次第收復，並拿獲會首周立春等人。[12]

咸豐三年八月間，江蘇境內有多起秘密會黨武裝起事，除周立春率領的三合會外，另有廣東香山人劉麗川所領導的會黨，勢力亦大。劉麗川本名劉源，小名阿混，生於嘉慶二十五年（1820），初在廣東香山耕農度日，後赴香港謀生。道光二十五年（1845）十月間加入三合會，至道光二十九年（1849），劉麗川前赴上海，充當洋行通事，疏財仗義，博施濟眾，頗受旅滬同鄉推重，至咸豐三年，劉麗川亦帶領會黨從事武裝起事。此外，當時情勢於《青浦縣志》中亦有記

12 劉子揚、張莉編，《清廷查辦秘密社會案》，第 35 冊，頁 10467~10468。怡良錄副奏摺並附印文字樣，咸豐三年九月；同書，第 36 冊，頁 10635~10636。怡良錄副奏摺，咸豐四年四月二十六日；《宮中檔》，第 2709 箱，31 包，4853 號，兩江總督怡良奏摺，咸豐三年九月初一日。

載，吳健彰招廣勇；袁祖悳招閩勇；又有潘姓小鏡子以協助練勇之名，糾結地方無賴，結拜添弟會，並與江蘇寶山境內會黨孟培等四、五百人，先推周立春爲首，約期舉事，至咸豐三年（1853）八月間，劉麗川等遂糾邀周立春等率眾起事，福建、廣東、江蘇等地的秘密會黨有重整及合併的趨勢。[13]

八月初五日寅刻，秘密會黨直入上海縣署戕官，吳健彰聞信即由太倉折回新閘地方，即遇有三合會黨夥數千人蜂擁而來，壯勇被傷，槍砲如雨，城門緊閉，不得已返回新關，在美國公使館暫住。關於咸豐三年秘密會黨武裝起事的經過，於《上海縣志》中亦有記載：

> 長髮賊陷金陵，蘇常告警，吾邑招鄉勇防守，私號百龍黨，巡道吳健彰招廣東鄉勇，署縣袁祖悳以興化會館董事李仙雲所招福建鄉勇，各爲保衛。又有無賴潘某，號小鏡子，江寧藉，坐事繫獄，或言於令，謂盍釋潘，俾練勇自贖，袁從之。潘遂結連劉逆及陳阿林、陳阿六、林阿福、李咸池、李紹熙、李夾軒聚群不逞之徒，附名添弟會，溷雜城廂。初三日，青浦亂民周立春等攻陷嘉定。初五日，值丁祭，右營參將周震豫先至學宮，劉逆等突入縣署，劫庫放囚，祖悳以老母託其弟，出坐堂皇，開導禍福，而建勇盡已從賊，首紮紅布，攢槊刺之，遂遇害。[14]

---

13 熊其英纂，《青浦縣志》，卷 10，頁 21，臺北：國立故宮博物院藏，光緒五年刊本。

14 俞樾等纂，《上海縣志》，卷 11，頁 31，臺北：國立故宮博物院藏，同治十年刊本。

此起三合會及小刀會等秘密會黨的武裝起事，在僅十餘日內連克嘉定、上海、寶山、南匯、川沙、青浦等縣，並進撲太倉，蘇松一帶，有效牽制清軍，間接支援了太平天軍的行動，亦使江南大營腹背受敵。此時，劉麗川與洪秀全有對等文書往來，因三合會及小刀會佔領上海，爲免勢孤，欲與太平天國合股，雖太平天國與三合會共同在「反清」的宗旨下，彼此呼應合作，但太平天國不同意「復明」，與三合會「反清復明」的宗旨不合，三合會與太平天國使中無法消除彼此在政治上的歧見，致使三合會起事後，太平軍未立即加以援助，任其旋起旋滅，亦爲間接導致太平天國的加速覆亡。[15]

表 6-1-12 福建廣東上海周立春結拜三合會要犯一覽表

姓名	籍貫	行業	會黨內身份
錢廷茂（錢坤）	江蘇青浦縣人		經管帳房。封爲「先鋒」。
王　勝	江蘇青浦縣人		照應帳房。封爲「執旗」，把守南門。
金阿和	江蘇青浦縣人		把守北門。
楊錦廷（楊蹺）	江蘇青浦縣人	江蘇青浦縣地保	管理帳目。
蔣　耀	江蘇青浦縣人		
周　茂	江蘇青浦縣人		
沈芝雲	江蘇青浦縣人		管理帳目。
周立春	江蘇青浦縣人	江蘇青浦縣地保	三合會會首。
封　洪	江蘇嘉定縣人		
李　章	江蘇嘉定縣人		
戴研峰	江蘇嘉定縣人		
王幗初	浙江寧波縣人		封爲「大元帥」。
李少卿	廣東人		

15 莊吉發，《清代秘密會黨史研究》，臺北：文史哲出版社，1994 年，頁 231。

杜成齋	江蘇寶山縣人		封爲「軍師」，書寫告示，刊刻木印。
王小山	江蘇寶山縣人		
張　煥			封爲「執旗」。
劉麗川（劉源、劉阿混）	廣東香山人	耕農度日，後前赴上海，充當洋行通事	三合會會首。
吳健彰			招廣勇，私號雙刀會。
袁祖悳			招閩勇，私號鳥黨。
李仙雲		興化會館董事	
潘　某（小鏡子）	江寧人		添弟會會首。
陳阿林			添弟會成員。
陳阿六			添弟會成員。
林阿福			添弟會成員。
李咸池			添弟會成員。
李紹熙			添弟會成員。
李夾軒			添弟會成員。
孟　培	江蘇寶山縣人		江蘇地方會黨黨魁。

資料來源：怡良錄副奏摺並附印文字樣，咸豐三年九月，收錄於《清廷查辦秘密社會案》v35.10467~10468。

福建、廣東、上海、江蘇等地周立春等人結拜三合會要犯反清一事，參與人數眾多，參與會黨亦多，在籍貫分佈上有廣東人、江蘇人等，其之間的連繫多有地緣關係，在職業及身份類別上有地保、洋行通事、興化會館董事，以及以耕農度日等，參與者身分多元。在其會黨狀態上，因有多會黨參與其中，時分時合，又時有與太平天國往來，各會黨內又有各自爲首者，雖加乘起來人數眾多，但組織性不強，故以敗收場，在性質上可說是地方上的武裝械鬥組織的匯集。

河南滑縣人于克純即于老粹、王習文、焦多誦、劉迷瞪、趙全德、徐二旺、袁中玉、李同林即李胖妮、李元林即李春妮、孟學城即孟劉海、余留城、孟觀添即孟流葉等人，向住直豫毗連村莊，平日並未爲匪。王習文於道光二十年（1840）考取文生員入學，後因事斥革，與于克純同村素好。咸豐十年（1860）五月，于克純欲起聯莊會斂錢使用。與王習文商談，王習文答以富戶不肯出錢，事難辦成，因此終止。至七月初十日，于克純因聞各處土匪四起，搶掠獲利，起意聚眾，頭紮白巾，乘機掠搶，名曰白頭會。並向王習文商議，王習文許可允從，並囑事須機密，夜聚明散。是夜，于克純邀允焦多誦、劉迷瞪、王太和、田同桂各充小頭目。慮無槍械，不能搶劫，向王習文商明，糾人充鄉勇，騙取器械。于克純令王習文書寫傳帖糾人，王習文聲言傳帖招搖，囑其口傳。又恐說出結拜搶劫等事，人不服從，事亦敗露，令于克純邀人入會，定期結拜兄弟，假說同心到老，取名白頭會。俟結拜後再言搶劫，使無二心。焦多誦等隨各輾轉邀人。趙全德、徐二旺等入會結拜，每人出香錢二十文，于克純又邀王河具、史四妮等與其結拜。至七月二十六日三更，于克純等二十八人，約至村外漫地會和，燒香磕頭，不依年齒，均推于克純爲大哥，王河具等畏懼未到，于克純即令焦多誦等，再招集多人，約期搶劫。焦多誦即捏稱已結聯莊會，不料人多畏事，紛紛攜眷外逃，謠言四起，經該府縣訪聞查拿，于克純等各自外逃，先後被捕。[16]

16 劉子揚、張莉編，《清廷查辦秘密社會案》，第 38 冊，頁 11499~11500。慶廉奏摺附錄，咸豐十年九月十六日。

表 6-1-13 河南滑縣于克純結拜白頭會要犯一覽表

姓名	籍貫	行業/身份	會內身份
于克純（于老粹）	河南滑縣人		白頭會大哥。
王習文	河南滑縣人，向住直豫毗連村莊	文生員入學，後因事斥革	白頭會頭目。
焦多誦	河南滑縣人，向住直豫毗連村莊		白頭會小頭目。
劉迷瞪	河南滑縣人，向住直豫毗連村莊		白頭會小頭目。
趙全德	河南滑縣人，向住直豫毗連村莊		白頭會成員。
徐二旺	河南滑縣人，向住直豫毗連村莊		白頭會成員。
袁中玉	河南滑縣人，向住直豫毗連村莊		白頭會成員。
李同林（李胖妮）	河南滑縣人，向住直豫毗連村莊		白頭會成員。
李元林（李春妮）	河南滑縣人，向住直豫毗連村莊		白頭會成員。
孟學城（孟劉海）	河南滑縣人，向住直豫毗連村莊		白頭會成員。
余留城	河南滑縣人，向住直豫毗連村莊		白頭會成員。
孟觀添（孟流葉）	河南滑縣人，向住直豫毗連村莊		白頭會成員。
王太和			白頭會小頭目。
田同桂			白頭會小頭目。
王河具			聽從于克純糾邀入白頭會。
史四妮			
趙全德			聽從焦多誦糾邀入白頭會。
徐二旺			

資料來源：慶廉奏摺附錄，咸豐十年九月十六日，收錄於《清廷查辦秘密社會案》v38.11499~11500。

河南滑縣于克純結拜白頭會一事，參與人數共二十八餘人，在籍貫分佈上多爲河南滑縣人士，向住直豫毗連村莊，其之間的連繫多有地緣關係。在會內結構上，有河南滑縣人于克純爲白頭會大哥，又有大小頭目王習文、王太和、焦多誦、劉迷瞪、田同桂，均爲爲白頭會中重要人物。其中，王習文爲生員入學，後因事斥革，爲此一白頭會內的智囊人物，負責策劃會內大小事物。而白頭會結立目的在於斂錢，並以哄騙民眾，糾夥結拜，以結夥搶劫村莊，並得贓分用，故其性質爲地方上的強盜劫掠組織。

第二節　同治年間的秘密會黨人物

同治年間（1862~1874）的秘密會黨發展情形延伸自咸豐朝，在僅十二餘年的同治朝中，秘密會黨組織的武裝起事活動如火如荼。底層社會的群眾組織各種秘密會黨組織，糾眾結拜，反抗政府的情形日益嚴重。以下將透過臺北國立故宮博物院藏《月摺檔》、《宮中檔》、《軍機處檔‧月摺包》、北京中國第一歷史擋案館藏《軍機處‧錄副奏摺》及《清廷查辦秘密社會案》等史料中所載秘密會黨案件，於下表羅列出清末同治年間的秘密會黨活動及官府取締，並藉由這些案件中所附供詞及其他資訊，對參與秘密會黨人物進行分析。

表 6-2-1 同治年間秘密會黨案件一覽表

教門		案件時間	分佈位置	備註
添弟會		同治元年二月	臺灣彰化	表 6-2-2
南北會	串子會	同治元年	湖南湘鄉十六都	

（紅黑會）			表 6-2-3
南北會	同治二年四月	湖南益陽縣	
青幫（安清道友）	同治元年十一月	江蘇境內	
紅白黃三會	同治五年十一月	湖南嘉禾縣	表 6-2-4
	同治六年	湖南、廣東等地	
	同治六年正月	廣東連州	
太子會	同治六年	臺灣彰化縣	
天罡會	同治六年十二月	直隸豐潤縣	表 6-2-5
哥老會	同治七年閏四月	福建境內	
	同治七年七月	福建境內	
	同治八年三月	福建順昌縣	表 6-2-6
	同治十一年七月	江蘇等地	表 6-2-7
	同治十一年十一月	江蘇等地	
江湖會	同治十一年正月	江蘇境內	
	同治十三年	湖北、陝西等地	

資料來源：臺北國立故宮博物院藏《月摺檔》、《宮中檔》、《軍機處檔・月摺包》、北京中國第一歷史擋案館藏《軍機處・錄副奏摺》，以及《清廷查辦秘密社會案》。

由上列簡表可知同治年間，官府所查出的秘密會黨在地理位置分布上有臺灣、福建、廣東、江蘇、直隸、湖南、湖北、陝西等地；至於會黨名目，則是共計十種，有添弟會、南北會、串子會（紅黑會）、南北會、青幫（安清道友）、紅白黃三會、太子會、天罡會、哥老會、江湖會等。

同治元年（1862）二月，臺灣彰化縣境內有戴萬生即戴潮春，率領添弟會成員攻陷彰化縣城，隨即占據斗六地方後，開始向外蔓延，致使全臺震動。[17]關於戴潮春結拜添弟會的經過於《臺灣通史・戴潮春列傳》有所記載：

戴潮春，字萬生，彰化四張犁莊人。籍龍溪，祖神保，

17 《月摺檔》，閩浙總督左宗棠等奏摺抄件，同治四年五月十八日。

> 樂善好義，有名鄉黨中。……家素裕，世爲北路協署稿識。兄萬桂與阿罩霧人爭田，不勝，集般戶爲八卦會，約有事相援，潮春未與也。咸豐十一年，知縣高廷鏡下鄉辦事，潮春執土棍以獻。北路協副將夏汝賢以其貳於己，索賄不成，革其籍。時萬桂已死，潮春家居，乃集舊黨，立八卦會，辦團練，自備鄉勇三百，隨官捕盜。廷鏡大喜，給戳重用。彰屬固不靖，殺人越貨，時見於途。而潮春善約束，豪強斂手，行旅便安，至有捐巨款始得入會者，以是黨勢日盛。八卦會者，祀五祖，事在宗教志。不數月，多至數萬人。同治元年春，廷鏡免，以雷以鎮接之，仍用潮春。而會眾滋蔓，漸不能制。[18]

上述引文爲《臺灣通史》中所載相關內容。有福建漳州府龍溪縣人戴潮春，徙居臺灣彰化縣四張犁莊。其兄戴萬桂因爲與人爭田，邀集股戶結拜「八卦會」，此時戴潮春並未參與，直至戴萬桂身故後，戴潮春才又集結舊黨，復興「八卦會」。連橫所著《臺灣通史》中記載戴潮春率領的會黨組織名稱爲「八卦會」。而在《重修臺灣省通志》亦有相關記載：咸豐十一年（1861），戴潮春召集黨眾，立八卦會，一稱天地會，辦團練，自募鄉勇三百，隨官捕盜。[19]由上可知，史書記載戴潮春所率領的會黨組織或作天地會，或稱八卦會，互相歧異。

---

18 連橫著，《臺灣通史》，卷 33，南投：臺灣省文獻委會，1992 年，頁 983。

19 《重修臺灣省通志》，卷 1，大事志，南投：臺灣省文獻委會，1992 年，頁 190。

但在清代官方文書《軍機處檔・月摺包》同治元年（1862）四月初五日閩浙總督慶端奏摺錄副[20]以及《月摺檔》同治元年四月二十四日閩浙總督慶端奏摺抄件[21]中皆將戴潮春的會黨組織稱作「添弟會」，就以現存檔案而言，並未見有「八卦會」名目。至於「八卦會」的稱謂由來或因會內成員腰憑，亦即會員憑證，樣式爲八角形的八卦層，每層刻有隱語詩句做爲暗號，會外之人或因腰憑形似八卦，故稱添弟會爲「八卦會」。[22]

同治元年三月十八、十九兩日，戴潮春率領添弟會成員聚眾圍攻彰化縣城，添弟會成員愈聚愈多，最後群起蜂擁登城。至三月二十日黎明，彰化縣城終告失陷。臺灣道孔昭慈於巷戰受傷後服毒自殺身亡，其所帶領的臺灣道關防亦被搶失攻下。添弟會攻陷漳化縣城後，戴潮春出示安民，下令蓄髮，自稱大元帥，又稱東王，洪欉爲北王，林晟爲南王，陳弄爲西王，戴印爲三千歲，董九仙爲香主大師，廖阿憨爲宰輔，陳明和、宜水生爲元帥，江有仁爲副元帥，王光岱爲將軍，至於陳卯、余茂勝、林寶、黃旭等人爲先鋒，又有王文、徐海憨、王進才，以及陳番江等人爲旗首。隨即乘勝分路攻撲嘉義、鹿港等地方，而在嘉義縣、臺灣縣、鳳山縣境內的會黨成員亦紛紛響應。[23]

臺灣各路會黨加入戴潮春率領的添弟會起事，會黨勢力從彰化、嘉義等縣蔓延至鳳山及淡水廳南北兩路。此時，有

---

20 《軍機處・錄副奏摺》，北京：中國第一歷史擋案館藏，慶端奏摺錄副，同治元年四月初五日。

21 《月摺檔》，閩浙總督慶端奏摺抄件，同治元年四月二十四日。

22 莊吉發，《清代臺灣會黨史研究》，臺北：南天書局，1998 年，頁 185~188。

23 《月摺檔》，閩浙總督慶端奏摺抄件，同治元年四月二十四日。

林文察因曾勦小刀會有功，奉命統帥領臺勇赴浙江援勦太平軍，於臺灣彰化縣添弟會起事後，隨即返回彰化督率勇練會合官兵同勦添弟會等起事會黨，林文察於是年十一月十五、十六兩日，用大礮轟打各會黨所聚集的村莊，並擒獲添弟會元帥張鶴、先鋒張杞、副元帥陳新婦仔、都督高江、丞相黃鳥、左將軍張光藝、右將軍高順雉、總兵官陳丁、尚書石君、副都督葉良、司馬戴烏番、股首謝阿成以及江臭錦等人。但會黨人數尚有數千人，糧食亦足。林文察即於是月十七日晚間，密令各軍揚言彰化縣林晟聲勢浩大，急需分兵往勦，隨於十八日辰刻，佯將斗六外圍各營撤離，其實仍於當日黃昏後掩旗息鼓，埋伏於附近蔗林中，僅留參將關鎮國、守備徐榮生等營照舊駐紮，並積柴草於近營的空屋內，於夜晚放火延燒，兵勇佯作慌亂狀四處奔竄，高聲吶喊，頗似營壘被偷襲的情形。斗六城內會黨成員見狀，即由太平門攻出，約有千餘人，直撲兵勇營壘，埋伏於蔗林內的兵勇則潛出其後，會黨遂腹背受敵，首尾不能相顧。最後，兵勇擒獲添弟會軍師鍾合和、征南大元帥蔡四正、大都尉張老艮等頭目，並克復斗六城，又乘勝追擊會黨餘眾十餘里，擒斬添弟會先鋒張大目、副先鋒許阿箱、將軍何德旺等首夥約九十名。[24]

在林文察返臺時，添弟會首領戴潮春即攜眷潛匿於臺灣彰化北勢湳莊內。由於添弟會會首戴潮春尚未擒獲，水師提督曾元福等人繼續派隊跟追，至十二月初四日時，曾元福親督大隊進紮彰化縣境寶斗地方，戴潮春率領會黨千餘人會同

24 《軍機處檔‧月摺包》，第 2742 箱，15 包，93803 號。林文察奏摺錄副，同治二年十二月二十九日。

洪欉所派援軍數千人，屯聚張厝莊內。是月初九日寅刻，各路兵勇同時進攻張厝莊，鎗礮同施，雙方相持三個時辰，至是日酉刻，會黨成員焚燬張厝莊，由戴潮春率領會內成員數百人逃往芋仔寮莊，芋仔寮莊壘固濠深，戴潮春率眾抵死固守，兵勇四面環攻，自十二月十一日至十七日，兵勇不分晝夜輪放大礮，轟塌莊內屋舍倉房，遂於十二月十八日子刻，兵勇一齊躍濠突圍而入。戴潮春身穿黃衣，繞遁於竹林之中，千總陳朝忠、勇首林得勝等人協力擒獲戴潮春。[25]

表 6-2-2 臺灣彰化戴潮春結立添弟會要犯一覽表

姓名	籍貫	關係	行業/身份	會內身份
戴潮春（戴萬生）	福建龍溪縣人，住臺灣彰化縣四張犁莊	戴萬桂之弟	曾辦團練，自備鄉勇隨官捕盜	添弟會會首，自稱大元帥，又稱東王。
戴萬桂	福建龍溪縣人，住臺灣彰化縣四張犁莊	戴潮春之兄		添弟會會首。
洪　欉				添弟會北王。
林　晟				添弟會南王。
陳　弄				添弟會西王。
戴　印				添弟會三千歲。
董九仙				添弟會香主大師。
廖阿憨				添弟會宰輔。
陳明和				添弟會元帥。
宜水生				添弟會元帥。
張　鶴				添弟會元帥。
江有仁				添弟會副元帥。
陳新婦仔				添弟會副元帥。
王光岱				添弟會將軍。
何德旺				添弟會將軍。

25 《軍機處檔・月摺包》，第 2742 箱，16 包，94151 號，曾元福等奏摺錄副，同治二年十二月十九日。

陳　卯				添弟會先鋒。
余茂勝				添弟會先鋒。
林　寶				添弟會先鋒。
黃　旭				添弟會先鋒。
張　杞				添弟會先鋒。
張大目				添弟會先鋒。
許阿箱				添弟會副先鋒。
王　文				添弟會旗首。
徐海憨				添弟會旗首。
王進才				添弟會旗首。
陳番江				添弟會旗首。
高　江				添弟會都督。
葉　良				添弟會副都督。
黃　鳥				添弟會丞相。
張光藝				添弟會左將軍。
高順雉				添弟會右將軍。
陳　丁				添弟會總兵官
石　君				添弟會尙書
謝阿成				添弟會股首
江臭錦				添弟會股首
蔡四正				添弟會征南大元帥
鍾合和				添弟會軍師
張老艮				股首大都尉

資料來源：林文察奏摺錄副，同治二年十二月二十九日、曾元福等奏摺錄副，同治二年十二月十九日，收錄於《軍機處檔•月摺包》，第 2742 箱，15 包，93803 號、同箱，16 包，94151 號；閩浙總督慶端奏摺抄件，同治元年四月二十四日、閩浙總督左宗棠等奏摺抄件，同治四年五月十八日，收錄於《月摺檔》。

臺灣彰化戴潮春結立添弟會反清一事，參與人數眾多，皆爲自中國大陸渡海來臺灣居住者，在原鄉籍貫分佈上多爲福建籍與廣東籍人士，其之間的連繫多有親屬關係或地緣關係。其中，在會內結構上，有率領添弟會的會首戴潮春，原鄉籍貫爲福建龍溪縣人，徙居臺灣彰化縣四張犁莊，戴氏一族在地方上向有名望，家境亦相當富裕，其父祖戴神保在時，爲人樂善好義，有名鄉黨中，一直到戴潮春時，戴氏一家仍世爲地方官府重用，戴潮春向辦有團練，自備鄉勇三百餘人，常隨官捕盜，即使地方官調派、新任皆重用戴潮春。當時的臺灣社會常有土匪、強盜殺人越貨，而因潮春爲人善於約束，使這些豪強斂手，路上行旅得以安全往來，使得眾人對其相當推崇，跟隨者多至數萬人。戴潮春身爲添弟會會首，在起事反清後隨即自稱大元帥，又稱東王。又在會內設有軍師、各職元帥、各色名目的將軍及大小旗首、頭目等職稱，組織有序，號召力強，起事後一時間撼動清代政權在臺灣的控制力。

湖南巡撫臣毛鴻賓指出在湖南境內有南北會即串子會，又名紅黑會，今名爲青龍會。其會黨組織在湖南地方上歷年已久，結連甚廣，參與會內人數極多。同治元年（1862），湖南境內湘鄉十六都地方上，有劉太蓋、劉太義兩人爲兄弟，皆爲串子會內重要頭目，其二人一呼可聚會內成員數千人，平日常擾害鄉里村民。至同治二年（1863），在湖南益陽縣界泉交河等處，有南北會大頭目胡花臣，其家中常有數百人來往，聚散無定。胡花臣又令會內成員糾眾結拜，並私制槍炮器械，會內成員在地方上囂張跋扈，騷擾逼脅當地居民，聲言若有人違抗，即當殺其全家，致使當地居民紛紛遷徙躲避。[26]

26 劉子揚、張莉編，《清廷查辦秘密社會案》，第 38 冊，頁 11508。毛鴻賓錄附奏摺附片，同治二年四月十二日。

表 6-2-3 湖南境內劉太蓋結拜串子會即南北會要犯一覽表

姓名	籍貫	關係	會內身份
劉太蓋	湖南湘鄉十六都人	劉太義之兄弟	串子會內重要頭目。
劉太義	湖南湘鄉十六都人	劉太蓋之兄弟	串子會內重要頭目。
胡花臣	湖南益陽縣人		南北會大頭目。

資料來源：毛鴻賓錄附奏摺附片，同治二年四月十二日，收錄於《清廷查辦秘密社會案》v38.11508。

湖南境內劉太蓋結拜串子會即南北會一事，參與人士在籍貫分佈上多為湖南籍人士，其中有湘鄉十六都人、益陽縣人，其之間的連繫多有親屬關係或地緣關係。在會內結構上，有劉太蓋、劉太義兄弟兩人以及胡花臣，均為串子會內重要頭目。在地方上常騷擾地方居民，會黨屬性為地方械鬥組織。

湖南嘉禾縣境內，有行跡可疑之人，常夜行晝伏，地方官府聽聞，恐有不法情事，當即調集鄉勇，密為防禦。有湖南寧遠縣人李春龍與張添一、盧明生、盧先得等人結拜紅白黃三會。李春龍為黃會頭目，平日在外，常裝扮成乞丐，到處邀人入會，邀得五百餘人，並與盧明生等人約定起事，預計先破嘉禾縣、後至貴陽，並由各處攻城，並在廣東星子街會合大股，有貴陽、臨式、藍山各處，均有人前往探信，因見嘉禾縣城小，兵勇不多，是以聚集欲攻嘉禾縣城。紅白黃三會成員遂於深夜三更，約有數百人，由僻處竄至東門城外，攻向縣城。有頭目手執大旗，會內眾人蜂擁而至，而城中早有準備，生擒李春龍等二十餘名會黨成員，奪獲槍支及大旗、小旗數十面，元帥木印一顆。[27]

27 劉子揚、張莉編，《清廷查辦秘密社會案》，第 38 冊，頁 11512。李瀚章錄附奏摺，同治五年十一月二十一日。

表 6-2-4 湖南嘉禾李春龍結拜紅白黃三會要犯一覽表

姓名	籍　貫	行業	會黨內身份
李春龍	湖南寧遠縣人	平日裝扮乞丐	黃會頭目。
張添一	湖南寧遠縣人		紅白黃三會頭目。
盧明生	湖南寧遠縣人		紅白黃三會頭目。
盧先得	湖南寧遠縣人		紅白黃三會頭目。

資料來源：李瀚章錄附奏摺，同治五年十一月二十一日，收錄於《清廷查辦秘密社會案》v38.11512。

湖南嘉禾李春龍結拜紅白黃三會反清一事，參與人士在籍貫分佈上以湖南寧遠縣人爲主，其之間的連繫多有地緣關係。在會內結構上，有湖南寧遠縣人李春龍、張添一、盧明生、盧先得爲會內頭目，策劃起事反清。紅白黃三會以滲透的方式糾人結拜，會內頭目李春龍即是喬裝成乞丐，滲透進地方，並以此方式四處糾拉群眾入會。

同治六年（1867）七月，直隸豐潤縣開平鎮一帶，有人創立天罡會，遷安縣知縣隨選派員弁訪查。是月初四日，官文奉旨訪查直隸豐潤縣內李連奎等人成立天罡會。直隸豐潤縣灤州分轄地方，訪有該鎮站王廟村，有武生李連奎即李有連，向與直隸豐潤縣灤州人張國亮、李有鳳等人熟識。張國亮、李有鳳向在奉天遼陽州充當馬勇，遇有趙希哲即趙佩潛蓄異志，倡謀起事，張國亮等人即與趙希哲通謀，至同治六年正月間，張國亮等回歸直隸豐潤縣灤州，將此事告知李連奎，並令其邀人入夥。李連奎即設立天罡會，邀得趙現餘等人，並再分頭輾轉糾人，各備器械，約期於八月底赴關外三臺營會齊，迎接趙希哲進關，尚未至期，地方官府即聞得風聲，因該村是屬直隸豐潤縣灤州所管轄，先將該生衣頂詳革，並會同營縣前往拿捕，即於八月十四日，即將李連奎並會內成員一併拿獲，起出鳥槍等件數支。[28]

表 6-2-5 直隸豐潤李連奎結拜天罡會要犯一覽表

姓名	籍貫	行業/身份	會黨內身份
李連奎	直隸豐潤縣開平鎮人	武生	天罡會頭目。
張國亮	直隸豐潤縣灤州人	在奉天遼陽州充當馬勇	天罡會頭目。
李有鳳	直隸豐潤縣灤州人	在奉天遼陽州充當馬勇	天罡會頭目。
趙希哲（趙佩潛）			天罡會會首，倡謀起事。
趙現餘			聽從李連奎糾邀入天罡會。

資料來源：官文錄附奏摺，同治六年十二月二十二日，收錄於《清廷查辦秘密社會案》v38.11515。

直隸豐潤李連奎結拜天罡會反清一事，參與人士在籍貫分佈上直隸豐潤縣人，其之間的連繫多有地緣關係。在職業及身份類別上有武生以及馬勇等，具官方色彩的人物參與其內。在會內結構上，有趙希哲爲天罡會會首，欲糾眾倡謀起事，爲會中領導人物，此外，亦有武生李連奎、馬勇張國亮以及李有鳳，協助趙希哲糾邀夥眾結拜，亦爲天罡會頭目。趙希哲等人結拜會黨原因在於希圖起事反清，建立新政權。

福建延平府屬順昌縣洋口一帶，有游勇聚集分給印布，欲圖滋事，人心驚慌。同治七年（1868）三月初四日，有哥老會會首張啓沅勾結地方游勇，約期起事，現匿福建順昌縣

28 劉子揚、張莉編，《清廷查辦秘密社會案》，第 38 冊，頁 11515。官文錄附奏摺，同治六年十二月二十二日。

轄大干地方，四處散發分給印布。地方官府聞風即前往大干地方圍捕，即於是月初五日，擒獲會首張啓沅及會內成員顧榮華、周保勝等九人，搜獲八卦黃布十餘張，以及令旗、木戳、八卦印板等物。湖北江陵縣人張啓沅曾在提督鮑超營內充當勇首，其後因遣散回籍，無處營生，因知福建九龍山向有土匪屯紮，欲圖入夥，便於同治七年五月間，由江西來到福建，沿途遇有游勇，便結拜爲兄弟，分給黃布爲記。因九龍山現無匪類，不能安身，探得福建順昌縣洋口是水陸碼頭，銀錢充足，便起意前往劫掠，乘勢攻奪地方。便即自稱爲九龍王，於是年二月二十八日齊赴洋口，三月初一、初三等日到福建順昌縣境內搶劫，曾在洋口放火數次，均被兵勇聯甲立時撲滅，又因該處文武官員徹夜巡查，因而難以動手。其會中成員有顧榮華等人，籍分隸湖北、江西、江蘇、浙江等省份，均曾充當勇丁。[29]

表 6-2-6 福建順昌張啓沅結拜哥老會要犯一覽表

姓名	籍貫	行業/身份	會黨內身份
張啓沅	湖北江陵縣人	曾充當勇首，後因遣散回籍，無處營生	哥老會會首，自稱爲九龍王。
顧榮華		曾充當勇丁	哥老會成員。
周保勝		曾充當勇丁	哥老會成員。

資料來源：英桂硃批奏摺，同治八年三月二十八日，收錄於《清廷查辦秘密社會案》v37.11169~11170。

福建順昌張啓沅結拜哥老會一事，參與人士在籍貫分佈上有湖北人、江西人、江蘇人、浙江人，其之間的連繫多爲相同

29 劉子揚、張莉編，《清廷查辦秘密社會案》，第 37 冊，頁 11169~11170。英桂硃批奏摺，同治八年三月二十八日。

職業身份者，在職業及身份類別上，皆曾爲勇丁，後因遣散回籍，無處營生，致使貧困難度，故起而結拜哥老會，欲計畫起事。

同治年間，各營兵勇向有結盟拜會之事，初時原爲戰陣之際互相救援，其後因各營遣撤兵勇，其結盟聚眾立有哥老會名目，並潛布沿江沿海地方，蔓延極廣。有湖南長沙縣人羅淋葆即羅金榜，曾當營勇，後因事被革，與人結拜哥老會。同治七年（1868）有同鄉的劉東伯、陳錦文邀約，並推其爲頭目，並約定四處結拜弟兄，出去搶劫，將來愈聚愈多，即可起事。羅淋葆允從，並分得白布印單三百多張，上寫「統領山河九龍」字樣，並八卦七星各印，隨後即糾結湖南人王占墳、湖北麻城縣人王洪發、湖南長沙縣人譚啓思等人。其中，王洪發原名王洪友，曾在揚州營當勇，加入哥老會。同治八年（1869）冬間，各營查拿會匪，乘間逃至蘇州，改名王洪發，入營當勇，至同治十一年（1872）春間，有素識游勇羅淋葆邀作公論堂會內頭目，分給號布，白號布內書寫「公論堂義兄弟憑碟」等字，上蓋七星八卦，方圓紅黑各印記；至於譚啓思從前曾當勇兵，後因患病，便告假離營。在同治十一年四月，譚啓思會遇羅淋葆，得受哥老會印單，即加入哥老會，並於會內充作頭目，因見羅淋葆做老大熱鬧，譚啓思遂別刻印板，改寫「統領山河老九龍」等字並五祖洪門木戳於在身邊，希圖糾人結拜。是年五月初間，河南息縣人王占汶，原名王瞎仔，亦爲革勇，曾在原籍結盟拜會，放火殺人，無惡不作，後在皖營充勇，因誤卯被逐。王占汶亦爲哥老會內成員，後因潛至蘇州希圖煽誘聚眾結拜，隨即被官府拿獲。[30]

表 6-2-7 江蘇等地羅淋葆結拜哥老會要犯一覽表

姓名	籍貫	行業/身份	會內身份
羅淋葆（羅金榜）	湖南長沙縣人	曾當營勇，後因事被革	哥老會頭目。
劉東伯	湖南長沙縣人		
陳錦文	湖南長沙縣人		
王占墳	湖南人		
王洪發（王洪友）	湖北痲城縣人	曾在揚州營當勇	哥老會頭目。
譚啓思	湖南長沙縣人	曾當勇兵，後因患病離營	哥老會頭目。
王占汶（王瞎仔）	河南息縣人	曾當營勇，後因事被革	

資料來源：何璟等錄副奏摺，同治十一年七月十八日、張樹聲硃批奏摺附片，同治十一年十一月十五日，收錄於《清廷查辦秘密社會案》v37.11180~11181、11186~11187。

江蘇等地羅淋葆結拜哥老會一事，參與人士在籍貫分佈上有湖南人、湖北人，其之間的連繫多有地緣關係以及職業身份類別相同者，在職業及身份類別上，皆曾當過營勇。在會內結構上，有羅淋葆、譚啓思，以及王占墳等人皆爲哥老會內頭目。地方游勇結拜哥老會原因多出自經濟因素，哥老會內成員曾爲勇丁，但後因遣散回籍，或因事被革斥，或因患病離營，致使其無處營生、貧困難度，故起而結立哥老會，四處糾人結拜弟兄，欲計畫出去搶劫，以維持生計，而當入會者漸增，即發展成起事反清事件。

30 劉子揚、張莉編，《清廷查辦秘密社會案》，第 37 冊，頁 11180~11181。何璟等錄副奏摺，同治十一年七月十八日；同書，同冊，頁 11186~11187。張樹聲硃批奏摺附片，同治十一年十一月十五日。

第三節 光緒宣統時期的秘密會黨人物

光緒宣統時期（1875~1911），清政權已走至尾聲，在整個時代動盪不穩的社會氛圍之下，秘密會黨的活動不減反增，部分底層群眾組織秘密會黨，爭相進行武裝起事活動。以下即以臺北國立故宮博物院藏的《月摺檔》、《宮中檔》、《軍機處檔・月摺包》，以及《清廷查辦秘密社會案》內的史料爲主，將其中所載的秘密會黨案件，於下表羅列出清末光緒宣統年間的秘密會黨活動及取締，並藉由這些案件中所附供詞及其他資訊，對參與秘密會黨人物進行分析與討論。

表 6-3-1 光緒宣統年間秘密會黨案件一覽表

會黨	案件時間	分佈位置	備註
哥老會	光緒元年	貴州境內	
	光緒三年	直隸天津	
	光緒五年九月	湖北應城縣	表 6-3-2
	光緒七年	安徽蕪湖縣	
	光緒七年二月	貴州桐梓縣	表 6-3-3
	光緒八年九月	江西饒州府	表 6-3-4
	光緒九年	江蘇儀徵縣	
	光緒十一年	浙江仙居縣	
	光緒十二年	廣東肇慶村	
	光緒十四年	四川大足縣	
	光緒十五年	新疆塔城	
	光緒十六年八月	湖南新洲	表 6-3-5
	光緒十六年	陝西平利縣	
	光緒十七年七月	江西九江	表 6-3-6
	光緒十八年正月	江西崇仁縣	表 6-3-7
	光緒十九年	陝西南鄭縣	

	光緒二十年七月	河南境內	表 6-3-8
	光緒二十二年	甘肅西寧縣	
	光緒二十八年	河南魯山縣	
	光緒三十年	廣西柳州	
	光緒三十三年	陝西鎮安縣	
	光緒三十四年	河南、河北等地	
	宣統三年	四川境內	
仁義會	光緒二年	安徽銅陵縣	
	光緒三十二年	河南境內	
父母會	光緒二年	廣東高州府	
金錢會	光緒二年	浙江永嘉縣	
九龍山會	光緒二年閏五月	江蘇寶山縣	表 6-3-9
三合會	光緒二年夏間	廣東茂名縣	表 6-3-10
	光緒十八年	廣東陽江廳	
	光緒二十六年	廣東歸善縣	
砍刀會	光緒三年	直隸武強縣	
天地會	光緒三年	廣東瓊州府	
	光緒七年	廣東境內	
	光緒二十年	江西境內	
	光緒二十一年	廣東高州府	
	光緒二十四年	廣西、雲南等地	
花子會	光緒四年	廣東南海縣	
哥弟會	光緒五年十月	湖北建始縣	表 6-3-11
	光緒七年	四川黔江縣	
	光緒十二年	湖南安鄉縣	
	光緒十三年	湖南境內	
	光緒二十九年六月	江西境內	
三點會	光緒七年	廣東長樂縣	
	光緒十年	廣東歸善縣	
	光緒十九年	江西大庾縣	
	光緒二十二年	江西長寧縣	
	光緒二十七年	廣西桂林府	
	光緒二十九年	雲南開化府	
	光緒三十一年十二月	江西境內	表 6-3-12
	光緒三十二年	廣東南雄縣	
	光緒三十四年	江西南安縣	
江湖會	光緒八年十一月	湖北保康縣	表 6-3-13

	光緒十五年	湖北境內	
	光緒十九年	四川成都府	
	光緒二十四年八月	陝西境內	表 6-3-14
	光緒三十一年	山西絳縣	
	光緒三十二年	河南懷慶府	
	宣統三年	湖北境內	
白旗會	光緒十年	福建莆田縣	
黑旗會	光緒十年	福建莆田縣	
烏龍會	光緒十二年	湖南武陵縣	
清明會	光緒十四年	湖北嘉魚縣	
忠義會	光緒十四年	浙江境內	
	光緒十五年	浙江臨安縣	
桃園會	光緒十七年	福建長汀縣	
洪江會	光緒十八年	江西萍鄉縣	
	光緒二十九年	湖南醴陵縣	
	光緒三十年十一月	江西宜春縣	表 6-3-15
	光緒三十二年	湖南境內	
	光緒三十三年五月	江西武寧	表 6-3-16
	光緒三十三年	福建順昌縣	
	光緒三十四年	江西崇義縣	
同勝會	光緒十九年	浙江定海廳	
趙公會	光緒十九年	廣東南雄州	
	光緒十九年	江西境內	
兄弟會	光緒二十一年	廣東瓊州府	
沙包會	光緒二十二年	江西長寧縣	
天元會	光緒二十五年	浙江境內	
金底會	光緒二十三年	廣西境內	
同心會	光緒二十四年	江西境內	
伏虎會	光緒二十六年	浙江寧海縣	
白旗黨	光緒二十六年	浙江諸暨縣	
神拳會	光緒二十六年	浙江境內	
興中會	光緒二十六年	廣東境內	
	光緒二十八年	廣東廣州	
華興會	光緒二十九年	湖南長沙	
同仇會	光緒三十年	湖南醴陵縣	
光復會	光緒三十年	江蘇上海	
在園會	光緒三十年	河南境內	

	光緒三十四年	河南境內	
巢湖幫	光緒三十一年	安徽、江蘇等地	
龍天會	光緒三十一年	直隸通州	
洪連會	光緒三十二年九月	江西境內	
鞭剛會	光緒三十二年	江西臨江縣	
革命黨	光緒三十三年	廣東境內	
	光緒三十三年	雲南鎮南關	
九龍會	光緒三十三年	浙江嵊縣	
五穀會	光緒三十三年	福建順昌縣	
青幫	光緒十八年三月	南京等地	
	宣統元年	安徽合肥縣	

資料來源：臺北國立故宮博物院藏《月摺檔》、《宮中檔》、《軍機處檔・月摺包》，以及《清廷查辦秘密社會案》。

由列簡表可知光緒、宣統時期，官府所查出的秘密會黨在地理位置分布上有福建、廣東、廣西、雲南、貴州、四川、安徽、江蘇、浙江、江西、湖南、湖北、直隸、河南、河北、山西、陝西、甘肅、新疆等地，秘密會黨的發展幾乎遍及中國全境，至於會黨名目，則是共計四十二種：哥老會、仁義會、父母會、金錢會、九龍山會、三合會、砍刀會、天地會、花子會、哥弟會、三點會、江湖會、白旗會、黑旗會、烏龍會、清明會、忠義會、桃園會、洪江會、同勝會、趙公會、兄弟會、沙包會、天元會、金底會、同心會、伏虎會、白旗黨、神拳會、興中會、華興會、同仇會、光復會、在園會、巢湖幫、龍天會、洪連會、鞭剛會、革命黨、九龍會、五穀會、青幫等。

湖北應城縣屬東南鄉黃灘團地方與湖北雲夢縣接壤，光緒五年（1879）五月間，有哥老會成員製造號票，在湖北應城縣、雲夢縣等處散發，四處糾人結拜，勾結游民，並約期搶劫。是年六月初二日，地方拿獲蕭仕興、俞幗彬、段大發、吳萬秀及武生陳洪恩五名，起獲紅白布號票，以及號票木板、印章、圖記、符咒等物。湖北應城縣人蕭仕興，昔年曾在軍營當勇，後因遣散回籍，光緒五年夏間，會遇素識相好的湖北孝感縣人易學寅，以及湖北雲夢縣人胡金明，兩人皆是哥老會內頭目，兩人邀約蕭仕興入會，聲稱入會可圖功名。蕭仕興隨即應允入會，並收受號票，又將號票照樣刊刻木板印刷散放，其後隨即轉邀俞幗彬、段大發、吳萬秀、陳洪恩、張么、楊海雲等人，一同結拜弟兄，加入哥老會。會內成員商議邀約多人，定於是年八月十五日在黃灘團齊集，搶劫當地的當鋪富戶，得有資財，即可號召多人，乘機起事。正在遣人糾邀入會時，旋經地方官府拿獲。易學寅等人聞拿逃逸，是年八月間，張么等人潛在鄉間糾人欲擇期劫獄。地方官府聞風即拿獲張么、張金順、孔老么等四人，並起獲短刀、圖記等件。張么是與蕭仕興等人同時入哥老會，今因會內成員陳洪恩被獲監禁，因此便與張碼古等人商議，糾集黨羽，定於八月十五日夜裡爬城而進，放火劫獄，並將陳洪恩搶出，尚未致期，即被官府拿獲。[31]

表 6-3-2 湖北應城易學寅結拜哥老會要犯一覽表

姓名	籍貫	行業/身份	會內身份
蕭仕興	湖北應城縣人	曾在軍營當勇，後因遣散回籍	哥老會頭目。
俞幗彬			從蕭仕興加入哥老會。
段大發			

31 劉子揚、張莉編，《清廷查辦秘密社會案》，第 37 冊，頁 11205~11207。李瀚章錄副奏摺，光緒五年九月二十五日。

吳萬秀			
陳洪恩		武生	
楊海雲			
易學寅	湖北孝感縣人		哥老會頭目。
胡金明	湖北雲夢縣人		哥老會頭目。
張　么			哥老會成員。
張金順			
孔老么			
張碼古			

資料來源：李瀚章錄副奏摺，光緒五年九月二十五日，收錄於《清廷查辦秘密社會案》v37.11205~11207。

湖北應城易學寅結拜哥老會一事，參與人士在籍貫分佈上多爲湖北人，其中有應城縣人、孝感縣人、雲夢縣人等。其之間的連繫多有地緣關係以及相同職業身份類型者；在職業及身份類別上有武生、以及曾爲勇丁者，在會內結構上，有湖北孝感縣人易學寅、胡金明湖北雲夢縣人均哥老會頭目，四處糾人結拜哥老會。哥老會內成員多爲壯年男子，且曾充任軍營勇丁，後因如遣散回籍等各種因素，而失去經濟來源，這些游勇便即結在一起，初時以搶結爲主要活動，當會內成員數量不斷增加後，便發展成起事反清事件。

有湖南長沙縣人朱洪祚即朱大耳朵，本名周金安，寄居黔西州屬，因欲煽惑人心，遂改名爲朱洪祚。朱洪祚前曾投營當勇，後因犯事遭斥革。光緒五年（1879）正月十八日，朱洪祚在成寧州黑章地方路遇素識的姚方二即姚和尙，將其引至徐新滿家中，朱洪祚見徐新滿身背菩薩，口言禍福，稱朱洪祚是真主出世。維時有楊貴受、徐老大、徐老二在旁，俱願結盟會黨相助。朱洪祚信以爲真，遂起意謀反，即約定於是年三月十八日在月亮洞地方吃血酒議事。屆期姚方二等人邀同甘五貴等人齊集洞內，歃血訂盟，商議各糾同黨，暗制器械。朱洪祚封姚方二等人爲軍師，另外封有元帥、將軍等官職。其後時聚時散，並無一定住址。光緒六年（1880）正月間，朱洪祚與姚方二等人在貴州綏陽縣屬黃屯壩山上，暗結會黨，有岳春山等人帶同畢香亭等往見，朱洪祚即封爲元帥，畢香亭亦允糾夥相助，商約一切齊備，便奪取城池。朱洪祚遂往別處糾人。其後，畢香亭擬定於是年九月初三日，先取貴州桐梓縣，再奪遵義、綏陽、正安等城池。朱洪祚即與姚方二等暗糾夥黨，准備接應起事。旋經貴州桐梓縣訪聞，攻城未遂，畢香亭、朱洪祚等人先後被拿獲到案。[32]

表 6-3-3 貴州桐梓朱洪祚結拜哥老會要犯一覽表

姓名	籍貫	行業/身份	會內身份
朱洪祚（朱大耳朵、周金安）	湖南長沙縣人，寄居黔西州屬地方	曾投營當勇，後因犯事遭斥革	哥老會會首。
姚方二（姚和尚）		僧人	哥老會軍師。
徐新滿		江湖騙子	身背菩薩，口言禍福，稱朱洪祚是真主出世。
楊貴受			哥老會成員。
徐老大			
徐老二			
甘五貴			
岳春山			哥老會元帥。
畢香亭			哥老會元帥。

資料來源：岑毓英錄附奏摺，光緒七年十月二十日，收錄於《清廷查辦秘密社會案》v37.11214。

32 劉子揚、張莉編，《清廷查辦秘密社會案》，第 37 冊，頁 11214。岑毓英錄附奏摺，光緒七年十月二十日。

貴州桐梓朱洪祚結拜哥老會反清一事，參與人士在籍貫分佈上有湖南人。在會內結構上，有湖南長沙縣人周金安曾投營充當勇丁，後因犯事遭斥革，後遇有江湖騙子徐新滿等人，以身背菩薩，並口言禍福，聲稱朱洪祚是真主出世，惑其結拜會黨，從事武裝反清活動。周金安聽信後，便將名字改成朱洪祚，欲使人聯想至前明後裔，好方便藉反清復明的意識來操作糾夥起事。而僧人姚方二即受封爲軍師，幫同朱洪祚策劃反清相關事務，此外，又有岳春山、畢香亭等人聽聞朱洪祚之事，便前來附和，隨受封爲元帥。此一哥老會結拜目的爲從是武裝起事，反清建立新政權。

江西饒州府訪有哥老會在該郡糾人謀爲不軌，拿獲會內成員盧水力一名，並搜獲執照一張、小黑旗一面、信稿一紙，盧水力供稱會首爲李光發。光緒八年（1882）九月二十五日，江西新建縣拿獲李光發。江西撫州金溪縣人李光發，前經拔補江西饒州營千總，因緝捕不力，降爲把總，並未歸營，即在江西饒州行醫，並教打拳棒度日。光緒八年五月間，會遇祟正龍等人邀其入哥老會，並被推爲元帥，令梁勝送給黑風帥印四字木印一顆，黑旗一面，會中人均聽其調度，並傳授「詳清」二字口號，會中人隱語，稱入會爲「進香」，起事爲「開花」，放火爲「豎紅旗杆」，見會中人遞送菸烟茶，屈第二指爲暗記。李光發糾得四、五十人入會；有江西南昌縣人劉金龍，向教拳棒營生，光緒七年（1881）五月，聽從梁勝等人邀入哥老會，封爲「禮堂」，爲省城頭目，楊坤即給予旗子，其後劉金龍邀得三百餘人入會；江西南昌縣人聶二鴿子，向以傭工度日，光緒八年四月，梁勝邀其入哥老會，給小黃旗一面，經李光發封爲「把總」；江西臨川縣人王矮子，向在饒郡裁縫營生，亦聽從梁勝入會，給小白旗一面，封爲「後旗」；湖北黃陂縣人魯老八，向在江西做水烟袋營生，光緒八年四月，魯老八聽從何高發邀入哥老會，得有小黑旗一面，封爲「小旗」；江西鄱陽縣人朱雲林、吳成兩人曾爲營兵，後因事革伍，遂以小貿、傭工度日，光緒八年七月，李光發邀入哥老會，封爲「九品」；江西臨川縣人俞毛仔，向在吳城貿易爲生，亦於光緒八年七月，經由何高發邀入哥老會。江西新建縣人周於、印成生兩人在吳城充當醫生，光緒六年（1880）九月，由萬明剛邀入哥老會，給青小旗一面。江西新建縣人唐厚桂、唐厚松，向以駕船營生，光緒八年五月，由聶二鴿子邀入哥老會，給小黑旗一面。光緒八年八月間，崇正龍、梁勝等與李光發在芝山亭上議定，約會景德鎮頭目黃勝雁又名老三，率會內成員於是年九月十七日，在鎮上聚齊，並約期於是月十九日放火起事，劉金龍與冷應龍等人，即率會內眾人於二十日在省城外放火，等候各官開城出救，隨即乘機混入城內起事，魯老八糾夥爲內應。會內成員均置有短刀，起事時先搶取營中槍炮，臨時用白布包頭爲號，旋被江西饒州拿獲。[33]

表 6-3-4 江西饒州李光發結拜哥老會要犯一覽表

姓名	籍貫	行業	會內身份
李光發	江西撫州金溪縣人	曾任江西饒州營千總，因事降爲把總，未歸營即在江西行醫，並教打拳棒度日	哥老會元帥。

33 劉子揚、張莉編，《清廷查辦秘密社會案》，第 37 冊，頁 11215~11216。李文敏錄副奏摺，光緒八年九月三十日。

盧水力			哥老會成員。
祟正龍			哥老會頭目。
梁　勝			哥老會頭目。
劉金龍	江西南昌縣人	向教拳棒營生	梁勝邀入哥老會，封「禮堂」，爲省城頭目。
楊　坤			哥老會頭目。
聶二鴿子	江西南昌縣人	向以傭工度日	梁勝邀入哥老會，封爲「把總」。
王矮子	江西臨川縣人	裁縫營生	梁勝邀入哥老會，封爲「後旗」。
何高發			哥老會頭目。
魯老八	湖北黃陂縣人	做水烟袋營生	何高發邀入哥老會，封「小旗」。
朱雲林	江西鄱陽縣人	曾爲營兵，後因事革伍，遂以小貿度日	李光發邀入哥老會，封「九品」。
吳　成	江西鄱陽縣人	曾爲營兵，後因事革伍，遂以傭工度日	李光發邀入哥老會，封「九品」。
俞毛仔	江西臨川縣人	貿易爲生	何高發邀入哥老會。
周　於	江西新建縣人	醫生	萬明剛邀入哥老會。
印成生	江西新建縣人	醫生	
唐厚桂	江西新建縣人	駕船營生	聶二鴿子邀入哥老會。
冷應龍			
唐厚松	江西新建縣人	駕船營生	
黃勝雁（老三）			哥老會頭目。

資料來源：李文敏錄副奏摺，光緒八年九月三十日，收錄於《清廷查辦秘密社會案》v37.11215~11216。

江西饒州李光發結拜哥老會反清一事，參與人數眾多，在籍貫分佈上多爲江西籍人士，其中有金溪縣人、南昌縣人、臨川縣人、鄱陽縣人、新建縣人，另外，尙有湖北黃陂縣人，其之間的連繫多有地緣關係；在職業及身份類別上有貿易爲生、做水烟袋營生、裁縫營生、傭工度日、駕船營生、教拳棒營生、醫生、千總、把總以及營兵等；在會內結構上，有江西撫州金溪縣人李光發爲哥老會內元帥，是會中重要領導人物，其曾任江西饒州營的千總，因事降爲把總，便在江西行醫，又在地方上教習拳棒度日，不再回營。此一哥老會中，亦有許多成員身份上爲勇丁，因事遭革或因事離營，而成爲游勇，蜷伏分散於各地，這些游勇身強體壯，善於拳腳功夫，常加入哥老會內，從事搶結村莊，或在地方上製造混亂，最後走上武裝起事之途。

光緒十六年（1890）八月初四日夜，湖南澧州所屬新洲寥家坪、梁家坪一帶，有哥弟會成員放火焚燒民房十餘家，殺斃團總杜彩珍一名，並搶劫衣物。黑夜之間，不知人數，當地居民驚慌，該州隨即會營往捕，拿獲劉傳立一名，其餘掉舟逃逸，追捕不及。劉傳立供稱被楊思沅逼脅入會。哥弟會內成員晝伏夜出，均是舟行，蹤跡飄忽無定。是月初六日夜間，哥弟會成員又在孟姜垸甘家灣地方放火，焚燒民房二十餘家，該州隨即會營馳往捕拿，會黨成員持械抗拒，致傷官差三人，亦當場格斃匪徒三人，拿獲陳啓沅等七人，其餘成員乘船逃走。據陳啓沅供認爲聽從哥弟會會首徐樹堂、寥星階等人糾邀，加入哥弟會，互相糾邀，共有三百餘人，南洲亦有二三百人，會內以徐樹堂爲總頭目，人數最多，此次約期起事，擬由梁家坪放火，以次搶奪新洲津市，入城劫獄。[34]

34 劉子揚、張莉編，《清廷查辦秘密社會案》，第 37 冊，頁 11227~11228。張煦硃批奏摺，光緒十六年九月初八日。

表 6-3-5 湖南新洲劉傳立結拜哥老會要犯一覽表

姓名	籍貫	會內身份
徐樹堂	湖南人	哥弟會總頭目。
寥星階	湖南人	哥弟會頭目。
楊思沅		哥弟會頭目。
陳啓沅		聽從哥弟會會首徐樹堂、寥星階等人糾邀。
劉傳立		被楊思沅逼脅入會。

資料來源：張煦硃批奏摺，光緒十六年九月初八日，收錄於《清廷查辦秘密社會案》v37.11227~11228。

湖南新洲劉傳立結拜哥老會反清一事，參與人數達數百餘人，其籍貫分佈上多湖南人。在會內結構上，有哥弟會總頭目徐樹堂，以及頭目寥星階、楊思沅均爲哥弟會重要領導人物。哥弟會爲地方上的強盜搶劫組織，以輕舟爲作案工具，行蹤靈活，往來各地方便，且不易被抓。會內成員加入哥弟會，多因可搶劫村莊，獲得贓銀分用，又可免自家被搶，因此加入者眾。

光緒十七年（1891）七月間，地方官府訪得九江地方有秘密會黨成員，隨後即拿獲龍海亭、姜拐子、藍吉祥、吳揚如、林家柄。又於八月十五日在湖北黃梅縣等地拿獲張標、廖斌及吕先等八名、湖廣拿獲湖北人高德華等多名。龍海亭、張標等均是會首李典名下的頭目，張慶庭是九江頭目，統帶南旗，並奉李洪爲大元帥，約期十月十五日一同起事。張慶庭爲會內新輔大爺，龍海亭則爲額頭大爺，即升爲聖賢二爺。福建泉州德化縣人張標，先充捕快頭役，後經革退，張標先從蕭朝舉邀入哥老會，稱爲老五，亦是九江頭目，是會首李典名下人。又有吕先於光緒十七年二月間，遇湖北黃梅縣人吳有楚，並稱説是哥老會內號令大爺，要吕先入哥老會，爲坐堂大爺，吕先即允從入會。[35]

表 6-3-6 江西九江龍海亭結拜哥老會要犯一覽表

姓名	籍貫	行業	會內身份
李　典			哥老會會首。
龍海亭			哥老會額頭大爺升爲聖賢二爺，爲哥老會頭目。
姜拐子			哥老會成員。
藍吉祥			
吳揚如			
林家柄			
張　標	福建泉州德化縣人	先充捕快頭役，後經革退	哥老會老五，爲九江頭目。
廖　斌			哥老會成員。
吕　先			哥老會坐堂大爺。
高德華	湖北人		哥老會成員。
張慶庭			哥老會新輔大爺，爲九江頭目，統帶南旗。
李　洪			哥老會大元帥。
蕭朝舉			哥老會成員。
吳有楚	湖北黃梅縣人		哥老會號令大爺。

資料來源：德馨硃批奏摺，光緒十七年十二月二十四日，收錄於《清廷查辦秘密社會案》v37.11240~11241。

江西九江龍海亭結拜哥老會一事，參與人士在籍貫分佈上有福建泉州德化縣人、湖北黃梅縣人，在職業及身份類別上有經革退的捕快頭役。在會內結構上，有哥老會會首李典、哥老會頭目龍海亭、張標、張慶庭等人均爲會中重要人物。其

35 劉子揚、張莉編，《清廷查辦秘密社會案》，第 37 冊，頁 11240~11241。德馨硃批奏摺，光緒十七年十二月二十四日。

會內分封有元帥等職稱，欲從事武裝起事活動。

江西崇仁縣地方有哥老會成員賣票，勾結煽惑起事，地方官府聞風查拏，隨將鄒新春、樂興保拿獲，搜出旗票二張、木質印信、鐵劍。鄒新春、樂興保與已革生員陳常及許生發等賣票糾黨，欲圖起事。隨後江西撫州府又將詹淪箐、黎先潰、詹堂發等人拿獲。江西崇仁縣人陳常，光緒四年（1878）考入縣學文生，平素包攬詞訟，武斷鄉曲，酗酒兇横，人多畏懼。光緒八年（1882）間，在蔣桂軒家飲酒，酒醉睡醒後蔣桂軒告知其見陳常身現金龍。陳常即因此遂蓄異志，陰謀不軌。陳常隨取別號「立民」，即取爲天下而立，定四海之民之意。其後，邀允許生發、詹淪菁、黎先潰、詹堂發等十三名入夥，並囑其代爲糾人，以忠義二字爲口號，希圖相時而動，欲借打教會匪爲名，佔取臺灣。尚未動手即被地方官府訪聞拿獲。崇仁縣人樂興保，光緒元年（1875）間，聽從樂正龍糾邀，加入哥老會，得受票據，封爲總旗，管會內一百餘人。光緒五年（1879）間，經地方訪聞拿獲，將票繳縣，由族房保出，改過自新。至光緒十八年（1892）正月，又起意開山賣票，並仿照樂正龍的哥老會旗票式樣，造成旗票後邀允鄒新春買票入會，並誘張興隆等人買受，潛謀各處，欲糾人約期起事。[36]

36 劉子揚、張莉編，《清廷查辦秘密社會案》，第 37 冊，頁 11251~11252。德馨硃批奏摺，光緒十八年七月十五日。

表 6-3-7 江西崇仁陳常圖結拜哥老會要犯一覽表

姓名	籍貫	行業	會內身份
樂興保	江西崇仁縣人		哥老會總旗。
陳　常	江西崇仁縣人	已革縣學文生，平素包攬詞訟	哥老會頭目。
樂正龍			哥老會成員。
許生發			
詹淪箐			
黎先潰			
詹堂發			
蔣桂軒			
張興隆			
鄒新春			

資料來源：德馨硃批奏摺，光緒十八年七月十五日，收錄於《清廷查辦秘密社會案》v37.11251~11252。

江西崇仁陳常圖結拜哥老會反清一事，參與人士在籍貫分佈上有江西人，其之間的連繫多有地緣關係。在會內結構上，有江西崇仁縣人陳常，爲哥老會重要頭目，曾考入縣學，在地方上包攬詞訟，武斷鄉曲。陳常本身極愛喝酒，酒後凶横跋扈，鄉里鄰人皆多畏懼，有哥老會成員蔣桂軒，邀其自家中飲酒，次日陳常酒醒，蔣桂軒便告其見陳常身現金龍，陳常遂起意圖謀不軌，邀集哥老會內成員，希圖從事武裝起事。而龍即爲天子，會內成員因信其酒醉後身現金龍，爲天子之命，因而願意聽從入會，協助起事。

光緒二十年（1894）七月間，河南境內訪獲哥老會內成員蕭老末、秦老五即秦保材、李老十等三名，又於山西絳州張莊村地方，拿獲高得明即喬老二，又名喬得勝一名、陝靈交界地方拿獲張鎭新即張老大又名周孝文、周老九等二名，先後起獲印票、槍刀等件。湖南新化縣人張鎮新，寄居陝西商南縣地方，曾充當營勇，同治三年（1864）告假回家，在路途上遇有陳月庭等人，即邀其加入哥老會，派充「智堂大哥」。其後即外出遊蕩度日，至光緒十七年（1891），有同會吳添順在陝豫交界一帶往來，並四處發過票布多張，每張收得錢銀數百文不等，後又自立爲「九華山忠義」堂名目，旋又改爲「東梁山」，並編造暗語口號，又刻有木印兩顆，印過票布一百餘張，在陝州一帶四處散放，誘人入會。會內立有姓名簿冊，其後因聽聞官府查拿緊急，同木印一併滅毀。秦老五、高得明、周老九、蕭老末、李老十等人分別隸屬湖北均州、河南裕州等地。秦老五於光緒十七年投入張鎮新的會內，一同結拜兄弟，並派充老五，領有張鎮新所給票布四、五十張，並在陝州南山一帶，糾夥散放，收得銀錢，並曾邀高得明、蕭老末、李老十、周老九及王老五等入會。秦老五又自號爲大元帥，並派高得明爲先鋒，分在陝州大岔溝斜廟街等處遇有過客，即攔路訛詐索取財物。光緒二十年二月初六日，秦老五起意糾同高得明、王老五等搶奪州民陳小有之女陳氏爲妻，陳小有畏其報復，不敢控告。是年三月二十八日，秦老五因素識的劉幅潮、余老五充當州差眼線，即害怕被捕拿，遂糾高得明、王老五等人將劉幅潮、於老五誆騙至梨園堆山神廟後將其殺死。[37]

---

37 劉子揚、張莉編，《清廷查辦秘密社會案》，第 37 冊，頁 11283~11284。劉樹堂硃批奏摺附片，光緒二十一年八月二十六日。

表 6-3-8 河南境內張鎭新結拜哥老會要犯一覽表

姓名	籍貫	行業/身份	會內身份
陳月庭			哥老會頭目。
秦老五（秦保材）	河南人		哥老會老五，自號爲大元帥。
高得明（喬老二、喬得勝）	山西絳州張莊村人		哥老會先鋒。
張鎭新（張老大、周孝文）	湖南新化縣人，寄居陝西商南縣	曾當營勇	哥老會智堂大哥。
周老九			哥老會成員。
李老十	河南人		
吳添順			
蕭老末	河南人		

資料來源：劉樹堂硃批奏摺附片，光緒二十一年八月二十六日，收錄於《清廷查辦秘密社會案》v37.11283~11284。

河南境內張鎭新結拜哥老會一事，參與人士在籍貫分佈上有河南人、湖南人、湖北人、山西人、陝西人，在職業及身份類別上多有曾投充營勇者。在會內結構上，有哥老會頭目陳月庭、秦老五、高得明、張鎭新等人均爲會中重要人物。此起哥老會爲地方上搶劫訛詐集團，仗勢會內成員人多勢眾、蠻橫跋扈，或攔路強劫，或訛詐財物，或強搶民女，在地方上爲非作歹，騷擾地方居民。

有江西新建縣人黃紹福，同治二年（1863）曾投江南軍營充勇，後因病出營。至同治十三年（1874）秋間，至崇明縣投海澄營充當勇丁。光緒元年（1875）四月二十一日，因犯賭遭革逐，遂在外游蕩度日。光緒二年（1876）五月二十二日，黃紹福在江蘇寶山縣吳淞鎭與素識的山東人劉廷貴會遇閑談，劉廷貴稱其有九龍山會中號布，正在糾人入會，並稱九龍山在廣東地方四面皆海，九龍山會是由綽號金鈎李胡子所起，已有五六年，現在山上有大頭目兩人，一名開發，一名黃洪，均是金鈎李胡子親屬，又有小頭目多人，並有海船三隻，每年春秋二季，駕船在海搶劫。凡入會之人，每年上山一次，劉廷貴現自山上來，即糾黃紹福入會，黃紹福允從，劉廷貴即給黃紹福會內號布五塊，布上印有藍色字跡。劉廷貴又告訴黃紹福，山上堂名是「全洪堂」，口號「洪福」，如遇同會之人，先稱「洪福」二字暗號，問住何處，稱住洪義香保；問何處來，稱從長江水口而來，何人所糾之人，即歸何人管帶，並稱管帶爲老大，黃紹福即稱劉廷貴爲老大，劉廷貴又令黃紹福輾轉糾人。其後，黃紹福遇有素識的湖南平江縣人柳金標，便向其告知前情，糾允入會，散給號布二塊，旋經江蘇寶山縣盤獲，訊出黃紹福姓名，並派人跟蹤追捕，黃紹福即將身帶號布焚毀逃逸。官府派人追拿，黃紹福即拔刀拒捕，隨經勇丁革傷拿獲。[38]

表 6-3-9 江蘇寶山黃紹福結拜九龍山會要犯一覽表

姓名	籍貫	行業	會內身份
黃紹福	江西新建縣人	曾充營勇	九龍山會老大。
劉廷貴	山東人		九龍山會老大。
金鈎李胡子			倡立九龍山會。
開　發			九龍山會大頭目。
黃　洪			九龍山會大頭目。
柳金標	湖南平江縣人		九龍山會成員。

資料來源：吳元炳錄副奏摺，光緒二年閏五月十九日、吳元炳錄附奏摺，光緒二年閏五月十九日，收錄於《清廷查辦秘密社會案》v37.11076~11077、11194~11195。

38 劉子揚、張莉編，《清廷查辦秘密社會案》，第 37 冊，頁 11076~11077。吳元炳錄副奏摺，光緒二年閏五月十九日。

江蘇寶山黃紹福結拜九龍山會一事，參與人士在籍貫分佈上有江西人、山東人、湖南人，在職業及身份類別上多有曾充任營勇者，在會內結構上，有倡力者金鈎李胡子，其下有大頭目開發、黃洪爲九龍山會內重要核心人物。九龍山會在性質上屬海盜集團，九龍山會內成員在廣東九龍山附近海域從事搶劫等非法活動，騷擾附近海域安寧。

廣東高州府屬茂名縣地方，有黃十陵大等聚眾結拜兄弟。經該縣營訪聞查拿，先後獲有成晚、賴晚、譚老晚、范廷芬、李洸、李三大、彭峪三七名，並起出書本解省。黃十陵大及李亞增共糾夥四十餘人，每人出錢數百文或一千餘文，交由黃十陵大買備香燭酒肉，結拜兄弟，倡立三合會、貧窮會、父母會等各色名目，不論年齒，共推黃十陵大爲大哥，舉行結拜入會儀式，黃十陵大以竹插地，糊紙作門，名曰木楊城，又用桌椅搭橋，囑令入會之人由橋下走入城內。會內大哥頭插雙花，二哥頭插單花，聲稱結拜之後，遇事互相幫助，如有死喪，協力照料，飲食酒肉各散。[39]

表 6-3-10 廣東茂名黃十陵結拜三合會要犯一覽表

姓名	籍貫	會黨內身份
黃十陵大	廣東高州府人	三合會大哥
成　晚		三合會成員
賴　晚		
譚老晚		
范廷芬		
李　洸		
李三大		

39 劉子揚、張莉編，《清廷查辦秘密社會案》，第 36 冊，頁 10961~10962。劉坤一等錄副奏摺附片，光緒二年十一月初三日。

彭峪三		
李亞增	廣東高州府人	

資料來源：劉坤一等錄副奏摺附片，光緒二年十一月初三日，收錄於《清廷查辦秘密社會案》v36.10961~10962。

廣東茂名黃十陵結拜三合會一事，參與人士在籍貫分佈上多爲廣東高州府人，其之間的連繫多有地緣關係。在會內結構上，有黃十陵大爲三合會中核心人物，而此一秘密會黨在名稱上有多種名目，如三合會、貧窮會、父母會等。而在會黨性質上爲互助型團體，地方人士加入會內，遇事可以互相幫助，不論在爲同會中人出頭或遇有喪事等需要經濟上的協助者，皆能達到互助的功效，因此入會者眾。

光緒五年（1789）十月間，湖北恩施縣、建始縣二縣連界的白羊坪羅家壩地方，有四川哥弟會成員潛聚該處，圖謀搶劫滋事，居民紛紛搬遷。地方政府聞風查拏，旋經該縣營拿獲朱連浦、萬一元、陳三六三名，並起獲刀械等物。其後，又拿獲陳宗銀即陳起進、僧三陽、蕭春亭即蕭大漢、向天魁、田導鎭五名。並在陳宗銀身邊搜獲白布號片三方，上刷印「松柏山長青堂三江水四海香」等字樣，中填本人姓名，後面印有暗記。據朱連浦、萬一元、陳三六供稱，是湖北建始縣人，因見四川人僧三陽、湖北潛江縣人蕭春亭，到處設館教拳，武藝高強，也隨他們學打，其從前到過四川，遇有張丙南說湖南黔陽縣廟内和尙起有哥弟會，制印布號片，入會之人即發給號片，入會將來便可成大事。其因聽聞入會有許多好處，便自願倡首邀人，承領號片，密邀朱連浦等人捐錢入會，均發給號片，並定期於十一月初六日，在羅家壩齊集，搶劫湖北建始縣城，乘機滋事。正在趕造刀械、旗幟，即被訪拿。[40]

表 6-3-11 湖北建始陳宗銀結拜哥弟會要犯一覽表

姓名	籍貫	行業/身份
朱連浦	湖北建始縣人	
萬一元	湖北建始縣人	
陳三六	湖北建始縣人	
陳宗銀（陳起進）	湖北人	
僧三陽	四川人	僧人，設館教拳
蕭春亭（蕭大漢）	湖北潛江縣人	設館教拳
向天魁	湖北人	
田導鎮	湖北人	
張丙南	四川人	

資料來源：李瀚章錄副奏摺，光緒六年正月二十四日，收錄於《清廷查辦秘密社會案》v37.11208~11209。

湖北建始陳宗銀結拜哥弟會反清一事，參與人士在籍貫分佈上有湖北恩施縣、湖北建始縣、湖北潛江縣人、四川人，其之間的連繫多有地緣關係。在職業及身份類別上設館教拳者、僧人等。在會內結構上，有四川人僧三陽、湖北潛江縣人蕭春亭爲會中核心人物，帶領會內成員搶劫湖北境內縣城，並冀圖乘機起事。

有葉定山即亞桂、鐘金勝即亞金、鐘增輝即鴻勝、李茂古、譚豬仔，分別隸屬廣東連平、翁源、江西虔南等廳州縣。鐘金勝、鐘增輝、李茂古、譚豬仔均入三點會，各拜葉定山即亞桂、葉勝利、陳國臣爲師。葉定山是會中頭目，鐘金勝、

40 劉子揚、張莉編，《清廷查辦秘密社會案》，第 37 冊，頁 11208~11209。李瀚章錄副奏摺，光緒六年正月二十四日。

鐘增輝均封「白扇」，李茂古封爲「四糾」，譚豬仔未受封職。光緒三十一年（1905），鐘金勝、鐘增輝先後聽從鐘亞仰等人，擄搶廣東連州童姓、周姓、王姓家婦女幼孩共四口，均各賣錢分用。十二月間，余紹興即朝興起意糾邀鐘金勝、鐘增輝、葉定山以及鐘亞奇等二十餘人，扮作弁勇，冒充保安局勇，借查匪爲名，夥劫廣東翁源縣桂山勇廠，得贓分用，因聞查拿嚴緊，會眾各自外出逃避。三點會頭目鐘粲元住在李茂古家內，譚豬仔先在李茂古家傭工，曾夥竊劉金古等家耕牛器物，並攔搶不知名過客銀錢油穀等物。旋經江西虔南廳同巡防隊營弁訪聞會同往拿，拿獲會首葉定山、鐘金勝、鐘增輝、王典勳、李茂古、譚豬仔等人。[41]

表 6-3-12 江西境內鍾金勝結拜三點會要犯一覽表

姓名	籍貫	行業	會內身份
葉定山（亞桂）	廣東人		三點會頭目。
鐘金勝（亞金）	廣東人		三點會「白扇」。
鐘增輝（鴻勝）	廣東人		三點會「白扇」。
李茂古	廣東人		三點會「四糾」。
譚豬仔	廣東人	在李茂古家傭工	三點會成員。
葉勝利			三點會頭目。
陳國臣			三點會頭目。
鐘粲元			三點會頭目。
王典勳			三點會頭目。

資料來源：吳重憙硃批奏摺，光緒三十二年十一月二十七日，收錄於《清廷查辦秘密社會案》v38.11393~11394。

41 劉子揚、張莉編，《清廷查辦秘密社會案》，第 38 冊，頁 11393~11394。吳重憙硃批奏摺，光緒三十二年十一月二十七日。

江西境內鍾金勝結拜三點會一事，參與人數眾多，在籍貫分佈上多爲廣東連平、翁源、江西虔南等廳州縣人，其之間的連繫多有地緣關係。在會內結構上，有葉定山、葉勝利、王典勳、鐘粲元、陳國臣等人均爲三點會頭目。其會黨組織從事人口販賣以及強盜搶劫等非法活動，在地方上擾亂秩序，爲非作歹。

湖北襄陽府屬各州縣，民情素屬獷悍，兼有並在軍營當勇遣撤回籍者，往往不務正業，勾結匪徒，拜會滋事。光緒八年（1882）九月間，有湖北谷城縣人任向善即任長青、周慎良即周老四、戚家望，與湖北鄖縣人李得魁即李魁沅，湖北襄陽縣人柳鷩子即柳大誠，湖北光化縣人文禿子即文長發、曾小樣子即曾萌得，湖北均縣人辛得勝即辛奎，會遇閑談。任向善因憶及在軍營當勇，有素相交好的張得勝，傳授江湖會口號，並給有號片，遂起意結會拜盟，糾眾起事作亂。周慎良等人允從，會內眾人共飲雞血酒，結拜弟兄，任向善隨私造告示，制備黃風帽、黃馬褂並刀械等物品。又偷得不識姓名人家馬一匹，捏造天上出有怪星，地方必將大亂，若能出錢同入會內，便可保身家。在湖北境內布謠煽惑。當有柳大定、任四、判官周承立、余怔情等被惑入會，任向善即分給號片一張，囑令凡遇同黨，以「福海」二字爲暗號。此說福，彼答海，便知是會內人。並令江湖會頭目李得魁、文禿子往湖北光化縣，柳鷩子、曾小樣子往湖北襄陽縣，辛得勝往湖北均州，一同布散謠言，糾邀夥黨。約定聚集多人，定期於是年十一月十五日起事。尙未至期，旋經湖北谷城縣訪聞，起獲馬匹、槍炮、黃風帽、馬褂等物，將其巢穴焚毀。

任向善等人遂逃至湖北保康縣城，地方官府即前往查拿，任向善持刀拒捕，適湖北谷城縣兵役踵至，一同拿獲任向善、周慎良、戚家望三名江湖會成員，並起出告示、名單、號片、大刀等物；柳甃子、曾小樣子在襄樊一帶糾夥散謠，亦經湖北襄陽縣先後拿獲，並與任向善等一併解道；李得魁、文禿子、李光化等於鄉間傳帖結會謠傳，四處民心驚慌，紛紛搬遷入城，經湖北光化縣訪拿，先後拿獲李得魁、文禿子二名，並起出會匪圖記、黃布號片；其往均州散謠糾眾的辛得勝亦經該州會營緝獲。[42]

表 6-3-13 湖北保康任向善結拜江湖會要犯一覽表

姓名	籍貫	行業/身份	會黨內身份
任向善（任長青）	湖北谷城縣人	在軍營當勇	
周慎良（周老四）	湖北谷城縣人		
戚家望	湖北谷城縣人		
李得魁（李魁沅）	湖北鄖縣人		江湖會頭目
柳甃子（柳大誠）	湖北襄陽縣人		
文禿子（文長發）	湖北光化縣人		
曾小樣子（曾萌得）	湖北光化縣人		
辛得勝（辛奎）	湖北均縣人		
張得勝	湖北人		傳授江湖會口號
周慎良	湖北人		

42 劉子揚、張莉編，《清廷查辦秘密社會案》，第 38 冊，頁 11459~11460。涂宗瀛等錄副奏摺，光緒八年十二月十八日。

柳大定	湖北人		
任　四	湖北人		
周承立	湖北人	判官	
余怔情	湖北人		

資料來源：涂宗瀛等錄副奏摺，光緒八年十二月十八日，收錄於《清廷查辦秘密社會案》v38.11459~11460。

湖北保康任向善結拜江湖會一事，參與人士在籍貫分佈上多爲湖北人，其中有谷城縣人、襄陽縣人、光化縣人、鄖縣人人，其之間的連繫多有地緣關係，在會內成員的職業及身份類別上多有曾當營勇者，因各種原因離營，變成游勇；在會內結構上，有江湖會頭目湖北鄖縣人李得魁以及張得勝等人爲會中重要頭目。其中，有任向善爲會內軍師，負責策劃行動，在結盟拜會後，便開始私造告示，制備黃風帽、黃馬褂並刀械等物品準備謀圖起事。而爲吸引民眾參與，以及出錢入會，順利起事，便散發謠言揑造天上出現怪星，地方必將大亂，若能出錢入會者，便可保全身家，湖北地方居民多有聽從入會者。

有陝西渭南縣人拜霖，向以質易度日，先未爲匪。光緒二十三年（1897）十一月間，拜霖因貧難度，憶及向在各處曾聽得有江湖會，入會有許多好處，出外能患難相助。遂起意開堂放票，四處邀人入會，結拜兄弟，刊印票布多張，到處糾人。先後會遇素相交好的郭雲峰、侯永才，並自稱是江湖會大爺，入會出外不用自帶盤費，遇事有會上兄弟幫助，無人欺侮等語，勸其入會。郭雲峰信實，並與拜霖結拜。拜霖依齒派郭雲峰爲老三，侯永才爲老五，各給票布一方，告知江湖會內口號，並囑其轉糾多人入會。迨後，拜霖又陸續糾邀韓映藜等四十餘人入會，亦先後散給票布各一方，並告知會內口號，再序齒結拜。韓映藜等人先後各給拜霖一二百文不等。至光緒二十四年（1898）八月十四日，拜霖到該縣西關外空廟內糾人入會，即經官府拿獲。[43]

表 6-3-14 陝西境內拜霖結拜江湖會要犯一覽表

姓名	籍貫	行業/身份	會內身份
拜　霖	陝西渭南縣人	貿易度日	江湖會大爺
郭雲峰			老三
侯永才			老五
韓映藜			拜霖糾邀入會

資料來源：升允錄副奏摺，光緒二十八年二月十九日，收錄於《清廷查辦秘密社會案》v38.11469~11470。

陝西境內拜霖結拜江湖會一事，參與人數約五十餘人，在會內結構上，有陝西渭南縣人拜霖，因貧難度，憶及向在各處曾聽得有江湖會名目的會黨，自稱江湖會大爺，倡結此起江湖會。拜霖倡立江湖會主要是經濟上的需求考量，而其糾引群眾入會，則是以結拜入會者出外不用自帶盤費，又能彼此患難相助，遇事有會上兄弟幫助，不怕受人欺侮等好處糾人入會。此一江湖會在性質上屬於互助型的團體，會內以互相幫助爲宗旨，而又因江湖會內宗旨滿足離鄉外出工作者的需求，因此結拜入會者眾。

江西新喻縣、高安縣等地有洪江會糾搶軍械，焚毀教堂，地方官府聞風即飛飭各營縣嚴密查拿，即於江西宜春縣拿獲洪江會會首彭雲山，又於南昌縣、高安縣、新喻縣、清江縣、

43 劉子揚、張莉編，《清廷查辦秘密社會案》，第 38 冊，頁 11469~11470。升允錄副奏摺，光緒二十八年二月十九日。

上高縣等地拿獲洪江會內成員洪升、傅先大、傅生遠、熊千、洪潘、曾有群、洪鰲即春齋公等人，並起獲洋槍。江西新喻縣距城八十餘里，當地有獅子寺一所，地處荒僻，界連數縣。河南彰德府人彭雲山，另有高安縣、清江縣人洪升、傅先大、傅生遠、熊千、洪潘、曾有群、洪鰲。彭雲山曾當營兵，後因事被革，便投入哥老會，後改名洪江會，會內受其職爲「都天大元帥」，向在各處往來，勾人入會，散賣票布；洪升則是已革武生，被糾入會，會內受與職爲「聖賢」，賣過票布十四張。熊千、洪鰲均有票布，但未經賣票；曾有群向在教民店内傭工。光緒三十年（1904）七月間，彭雲山知浙江新昌縣棠浦地方出有教案，遂起意借鬧教爲名，乘間起事，聯合傅先大、傅生遠、熊千等及會內眾人三十餘人。洪升因病未行，於初八日四更到獅子寺，冒稱送文書，敲開寺門，一擁而入，搶得洋槍七杆及刀矛等件，遂走至江西高安縣所轄金家塘地方，放火燒毀教堂一所，又至塘頭毀燒教民徐姓家房屋，並搶得銀錢衣物。其後，旋經各縣營訪聞查拿，鄉民亦聚集團圍捉匪，洪江會成員當即各自逃散。[44]

表 6-3-15 江西宜春彭雲山結拜洪江會要犯一覽表

姓名	籍貫	行業/身份	會黨内身份
彭雲山	河南彰德府人	曾當營兵，因事被革	洪江會會首，都天大元帥
洪　升	江西清江縣人	已革武生	洪江會聖賢
傅先大	江西清江縣人		
傅生遠	江西清江縣人		
熊　千	江西清江縣人		

44 劉子揚、張莉編，《清廷查辦秘密社會案》，第 37 冊，頁 11339~11340。夏旹錄副奏摺，光緒三十年十一月十五日。

洪　潘	江西清江縣人		
曾有群	江西清江縣人	在教民店內傭工	
洪　蠢（春齋公）	江西清江縣人		

資料來源：夏峕錄副奏摺，光緒三十年十一月十五日，收錄於《清廷查辦秘密社會案》v37.11339~11340。

江西宜春彭雲山結拜洪江會一事，參與人士在籍貫分佈上有江西清江縣人、河南彰德府人，在職業及身份類別上有被革營兵、武生以及爲人傭工等；在會內結構上，有河南彰德府人彭雲山爲洪江會會首，其曾當過營兵，因事被斥革後，便加入哥老會，其後改稱洪江會，在會內封爲元帥。另有江西清江縣人洪升，曾爲武生，爲洪江會內的軍師。此一洪江會在地方上亦爲搶劫強盜集團，趁地方上有教案發生，遂趁亂搶劫財物，擾亂地方秩序。

光緒年間，護理江西巡撫布政使臣沈瑜慶曾上奏在江西武寧縣訪獲洪江會陳鴻賓等人一事。光緒三十三年（1907）五月間，江西武寧縣稟報，訪獲洪江會成員陳鴻賓等五名。陳鴻賓、聶由先、曾文興、王文懷、蕭明德分別隸籍江西武寧縣、靖安縣等地。陳鴻賓向開烟館營生，與聶由先、曾文興等人彼此認識，先不爲匪。光緒三十一年（1905）七月間，有湖南瀏陽縣人萬鵬飛即姜守旦至陳鴻賓烟館吸烟。萬鵬飛自稱有各項法術，陳鴻賓初未相信，後因萬鵬飛在床上用手將陳鴻賓一指，陳鴻賓即行倒地，隨即信服。便向聶由先、曾文興、王文懷、蕭明德，以及林緒寶告知此事，一行人便一同至陳鴻賓烟館，均欲向萬鵬飛學習法術。萬鵬飛即與陳鴻賓等同至城外僻處，教以執香跪地，對天立誓後，仍回陳鴻賓烟館。萬鵬飛見陳鴻賓等俱已深信，遂自稱是洪江會內頭目，各省兄弟甚多。邀陳鴻賓等入會，聲言無論走到何處，均有飯食盤川，並稱一經入會，後來將定有好處。陳鴻賓、聶由先、曾文興、林緒寶各自應允入會，與萬鵬飛拜爲兄弟。聶由先又勸允王文懷、蕭明德一併結拜入會。萬鵬飛取出紅紙會票，寫富有山、樹義堂、天下水、萬國香、憑票發足典錢一千文字樣，並傳授內口號「日新其德」、外口號「訪盡英雄」，付給陳鴻賓等每人一張，讀熟後即行燒毀。將來走至他處，只需將胸前衣襟解開折入內裏，發打圓結，自有會內之人接待招呼，並囑陳鴻賓等多邀人入會。嗣陳鴻賓、聶由先、林緒寶陸續共邀得邱洛春等三十三人入會，均由陳鴻賓登簿散票，至光緒三十二年（1906）三月間萬鵬飛遣令江西寧都州人孔金唐至陳鴻賓烟館查問，糾邀人數，並封給各色職爲：陳鴻賓封爲當家，總管會內一切事務；聶由先封爲管事藍旗，管理傳人聚眾等事；林緒寶封爲紅旗，管理上陣冲鋒，並懲辦會內不法事件；曾文興充當巡風，上下通風報信。當即付給陳鴻賓、聶由先、林緒寶、曾文興每人白竹布一塊，寫定各目，蓋有四方木印一顆，作爲憑據。印上刻有篆文，是何字樣，陳鴻賓等人均不認識。封定後，孔金唐即自回去。王文懷、蕭明德僅止聽從入會，並未封授官職，亦放票糾人。是年五月間，湖南人范金田至陳鴻賓烟館，稱說萬鵬飛有信，令陳鴻賓等同往義寧山江地方會齊，商議放火起事；並言萍鄉不久要亂，趁此同去。蕭明德聞言畏懼，旋即出會。陳鴻賓、聶由先商允林緒寶、曾文光先往該處，晤見孔金唐，說因山口人未聚齊，不敢舉動，囑令林緒寶等仍回江西武寧縣，另約九月間聽信再去。其後，旋經縣訪聞，會營選差兵役嚴密查拿，洪江會會內成員聽聞查拿，各自逃散。旋經兵役先後拿獲陳鴻賓等五名會眾。[45]

表 6-3-16 江西武寧陳鴻賓結拜洪江會要犯一覽表

姓名	籍貫	行業	會內身份
陳鴻賓		開烟館營生	洪江會「當家」
聶由先			洪江會「管事藍旗」
曾文興			洪江會「巡風」
王文懷			洪江會成員
蕭明德			
萬鵬飛（姜守旦）	湖南瀏陽縣人		洪江會內頭目，自稱有各項法術。
林緒寶			封爲「管事紅旗」
邱洛春			洪江會成員
孔金唐	江西寧都州人		
范金田	湖南人		
曾文光			

資料來源：沈瑜慶錄副奏摺，光緒三十四年三月十七日，收錄於《清廷查辦秘密社會案》v38.11429~11431。

江西武寧陳鴻賓結拜洪江會反清一事，在會內結構上，有湖南瀏陽縣人萬鵬飛爲洪江會內頭目，自稱有各項法術，其擅長使用戲法，令群眾相信其身有法術，並以此引人入會。此外，另有陳鴻賓其本身向以開設烟館營生，家境經濟良好，其即因受萬鵬飛迷惑，而入洪江會，因其家底厚實，而在洪江會任「當家」一職，另有聶由先爲洪江會「管事藍旗」、林緒寶爲「管事紅旗」均爲會中重要頭目。此一洪江會在目的上即是希圖透過武裝起事反清，進而建立新政權。

45 劉子揚、張莉編，《清廷查辦秘密社會案》，第 38 冊，頁 11429~11431。沈瑜慶錄副奏摺，光緒三十四年三月十七日。

第七章　結　論

本書在分析秘密會黨人物，研究基礎立於案件口供，因此本書是以秘密會黨案件爲軸心，透過口供資料進行解讀，並透視分析秘密會黨內的人物。然則，不同的秘密會黨屬性不同，故參與在會內人物的性質與取向亦不盡相同，爲避免混淆與錯誤解讀，在分析與歸納上，仍保留其名稱，並將同一時期相似性質的會黨排列在一起。

有清一代，秘密會黨盛行於底層社會。「秘密會黨」本身即是一個複合概念，從清代所留存的史料中，可看出其所具多元面貌，不同會黨組織在其內在本質上有所差異。有些會黨具暴力傾向，打家劫舍，作亂鄉里，造成社會衝突；有些會黨提供社會服務，遇事彼此幫扶，醫療喪葬金錢相助等，具社會功能；亦有會黨在其政治觀上，提供另一套對政治的理念，欲糾結群眾，推翻清朝政權。因此，雖然清代官方政府有相關的法律規範與罰則加以查禁取締，但秘密會黨仍吸引部分底層民眾，依據內心想望，參與其中。檢視目前現存清代官書典籍與檔案文獻相關記載，清代秘密會黨案件正式出現，則是始於雍正年間（1723~1735）。

雍正年間秘密會黨發展及活動與清初人口成長所造成人口流動有關，大量的流動人口爲秘密會黨的發展提供極爲有利的條件。人口流動之處形成秘密會黨滋生以閩粵地區最爲顯著，其中臺灣地區結盟拜會活動亦即爲活躍。臺灣早期移墾社會裡常見的秘密會黨形態上多屬於異姓結拜組織。其合異姓爲一家，模擬家族兄弟倫常關係，會中成員以兄弟相稱，使其組織宗族化，透過虛擬血緣關係，行成一種具互助性質的地方社會共同體，這種模擬宗族關係的異姓結拜活動在臺灣早期移墾社會中蔚爲風氣。清代初期臺灣地區，官府所查出的秘密會黨在地理位置分布上主要分佈於諸羅縣地方；至於會黨名目，則有父母會、子龍會；參與秘密會黨的人物在年齡層的分佈上有尚未滿十六歲者，其之間的連繫多本無宗族親戚關係，爲其特色。因臺灣在清初漢人移墾時期，人口多由外地移居，且多隻身前往，或有攜家帶眷者，也僅其家眷，家族成員數量不多；而新徙居臺灣的漢人在短時間內尚未在臺灣開枝散葉，發展出龐大的家族，故此一時期臺灣的漢人多無眾多具血緣關係的親戚族人。因此，爲了解決生活上會遇到的問題，諸如婚喪喜慶、生老疾病以及共抵外侮等情形，地緣關係與擬血緣關係彌補了血緣關係上的人際互動功能，鄉里村鄰彼此疾病相扶死喪相助，便發展出擬血緣的結盟拜會，並成爲臺灣移墾社會中的風氣習俗。

此一時期在福建廣東一帶結盟拜會的風氣亦相當盛行，此一地區秘密會黨發展活躍也與人口流動有關。在其沿海一帶，迫於人口壓力，使人口大量遷移至開墾發展中的地區，或湧進已開發的大小城鎮，秘密會黨的發展即在人口流動的社會環境下蔚爲流行。秘密會黨在地理位置分布上有福建廈門廳、廣東的海陽縣與饒平縣等地；至於會黨名目，則有鐵鞭會、桃園會、一錢會以及父母會；在職業及身份類別上有武舉以及兵丁等，出身背景具朝廷用人色彩；其之間的連繫有地緣關係或同行關係者亦有親屬關係者。

清代初期至雍正年間（1723~1735），歷經康熙朝（1662~1722）的休養生息，並隨著政治局勢日趨穩定，農工商等各行各業均恢復發展，且逐漸轉趨蓬勃，底層社會所流行的秘密會黨除在閩粵地區活躍發展外，亦在江西、安徽等其他地區因人口增加與流動，而出現不少會黨組織。在雍正年間，官府所查出的秘密會黨在地理位置分布上除了閩粵地區外有直隸、山東、河南、安徽等地；至於會黨名目則有擡天會即尖刀會、五岳會、探花會、大刀會、鐵尺會、羅漢會、車會；在職業及身份類別上多爲挑腳，另外也有開酒飯鋪子等，其之間的連繫多有地緣關係或同行關係。清代初期官府查辦的秘密會黨案件數量不多，但當時的地方官員均已查覺底層群眾私自結盟拜會的現象。而此一現象以人口流動頻繁的地區以及勞動人口聚集之地，特別盛行。而官府查辦的策略上，亦以不擾良民爲原則，並加以重處首犯，輕罰從犯，欲撲滅地方結盟拜會的風氣，但效果不彰。

乾隆年間（1736~1795），秘密會黨的活動益發頻仍。除了從清代初期延續傳承的會黨外，尚有至此一時期出現的新興會黨，整個長達六十年的乾隆朝，結盟拜會案件層出不窮，活躍的地區比起清代初期有增加並向各地擴散的趨勢。此一時期的小刀會系統、天地會系統特別活躍。

小刀會名目出現時間相當早，於目前檔案所見，乾隆年間即有小刀會的取締案件，小刀會分佈於福建的漳浦縣、紹安縣、臺灣彰化縣以及鳳山縣等地方。福建漳浦等地的小刀會與臺灣地區的小刀會雖然皆以小刀作爲結會組織的名稱，但其共同之處大抵僅爲皆配帶小刀，或以小刀爲記；在其會內成員組成的性質上，卻是迴然相異。其中，兵丁皆在兩者中占有重要角色，在福建境內漳浦等地的小刀會內成員多出現有兵丁參與其中，扮演重要角色；而臺灣地區集結群夥，糾眾結拜小刀會，則是爲了抵制兵丁的騷擾，兩者大相逕庭。

天地會是清代相當盛行的秘密會黨，其名目是因人生以天地爲本，故其原意本爲敬天地的意思。天地會之所以盛行於清代底層社會，是基於入會可免被人欺侮，與人打架，可以相幫出力；如遇搶劫，一聞天地會的暗號，便不相犯；若有婚姻喪葬事情，會內成員皆會資助錢財；此外，將來若傳天地會給其他人，便可得人酬，所以願入天地會的人相當多。天地會在底層社會發展極爲活躍，其最早創始的起源時間，向在學術界中，是個相當熱門的討論話題，而單就從從現存史料中找尋，天地會此一會黨名目出現在清代官書、檔案及文集中的時間，最早可以追溯至乾隆年間。乾隆二十六年（1761），有漳浦縣僧人提喜又名涂喜，又號洪二和尙，俗名鄭開，於乾隆二十六年倡立天地會，隔年提喜和尙便在福建漳浦縣高溪鄉觀音亭傳授天地會。天地會系統的參與人數多爲龐大，在籍貫分佈上多爲廣東省、福建省人士；其之間的連繫多有親屬關係或地緣關係；至於其年齡分佈上，年歲最大者爲七十一歲，年歲最小者爲十九歲，大部分參與天地會的成員平均年齡多介於二十至五十歲間；在職業及身份類別上有種田度日、傭工度日、趕車度日、挑夫、剃頭、餵養雞鴨、賣魚度日、宰豬營生、賣飯過活、販賣糕餅、販賣木桶、開張麵店、零賣酒麵度日、開雜貨店、開設鞋舖、開張藥舖、開設布鋪、開賭場、戲館管班、戲館唱戲、畫匠度日、訓蒙、監生、秀才、和尚、行醫、畫符治病、算命、竊賊、爲村人看守田園度日者、游惰等，除此之外，更有在身份職業上，具官方色彩的淡水廳現役捕役、淡水廳現役把總、彰化縣現役快役、鳳山縣現役皂役、鳳山縣現役糧差、曾任彰化縣捕役者、退休的彰化縣皂役、遭斥革的海壇鎮外委、遭斥革的委署北路淡水都司等，天地會內的成員身份多元。

乾隆年間秘密會黨案件層出不窮，除了閩粵地區盛行的小刀會外，更有天地會的出現與活躍，令地方政府相應不及，而在此一時期，亦有其他會黨活動，在地理位置分布上有福建、廣東、廣西、江西；至於會黨名目則有北帝會、關聖會、關帝會、鐵尺會、牙籤會、邊錢會、半錢會、父母會、鰜鰜會、添弟會、雷公會、遊會；其之間的連繫多有親屬關係或地緣關係；在職業及身份類別上，有監生、捐貢、捐職州同、開店生理者、在外地工作者，此外亦多有無所事事之徒。

嘉慶年間（1796~1820），秘密會黨的傳播與活動更加活躍。此一時期的秘密會黨已不僅止盛行於福建、廣東等人口稠密的省份，隨著移民潮的出現與移動，在江西、廣西、雲南、湖廣以及貴州等地區，秘密會黨如雨後春筍般，不斷出現並蓬勃發展，這種分佈現象亦反映出秘密會黨在此一時期的橫向發展。

在此一時期，天地會系統有融合、重組並擴大的趨勢，乾隆年間出現「天地會」與「添弟會」，兩會名稱同音而字不同，其倡立時間、地點以及其會內人物亦不相同。其中，「天地會」名目，是取自因人生以天地爲本，原爲敬天地的意思，而會內宗旨在於內部成員彼此互助，在結會目的上，或爲異地孤獨，或爲糾眾搶劫，或爲避禍免劫，或爲斂取錢財，或爲起事反抗政府等，目的多元，傳播日廣；至於「添弟會」的出現，則是因臺灣諸羅地方有楊氏兄弟不合，互爭家產所致，其名取意爲欲弟兄日添，則爭鬥必勝而來，結會目的在於搶收稻穀，與人鬥毆。因地方官府查拏會眾，而潛逃至臺灣彰化地方，與當地林爽文所帶領的天地會逐漸融爲一會，亦隨同林爽文等天地會成員一同參與起事。至嘉慶、道光時期的「添弟會」已多半與「天地會」無異，爲其異名同會，故此，可以說在此一時期「添弟會」已納入「天地會」系統。而在此一時期天地會系統活動的地理位置分布上有臺灣、福建、廣東、廣西、江西、雲南；至於其分化的會黨名目則有添弟會、小刀會、三點會；其之間的連繫多有親屬關係或有原鄉與移居地上的地緣關係，亦有因出門至外地營生，而相互認識的關係；在職業及身份類別上有訓蒙度日者、生員、監生、縣學生、捐貢、捐職州同、開店生理者、傭工度日、更夫、打鐵營生、賣藥營生、販賣柴薪、看相、堪輿爲業、替人看造風水，此外亦多有無所事事有手好閒，向無恆業之徒；至於在年齡層的分布上，參與會眾年歲分佈於二十至五十歲之間。

嘉慶年間，秘密會黨的結立隨著人口增加與流動，在底層社會中益發活躍，除了逐漸向各地擴張並壯大的天地會系統外，亦出現多種具鮮明特徵或性質的秘密會黨。其中，「乞丐」在底層社會間流竄，居無定所，亦無恆產，也不從事正當工作，以行乞度日。這群人士無論是處於盛世或亂世之中，皆有相當數量。在嘉慶年間，地方官府查獲數起秘密會黨，其組織中的成員身份以「乞丐」爲主，這些人在地方上流竄、活動，多分佈於福建、江西、貴州以及湖南等地；至於會黨名目，則是邊錢會、江湖串子會、花子會、孝義會以及擔子會；其之間的連繫多有地緣關係，或從事相同行業或身份者；其職業及身份類別上主要以乞丐與竊賊爲主，但也有抬轎營生、務農爲生者。邊錢會、花子會這類以乞丐爲主要成員的秘密會黨，集合當地的乞丐與竊賊，組織成會黨團體，雖然在其會內大多具有禁止殺人、放火以及強盜等非法行爲，但在地方上，仍倚勢著會內人多勢眾，屢有強乞勒索、敲詐欺騙以及竊取財物等行爲，騷擾地方秩序。

在此一時期秘密會黨的發展更加多元，除了前述的天地會系統與乞丐所結立的秘密會黨組織外，官府所查出的其他秘密會黨在地理位置分佈上有福建、廣東、廣西、湖南、四川、江西以及雲南等地，至於會黨名目則有共合義會、和義會、牛頭會、百子會、兄弟會、父母會、拜香會、雙刀會、三合會、忠義會、仁義會、仁義雙刀會、仁義三仙會、良民會、五顯會、洪錢會、明燈會、公義會、太平會、情義會以及平頭會；其之間的連繫多有親屬關係或地緣關係；在職業及身份類別上有生員、書辦、縫紉營生、開張飯店、小貿過日、僧人、鐵匠、教授拳棒工夫者、挑擔度日者、竊賊，亦有不務正業者參與其中。

道光年間（1821~1850），秘密會黨的傳播與活動承襲了嘉慶年間的發展，活躍程度不減反增。其中，天地會系統在此一時期，仍然是規模較大，活動活躍的秘密會黨，多活動於福建、廣東、廣西、江西以及雲南等省份，活動範圍益加擴大；另外，以「錢」命名的秘密會黨如紅錢會、邊錢會等，亦爲活躍。其中，邊錢會與乞丐的關連性甚大，而參與成員身份以乞丐爲主的亦有花子會等秘密會黨，此類秘密會黨多活動於福建、廣東、江西以及貴州等省份；除此之外，亦有除上述秘密會黨以外的會黨組織，其規模或大或小，散布於福建、臺灣、廣東、廣西、河北、湖南、浙江、江西以及貴州等地。

天地會系統在道光年間的發展多爲延續嘉慶時期而來，隨著時間的推移，與群眾移動的變化，天地會逐漸蔓延至福建、廣東、廣西、江西以及雲南各地。天地會系統除了地理位置的向外擴張外，不斷更換會黨名目，亦爲此一時期的鮮明特色。至於其分化的會黨名目則有添弟會、三合會、三點會、小刀會、雙刀會、保家會、長江會、龘黷會、隆興會、關爺會；其之間的連繫多有親屬關係或地緣關係，或因出門在外地工作而相識者；在職業及身份類別上有買買洋貨者、小貿度日、領事館通譯、廚工、和尙、開張雜貨店、搭廠種茶、裁縫爲生、爲人卜卦算命者。天地會系統自乾隆年間開始發展，不斷成長茁壯，組織天地會的成員偶有發動武裝起事，因此，天地會名目是地方政府嚴查的對象，地方居民亦聞名色變。天地會系統一方面爲了躲避地方政府的注意，另一方面則爲了容易糾邀居民，而常常將天地會明目更改爲其他名稱，但會內暗語、口訣，以及拜會儀式，變動性不高，多維持天地會原先的形式。更改名目在乾隆、嘉慶年間即有少數的例子，但至道光年間，天地會系統大肆更改名目，即成爲此一時期相當鮮明的特色。

秘密會黨的結立在名稱上，時有變動，有同名異會者，亦有同會異名者。其中，「三點會」名目即具有此一特性。三點會一般而言，多爲天地會系統的異名同會，但並非所有命名爲三點會的秘密會黨皆屬於天地會系統，偶而也出現邊錢會系統的秘密會黨以三點會來做命名，這些三點會即爲邊錢會系統的異名同會，也就是說「天地會系統」中的三點會與「邊錢會系統」中的三點會，並無直接關連，可將其看作同名異會。在此一時期以錢命名的秘密會黨亦相當盛行，如紅錢會及邊錢會，而邊錢會與乞丐之間有相當高的關連性，至於花子會則是以乞丐爲主要成員的秘密會黨。這些秘密會黨在地裡分佈上，多分佈於廣東、福建、江西，以及貴州等地；其之間的連繫多有地緣關係或在外地工作相識者；在職業及身份類別上主要以乞丐、竊賊爲主，此外亦有齋公、種山度日、爲人傭工度日等參與在內。

道光年間（1821~1850），秘密會黨在地方上的發展呈現多元面貌，除了前述的天地會系統與紅錢會、邊錢會以及乞丐、竊賊所組織的秘密會黨組織外，官府所查出的秘密會黨在地理位置分布上有福建、臺灣、廣東、廣西、河北、湖南、浙江、江西以及貴州等地方；至於會黨名目則分別有老人會、洪連會、添刀會、兄弟會、仁義會、父母會、鐵尺會、鈎刀會、天罡會、棒棒會、認異會、丫叉會、紅黑會、江湖會、拜上帝會、臥龍會、靶子會；其之間的連繫多有親屬關係或地緣關係；在職業及身份類別上有僧人、替人看病者、小貿經營者、遊手好閒無業遊民等參與其中。

清代末年，清政權即將進入統治尾聲，不論是對外或是對內都出現了危機。隨著外國勢力的出現，以及太平軍在地方上的武裝起事，秘密會黨的活動亦隨之起舞，在地方上的發展更加活躍。由於清政府對地方的控制能力越來越薄弱，使得秘密會黨的發展益發不可收拾。

咸豐年間（1851~1861）的秘密會黨活動，受到太平天國武裝起事的影響很深，因清軍忙於太平天國戰役，不少秘密會黨亦趁機從事武裝起事活動。其中，或有秘密會黨組織欲與太平天國結盟者，或有打著太平天國名號者。在此一時期官府所查出的秘密會黨在地理位置分布上有臺灣、福建、上海、廣東、廣西、江西、浙江、江蘇、河南、湖南、山東以及四川等地；至於會黨名目，則有天地會、佝弟會、拜上帝會、小刀會、江湖會、邊錢會、紅錢會、金錢會、孝義會、羅漢黨、塘橋幫、廟幫、三合會、紅旗會、白頭會、長槍會；其之間的連繫多有地緣關係；在職業及身份類別上有地保、衙役、街役、捕快、軍營外委、縣學附生、報捐貢生、監生、科舉不第書生、和佝、眼科醫理、賣藥、賣筆、開張飯店、傭趁度日者、洋行通事、興化會館董事、耕農度日者、無業遊民，以及地方上游手好閒者、街頭流痞、街頭混混等不務正業者，參與者身分多元。

同治年間（1862~1874）的秘密會黨發展情形延伸自咸豐朝，在僅十二餘年的同治朝中，秘密會黨組織的武裝起事活動如火如荼。底層社會的群眾組織各種秘密會黨組織，糾眾結拜，反抗政府的情形日益嚴重。此一時期官府所查出的秘密會黨在地理位置分布上有臺灣、福建、廣東、江蘇、直隸、湖南、湖北、陝西等地；至於會黨名目則有添弟會、南北會、串子會（紅黑會）、南北會、青幫（安清道友）、紅白黃三會、太子會、天罡會、哥老會、江湖會等；其之間的連繫多有親屬關係或地緣關係以及職業身份類別相同者；在職業及身份類別上有乞丐、武生、馬勇、勇丁等。

光緒宣統時期（1875~1911），清政權已走至尾聲，在整個時代動盪不穩的社會氛圍之下，秘密會黨的活動不減反增，部分底層群眾組織秘密會黨，爭相進行武裝起事活動。此一時期官府所查出的秘密會黨在地理位置分布上有福建、廣東、廣西、雲南、貴州、四川、安徽、江蘇、浙江、江西、湖南、湖北、直隸、河南、河北、山西、陝西、甘肅、新疆等地，秘密會黨的發展幾乎遍及中國全境；至於會黨名目則有哥老會、仁義會、父母會、金錢會、九龍山會、三合會、砍刀會、天地會、花子會、哥弟會、三點會、江湖會、白旗會、黑旗會、烏龍會、清明會、忠義會、桃園會、洪江會、同勝會、趙公會、兄弟會、沙包會、天元會、金底會、同心會、伏虎會、白旗黨、神拳會、興中會、華興會、同仇會、光復會、在園會、巢湖幫、龍天會、洪連會、鞭剛會、革命黨、九龍會、五穀會、青幫等；其之間的連繫多有地緣關係以及相同職業身份類型者；在職業及身份類別上有縣學生、武生醫生、僧人、捕快頭役、貿易爲生、做水烟袋營生、開設烟館營生、裁縫營生、傭工度日、駕船營生、教拳棒營生、千總、把總以及營兵、強盜等，其中多有曾當營勇者，因各種原因離營，變成游勇者。

有清一代，秘密會黨盛行於底層社會。秘密會黨是由下層社會的異姓結拜團體發展而來的多元性秘密組織，而清代秘密會黨的倡立，主要是承繼著歷代民間金蘭結義的傳統，也是建立在小傳統的一種社會組織，其組織內部成員模擬家族血緣制的兄弟關係，彼此以兄弟相稱，並藉由歃血盟誓與組織規章來相互約束。雖然有些會黨具暴力傾向，打家劫舍，作亂鄉里，造成社會衝突，並有相關的法律規範與罰則加以查禁取締，具「不合法」的性質，但因其所具社會功能，遇事彼此幫扶，金錢相助等，使底層民眾常參與其內。

清代秘密會黨內參與的人物種類就其結構而言，分爲領導階層的「會首」、智囊型的「軍師」，以及人數眾多的「會眾」。在其會黨內的身分往往與其真實社會的身分有一定的關聯。

領導階層的會首有些在實際的地方社會上或爲地主、或爲商人、或爲飯館主人等中產階級者，本身具有相當財力，能對會黨內部提供以資金，並有權指揮會黨內部成員；有些則或爲應試有功名的生員、武舉等，或爲屢試無功名的在鄉讀書人，或爲地方胥吏、衙役等知識份子或地方官府基層人員者，有一定程度的才能，能閱讀識字擬定策略；或有特殊領導能力加以本身具有拳腳功夫者，或曾從軍，或爲地方惡霸，在地方社會招人結拜，從事非法做爲。不同領導階層所帶領的會黨其組織、目的以及行爲皆會不同。

至於會黨內部在會首之下，會眾之上有「軍師」或「師傅」，不同會黨所稱名目不同，但在功能上主要是智囊型的人物，爲會黨擬定策略。其在現實社會中的身分有些是地方上的知識份子，其中或有失意屢識不中者，或爲生員、縣學生等，通常以算命爲業或爲人看設風水等，因其讀過書，故能出主意擬策略；有些爲出家人，或爲道士，或爲僧人，或爲齋公等，往往聲稱具有特殊能力能預知，或稱有各類神奇法術。

會黨內部爲數眾多的成員，多爲地方底層社會人士，或爲佃農，或爲人傭工或無業投機份子等，內部聚集各行各業的人士，其參與會黨因素不盡相同。或因隻身在外地工作，尋求歸屬感與安全感；或爲投機取得錢財，加入會黨擕徒搶劫分贓，謀取不法利益；或爲抵抗地方不良官吏，保衛家園；或爲擁戴可能的下一認真命天子，加入推翻朝廷的活動；亦有爲數不少僅爲保全身家，而被威逼入會者。

秘密會黨盛行於底層社會有其因素，而底層民眾入會的原因亦多元且複雜。透過觀察秘密會黨會內人物的結構與其之間的交互作用，便可看出倡立會黨者與會內成員之間各自爲滿足所需，而互相依存，即是形成秘密會黨盛行於底層社會的結果。而本書在分析秘密會黨人物上，不僅將焦點集中於會首，更擴大焦點於參與秘密會黨爲數眾多的會內成員。從中得知大部分容易被秘密會黨吸引的群眾多具有一些特質，或隻身在外地工作，或生活窮苦難度，或在地方上無所事事之人。但就案例而言，亦有部分民眾家道殷實生活無虞，或本身即在地方官府基層工作，或爲地方軍營兵丁等，背景具官方色彩者仍被秘密會黨所吸引。這反映出，秘密會黨在吸引底層民眾上，是呈現相當多面性的。不同處境與不同境遇下的民眾，在需求與欲望上不同，而秘密會黨亦以不同的方式來滿足不同需求的民眾，是以秘密會黨在清代社會如此盛行。

徵引書目

一、文獻檔案與史料

（一）檔案資料

1.未刊本

《上諭檔》，臺北：國立故宮博物院藏。

王琛等修，《邵武府志》，臺北：國立故宮博物院藏，光緒丁酉年刊本。

《月摺檔》，臺北：國立故宮博物院藏。

《外紀檔》，臺北：國立故宮博物院藏。

《廷寄檔》，臺北：國立故宮博物院藏。

《奏摺檔》，臺北：國立故宮博物院藏。

俞樾等纂，《上海縣志》，臺北：國立故宮博物院藏，同治十年刊本。

《寄信檔》，臺北：國立故宮博物院藏。

《硃批奏摺》，北京：中國第一歷史檔案館藏。

《剿捕檔》，臺北：國立故宮博物院藏。

《軍機處檔・月摺包》，臺北：國立故宮博物院藏。

《軍機處錄副奏摺》，北京：中國第一歷史檔案館藏。

《宮中檔》，臺北：國立故宮博物院藏。
《宮中檔康熙朝奏摺》，v.1~v.9，臺北：國立故宮博物院藏，1976~1977 年。
《宮中檔雍正朝奏摺》，v.1~v.32，臺北：國立故宮博物院藏，1977~1980 年。
《宮中檔乾隆朝奏摺》，v.1~v.75，臺北：國立故宮博物院藏，1982~1988 年。
《宮中檔嘉慶朝奏摺》，臺北：國立故宮博物院藏。
《宮中檔道光朝奏摺》，臺北：國立故宮博物院藏。
《宮中檔咸豐朝奏摺》，臺北：國立故宮博物院藏。
《宮中檔同治朝奏摺》，臺北：國立故宮博物院藏。
《宮中檔光緒朝奏摺》，臺北：國立故宮博物院藏。
《宮中檔遺補》，臺北：國立故宮博物院藏影印本。
符璋等纂，《平陽縣志》，臺北：國立故宮博物院藏。
熊其英纂，《青浦縣志》，臺北：國立故宮博物院藏，光緒五年刊本。

2.已刊本

《天地會》v.1~v.7，北京：中國人民大學出版社，1980 年。
中國第一歷史檔案館，《辛亥革命前十年民變檔案史料》北京：中華書局，1985 年。
《文獻叢編》（上）（下），臺北：國風出版社，1964 年。
《史料旬刊》，臺北：國風出版社，1963 年。
《光緒宣統兩朝上諭檔》，桂林：廣西師範大學出版社，1996 年。

《光緒朝硃批諭旨》，北京：中華書局，1996 年。
《光緒朝硃批奏摺・秘密結社》，北京：中華書局，1996 年。
《辛亥革命前十年民變檔案史料》，北京：中華書局，1985 年。
《明清史料》，臺北：國立中央研究院歷史語言研究所，1972 年。
《重修臺灣省通志》，南投：臺灣省文獻委會，1992 年。
《皇朝道咸同光奏議》，臺北：文海出版社，1969 年。
《皇清奏議》，臺北：文海出版社，1967 年。
《皇朝經世文編》，臺北：國風出版社，1963。
《咸豐同治兩朝上諭檔》，桂林：廣西師範大學出版社，1998 年。
《乾隆朝上諭檔》，v.1~v.18，北京：檔案出版社，1991 年。
《康熙朝漢文硃批奏摺彙編》，北京：檔案出版社，1984~1985 年。
《康熙朝滿文硃批奏摺全譯》，北京：中國社會科學出版社，1996 年。
《道咸同光四朝奏議》，臺北：臺灣商務印書館，1970 年。
《雍正硃批諭旨》，臺北：文源出版社，1965 年。
《雍正朝漢文硃批奏摺彙編》，上海：江蘇古籍出版社，1991 年。
《雍正朝漢文諭旨匯編》，桂林：廣西師範大學出版社，1999 年。
《雍正朝滿文奏摺全譯》，合肥：黃山書社，1998 年。
《嘉慶道光兩朝上諭檔》，桂林：廣西師範大學出版社，2000

年。
《諸羅縣志》，南投：臺灣省文獻委員會，1993 年。
劉子揚、張莉編，《清廷查辦秘密社會案》，v.1~v.40，北京：線裝書局，2006 年。
張偉仁編，《明清檔案》，臺北：聯經出版社，1986 年。
黎青主編，《清代秘密結社檔案輯印》v.1~v.10，北京：言實出版社，1999 年。
蕭一山編，《近代秘密社會史料》，臺北：文海出版社，1972 年。
瞿宣穎，《中國社會史料叢鈔》，臺北：臺灣商務印書館，1965 年。

（二）官書典籍

1.未刊本

《大清太宗文皇帝實錄》，初纂本，臺北：國立故宮博物院藏。
《邱莘教匪紀略》，臺北：國立故宮博物院藏。
《起居注冊》，康熙朝，臺北：國立故宮博物院藏。
《起居注冊》，雍正朝，臺北：國立故宮博物院藏。
《起居注冊》，乾隆朝，臺北：國立故宮博物院藏。
《起居注冊》，嘉慶朝，臺北：國立故宮博物院藏。
《欽定平定教匪紀略》，清嘉慶間內府朱絲欄寫本，臺北：國立故宮博物院藏。
《欽定剿平三省邪匪方略》，嘉慶年間內府朱絲欄寫本，臺北：國立故宮博物院藏。

《欽定剿捕臨清逆匪紀略》，清嘉慶間內府朱絲欄寫本，臺北：國立故宮博物院藏。
清仁宗撰，〈邪教說〉，《御製文初集》，卷十，清嘉慶二十年武英殿刊本，臺北：國立故宮博物院藏。
清仁宗撰，〈弭邪教說〉，《御製文餘集》，卷下，清道光間武英殿刊，臺北：國立故宮博物院本藏。
清宣宗撰，〈善教得民心〉，《御製文初集》，卷一，清道光十年武英殿刊本，臺北：國立故宮博物院藏。
《聖訓》（滿文本），臺北：國立故宮博物院藏。

2.已刊本

《十二朝東華錄》，臺北：大東出版社，1968 年。
《大清太宗文皇帝實錄》，乾隆四年重修本，臺北：華文書局，1964 年。
《大清世祖章皇帝實錄》，北京：中華書局，1985 年。
《大清聖祖仁皇帝實錄》，臺北：華文書局，1964 年。
《大清世宗憲皇帝實錄》，臺北：華文書局，1964 年。
《大清高宗純皇帝實錄》，臺北：華文書局，1964 年。
《大清仁宗睿皇帝實錄》，臺北：華文書局，1964 年。
《大清宣宗成皇帝實錄》，臺北：華文書局，1964 年。
《大清文宗顯皇帝實錄》，臺北：華文書局，1964 年。
《大清穆宗毅皇帝實錄》，臺北：華文書局，1964 年。
《大清德宗景皇帝實錄》，臺北：華文書局，1964 年。
《大清十朝聖訓》，臺北：文海出版社，1965 年。
《大清會典》（康熙朝），臺北：文海出版社，1995 年。

《大清會典》（雍正朝），臺北：文海出版社，1995 年。
《欽定大清會典則例》（乾隆朝），《文淵閣四庫全書》，臺北：臺灣商務，1986 年。
《欽定大清會典事例》（嘉慶朝），臺北：文海出版社，1992 年。
《欽定大清會典事例》（光緒朝），臺北：臺灣中文書局，1963 年。
李東陽等纂，申時行等重修，《大明會典》。臺北：新文豐出版社，1976 年。
《清代起居注冊》，光緒朝，臺北：聯經出版社，1987 年。
《清代起居注冊》，同治朝，臺北：聯經出版社，1983 年。
《清代起居注冊》，咸豐朝，臺北：聯經出版社，1983 年。
《清代起居注冊》，道光朝，臺北：聯經出版社，1985 年。
《康熙起居注冊》，北京：中華書局，1984 年。
《雍正起居注冊》，北京：中華書局，1993 年。
《清史稿校註》，臺北：臺灣商務印書館，1999 年。
《清代史料筆記叢刊》，北京：中華書局，1979 年。
清・祝慶祺編，鮑書芸參定，《刑案匯覽》，臺北：成文出版社，1968 年。
清・徐珂，《清稗類鈔》，臺北：臺灣商務印書館，1966 年。
清・汪志伊，〈敬陳治化漳泉風俗疏〉，《皇朝經世文編》，卷 23，臺北：國風出版
社，1963 年，頁 42。
黃靜嘉，《讀例存疑重刊本》，臺北：成文出版社，1970 年。
《欽定大清會典事例》，臺北：中文書局（據光緒 25 年刻本），

1963 年。
《聖諭廣訓》，收於《文淵閣四庫全書》，臺北：臺灣商務印書館，1986 年。

二、專書著作

平山周《中國秘密社會史》，臺北：古亭出版社，1975 年。
曲彥斌，《中國民間隱語行話》，北京：新華出版社，1991 年。
孟超，《明清秘密教門滋蔓研究》，福州：福建人民出版社，2009 年。
沈寂、董長卿、甘振虎著，《中國秘密社會》，上海：上海書店出版社，1993 年。
秦寶琦，《中國地下社會第一卷》，北京：學苑出版社，1994 年。
秦寶琦，《中國地下社會第二卷》，北京：學苑出版社，2005 年。
秦寶琦，《清末民初秘密社會的蛻變》，北京：中國人民大學出版社，2004 年。
秦寶琦、孟超，《秘密結社與清代社會》，天津：天津古籍出版社，2008 年。
秦寶琦、譚松林，《中國秘密社會》，福州：福建人民出版社，2002 年。
連橫著，《臺灣通史》，南投：臺灣省文獻委會，1992 年。
連立昌，《福建秘密社會》，福州：福建人民出版社，1993

年。
莊吉發，《真空家鄉—清代民間秘密宗教史研究》，臺北：文史哲出版社，2002 年。
莊吉發，《清代秘密會黨史研究》，臺北：文史哲出版社，1994 年。
莊吉發，《清代臺灣會黨史研究》，臺北：南天書局，1998 年。
梁景之，《清代民間宗教與鄉土社會》，北京：社會科學文獻出版社，2004 年。
葉高樹，《清代前期的文化政策》，臺北：稻鄉出版社，2002 年。
鈴木清一郎、高賢治編；馮作民譯，《臺灣舊慣習俗信仰》，臺北：眾文出版社，
1993 年。
萬晴川，《中國古代小說與民間宗教及幫會之關係研究》，北京：人民文學，2010。
劉平，《文化與叛亂》，北京：商務印書館，2002 年。
歐陽恩良、潮龍起，《中國秘密社會》，福州：福建人民出版社，2002 年。
蔡少卿，《中國秘密社會概觀》，江蘇：人民出版社，1988 年。
蔡少卿，《中國秘密社會》，臺北：南天出版社，1996 年。
戴玄之，《中國秘密宗教與秘密會社》，上下兩冊，臺北：臺灣商務，1990 年。
濮文起，《民間宗教與結社》，臺北：幼獅出版社，1995 年。

譚松林，《中國秘密社會》，福州：福建人民出版社，2002年。

三、期刊論文

（一）臺灣地區

王爾敏，〈秘密宗教與秘密會社之生態環境及社會功能〉，《中央研究院近代史研究所集刊》10，1981年7月，頁33~59。

莊吉發，〈清代秘密社會史的研究與出版〉，《清史論集》，第十九集，臺北：文史哲出版社，2008年，頁185~220。

莊吉發，〈故宮檔案與清代社會史研究〉，《清史論集》，第十一集，臺北：文史哲出版社，2003年，頁143~174。

莊吉發，〈從故宮現藏檔案談清代民間秘密宗教盛行的原因〉，《清史論集》，第十六集，臺北：文史哲出版社，2006年，頁261~286。

莊吉發，〈評介秦寶琦著《中國地下社會》〉，《清史論集》，第十四集，臺北：文史哲出版社，2004年，頁303~329。

莊吉發，〈四海之內皆兄弟：歷代的秘密社會〉，《清史論集》，第十四集，臺北：文史哲出版社，2004年，頁7~50。

莊吉發，〈隱語暗號 — 清代秘密社會通俗文化的特色〉，《清史論集》，第十六集，臺北：文史哲出版社，2006年，頁325~358。

黃嘉謨，〈英人與廈門小刀會事件〉，《中央研究院近代史研究所集刊》，第 7 期，臺北：中央研究院近代史研究所，1978 年 6 月，頁 309~354。

（二）大陸地區

中國第一歷史檔案館撰，〈清代檔案與清史修撰〉，《清史研究》第 3 期，2002 年 8 月，頁 4。

孫立新、朱光涌，〈義和團運動的社會與宗教起源 — 一個綜合解說嘗試〉,《中國海洋大學學報》(社會科學版) 1，2008 年，頁 74~80。

郭緒印，〈評青幫的發源和演變 — 在泛長三角地區的轉化〉,《上海師范大學學報》(哲學社會科學版) 4，2010 年，頁 76~84。

郭松義，〈清朝的會典和則例〉，收於《清史研究通訊》第 4 期，1985 年，頁 34~36。秦寶琦，〈太平天國的「小天堂」 — 「人間天堂」宗教理想的中國實踐〉，《清史研究》4，2010 年，頁 70~77。

馬繼武、于云瀚,〈中國古代城市中的民間秘密結社〉,《社會科學輯刊》5，2003 年，頁 91~95。

張佐良，〈18 世紀中國秘密社會與社會變遷〉，《菏澤學院學報》6，2007 年，頁 82~85。

張佐良，〈從河州事變看乾隆朝民變的政府對策〉，《學術研究》11，2007 年，頁 110~115。

萬晴川，〈明清小說與民間秘密宗教及幫會之關系論綱〉，《江西師范大學學報》(哲學社會科學版) 5，2005 年，頁 71~76。

趙志，〈試論清后期金丹道教與幫會組織的融合〉，《陰山學刊》3，2003 年，頁 66~70。

潮龍起，〈秘密社會研究的理論視角〉，《煙臺大學學報》（哲學社會科學版）3，2004 年，頁 324~327。

四、工具書與電子資料庫

莊吉發，《故宮檔案述要》，臺北：國立故宮博物院，1983 年。

張玉法、洪健榮，《中國近代史史料指引》，臺北：新文豐 2005 年。

「漢籍全文資料庫」網址 http://hanji.sinica.edu.tw/。

附件一：軍機處　林案供詞檔 1

故宮館藏檔案號碼 625000001
長 29.5 寬 27，線編右翻
嘉慶十八年九月份
共二百頁
＊以下打字排版原則上儘量按照檔案原件，每一檔案編碼皆爲原檔案一頁，若有誤以原件爲主。

00001

臣托　等謹
奏爲奏
聞事臣等連日審訊各逆犯業將初供大概情形具
奏在案旋奉
廷寄
諭旨將應行研訊之處詳晰
指示臣等遵即復向首逆林清將該逆等突入
禁城究欲何爲此時
聖駕尚未回京伊等曾否得知信息且既膽敢謀逆
何以糾約人數僅止一二百名核之殲獲各數
又不符合地安門外是否尚有餘賊潛匿前日
進城時是否俱由宣武門行走一一向其嚴詰

00002

已據逐層供吐並據將立教糾眾滋擾各處情
形供悉不諱提質該逆之甥董幗太供亦相符
至太監閆進喜供出之入教太監王進德等十
名已據內務府大臣查拏送部臣等逐一嚴審
爲康景玉一犯供認曾經入教並未隨同謀逆
其餘各犯俱堅不承認又內務府大臣送到曾
經拜把形跡可疑之太監周進喜張進寶二犯
反覆研鞫俱供認拜把並無別情臣等以犯供
堅執不移因思太監劉得財等一經首逆林清
指出即不能狡辯仍將王進得等十二犯是否
從逆之處向林清跟究該首逆亦堅稱實祇劉
得財等六犯其餘並不知影響等語再向原供

00003

之閆進喜覆加究詰該犯供詞轉涉游移臣等
現仍晝夜熬審務得確情又陳爽等各犯先經
臣崇祿臣成格在內錄取供詞現據步軍統領
衙門解送到部除業已傷斃外其現存各犯臣
等覆行審訊與前供脗合所有審得林清董幗
太及陳爽等供詞繕呈
御覽並將失察逆賊進城之右安門正陽門宣武門

三處城門官員
奏請革職其兵丁責革示懲是否有當伏乞
皇上睿鑒謹
奏
嘉慶十八年九月十九日

00004

〈空白頁面〉

00005

林清供我先前入教原希圖歛錢後來因我會
說話眾人推我掌卦又後來出了卦就總領了
八卦那滑縣的李文成除坎卦外七卦俱是他
領的七卦內有事李文成須來報我我又見攏
的人多就起意謀逆我們推算天書彌勒佛有
青羊紅羊白羊三教此時白羊教應興眾人說
我是太白金星下降又說我該做天王有衛輝
的馮克善該做地王李文成該做人王將來事
成之後天下是人王的天王地王就同孔聖人
張天師一般天書上又說八月中秋中秋八月
黃花滿地開放我們想今年該閏八月這九月
十五正是第二個中秋合該應運所以與李文

00006

成約定在九月十五日起事彼此聚會我預先
布置叫陳爽陳文魁帶了一百來人分路先進
紫禁城原想這邊得了手我就同河南來的一股
趁
回鑾之時迎上前途鬧事不想李文成一路不到我
也沒法了至我附近一帶從教的原只二百來
家我已挑了一百多人進京剩下的老弱婦女
不能濟事所以陳爽等之外實無多餘的人豈
能再派人在城中藏伏呢這八卦的人每卦多
少不等震離兩卦人數最多滑縣頭目于克俊
磁州頭目趙得一長垣頭目賈士元羅文志衛
輝頭目就是馮克善手下人各以幾百名這都

00007

是震卦道口鎮頭目王休志手下人有一二千名曹縣頭目許安幗德州頭目宋躍漋金鄉頭目崔士俊手下人各有幾百名這都是離卦此二卦頭目我都熟悉的又巽卦頭目楊遇三在順德府乾卦頭目華姓在宣化府艮卦頭目王道漋在歸化城坤卦頭目魏正中在安慶兌卦頭目王忠順在潼關這五卦頭目我都不熟記憶不清這都是李文成向我告知的至於傳教的時候喫茶喫藥這都是我手下的人轉相接引添出來的事我實不知道十五日起事之時同謀的太監實祇劉得財劉金高廣幅張泰閆進喜王幅祿六人其餘再沒有別的太監了是

00008

實

九月十九日

00009

劉三及劉老供我係宛平縣宋家莊人與林清街鄰年三十八歲父母俱故並無弟兄女人賀氏生有一女名叫相兒年纔五歲我於本年三月聽從田二入榮華會的教九月十四日我跟田二起身十五日進南西門順城門至

西華門外我們共三十餘人進

西華門有劉姓太監把我們引進至

隆宗門有二十餘人搶了門上弓箭我並未幫搶拿亦並未殺人當有官人把我砍傷拏獲的是實

九月十九日

00010

〈空白頁面〉

00011

熊進才供我係宛平縣西黃村人年三十歲父母俱故並無兄弟妻張氏子保住女雄姊向在東四牌樓賣菓子營生我於七八年前從董幗

旺入教本年九月十五日午時我們各將刀放
藏我的柿子擔筐內我挑擔裝作買賣人的樣
子跟頭目陳文魁劉四劉二賀八董幗旺等共
四十餘人到
西華門即有太監張太高廣幅引進我們將擔內
柿子拋散地上各拏刀擁進將門關閉有官人
趕拏我們各即用刀砍人旋被拏獲是實
九月十九日

0012

〈空白頁面〉

0013

龔恕供我在桑岱地方居住年三十歲父親龔
一文繼母胡氏哥哥龔才兄弟龔懷俱分居度
日女人陳氏生子祥兒年纔兩歲我先跟著顧
老頭兒入教叫我念真空家鄉無生父母八字
他還說念幾遍就可運氣他死後我就從林清
入榮華會的教本月十四日頭目陳爽邀我到
鳳家莊酒鋪喝酒他說林清定於本月十五日
派陳文魁帶四十餘人進
西華門陳爽帶我們三十餘人進
東華門我於十五日將刀一把揣在懷內起身由
南西門走進前門至
東華門外南池子地方內監劉得財先在酒鋪等

0014

候我與陳爽等三十餘人先後走至劉得財說
進去走東邊
蒼震門就有預備我們三十餘人要進
東華門被門上官兵攔住查拏只有五六人跑進
劉得財在前引路有官人拏棍打我我用刀砍
了他一下跑至東邊窄狹地方即被官人拏獲
的至我們派進
東華門的人惟陳爽祝顯陳顯祝林祝老劉金玉
劉老三王昇有均係我同村所以認識餘俱不

知姓名所供是實

九月十九日

00015

田馬兒供我係宛平縣宋家莊人在東大窪居住年十八歲父親田二四十八歲母親高氏尚有兄弟二人我父親歸從宋景耀坎卦教年久宋景耀因打官司問罪之後是宋家莊人林清掌教我父親叫我歸他的教他的教稱爲榮華會念的是真空家鄉無生父母八個字我父親是頭目還有黃村劉老四的兒子劉老二太平莊孫老四太窪莊田茂貴都是頭目曾聽說林清要造反本年九月十三日我父親帶我進京我害怕不肯我父親不依帶我到彰儀門內豆家坑閆家蔥店住下十五日我隨父親到西華門外會齊約有四十餘人也有裝扮做買柿

00016

子白薯的把刀藏在筐子底下到西華門外把擔子倒翻各人拏刀齊搶進去有個太監出來在劉老二手裡接過白布旗領著進去我父親遞給我一把刀我害怕撩在門下跟著父親進門去他們往北去我就往南邊破板房一帶躲著到日平西時有官人看見將我拏住的至我同去的孫老四劉老二田茂貴茂才宋喜宋三李五我是認得的大頭目我只認得劉進亭不認識陳文魁還有許多人名姓我實在叫不出來聽說林清因河南人尚未到齊所以沒來河南尚有十八個頭目都是林清手下在黃河南地方我只知道有牛先生王鬍子給

00017

他辦事還有林開善林開清們其餘我不知道是實

九月十九日

00018

〈空白頁面〉

0019

董幗太供我舅舅林清先掌坎卦一股後來並管八卦邢震卦股內的李文成叫林清做當家的林清比他大他還向林清磕頭的李文成一股在滑縣手下有一二千人還有趙大一股在磁州宋躍漋一股在德州手下各有幾百人都服林清管的此外我不知道了至黃村附近一帶有二百來人就是林清管的各股教內的人都湊給錢文與林清行禮林清先前貧苦與我同居因係甥舅日用都是我家幫貼的自做了教頭纔有錢使用就不須我幫貼了此番林清謀反先與李文成彼此約定九月十五日起事林清就在本地坎卦股內除了老弱婦女練出

0020

一百來人叫陳爽陳文魁分東西兩路陳爽領的是董村桑垡村兩處的人二十餘名從東華門進陳文魁領的是宋家莊洪家村太平莊及雄縣固安的人約五十餘名從西華門進並聞得有太監劉姓張姓引路我沒有同來林清原想河南一般人來接應的不想竟沒有到要在附近村莊湊人前來探信又湊不起正在著急想往河南一路逃走不想被官兵拏獲了所供是實

九月十九日

0021

陳爽供我係正藍旗豫親王府包衣年三十七歲父親已故母親祝氏女人閆氏生子叫五兒女二人大秋二秋我這榮華會係顧有得爲首後傳宋景耀宋景耀傳林清我入會時頭目林清曾教我念真空家鄉無生父母八字說是最靈驗的并可得好處本年九月初十日林清撥派我進京起事約定十五日陸續進南西門進前門到

東華門外南池子酒鋪會齊午刻進去分爲兩撥
我帶龔恕祝顯李龍王昇有三十多人進
東華門陳文魁帶同劉進亭賀八許進玉等四十
餘人進

00022

西華門並說如事不成還有長垣滑縣二處可以
幫助的至晌午時我同龔恕等數人攜刀先後
進
東華門有內監劉得財劉金領我進去奔
蒼震門往北遇見兩人我砍了一刀就見一人躺
下後有官人趕上將我打傷拏獲至我帶進
東華門的雖有三十餘人因官人查拏關門我們
只進去五六個餘想俱跑散了是實
九月十九日

00023

范采供年四十三歲我係榮城縣草紙營人搬
住雄縣西柳村父母俱故並無兄弟娶妻楊氏
已故生有一女童養在大有莊楊姓今年十歲
我做紙生理劉進亭是我同村素日歸榮華會
教他是姓林的傳下的後來劉進亭勸我歸教
說有好處我允從了他叫我給他錢一百文他
教我念過八個字後來我又給過他錢文今年
九月初一日劉進亭們說林姓要幫河南人做
朝廷邀我們大家幫扶事成給我地畝我們至
林家商量的約定十五日起事十二日我同劉
進亭們二十來人從家裡上京住在小見村十
三日住渾河西十四日往在南西門外十五日

00024

一早進城同到
西華門外有兩個老公出來招呼我們進去我也
拏刀趕進大家帶上白布進門後劉進亭合眾
人就將
西華門關上一同奔至
隆宗門裡頭將門關上劉進亭同不認識的搶了

弓箭射人砸了一會門有兵來了我們跑散我
跑到南邊橋下躲著將黑時候爬到城旁盤道
上城十七日早跳下城外跌倒就被拏獲的劉
進亭手下有韓毛兒韓來車兒楊成韓五幅兒
杜有兒劉成兒都同去的也有被殺也有吊死
的只有韓達子沒有跟來還有楊成明同我都

00025

藏在城上跳下被拏是實

九月十九日

00026

〈空白頁面〉

00027

劉進亭供我係雄縣人年五十六歲在城北西
柳村居住做豆腐為生父母女人俱故兒子劉
榮年十八歲我們跟劉呈祥之子劉老二入的
榮華會已三年了我們俱前後人稱呼劉老二
說林清圖謀大事事成後我們俱可封官於七
月間商量約定劉老二於九月十五日午刻帶
同我們進
西華門鬧事我又聽見林清說饒陽鉅鹿南宮縣
喜峯口滑縣的大頭目劉裕隆馮和善那裡有
五百多人東昌府亦有五七百人頭目李萬成
與馮和善原係一氣的我於本月十五日進南
西門順城門至

00028

西華門外共有四十餘人一同擁進
西華門走至
隆宗門外我們十幾個人搶了門上許多弓箭魏
宗禮魏大賓均射了人我並未殺人後被官人
拏獲至
西華門南邊殺傷男婦多人係何人動手我實記
憶不清想係被官兵追拏逃躲撞遇圖脫傷害
的我們進

西華門後恐官兵捕捉隨即將門關閉又因林清
說河南有五百人隨後即到所以劉老二爬上
城墻插旗招迎的我傳的徒有五人一叫范采
一叫楊世名一叫韓然即傻小子一叫韓達子
一叫韓傒水是實
九月十九日

00029

00030
〈空白頁面〉

00031
臣董　等謹
奏爲審明逆犯請
旨正法事竊逆匪林清等勾串太監劉得財等滋事
一案臣等連日審訊節經摘錄要犯供詞奏蒙
聖鑒茲臣等復逐加研鞫並將各犯隔別嚴訊據各
該犯將造謀糾黨肆兇不法情形一一供吐俱
屬相符其均爲正犯無疑　查律載謀反大
逆者不分首從皆凌遲處死此案林清等起立
會匪名目蓄謀肆逆殺傷官兵多人太監劉得
財等膽敢聽從助逆均屬罪大惡極按律應不
分首從均凌遲處死查各該逆犯多係受傷深
重並有無庸再訊者均未便稽誅除將首逆林

00032
清並陳爽劉得財劉金四犯留禁恭候
庭訊並劉進亭田馬兒董幗太閆進喜四犯尚有
質訊之處亦請暫行監禁外應請
旨將龔恕等二十八犯分起辦理謹擬將龔恕范采
熊進才劉三安柱祝老楊正月李成楊成明季
進玉趙二格宋維金王保兒聶寬並太監張太
王幅錄十六名於二十日綁赴市曹寸磔處死
張文張貴兒楊成金老虎王玉兒史進忠劉二
趙套兒賀五孫傻子李萬金張金利十二名於
二十一日綁赴市曹寸磔處死其前被格殺各

犯亦應分置各城門外剉屍仍與龔恕等一併
梟首懸示以彰

00033

國憲而抒眾憤至各處查拏解部各犯容再逐細
訊明按例分別定擬俾情罪悉歸允當而梟獍
淨絕根株其例應緣坐各犯另行分別查拏辦
理是否有當理合恭摺具
奏請
旨伏乞
皇上訊示遵行謹
奏
嘉慶十八年九月二十日

00034

〈空白頁面〉

00035

林清及劉興幗供我係宛平縣黃村宋家莊人
年四十四歲曾充南路廳巡檢司書吏退了二
十多年十一年上有教頭宋景耀傳教給我念
的是真空家鄉無生父母八字有同教的劉呈
祥曾掌坎卦十三年上劉呈祥因陳懋功在承
德府呈控伊兄陳懋林傳教案內與宋景耀宋
理輝俱犯案問徒坎卦無人掌管眾人纔推我
掌坎卦的我先因陳懋功等控案牽連在保定
時適有滑縣書吏牛良臣也在保定結訟纔相
熟識在我家居住說起滑縣有李文成也講此
教我就去訪他他說我前世係卯金所以改姓
劉的十六年上我仍將坎卦交代劉呈祥掌了

00036

那年李文成在滑縣謝家莊掌了震卦的教又
有掌離卦教的崔士俊在山東金鄉縣震卦爲
首七卦俱歸他掌管他是前人我們七卦都是
後人本年八月十四日李文成的義子劉成章
到我家教我替他鋪排欲到京起事共一百四

十人每一頭人管十人分東西兩邊東邊派陳爽爲頭劉呈祥押後進東華門西邊派陳文魁爲頭劉永泰押後進西華門東邊係太監劉得財劉金引路西邊係太監張太高廣幅引路還有太監王幅祿閆進喜中間接應陳爽們帶同小頭目郝文昇劉永平王秀祝顯劉顯劉進亭季振玉董伯旺劉啓文田起祿其餘名姓記不

00037

清了這都是我預先安排的我沒同來他們如何進去行事這一百四十人是否都進去我不知道當日有十幾人逃回內有邊老祝林李逢泉周姓趙姓我見過的這引路的太監六人都是教內的本年三月內我在西華門外飯舖內見過劉得財劉金高廣幅張太王幅祿五人我與他說傳教並告知刦運將到的話八月內安排後我又到京在順城門外菜市口大店內見劉得財劉金高廣幅張太四人叫他引路王幅祿係叫劉得財轉告訴的閆進喜我沒見過至河南李文成原約在九月十五日在京起事後來他在那裡如何改早了日子我不知道誰想

00038

這日他們的人並不曾來所以我們各自派人鬧事了我於這幾日正要到河南去探信不想今日有官人把我拏獲了是實

又供董幗泰是我外甥董伯旺是董幗泰的伯父安柱是我外甥女婿俱在宋家莊住劉輩兒係桑垡村人都是隨同入教的

九月二十日

00039

臣董　等謹

奏再逆犯陳爽受傷甚重現在僅有殘息未便稽

誅應請

旨即將該犯於本日綁赴市曹寸磔處死並梟首示

眾謹

奏

九月二十日

00040

〈空白頁面〉

00041

臣董誥等謹

奏臣等遵

旨提出逆犯林清訊以我

皇上愛民如子但有人心應無不感戴

天高地厚你即係宛平百姓更不比得遠省之民

皇上種種加惠百姓之處豈有不知何至糾約多人

持刀突入

禁城雖畜類亦不至此究竟意欲何爲還是太監劉得財等來勾結你的還是你勾結太監的據供我起初倡會原是意圖斂錢後來哄誘得愚民多了就希圖富貴幹出這樣事來總是我合該萬死無福做太平百姓自取絕滅更有何說

00042

至太監劉得財等六人原是我想他引路所以勾結他的等語謹

奏

九月二十一日

00043

高大供我是楊進忠雇工人本月十五日晌午

有賊進

西華門我們害怕把菓房院門關了後來楊進忠從墻上跳過來呌蘭兒二祥把梯子送到墻邊楊進忠到房裡取出一把腰刀上到梯子上往墻外看著楊進忠說八爺來了他就下來了我們常見他同太監趙密兩個打坐並與林四往來二十日楊進忠呌我給他母親送平安信我

走出

西華門見林四告知送信的話他說你不必去我帶信去罷我就回我家中去了二十一日早間

因要搜查楊進忠東西趙密叫劉九將腰刀丟

00044

下西院井中去的後來首領孟太監搜出一個摺子來說是楊進忠拜弟兄的三兒告知孟首領說還有腰刀一把劉九丟到井裏去了遂到井中起出的是實

九月二十二日

00045

劉九供我是楊進忠雇工人楊進忠原有腰刀一把現放在房內總臺上今日早起楊進忠被拏之後這腰刀是高大同太監趙密叫我丟下井去我就聽從將刀丟下井去了至爲何將刀丟棄我實不知道求問高大等是實

九月二十二日

00046

〈空白頁面〉

00047

楊進忠供我本姓趙繼與楊姓爲子二十五歲時充當太監在菓房當差嘉慶十四年上因盟弟林四給我治好了病林四原是榮華會中人引我拜李潮佐爲師習紅陽教我一家人大哥趙大即趙廷桂兄弟趙三與繼子趙增都入教的我又引菓房太監趙密陳太張幅貴與現已身故之張來喜一同習教我每年四月初一日到馬駒橋張大家做會張大的兄弟兒子都是教中人我共去做會三次趙密等入教未久也都去做過會的本年六月間有李潮佐的師傅劉姓與林四到我家內炕上圍著炕桌四面坐著劉三同林四商量說要起事我在裏頭路熟

00048

到九月十五日要我帶領教中人進西華門內起事若鬧成了事就陞我爲總管可以發財我應允了到九月十三日回家見了劉三

李潮佐林四又將前話商量了一遍並於十四
日邀趙密到我家來欲令見李潮佐因來遲不
曾見著趙密當晚進城我於十五日早起進永
定門進內我又出了
西華門見我們教中人李姓等二十人我都認識
面目叫不出名字來他們換了白帶頭上纏了
白布我手中執著小白旗領著二十人趕至
隆宗門因別人所帶之人先到門已緊閉這些人
隨到文穎館砍傷幾個人我就將他們領到

00049

尚衣監去了我見勢頭不好就從墻上跳到菓房
院中我們當差的人把門關了我從鋪蓋裡取
出舊藏綠鞘腰刀叫我使換的翟大將梯子送
到墻邊我上到墻頭看見八爺帶兵我不敢出
來後來這二十人俱被拏去了彼時還有帶人
闖進禁城的太監我手腳忙亂記不清楚是誰
這日我哥哥兒子都進城來在
西華門北池子一帶俱未進
西華門至我二十日令人到家送信是因事未鬧
成我也躲過說與家中知道叫他們放心的意
思並無別故至我衣箱原有紅摺一個內係我
與太監陳忠邢嘓泰陳得喜張明苗喜牛成孟

00050

連玉結拜的摺子他們俱未入教此外太監趙
密等三人雖同習教並未幫我帶人進內又我
們教中師傅除李潮佐劉姓外尙有總頭目否
因我常川在內當差不得知道是實

九月二十二日

00051

劉進亨供我係雄縣人年五十六歲在城北西
柳村居住做豆腐爲生父母女人俱故兒子劉
榮年十八歲我們跟劉呈祥之子劉老二入的
榮華會已三年了我們俱前後人稱呼劉老二
說林清要圖謀大事事成後我們俱可封官於

七月間商量約定劉老二於九月十五日午刻
　帶同我們進
西華門鬧事我又聽見林清說饒陽鉅鹿南宮縣
　喜峯口滑縣的大頭目劉裕瀧馮和善那裡有
　五百多人東昌府亦有五七百人頭目李文成
　與馮和善原係一氣的我於九月十五日進南
　西門順城門至

00052

西華門外共有四十餘人一同擁進
西華門走至
隆宗門外我們十幾個人搶了門上許多弓箭魏
　宗禮魏大賓均射了人我並未殺人後被官人
　拏獲至
西華門裡邊殺傷男婦多人係何人動手我實記
　憶不清想係被官人追拏逃躲撞遇圖脫傷害
　的我們進
西華門後恐官兵捕捉我隨即將門關閉又因林
　清說河南有五百人隨後即到所以劉老二爬
　上城墻插旗招迎的我傳的徒有五人一叫范
　采一叫楊世名一叫韓然即傻小子一叫韓達

00053

　子一叫韓坌水是實　　九月二十三日

00054

〈空白頁面〉

00055

劉金供我係滄州人年四十九歲父母俱故並
　無弟兄我當太監有十二年了在
天穹殿當差劉得財將我引入會內教念真空家
　鄉無生父母八字本年八月我們在宣武門外
　店內見了林清他說九月十五日要起大事後
　來劉得財給過我白布一塊至十五日我同劉
　得財到
東華門外引了陳爽們進來鬧起事來我拏棍子

裝作打賊的樣子後被問明拏獲的是實

九月二十三日

00056

〈空白頁面〉

00057

臣董　等謹

奏臣等連日審訊謀逆各犯內太監楊進忠所供
與李潮佐劉興禮及林四商同滋事並未供及
林清是否另有股頭並楊進忠曾否另有同盟
太監係此案緊要關鍵即應嚴切根究二十三
日據巡視南城御史將劉興禮屈四拏到隨嚴
加究詰據屈四供稱係林清叫劉第五派伊帶
一二百人隨往幫助劉興禮亦供林清之手下
人李老至伊家說林清起事大家幫扶的話核
與前訊林清供詞即楊進忠之義子趙增所供
情節無異是此案始終係林清輾轉糾約並無
另有股頭已無疑義至審訊太監楊進忠已據

00058

將入教隨同謀逆各情供認屬實詰其一處當
差之太監趙密等三人究竟是否同謀據稱趙
密等實止入教並未隨同謀逆恐有不實不盡
仍應向楊進忠嚴行追究復嚴訊太監閻進喜
堅供實未帶人進
內核與劉得財等前供尚屬相符謹將劉興禮屈
四趙增供詞繕呈
御覽所有各衙門現在陸續送到人犯臣等趕緊審
辦各犯內雖有供認謀逆屬實惟尚有互相質
對之處容俟一二日內質訊明確即行具奏完
結其未獲各犯應俟續行送到亦即嚴究定擬
再案內之太監王積德等十二名臣等已送交

00059

內務府查辦至失於防範之
東華門

西華門
蒼震門官員兵丁及是日被逆犯拒傷並受傷身死官員人等臣等前已咨行護軍統領衙門查明確數開具姓名報部尚未據覆到應俟查覆到日一併分別擬議具奏合併聲明謹
奏
嘉慶十八年九月二十四日

00060

〈空白頁面〉

00061

趙增供我本姓黃我的生父叫黃禿子母親已故我三四歲時經太監楊進忠抱養爲子楊進忠本姓趙我遂改姓趙今年七月間在小沙子口家內聽得馬駒橋的老師傅劉三劉興禮向我父親說要於九月十五日叫我義父帶著數十人在內
西華門會齊白布帶爲記號進內
西華門起事我義父應允九月十四日晚上我義父到家見了老師傅劉三並師傅李姓把前番話說了一遍十五日黑早我義父同我進永定門前門到
東長安門穿朝出

00062

西華門我見了馬駒橋姓高的姓李的七八個人其餘的數十人內中有幾個太監並我義父拏著白旗領著眾人一擁都進
西華門去就將門關上了關了
西華門我就跑回家去了是實
九月二十四日

00063

劉興禮及劉三道供我是通州周易村人年八十三歲父母俱故女人齊氏兒子劉得山媳婦曹氏我向日從李老入教是羊修店劉第五傳

的我又傳與李潮佐林四們並太監楊進忠趙密陳太張富貴等今年六月裡劉第五叫李老來向我說本教的頭兒林清要起大事叫我與兒子幫助許給我們官做並說如不從他定要殺害我們害怕應允李老說林清手下現有一百多人要進

禁城鬧事叫我囑咐楊進忠在裡頭接還說劉第五又派屈四等一二百人分頭滋事的話我因怕他們兇橫只得允從就託人寄信叫楊進忠

00064

回家我與李潮佐前往告知楊進忠也應允了九月初李老又向我說林清已定了九月十五日行事我於十三日又叫楊進忠回家向他囑咐並有我手下的張老趙四莫六張六王德李老高四王二我都叫他跟了林清派的人往西華門去我與我兒子都沒有同往到十六日聽見人說城中鬧事殺了許多賊人的話後來張六們都沒見回來不知死了沒有至京城內我並沒有夥黨是實

九月二十四日

00065

屈四供我係通州董村人年三十六歲母孟氏兄屈文祥妻蔡氏子常有兒年十歲我本是屈德信的兒子過繼屈五十九歲上劉第五引我與屈文祥拜已故之顧亮爲師入教念真空八字本年八月十四日林清叫劉第五鋪派我辦一二百人帶到燕郊起事後來因人少我只有五十多人不敢前往就在五十多人內挑選十人來京進

東華門並給我奉天開道白旗一塊刀二把餘人各執刀一把白布二塊我帶同李元隴鄧二周三周四張泳瑞祝六套任二高五安大張泳貴來京起事高五安幗泰張五三人畏俱未來我

00066

與李元隴等七人先後進沙窩門後進前門到
東華門外取齊我們見在前走的夥黨進門鬧事
門已關閉即各自跑散日落時我跑回藏躲十
七日被官人拏獲的又劉五派養牲店的李老
手下的人是進
東華門顧四李二的人是進
西華門的是實

九月二十四日

00067

李潮佐供我是通州張各村人現年五十七歲
父母俱故並無兄弟妻高氏兒子李蘭我入紅
陽教十年了劉二道即劉興禮是我師傅本年
六月在楊進忠家座中有張六高老林四劉三
道並楊進忠趙密連我共七人劉三道就說林
清要起大事商量令趙密在
內接應楊進忠引路並各家派各家手下人進城
鬧事的話後來就散了九月初九日是楊進忠
生日我同劉興禮高老林四楊進忠趙密連我
六人在楊進忠家商量餘十四日晚上在楊進
忠家聚齊到十四日楊進忠家喫了晚飯就住
在那裏趙密因要次日接應先進城去十五日

00068

黑早楊進忠先進城我同高老們進永定門前
門走到
西華門楊進忠已經在
西華門等候外邊還有數十人後來一擁都進
西華門去我因膽小和怕並想著他們將來就有
好處也再不難爲我所以未曾進去我就從外
西華門跑回家去了是實

九月二十五日

00069

趙密供我是菓房太監現年三十八歲有同當
太監的楊進忠引我拜李潮佐爲師習紅陽教

本年六月間我到楊進忠家有劉興禮叫我同
楊進忠在
內接引共謀大事我應允了九月初九日在楊進
忠家座中有劉興禮李潮佐楊進忠高老兒林
四連我六人議定十四日晚上在楊進忠家聚
齊我先進去第二日接應叫楊進忠帶人進
內十五日早飯後有已正多時後楊進忠先到菓
房告訴我說他到
西華門去接人去叫我在菓房等著接應楊進忠
就出去了我隨後也走到

00070

尚衣監夾道口見有楊進忠帶人進來都頭上帶
著白布手巾腰裏纏著白布帶子一擁進
西華門就把門關了一直向夾道裏跑來我就走
進菓房關了門後來楊進忠也跳墻進來了這
同謀鬧事及在
內接應俱是有的至楊進忠的腰刀是我害怕叫
劉九丟到井中去的事實

九月二十五日

00071

臣等遵
旨訊問屈三有無餘黨據該犯供出曹五周四套兒
並李老之徒張老李洪等四犯均屬知情當即
開寫姓名住址密交步軍統領等衙門迅速嚴
拏歸案審辦其馬甲郎三一犯僅止供認入教
於劉興禮等謀逆是否知情未肯遽爾吐實容
臣等再行嚴鞫謹先將高老並劉興禮之子劉
得山等供詞繕錄恭呈
御覽謹
奏

九月二十六日

00072

〈空白頁面〉

00073

劉得山供我係通州易村人年五十六歲父親
劉三道即劉興禮母親齊氏妻曹氏並無弟兄
兒子本年夏間李老到我們家來說要幫助林
清做大事邀我們大家幫扶說黃村已經聚了
一百多人要於九月間進
西華門起事叫我父親囑咐楊進忠帶人進
內趙密接應並說另叫董村的屈四帶領二百餘
人前往燕郊滋事的話我父親應允就與楊進
忠趙密們說知九月裡我父親又帶信叫出楊
進忠趙密到楊進忠家裡向他說知十五日一
准起事的話我父親派楊修店張老趙四莫六
張六王德李老高四王二都同著黃村的人進

00074

城的後來張六們並未回來不知死了沒有那
日我與父親都未進城是實

九月二十六日

00075

高老供我係通州馬駒橋人年四十四歲父母
俱故並無弟兄女人楊氏生有一子太兒年十
歲了六月間不記日期我同劉興禮李潮佐到
楊進忠家內趙密林四也到了劉興禮說屈四
要幫林清造反大家須要幫助叫我們進
西華門楊進忠趙密引路傢伙都是他們預先擱
在柿筐內等我們進城取出大家再動手幫助
那日我們就在楊進忠家喫的飯九月初九日
我同劉興禮等一共六人到楊進忠家內又將
前番的話商議一回約定我們於十四日晚上
到了楊進忠家內同林四劉興禮李潮佐在楊
進忠南屋內喫了晚飯後至次日喫了早飯就
進前門至
西華門尚未找著楊進忠趙密他們就動了手了
我們大家就往北跑出
東華門出海岱門江擦門跑回家去了二十日我

到前門找林四探聽信息林四要找楊進忠問
信去不想到二十二日就被官人拏獲的至我
要造反的事女人孩子都不知道是實
九月二十六日

0076

進前門至
西華門尚未找著陽進忠趙密他們就動了手了
我們大家就往北跑出
東華門出海岱門江擦門跑回家去了二十日我
到前門找林四探聽信息林四要找陽進忠問
信去不想到二十二日就被官人拏獲的至我
要造反的事女人孩子都不知道是實
九月二十六日

0077

臣董　等謹
奏為奏
聞事臣等連日審訊逆匪林清各犯一案節經步軍
統領等衙門陸續解到犯証三百餘名臣等逐
加審訊除同謀逆黨及犯屬緣坐並僅止傳教
各犯悉心嚴鞫務令盡將餘黨供出查拏審實
再行分別定擬具奏外現在研訊各犯內有由
行在刑部解到之趙燕一名因聞董村教匪聚眾
即向過路營員告知王七一名係趙燕說話時
在旁証見又由步軍統領等衙門解到之張大
張二張鄭氏張王氏四名口係張大因伊弟張
二伊妻鄭氏及弟妻王氏入教該民人勸阻後

0078

恐其復往情急到官投首係親屬首告例得如
身自首法均應照犯罪未發自首律免罪又董
六董瑞二名因將房屋租與僅止入教之李世
節居住該民人等並不知李世傑入教情事又
僧明寬楊八二名係僅止焚香募化並非邪教
又陳輝陳亮祖守恩祖守得祖守幅劉得李鳳
祥七名係因姓名與應拏之犯字音相近致被

誤拏質諸原供指拏之犯劉背兒亦稱與陳輝
等七人並不認識臣等復詳加鞫訊均各矢口
不移　查自首之張大等四名口及無干之董
六等十一名均各與林清逆案無涉至趙燕一
名將董村逆匪舉發得以立時搜捕王七一名
00079
係在旁見誣均未便久羈囹圄所有趙燕等十
七名口相應奏
聞請
旨概予省釋此外各衙門有因形跡可疑陸續解到
人犯如果查訊質對明確實與此案毫無干涉
亦即照此辦理以仰副
皇上除莠安良禁止株連之至意至連日審訊各犯
內究出應行查拏之犯亦經臣等隨時飛咨各
衙門嚴密查拏毋致遠颺漏網此繕摺具
奏伏乞
皇上睿鑒施行謹
奏

00080
九月二十七日
再此案從逆太監楊進忠現在患病飲食不進
該犯罪大惡極倘因病自斃轉得倖逃顯戮應
請
旨將楊進忠即行凌遲處死又逆犯林四於二十四
日病故應請挫屍與楊進忠一併梟首示眾謹
奏
九月二十七日

00081
李老供我係羊修店人年八十歲我有一個兒
子名叫李士安兩個孫子大的叫李玉喜小的
叫念子我三十二歲上從杜成奎入了紅陽教
傳授真空家鄉無生父母八個字後來我傳給
我兒子姪兒孫子並張升張老王有任韓禿子
即韓幅趙六高成張幅與堤上村的宋九王姓

並劉三道即劉興禮等本年六月二十一日有素識之白陽教劉第五祝二即祝現並陳爽的哥哥來到我家說有宋家莊的林先生名林清是白楊教首著他二人來接我去入會我到林家眾人叫我向林清磕頭他給我喫了一頓飯以後我常去他們分了層次叫我先給劉第五

00082

祝二劉四季進玉磕了頭纔能彀給林清磕頭叫他們都是爺我陸續孝敬過祝二劉四劉五並陳爽的哥哥共京錢四千紋銀四兩林清的分兒大我孝敬不著他八月初十前後祝二等在林清家裡告訴我說林先生就要起事你們大家派人派錢幫助幫得多的封大官少的封小官若不相幫就算臨陣脫逃是要殺的我聽了這話回來同劉第五派定了張升張老韓幅王有任並我兒子李士安姪孫李玉隴六人先叫李玉隴打刀打了三把鐵鋪裡不敢再打了後來劉第五通知我九月十五的日期叫我派的人進城到珠市口取齊再往

00083

東華門起事他們各自帶了刀於十四日起身我年老不能同去並將這十五日起事的話向劉三道即劉興禮父子告知令其派人一同進京起事至十六日見張老們回家我纔知道林清的事不成了他們十五日從何處跑回我沒有問他至我別的徒弟只李士洪跟隨劉第五來京其餘趙六等我派他他們都不肯隨是實

九月二十八日

00084

〈空白頁面〉

00085

臣等提訊盧喜再四研鞫據供九月十五日自早飯至晚飯時實係在王六家閑坐並未進

西華門等語恐尚未足信現已查傳王六並其妻
到案質對謹先將盧喜及穆七並李老同夥之
張老李洪即李士洪李玉隴等供詞繕錄恭呈
御覽謹
奏

九月二十九日

00086

〈空白頁面〉

00087

盧喜供我是遵化州人年二十七歲父親盧均母親白氏我九歲時烤火被燒就像淨了身的一樣十二歲上投十六公府內當差後來逃回家去今年進京仍到公府當差四個月未給工錢九月初九日辭出向護公爺兄弟三爺討錢做盤費贖衣裳原想於十五六日回家向我父母要錢並要幾件衣裳再進京來到會計司報名淨一遍身好進
宮裏當差因三爺總未給錢我無奈到後門外井兒衚衕居住之同莊人王六家去借盤費十三十四兩日都去過十五日早飯後又去王六不在家他女人回覆我說昨夜被賊竊了鏡子錫

00088

壺等物心裡很煩哪裡還有錢借給你我坐到晚飯時後纔起身進了後門出了西三座門到外西華門向真玉鎭衚衕穆七的姊夫在敬事房當差的吳太監家借錢也未借給我就出外西華門見街上人都忙亂說
宮內要拏人的話我回至武王侯衚衕仍到公府在門洞內住一夜十六日早起回家走到齊化門盤查甚緊不許出城又回至公府門洞住宿十七日到海岱門門兵將我搜過放出到江擦門也不叫出城我就煩在江擦門內居住之親戚董姓兵丁帶見門上老爺們纔放我出去在

江擦門外嬸子家住了兩日三夜纔走的二十

00089
三日行至南新城要找我親戚陳路遇見送文
書的官人他先說從京裏回來真未見過這個
大式面你可見麼我說我也是從京裏來的怎
麼不見我並曾到
隆宗門訪我叔叔盧本好容易逃了出來這原是
我因他說不見式面故意說這大話誇耀他的
其實我找叔叔盧本是三月初六的事其時在
東華門外求一太監帶信尋找我的問知太監叫
做
平張我等了半日不見我叔叔出來至初八日
又在
西華門外遇著一個王姓太監求他帶信那太監
將我帶在

00090
隆宗門外等候有一李姓太監出來說你叔叔告
病出去了這是尺寸地方快出去罷我就出來
了以後沒有再進
紫禁城不想那送文書的人信了我的假話我同
他進了南門分手後纔出東門就有官兵來拏
我說是送文書人回了老爺叫拏的將我遍身
搜檢一回不曾搜出甚麼來帶我到禮部衙門
見過文老爺謙貝子爺又解到馬蘭關見了六
大人將我責打二十板發交舒老爺同總理老
爺訊問舒老爺打我嘴巴並領著我說向張平
身上推卸就可活命又問我從那個門出去我
混答應從

00091
西華門他說
西華門有一百多賊人怎麼能出去我就改供是
神武門他又說你必是從那一門到那一門纔出
神武門的我只得一一答應其實他所說的門名
我都不知道至我原向送文書人說十五日是

托王太監帶信那平張是三月初六日所託舒
老爺因我不知王太監名字平張想係張平所
以叫我向張平身上推的我十五日在王六家
有王六的女人可問至我叔叔盧本在
宮內當差的話是我父親曾向我告知我從未曾
見過他的是實

九月二十九日

00092

〈空白頁面〉

00093

李洪即李士洪供我是羊修店人年四十八歲
父母俱故並無兄弟妻張氏長子李豹次子李
奉李老即李幗有是我本家叔叔本年春間李
老叫我拜他爲師入白陽教傳我真空家鄉無
生父母八字八月二十五日李老約我到他家
中商量幫同林清鬧事說劉五拏白旗領我們
進
東華門臨時有太監劉姓在
內接應並給我白布二塊一塊纏腰一塊蒙頭商
議定了十四日早起先到李老家中取了布藏
好張老給我尖刀一把張老也拏刀一把十五
日約有早飯時進海岱門走至

00094

東華門外見張老劉五都在那裡後來見劉五同
數人進
東華門我同張老也趕上前去門已關了見有官
人聲壤我就將刀丟棄跑出海岱門江擦門回
家去了過了幾天就被通州官人拏獲了是實

九月二十九日

00095

李玉隴供我是羊修店人年二十二歲父親李
世寬已故母親吳氏李老即李幗有是我叔祖
同居各爨本年六月間李老到西大營祝家去

了一次回來就令我入白陽教他說免得遭劫
我應允了他教我跪下傳我真空家鄉無生父
母八字令我不時念誦八月二十一日李老叫
我到采育鐵舖中打刀三把每把錢五百文二
十八日他給我錢一千五百文我將刀取來交
給我叔叔李士安轉交李老的九月十三日李
老叫我同我叔叔李世安我哥哥李玉麟到他
屋裡說十五日進城與王有印韓禿子張自有
即張老同到

00096

東華門找著劉五聚齊同進
東華門我們應允就散了十五日黑早李老給我
白布二塊一塊蒙頭一塊栓腰並傳我得勝二
字如殺人時高聲念此二字我同李世安李玉
麟每人分刀一把掖入衣間藏了一同走到江
擦門我想起來害怕不敢進成就逃到三元村
在廟裡藏了幾天回到本村就被通州官人拏
獲了是實

九月二十九日

00097

張老即張自有供我是羊修店人年三十九歲
父母俱故兄弟張升妻高氏並無兒女本年七
月十五日拜李老即李幗有爲師入白陽教傳
我真空家鄉無生父母八字八月二十五日李
老約我們幫林清起事說劉第五執旗領眾進
東華門並說有劉太監在
內接應你若不去是臨陣脫逃就要殺了我也只
得應允九月初六日劉第五給我白布二塊說
要纏上頭拴上腰林清的人見了記號就不殺
了議定十五日起事我於十四日在打磨廠不
識姓名舖內買刀二把給了李洪一把我自己
也拏了一把都藏好了住在楊四把店內楊四

00098

並不知情十五日早飯後我同李洪先後進海

岱門走至東華門見劉第五同著數人進門去了門就關了我想起來害怕就跑回去了是實

九月二十九日

00099

穆七供我是河間縣人年三十七歲在武王侯衚衕十六公府當廚役十三年上辭出來現在沙拉兒衚衕石家做飯我有女人馬氏兒子兩個俱在武王侯衚衕公府賞的房內居住這太監盧喜曾與我同時在公府當差熟識後來盧西也辭出來今年他又到公府當差九月十一日他見了我說不願在公府裡了要向公爺的兄弟討錢做盤費並贖衣服十五六日回家去過十數天後回京再淨一遍身好托人引進宮內當差是實

九月二十九日

00100

〈空白頁面〉

嘉慶十八年九月分　供詞檔　完

附件二：軍機處　林案供詞檔 2

故宮館藏檔案號碼 625000002

長 29.5 寬 27，線編右翻

嘉慶十八年十月份

共二百二十頁

＊以下打字排版原則上儘量按照檔案原件，每一檔案編碼皆爲原檔案一頁，若有誤以原件爲主。

00001

臣董　等謹
奏將訊明現獲逆犯例應緣坐之家屬分別定擬
具奏事竊臣等審辦逆匪林清一案除首逆及
決不待時各犯節經奏蒙
聖鑒其續獲從逆重犯容臣等詳細審鞫總期搜剔
根株無濫無遺以清餘孽再行按律定擬具
奏外所有應行緣坐之各犯屬經步軍統領等衙
門先後查拏送部臣等逐加研訊有由現獲逆
犯指認確實者有該犯屬夫男業經官兵殲斃
者有逆犯尚未弋獲現經質明實係逆犯家屬
者均係不知逆情例應緣坐之犯查各該犯屬
應訊供情業經研究明確久羈囹圄無可質訊

00002

應請先行按例分別定擬　查律載謀反大逆
正犯之祖父子孫兄弟及同居之人正犯之期
親伯叔父兄弟之子男年十六歲以上皆斬其
五十以下及正犯之母女妻妾姊妹若子之妻
妾給付功臣之家爲奴又例載律應緣坐男犯
十六歲以上者發往新疆給官兵爲奴各等語
此案現獲逆犯家屬共六十一名口俱已查訊
明確內陳有學等三名均合依男年十六歲以
上發新疆例發往新疆給官兵爲奴咨送兵部
解交陝甘總督衙門均勻酌發又陳馬氏等三
十七名律應分給功臣之家爲奴惟查此等謀
逆教匪家屬未便容留京師致滋萌蘖應請發

00003

往省分較遠之福建廣東甘肅四川等處駐防
仍照新例分賞該處官員爲奴咨送兵部分別
定地發遣其年未及歲之幼孩趙春兒等二十
一名口及令各犯屬攜帶配所一併爲奴仍令
各將軍督統等嚴加管束謹分繕犯名姓氏清
單恭呈
御覽至首逆林清及案內謀逆重犯之陳爽陳文魁

劉進亭劉呈祥等並從逆之太監劉得財劉金
張泰高廣幅楊進忠等情罪較各犯尤重所有
林清之妻及陳爽等本支男犯未便僅擬發遣
使梟獍逆類仍留人世均應另行從重治罪又
現獲犯屬中有聽從入會之犯亦應從其重者

00004

論並嗣後續獲各犯屬統容臣等逐一查訊明
確再行分別定擬具奏爲此謹

奏請

旨

嘉慶十八年九月三十日

00005

張泳貴及二禿子供我是董村人年三十六歲
父母俱故並無妻子親弟張泳瑞十五年上屈
四收我入會教我念真空家鄉無生父母八字
本年九月十三日清早屈四著他的閨女醜忍
兒將我同兄弟張泳瑞都叫到他家說要造反
叫我幫他將來有功勞事後給我好處十五日
一早屈四給我們每人刀一把白布二塊一塊
蒙頭一塊栓腰叫我們跟他到了
東華門門已關閉我們同屈四當時都逃回去了
我們那日一同到
東華門的還有屈名兒即屈大高五戴五曹五李
元隴王博張順劉狗兒安幗太即安大連屈四

00006

一共十二人都是董村的一齊逃回去了此外
不知是誰所供

十月初二日

00007

李九供我是馬駒橋人現充斗給年四十六歲
父母已故並無兄弟妻子我拜劉興禮爲師習
紅陽教已三年了本年六月劉得山對我說李
老帶領徒弟們要鬧事叫我出錢兩吊幫助李
老李老就不殺我了若不出錢即欲將我全家

殺害我當時並未應允到八月初一日劉得山又向我說我一時害怕就給了他兩吊錢這錢實係劉得山逼脅我出的至以後的事情劉得山再沒告訴我我實不知道是實

十月初二日

00008

〈空白頁面〉

00009

盧喜又供我十五日到王六家去正值王六的女人在家同他女兒喫飯喫的是鹽菜炒豆芽兒那時已將近午時我坐著看他們喫完飯又坐了好大工夫他不理我直到日平西時分我纔走的求問王六的女人是實

十月初二日

00010

〈空白頁面〉

00011

張泳瑞供我是董村人年二十九歲十七年六月屈四收我入會教我念真空家鄉無生父母八字本年九月十三日清早屈四著他的閨女醜忍兒將我同我哥哥張泳貴都叫到他家說要照反叫我幫他將來有功勞事後給我好處十五日早屈四給我們每人刀一把白布二塊一塊蒙頭一塊栓腰叫我們跟他到了東華門門已關閉我們同屈四當時都逃回去了是實

十月初二日

00012

〈空白頁面〉

00013

王李氏供我係遵化州王六繼娶之妻年三十八歲現同我男人在京居住我男人在閑散宗

室家服役我嫁王六不久不知道這位宗室名字我男人於八月初八日前赴涿州替家主取租未回這盧喜原與我男人是同莊的今年四月間常到我家我們替他賒過布一疋至今總沒給錢九月內盧喜到我家裡好幾次想找我男人借盤費回家記得十五日盧喜到我家時我正同女兒喫早飯那日我因十五日喫齋喫的是鹽菜炒豆芽兒彼時天已將近晌午他坐了好大工夫我不理他到日將平西時分他纔走了是實

十月初二日

00014

〈空白頁面〉

00015

李蘭供年三十九歲李潮佐是我父親母親高氏並無弟兄娶妻吳氏已經病故我父親聽從劉興禮入紅陽教已多年了我於十六年也拜劉得山爲師本年九月十四日我父親到小沙子口趙家與太監趙密楊進忠及林四趙大趙增商量要助教首林清進

西華門鬧事叫我跟著一齊動手楊進忠趙密在內接應說定太監們就先走了我父親將十二日買下的柿子做兩筐裝好筐底藏刀十三把這刀是我父親零碎在小市上收買要分給會中人用的會中人我祇認得林四趙老趙增兩個太監郭二郎三高老等數人想來是給他們用

00016

的我父親叫我挑筐先走十四日二更後到永定門外宿歇十五日早起挑筐走到前門外見我父親與林四趙大趙增等都已先在前門口等著我父親又叫我先走他們隨後我就挑筐到

西華門外離門約一箭多遠後邊的人大夥將我一擁跌倒柿子拋撒滿地大家乘勢取刀一齊

擁進
西華門裡去了因我跌倒在地還被他們躧了幾
下我扒起來見門已關上不能進去並且害怕
就跑回家去了到半夜時候我父親也跑回家
纔知道也未得進

00017

西華門我們的刀多被別人搶去使用彼時
西華門外我們的人到的齊全部齊全我也未曾
看明白是實

十月初三日

00018

〈空白頁面〉

00019

劉二即劉潮棟供我係本京人開設慶隆戲園
爲生年三十八歲父親已故母親葉氏六十八
歲哥哥已故胞弟劉潮相女人張氏子三人大
住二住三住女三姊陳文魁與我認識有十數
年了他五六年前曾借過我們錢文使用上年
二月陳文魁將地一畝坐落桑垡陳姓墳前押
我錢文二百千文本年八月二十三日陳文魁
陳爽並姓李的說姓林的打發人來叫你入會
還要認你做乾兒子後有無窮富貴我就從他
入了教九月十四日陳文魁陳爽並姓李的到
我戲園看戲散後我們同在羊向樓上喫飯陳
文魁說我們榮華會中人在大名府的已經反

00020

了現在我們派定有百十數號人裝做小買賣
人來京十五日先在珠市口見面會齊約定午
時進
紫禁城鬧事有太監四人照應陳文魁派我替他
來往探聽信息事成我到他家裡先送信去事
不成也給他家送信並許事成後給我官職我
就應允了他給了我白布一塊十五日我在戲

園做生意下晚聽說他們事未鬧成我害怕將
白布燒了也並沒到他家送信是實
十月初三日

00021
李明供我係桑垡村人年六十四歲父母俱故
並無兄弟女人崔氏已死兒子李成忠又名驢
子年三十五歲媳婦李氏一個女兒嫁與中堡
賀萬金上年冬間祝林引我入榮華會拜陳顯
爲師本年九月十三傍晚陳顯叫我到林清家
林清給我白布一塊十四日給我京錢四百刀
一把派定陳顯帶我們到前門外三合店對過
飯舖喫了晚飯陳顯同他女婿走了我在三合
店住宿十五早上見著陳顯的女婿他說你們
在鮮魚口會齊等我丈人帶你們進
紫禁城鬧事我們就到鮮魚口等候好一會子陳
顯的女婿說劉輩兒來告訴說
紫禁門關閉陳顯不見了快跑罷我們見事勢不
好各自跑了是日二更時分到林清家送信就
在他家住宿十六日回家十七日被官人拏獲
的是實
十月初三日

00022

00023
祝林供我是桑垡村人年五十二歲父親已故
母親劉氏有兄弟三人二兄弟明祝顯四兄弟
名祝真三兄弟過繼與劉姓名劉五兒我女人
已死並無子女去年八月間祝顯引我拜陳爽
爲師入榮華會後來我傳的徒弟是賀萬金祝
玉龔狗兒並佟大已死之子共四人李明也係
我引入教的今年九月十三日晚上祝顯叫我
到林清家去那時林清家中有趙進得李明李
驢子賀萬金李逢全李逢印祝玉邊富貴邊良
佟大王四並王四的鄉親連我十三人林清給
我們酒喝了每人給白布一塊派祝顯陳顯帶

領我們進城那一夜就在林清家住宿十四日

00024

早起林清給我們每人刀一把我們跟著陳顯走進了南西門到前門外鮮魚口我與龔恕王世有李明會齊住宿三合店十五日李明走開了我們三人到鮮魚口遇見祝真同進了前門到東華門外酒舖喫飯我見同會人到的衹有陳爽同劉景玉劉輩兒等八九人其餘陳顯併我兄弟祝顯都不見了我見勢頭不好不敢進內鬧事正午時乘空跑走從後門出德勝門十六日早回到林清家告知就住在他家十七日早上林清被人拏去十八日我也被官兵拏獲了是實

十月初三日

00025

劉五供我是黃村人年五十九歲父母俱故並無兄弟也沒娶妻我於前年跟桑垡村的劉第五入了榮華會的教今年八月十五日劉第五告訴我說林清要起大事叫我相幫將來給我官做我應允了九月十四日劉第五給我白布二塊我又自己用錢五百五十文買刀一把於十五日同劉第五進了南西門從宣武門繞到東華門外會齊共有三四十人我只認得陳爽劉四劉第五三人到正午時劉四們俱進東華門去我害怕想要逃走就被官兵將我拏獲的是實

十月初八日

00026

〈空白頁面〉

00027

安大即安幗泰供我是通州董村人年四十四歲父親安五母親已故妻李氏子名丑兒女名招兒屈四與我同村居住一向相好九月初間

屈四約我到他家中說我十五日一早帶人進城謀大事你平日在城中唱影戲各處路熟你引我們進城將來給你好處我因害怕不敢應允十四日早間又對我說過一次並說你先回去告知家裡明日黑早來一同進城如若不去先把你殺了我害怕不敢回家當夜逃到岡兒上我叔丈人家中去了十五日實未進城是實

十月初八日

00028

〈空白頁面〉

00029

王二格即王有印供我是通州羊修店人年六十二歲父母俱故並無兄弟女人已故祇有孫女一個叫四姊纔十三歲去年二月陳爽同我入榮華會並教我念真空家鄉無生父母八字九月十二日陳爽叫我同他到京進東華門鬧事事成後看我的功勞大小給我官做我應允了就於十四日早飯後先起身近江擦門在不知姓名店內住了一夜十五日早飯後到珠市口見了陳爽給我刀二把裝在一個鞘內白布一塊叫我帶在身邊一同進東華門摠著人就殺我同陳爽進了前門到東華門外見我們同夥的人有四五個先已到齊

00030

我只認得陳二一人午時陳爽們搶先向東華門裡跑就有看門的兵喊著拏人我害怕向北逃走纔進了北池子就被官人拏獲的是實

十月初八日

00031

賀萬金供我係宛平縣中堡村人年四十四歲父親賀起真今年七十五歲女人李氏係李明女兒兒子香兒年九歲本年八月十七日李明引我拜祝林爲師傳我真空家鄉無生父母八

字九月十四日李明叫我到他家中說林清要
謀反叫我同王士有上宋家莊見了林清他家
中有三十多人除了陳顯祝顯祝林三人其餘
都不認得半夜裡喫了飯到天將明時又給我
刀一把白布二塊著陳顯帶著我們一共十九
人進南西門到了前門外鮮魚口等候議定午
時同進
西華門我後來走到鮮魚口尋不見陳顯又走到
00032
了
西華門見門已關閉外面許多人說賊進了
西華門我即出前門見了李明一同跑回林清家
中林清說我根基淺不能成大事我於十七日
回到自己家裡向父親說知我父親將我送出
呈首的是實
十月初八日
00033

金黑供我是大興縣洪家村人年二十八歲繼
父金四繼母王氏女人劉氏並無兒女九月初
八日我丈人劉幅受引我拜董博望爲師傳我
真空家鄉無生父母八字十三日董博望約我
到他家說十五日林清要造反我們進城幫助
事成後大家做官如若不去就要被天雷打死
並約定是日在菜市口會齊進
西華門董博望的十人是我同熊五李六李三金
老虎金路兒宋六支老二劉拴兒並董幗太的
叔叔不知什麼名字十四日董博望先進城來
了四更時分熊五李六各挑柿子筐來到我家
瞞著我爹娘假說邀我進城買物件我同他們
00034
出了村他們又去叫金老虎金路兒同走路上
告訴我這四個柿子框裡藏著十把刀我們到
南西門等門開了進城走至菜市口於日出時
見董博望先已在彼我們各投飯舖子喫了飯

巳刻同進順成門到了
西華門各人假向熊五買柿子背著人將他筐內
刀子取出掖在腰邊晌午時都向
西華門跑進我落了後見門已關閉只得跑回從
順城門出南西門傍晚時到了家十七日在市
上遇見李三李六纔知道他們也跑回了十八
日官人將我拏送的是實

00035

邊富貴即邊老供我係宛平縣桑垡村人年四
十八歲父母俱故並無兄弟女人孔氏兒子邊
文良二十二歲五兒原是祝長諒的兒子一歲
時因我女人生子不育將五兒抱來喫乳養大
的現已十三歲了他已回祝家去時常到我家
走動今年八月間有同村的祝林引我同我兒
子邊文良拜劉進玉爲師入榮華會教我真空
家鄉無生父母八字九月十三日祝林劉進玉
叫我帶著兒子邊文良到宋家莊見林清商量
著要進京造反分給我父子白布四塊錢一千
是買刀的十四日五更祝林帶我們進南西門
我到鮮魚口買了一把尖刀藏在身旁帶同我

00036

兒子在劉二家中住了一夜約定次日同進
東華門十五日祝林又叫我與李明李驢子邊文
良在鮮魚口等信總不見祝林回來李明說聽
見
東華門關閉咱們幹不成了快走罷我就同著我
兒子跑回宋家莊又見了林清他說你們在家
裡等信罷那時同跑回林清家的是祝林李明
李成忠李逢全李逢印趙進德韓四尚有數人
我不記得了十七日早上我回家聽見我女人
說陳亮的女人陳祝氏告訴他說昨日晚間劉
喜兒即劉進財同祝顯跑回祝顯在村外等候
劉喜兒到陳亮家烙餅做乾糧二人同住東邊

00037

沙河一帶逃走了我於是日被官人拏獲的是
實　　　十月初九日

00038

〈空白頁面〉

00039

李元隴供我係通州董村人年二十九歲父親
已故母親張氏妻胡氏俱故子五狗兒女曲兒
二格我於二十四歲上拜屈四爲師入教念真
空家鄉無生父母八字本年九月初十日屈四
約我同張二張五張順王慱戴五高五曹五劉
狗兒即任幅兒安幗泰們都到他家中對我們
說林清要造反邀人幫助叫我隨同進
東華門鬧事事成後許我好處又給我白布二塊
並說十五日到
東華門再分給我刀一把議定大家在前門會齊
十五日早間我拏了白布並帶了自己的鐵尺
走到前門尋不見屈四我到羊肉樓上喫了飯

00040

即要到
東華門找尋屈四纔走到
皇城根看見人馬喧嚷我害怕就跑回家去喫了
飯走到屈四家中看見張二張五都在屈四家
中說了幾句話我就先走了十七日被通州官
人拏住的是實　　　十月初九日

00041

高五供我是馬駒橋人年二十八歲父母俱故
並無兄弟妻子我於本年三月間雇給董村屈
四家做活屈四叫我拜他爲師傳我真空家鄉
無生父母八字令不時念誦九月十四日晚上
屈四告訴我要造反我於十五日跟他進
東華門鬧事事成後給我好處當下給我刀一把

白布二塊我即應允並收好了刀子白布十五日黑早同著屈四們十來人進沙窩門走到
東華門外我同屈四在一處站立約有晌午時分我看見有人搶進
東華門去門即關閉隨聽見官兵喊拏我害怕就逃回屈四家中去了後來屈四也逃回來了我把刀子交還屈四白布丟了第二日早起我又從屈四家逃走本月初五日被通州官人拏獲的是實

十月初九日

00042

劉狗兒即任二又名任幅兒供我係通州三閘人年二十五歲父母俱故並無兄弟妻子已故我於四歲上過繼神樹村任奉理爲嗣改名幅兒於四歲上改歸本宗人家都還叫我劉狗兒舊名字九月初間我在屈四家做短工活屈四邀我入會傳我真空等八字十三日我隨屈四上集屈四叫我買殺豬刀一把說要宰牲口使用十四日屈四告訴我說十五日要進成造反叫我幫助並給我白布二塊許事後給我兵糧一分我一時心動就應允了十五日一早我跟著屈四進沙窩門前門到
東華門外屈四手下的人我祇認得張順李元隴其餘都不認得我見他們跑進
東華門去門已關閉我想逃跑就被官人將我拏了並將所帶的刀子白布都搜了去是實

十月初九日

00043

00044

00045

陳亮供我是桑垡村人年六十三歲父母已故並無兄弟女人祝氏是祝顯的姐姐我於前年三月間拜祝顯爲師入了榮華會他教我真空家鄉無生父母八字本年九月十四我到祝顯

家聽見他同我雇工人劉喜兒及劉進財商量
要進
西華門鬧事到了十六日晌午時分劉喜兒回至
我家說他同祝顯到
西華門被官兵唬回來了祝顯現在村外等候我
問他們如今往那裡逃命他說要往沙河向東
一路跑去傍晚時他就在我家烙了兩張餅出
門同祝顯逃走了那沙河離桑垈約有五十里

00046

地是村是鎮我不知道是實

十月初九日

00047

王博供我是董村人年三十二歲父親已故母
親吳氏親弟王世澤並無妻子十六年十一月
李元隴引我入白陽會傳我真空家鄉無生父
母八字本年九月十一日屈四派我同曹五們
十來人幫同林清造反議定十五日午時進
東華門鬧事我自己備了刀一把白布二塊十五
日黑早我帶刀子白布進沙窩門海岱門走到
外
東華門外尋不見屈四晌午時聽見人說賊進了
內
東華門了我因尋不見我們的人不敢進去又站
了一會我即逃走行至王府大街遇見曹五他

00048

說
東華門外官兵拏人我們快走罷我就同他走到
花兒市喫了飯就逃回家中去了是實

十月十一日

00049

李三供我是黃村人年三十二歲父親已故母
親趙氏妻劉氏係劉幅受之女兒子丑兒大女
大姊小女二格十七年九月我丈人劉幅受引

我入白陽會傳我真空家鄉無生父母八字本
年九月十二日劉幅受著董博望帶信約我到
他家中說話我於十四日到宋家莊劉幅受家
他說要幫林清造反著我跟董博望的白布旗
進
西華門鬧事並給我刀一把白布二塊又傳我得
勝二字令我於進
西華門後遇見頭纏白布的人高聲念誦我即應
允十五日黑早帶了刀子白布進南西門走到
00050
菜市口聚齊見了董博望及熊五及熊進財等
十人後各往飯舖喫了飯我們就跟著董博望
先後進順城門走到外
西華門內董博望著我在茶館等候他往東去了
後來不見董博望回來晌午時我想著害怕就
逃回家中去十八日被官人拏住的是實
00051

李六供我是西黃村人年三十歲父親已故母
親王氏妻張氏並無弟兄本年七月二十三日
我姊夫賀八即賀文升引我入白陽會傳我真
空家鄉無生父母八字八月初十日賀八到我
家中告訴我說林清要造反邀人幫助他要帶
著我同太平莊的杜大李進財賀文龍賀大標
賀四賀五王萬秀聶寬薛大們於九月十五日
進
西華門內鬧事事成後給我官做我即應允九月
初八日賀八又到我家中說十五日的事已議
定了你於十五日黑早到菜市口會齊午時進
西華門並給我尖刀一把白布二塊一塊蒙頭一
00052
塊栓腰又傳我得勝二字我就應允十四日晚
上我帶了刀子白布同了熊五到金老虎家中
見金路兒金黑子都在那裡我就把刀放在熊
五的柿子筐內熊五同金路兒各人挑著柿筐

筐內共藏刀十把半路上我也幫他們挑著一
同進南西門走到菜市口見了賀八各投飯舖
喫了飯先後走到內
西華門外向柿筐內取出刀子拽在衣底晌午時
見有太監出來大家一擁就進
西華門去了我走到門口見門已關閉就跑回家
中去十八日就被官兵拏獲的是實

十月十一日

00053

臣董誥等謹
奏爲續經訊明逆犯緣坐家屬分別定擬具奏事
竊臣等審辦逆案業將先經訊明各犯屬男婦
大小共六十四名口奏明先行發遣新疆及各
省駐防爲奴交與兵部起解在案茲復將陸續
拏到各犯家口逐加質訊明確除首逆林清訊
據現犯僉供實止繼妻趙氏並趙氏所帶前夫
之女林氏及已經出嫁前夫之女高林氏誠恐
此外尚有隱匿又已經殲斃太監高廣幅已正
法之太監劉得財劉金果否有無家屬及各逆
犯家屬除已經到案並指名查拏者此外有無
隱匿遺漏統應再行詳細究訊同甫經續獲家

00054

口及逐日審定正犯均各分起另行擬結外所
有前奏聲明案內情罪極重首夥逆匪應行從
重治罪之本支緣坐男犯趙增等三名並其餘
從逆各犯之家屬林趙氏等二十三名口應即
先行分別按律定擬　查律載凡謀反大逆正
犯之祖父父子孫兄弟及期親伯叔父兄弟之
子不限已未析居男年十六以上者斬其男十
五以下及正犯之母女妻妾姊妹若子之妻妾
給付功臣之家爲奴又例載反逆案內律應緣
坐男犯十六歲以上者發往黑龍江給索倫達
呼爾爲奴又嘉慶十七年刑部奏改黑龍江遣
犯條款內大逆緣坐男犯十六歲以上者改發

00055
新疆給官兵爲奴各等語此案首逆林清訊無
本身嫡親家屬男犯及親生子嗣該犯之義子
五人內陳文魁一犯已經殲斃董幗太一名即
係該犯外甥知情助逆應另歸逆犯辦理田起
金賀起雲祝秉仁三犯律無緣坐義子明文亦
應歸入知情故縱辦理外趙增一犯自幼抱養
與太監楊進忠爲子例得與親子取問如律該
犯聽從入教備知謀逆情事並首先率賊滋事
逆犯陳文魁之父陳老及陳煜及帶賊引路太
監張太之父張大成均屬罪無可逭趙增陳老
即陳煜張大成三名均應查照前奏從重依律
擬斬請
00056
旨即行正法林清繼妻趙氏訊明該犯婦實知謀情
亦未便與別犯家屬一律科斷林趙氏應於反
逆正犯之妻給付功臣爲奴律上從重改發新
疆給厄魯特爲奴如有生事不法別情由該將
軍訊明即行處死仍同逆案內爲奴各犯一併
照律永遠遇
赦不赦至林清繼妻前夫之女除高林氏業經出嫁
律不緣坐應歸邪教爲從另行辦理外其未出
嫁女林氏及太監張太之母張徐氏王幅祿之
弟王九等共二十二名口亦仍查照前奏未便
容留京師致滋萌蘖應請將王九即王幅玉王
長安閆老閆亮兒照例發往新疆給官兵爲奴
00057
林氏張徐氏王霍氏祝劉氏祝龍氏祝王氏閻
屈氏李劉氏八口均發往省分較遠之福建廣
東四川甘肅等處駐防仍照新例分賞各該處
官員爲奴其未及歲之幼孩王德兒七兒祝二
格玉兒閻三兒五姊兒三蘭大姊李二格等仍
照前次原奏交與各該犯之母攜帶隨配一併
爲奴咨明兵部定地與發遣新疆各犯分別起

解未獲逆犯劉呈祥之子劉泳和年甫十歲應
暫行監禁俟成丁時改發新疆爲奴再各該衙
門陸續送到人犯內除前經奏明釋放十七名
外其現經臣等質訊明白毫無干涉者應即仍
交各原衙門先行省釋以免拖累謹將辦理緣

00058

坐犯屬緣由恭摺具
奏並繕錄清單敬呈
御覽伏乞
皇上睿鑒謹
奏

十八年十月十二日

00059

臣穆克登額等謹
奏本月十一日戌刻據內務府將太監于吉慶嚴
進喜二名押送到部臣穆克登額當即進署會
同臣宋鎔臣成格先提在部監禁之太監閆進
喜訊以于吉慶嚴進喜二人曾否入教據供我
於十五年七月間聽見劉得財向于吉慶說咱
們那個事你可不准告訴人那時我不知道什
麼事到十六年上劉得財引我入教他纔告訴
我說于吉慶也係我的徒弟那年冬間不記日
期于吉慶問劉得財說你告訴那八字我忘了
起頭了劉得財向他提起真空二字于吉慶說
底下我都記得這都是實話至嚴進喜曾否入

00060

教我實不知道等語隨提于吉慶研訊該犯一
味狡賴堅不承認當令閆進喜與之質對該犯
初猶支吾加以擰耳跪鍊始據供認聽從劉得
財入教屬實臣等查黑龍江將軍訊取顧進祿
供詞內有十六年四月間于吉慶閆進喜在
祭神房說會內的人約會鬧事之語隨向該犯于
吉慶嚴切跟究該犯堅供實無此事即閆進喜
亦供十六年四月間並沒向于吉慶說過鬧事

的話復提訊嚴進喜據稱實未隨同入教查于
吉慶既經入教斷無不知逆情之理所供顯有
不實不盡並恐嚴進喜亦實有入教情事除另
行詳細嚴鞫確情外謹繕錄于吉慶供單敬呈

00061

御覽伏乞
睿鑒謹
奏

十月十二日

00062

〈空白頁面〉

00063

于吉慶供我係交河縣白楊橋人年三十二歲
父親于方年六十二歲母親張氏年五十二歲
兄弟于二年十七歲我十歲上淨身充當晉貝
子府太監十四歲進
宮在
祭神房當差十五年二月我在
祭神房門口遇見太監劉得財讓他到我屋內喝
茶那時屋內無人劉得財對我說咱們弟兄相
好你和不入會學好我問他甚麼會他說是白
陽教會內不喫酒不要錢將來還有錢使我見
係學好就應允了他說來往人多就在屋內磕
頭罷不用擺香燭紙馬了我就在

00064

祭神房旁邊屋內給他磕頭拜他爲師他又告訴
我他的徒弟有閆進喜王幅祿劉金他每月給
我錢一二千不等還有一月給過二兩銀子他
說這是他師林清給得等將來帶我去見他師
父還有教給我的話後總沒有帶我去見過至
十六年四月間我並未與顧進祿等在
祭神房商量要鬧事的話是實

00065

閻進喜供我於十六年二月在
吉華門拜劉得財爲師入白陽教劉得財每月給
我京錢六百文不許我告訴人並說若要告訴
人這錢就用不成了所以我總不敢聲張後來
每月初一日我即到劉得財房中取錢使用劉
得財也給過顧進祿于吉慶們錢我是知道的
這錢我聽到劉得財說係取自前門外萬興號
王姓舖中是何舖面開在前門外何處我實不
知道至顧進祿于吉慶都是劉得財的徒弟他
們入會都在我先實不是我的引進十六年四
月間亦未與顧進祿等在
祭神房商量說鬧事的話是實

00066

〈空白頁面〉

00067

臣等提訊太監于吉慶祇據供認入教每月得
受劉得財錢文並稱劉得財告知錢文係林清
所出實不知有開首飾樓之王姓十六年四月
劉得財亦未告以將來要鬧事之說本年九月
伊隨圍未回不知劉得財等助逆情事熬審竟
日加以跪鍊板責該犯堅供如前臣等復提閻
進喜再四刑訊亦祇供所得錢文曾據劉得財
告知係從萬興號王姓取來其萬興究係何舖
開設何處仍堅供不知恐該犯等恃無質證茹
刑不吐榮臣等續加嚴審俟得確供再行繕單
呈
覽至

00068

祭神房太監嚴進喜審據供稱並未入教實不知
逆情質之于吉慶據稱同入教者係閻進喜其
嚴進喜實未入教等語似屬可信謹
奏

十月十三日

00069

劉幅受供我是宛平縣宋家莊人年五十歲父親已故母親王氏七十八歲女人吳氏五十三歲兒子栓兒又名傻子生有三女大女嫁與這李三爲妻二女嫁與金黑爲妻三女年纔十一歲嘉慶十二年上我拜宋進耀爲師傳我真空家鄉無生父母八字後因宋進耀犯案問罪我也就不念這八字真經到了今年六月林清雇我到他家做活又收我爲徒入會九月十四日二更時陳爽陳文魁劉呈祥三個大頭目領著各處村莊不認識的二三十人從林清家起身進京十五日起更後有桑垡村的李明趙老們十餘人先後來給林清送信說他們是關在門外跑回來的林清就派我同董伯營宋維銀賀起雲祝秉仁田起金董幗太七人並跑回來的

00070

李明們十餘人各執刀杖跟著林清看家林清給我刀一把我就收在廚房內我們就在林清家住宿到十七日一早官人將林清董幗太拏去林清的姊姊即董幗太之母叫我們同董伯營們及李明們一共約有二十來人拏刀去趕未曾趕上我隨回家到自己場裡打晾黑豆至十八日早飯時我也被官人拏來的林清們造反的事我原聽見他們說過因怕他們殺我不敢舉發這是實情至我女婿李三是十二日劉呈祥先著我去叫他他當日未來後於十四日

00071

劉呈祥又著董伯旺即董博望去叫他是日晚間李三先到我家我原向李三說他們要你幫同造反你願去嗎李三說不去也總是被他們殺害說罷他就走了事實

十月十四日

00072

〈空白頁面〉

00073

宋維銀即宋銀供我是宛平縣宋家莊人年三十三歲父母俱故並無兄弟娶妻賀氏大兒子名二保小兒子名三兒女兒名五姐本年正月拜林清爲師入白陽教榮華會林清傳我真空家鄉無生父母八字三月間我就在林清家做活九月十三日我原見劉呈祥陳爽們在林清家像是商量事體的樣子後來林清告訴我說要於十五日派劉呈祥們進城起大事又叫我不許走漏風聲如若走漏就要殺我我害怕所以沒有敢聲張十五日晚間林清給我刀一把叫我幫他看家防備官人拏他我就接了刀放在廚房裡本日上半夜我在林清家防守後半

00074

夜我回家去了十七日早間官人將林清董幗太拏去林清之姐叫我同劉幅受李明們去趕我拏了刀子趕到村口我膽小就跑回我家去了是實

十月十四日

00075

董伯營即董幗雲供我係宛平縣宋家莊人年三十二歲父親已故母親王氏並未娶妻本年四月間我拜劉呈祥爲師入了白陽教念真空家鄉無生父母八個字九月十四日劉呈祥叫他兒子劉泳平將我叫到他家要叫我幫著林清起大事就給我刀子白布我不敢依他並未收我的刀子白布他罵了我幾句我乘空跑回家去藏躲了十五日晚上林清給我打柴刀一把叫我同宋維銀劉幅受們七人看家我們都應允了就在林清家住宿十七日早間官人將林清董幗太拏去林清之姐叫我同劉幅受們

各執刀杖去趕走到村口看不見林清們所坐

00076

的車輛就回到林清家門口見了林清的姊姊
說趕不上了我就回家去了是實

十月十四日

00077

臣等遵
旨將九月十五日午時
西華門外先有快車趕到在車上搖旗招衆者係
屬何人提訊已入
西華門被獲之田馬兒並到門外逃回之金黑等
隔別研究僉供我們陸續行走未曾見我們同
夥中有坐車執旗之人當又提訊林清之甥董
幗太據供我母舅林清家中本有一輛轎車一
匹拉車青馬九月十四日陳爽陳文魁曾向我
母舅要坐家中轎車上京我母舅說家中要用
你們到京祇多出錢文自有車雇亦可多藏刀
械他們二人就走了十五日我與母舅俱未進

00078

京陳文魁係西邊總頭目或者伊在京雇車到
西華門亦未可知十五日晚間回去報信之李明
等俱係步行並未坐車此外實不知另有坐車
之人等語謹
奏

十月十五日

00079

崇泳安即佟大供我是宛平縣東營莊人年三
十七歲父親崇進修母親已故娶妻楊氏未生
子女親弟崇泳望弟婦程氏本年正月陳顯引
我入教令我拜他爲師入白陽教傳我真空家
鄉無生父母八字九月十五日陳顯對我說林
清要造反叫我於九月十五日隨他入
東華門鬧事我即應允九月十四日陳顯給我刀
一把白布二塊陳顯就先走了叫我到珠市口

三合店見面我同著祝林李奉全走到三合店見了陳顯有開戲園子的劉二即劉潮棟帶我找尋住宿十五日陳顯著我在前門外鮮魚口等候一同進城到了晌午等不見陳顯我們同

00080

李明們十餘人就逃到宋家莊見了林清林清不准我們走著我們都住在他家南屋裡防備官人拏他十七日黑早林清董幗太都被官人拏去林清的姊姊叫我們快去趕我就拏著刀趕到村外有一里多地因趕不上我就回家去本月十二日宛平縣官人將我拏獲的是實

十月十五日

00081

李奉全供我是宛平縣桑垡村人年三十六歲父親已故母親王氏親弟李奉印娶妻趙氏兒子小安本年八月祝顯引我入白陽教即拜他爲師傳我真空家鄉無生父母八字九月十三日祝顯對我說林清要造反給我刀一把白布二塊令我跟著他的白布旗子進

東華門鬧事我就接了刀子白布十四日早間我同祝林崇泳安即佟大進永定門到珠市口三合店見了陳顯有開戲園子的劉二即劉潮棟代我們尋找房子住宿十五日早間陳顯著我們都在鮮魚口等候他晌午時不見陳顯回來直等到日平西我們都回到宋家莊林清家中

00082

林清著我們住在他家防備官人拏他十七日早間官人拏了林清董幗太去後林清的姊姊叫我們去趕我就拏了刀同著李明並賀起雲們十八九個人一擁去趕因車快趕不上我們就回來同崇泳安即佟大到王平口鍘草營生去了本月十二日宛平縣官人將我拏住的是實

十月十五日

00083

張自聲即張升供我是楊修店人年四十五歲父母俱故弟兄四人大哥二哥已死只有四弟張老即自友分居各爨我女人祝氏一個兒子名叫順兒年十四歲一個女兒名更姊兒年五歲我向會針法治病嘉慶十七年二月李老即李幗友請我給他兒子李士安治好了病李幗友就勸我入榮華會說有好處我信以爲實就拜他爲師他傳給我真空家鄉無生父母八字今年九月初五日李老分派我隨同眾人到京鬧事我原不敢應允因李老說你就不應也活不長我只得依從十五日我同兄弟張自友並同村的杜文祿又名杜泳祿李老家雇工王弟

00084

老的劉進才並李士安李世德李玉麟李玉隴李士洪張萬富韓禿子王有印劉五劉順兒並他哥及高成先後在前門外會齊陸續到了東華門外都拏著刀子張萬富張自友李士安拏出三桿小白布旗領著我們正要進去被官人將門關了我們害怕一齊跑散各自逃回家裡隨即往高麗營賣烟去了不料本月走到馬家莊被獲的所供是實

十月十五日

00085

臣等遵

旨將應訊董幗太各條逐細審問據該犯詳晰供明

謹繕單同訊出宋進耀等三犯供詞一併呈

覽謹

奏

十月十六日

00086

〈空白頁面〉

00087

董幗太又供我本姓顧父親在京城居住母親姓陳我一歲時父母將我抱給董家爲子到董姓後並不知舅舅林清的事後來長大聽見外祖母說我外祖林先是紹興人移住大興縣黃村地方在黃村巡檢司衙門當書吏又充南路廳稿工我舅舅林清於十七八歲時曾在京中西單牌樓南首路西九如堂藥舖內學徒三年學會手藝並略懂醫病就出了九如堂到三里河不記店名藥舖內做夥計每月得工食京錢六千因他常在外嫖娼身生瘡毒被藥舖逐出他就雇給順城門外街道上打更其時我外祖已死黃村衙門書吏缺底頂與別人每年給我

00088

外祖母京錢五十千後來那頂缺的不肯給錢我外祖母在南路廳控告要將書吏缺底歸還我舅舅充當南路廳批准我舅舅就接充了有一年多因渾河辦工私折夫價被本官查出革退就在黃村將所折夫價做本錢同他大姊夫崔老夥開茶館約有半年他終日賭錢虧輸折本崔老不依將他攆了他就偷扒邊牆出口到熱河投在汪巴大人處管布達拉石作工程得了些錢回到黃村每日吃喝嫖賭把錢花完了就上蘇州找著他三姊夫施姓替他轉荐到四府糧道衙門當長隨後因本官丁憂他跟了丹陽縣知縣又因知縣解銅去了他到江寧一路

00089

替人醫病賺得錢文隨手花費後來不能存活雇給糧船上拉縴回到通州這是我聽見外祖母說的其時我九歲在離家一里外之瓜地看瓜他從通州來到宋家莊面皮黑瘦頭髮未薙身上衣褲都不全了他因從前出門時曾認識我面貌就叫我小名說傻子你舅舅來了我因不認得他只說他是個花子他說你告訴你娘並你外祖母就知道我真是你舅舅了我回去

告訴我外祖母拏了一套衣褲同我父親到瓜地給他穿了回到我家住了幾天上京來至順城門外向素識的旗人平老二雀鳥鋪內賒了鵪鶉在街上挑賣後來有西安門內光明殿地

00090

方姓王的老爺聽說是做過將軍的因買鵪鶉認識看他的相說他有出息交給他京錢一千吊夥開雀鳥鋪他娶了一個女人仍舊混花把本錢花光那時王老爺死了王少爺本要將他送官他再四懇求纔饒了他攆了出來在宋家莊租房居住數月因他女人身死他往鄭家口討鵪鶉帳去了至嘉慶十一年方回我母親因我父親已故叫他住在我家照料家務是年五月董博望引他拜宋進耀爲師入了榮華會那坎卦教首是郭潮俊十三年間他在家教書因同會的陳茂林被陳茂功在保定府告發牽連杖責所有坎卦頭目宋進耀宋進會劉呈祥俱

00091

已充徒郭潮俊亦不能辦事說我舅舅命大讓他做了教首會內的陳爽來給他磕頭就相好起至這牛良臣聽說是滑縣的書辦侵用了錢糧銀子縣裡拏他逃到保定府在酒鋪裡作夥計的我舅舅於結案後帶他回來荐到新莊教書那主人不記得是蘇姓是陳姓因學生不懂他的口音將他辭出他聽見滑縣把他兒子收監央我舅舅到京城裡不知在何人處求得了一封講情的書子給他帶回滑縣去了這是十四年春天的事以後我舅舅常往雄縣找劉進亭往固安找李五他二人都是坎卦頭目因講理講不過我舅舅十分信服李五家裡有錢常

00092

給他使用那時陳爽引他姪兒陳文魁來見我舅舅來往甚密我舅舅就把李五送來的錢替他們做衣服不時同著打野貓十六年二月我

舅舅帶了支進才並已故的孫九往滑縣找著
牛良臣就認得了牛良臣的聯襟馮克善並馮
克善的表兄李文成到四月間方回來去都是
步行五月間又帶支進才步行往滑縣傳教收
徒七月間騎了一個驢子回來說驢子是教內
徒弟送的並有敬信他的人送給銀錢做盤費
九月間又騎了驢子帶同李得支進才往滑縣
一次十月間帶了一頭騾子回來說騾子是一
百十吊錢買的並說李文成是震卦馮克善是
00093
離卦他同馮克善離坎交宮他該做聖人馮克
善該做天師同幫李文成做人皇他們三人結
了弟兄相好得狠十七年正月又坐了陳爽家
的大車帶同陳爽陳文魁支進才前往滑縣於
清明前後帶了一匹青馬回來並帶有一個紅
匣約一尺長六寸寬四寸高那匣內裝著銀子
說是李文成們送給的那馬是李文成的徒孫

送的他回家後就在我家前院另蓋房子雇
我妹
夫安住做飯不同我們喫飯了十一月間李
文成於
黑夜來到他家說了些話本年正月馮克善
也到他
家他問馮克善收了多少徒弟馮克善說有
三百
七月間有宛平縣頭役大眼周三送給轎車一
輛初十
00094
間他坐了轎車叫陳文魁騎頂馬陳爽跟班
支進才
趕車又往滑縣於八月十六回家二十日以後
他同陳爽
陳文魁上京來見太監劉得財高廣幅回來時
我聽見

說太監給了一錠銀子他買了三件月白綢
小棉
袄自己穿了一件分給陳爽陳文魁各穿一件
又聽見他對劉呈祥說已經派定了劉得財在
東邊高廣幅在西邊劉呈祥說准麼他說准的
我不知道他們說的是什麼話九月初一二他
在屋裡同陳爽們說陳爽是頭陳文魁是幫辦
叫劉呈祥催人我在窗外聽見的因陳文魁出
來拏茶我就跑走了初九日一更時分他同陳
爽劉呈祥在屋裡說話我同賀起雲在窗外聽
00095
見他說陳爽進
東華門陳文魁進
西華門到了裡面都聽陳爽吩咐又向劉呈祥說
你催的人怎麼了劉呈祥說十三四都到十三
日我又在他門外聽見他告訴劉呈祥說我起
初原想派你們開彰儀門接應河南的人陳爽
勸我說不如進
紫禁城的近便所以我改了主意你想好麼劉呈
祥說是這個近便十四日我見李得劉進亭都
到他家說所帶的人都在黃村一帶住宿明早
進京又聽見陳爽陳文魁們都帶人先進京了
十五日早上我舅舅出門一次早飯後回家叫
00096
我們打鈸吹號筒他打鼓板晌午後他要睡覺
吩咐我們說若有人來就叫醒我起燈時他醒
了叫我們各自睡去十六早起祝林們回來同
他說了幾句話他悶坐著喫了一日的烟到晚
上叫劉幅受們打更並說倘有人來即刻告知
十七黑早我起來出恭見官人將他拏住官人
見我就一併拏了至於他從河南來的銀錢我
只見他買穿的喫的隨時花用並未聽說開店
舖做買賣等事他向來交易往來的是興裕號
糧食錢舖萬興號布舖興裕掌櫃的三人俱是

山西武姓萬興掌櫃的是山西雷姓王姓也是
山西人又有一個姓王的是趙村人兩個舖子
00097
都開設在黃村我舅舅賒取物件是出了摺子
打發人去拏的到還賬時是他自己去的今年
五六月間萬興王姓曾對我說你舅舅該布賬
錢五六十千叫他早還罷因我們與萬興交易
在我舅舅討賬的我舅舅是否有銀錢存在兩
個舖內我實不知道他素日總是勸人入教口
能舌辯人都說他不過要人的銀錢說是種福
將來一倍還十倍就信了給他的錢我也從沒
有見他還過他又向人說能知吉凶也沒見什
麼應驗他也並不會武藝我記得今年六月底
劉呈祥帶了河南一個人來說那人武藝狠高
刀砍鎗札俱不能傷我舅舅說何不試試劉呈
00098
祥不叫試說這是佛法不是頑兒的只勸我舅
舅跟他學我舅舅不肯說我這裡不動刀兵是
神仙之路那個人住了幾日就回河南去了我
舅舅待同會的人並不利害從沒有行強打架
的事人有不是來告訴他他不過傳到這人嗔
斥幾句那人不敢回說只是磕頭只是向來掌
教的規矩他相好的除了陳爽們還有一個獨
石口的都司曹綸稱呼曹三老爺說是漢軍人
住在西單牌樓報子街路北成衣舖西首我舅
舅曾教我送炭到過他家的他是我舅舅拜把
子的兄弟有四十一二歲了他兒子曹幅盛曾
帶一個將軍家裡大管家的王姓來拜我舅舅
00099
爲師我舅舅在家每日喝酒喫菓子天氣暖的
時候愛打洋琴彈弦子叫我同他乾兒子們吹
唱冬月天氣就出外打野貓他向愛嫖賭自從
掌教據他說不嫖賭了我近日雖沒見他賭錢
却不知道他嫖不嫖他現在這女人趙氏本是

田老三的妻子田馬兒的嬸娘同在一教我舅舅先曾見過後來田老三死了我舅舅對劉呈祥的女人說做了一夢夢見與趙氏有夫妻之分劉呈祥的女人告知趙氏那趙氏說我也做過夢同他一樣的就許定了娶來後隔了幾天他前夫所生女兒三姊也來了還有一個二姊嫁在高姓不肯來往今年正月我舅舅備了些

00100

首飾衣服去接他來走動他來時同我舅舅舅母並三姊都是一炕睡覺的他三個乾兒子那田起金賀起雲是因他給看好了病認他做爺的祝秉仁係祝顯的兒子因相好認拜的常在他家喫飯他也曾給過零星衣物那三人是同陳爽們在外間屋裡睡的他同陳爽們商量謀反將他乾兒子並我攆出在門外我們聽見他對劉呈祥說我乾兒子並外甥係年輕之人恐他口嘴不穩不用帶他們進城河南人來時叫他繫上白布往前迎一迎就是了這話我母親也曾告訴過我的是實

00101

麻盛章即麻煥章供我是大興縣大營村人年三十三歲父親已故母親許氏女人石氏並無兒女十四年八月我拜顧中得爲師入白陽教他教我真空家鄉無生父母八字十六年八月我在大興縣知縣衙門具結出教十七年八月李春和向我說他如今這個教比顧得中的理深勸我從新入教我就拜李春和爲師仍念真空八字本年五月陳爽祝現劉第五到我家內說有個河南來的楊遇山是教頭勸我入他的教我說已入李春和的教又拜幾個師父呢不願又入這個教他們在我家喫了飯就走了七月二十五日李老同張老韓四禿子張子富到

00102

我家中我不在家他們對我母親說要我到宋

家莊見林清幫他起大事將來給我好處並著
我先見頭目陳爽商量二十六日我回到家我
母親對我說了我就到桑垡村見陳爽他著我
於九月十四日住在城裡十五日黑早到
東華門外見面彼時再給我刀子白布我即應允
九月十四日我從家中起身住在永定門六合
店內十五日一早到外
東華門見了陳爽他給了我一把刀兩塊白布著
我一塊纏頭一塊纏腰就跟著陳顯的旗子走
晌午時我見陳爽們一擁進
東華門我就纏上白布拏出刀子也往裏跑當有

00103

官人將門關閉聲喊拏賊我害怕就跑出前門
永定門將白布刀子都撩在路上回到家裏至
十月初二日就被官人拏獲是實

十月十六日

00104

〈空白頁面〉

00105

宋進耀供我係宛平縣宋家莊人年五十二歲
父母俱故親弟宋進榮女人賈氏大兒子名六
兒二兒子名勇太小兒子名三兒女兒名姊兒
嘉慶十年我拜青雲店顧亮爲師入白陽教十
二年春間我引林清入教傳他真空家鄉無生
父母八字林清實係我的徒弟十三年春間陳
懋功在提督衙門首告把我解交直隸總督衙
門審訊問了徒罪那時林清同案被獲問了杖
罪十四年間遇
赦釋放回見林清掌坎卦教我要告他是宋文登魯
明德宋國瑞攔住了可以質對的至他如何商
量造反我因不與他往來實不知詳細是實

十月十六日

00106

00107

郭潮俊供我是宛平縣田宮院人年六十歲母親趙氏八十歲女人霍氏兒子已死了兩個女兒大女聘給皮格莊林黑子爲妻二女聘給新莊陳茂林之子八兒爲妻嘉慶十一年十一月間拜顧亮爲師入了白陽教榮華會他教我八字真經十二年六月間顧亮病故我的徒弟宋進惠同宋進耀推我掌坎卦教宋進惠宋進耀的手下約有二百餘人後來林清在保定府打了官司回來我因他勢大就將這坎卦交林清掌管彼時宋進耀問了徒罪宋進惠同他手下人都與林清磕頭就都歸林清管後來我與林清口角因林清要打我嘴巴我就不到林清

00108

家中去了我只管念我的八字真經若有病症念著就好了本年正月間有新莊的劉起文說林清理深叫我見林清去我沒去三月間又叫了我一遍我也沒去五六月間劉起文說林清要造反叫我每月給他錢四吊林清就不殺我了我聽了這話我隨央劉起文轉向林清前替我求說饒了我罷我也在不敢向人說他造反的話至九月十五日林清造反的事我並未幫他鋪排人是實

十月十六日

00109

臣董誥等謹

奏爲會同訊明助逆各犯及並未從逆各項人犯一併分別定擬具奏事臣等審辦逆案業將決不待時之首夥逆匪林清等三十四犯凌遲處死並將傷斃病斃之各賊屍軀共五十三具照例剉屍一併分別梟示傳首各在案所有陸續拏到之從逆重犯及並未從逆之各項人犯臣等隔別嚴訊亦經節次錄取要犯供詞恭呈

御覽茲臣等復將各犯供情逐一研訊明確應即先

行各按律例分別定擬　　査律載凡謀反及
大逆但共謀者不分首從已未行皆凌遲處死
知情故縱隱藏者斬雖無故縱但不首者杖一

00110

百流三千里又律註云未行而親屬告捕到官
正犯與緣坐人俱同自首免已行惟正犯不免
餘免又律載妄稱白蓮社等會煽惑人民爲首
者絞監候又例載左道異端煽惑人民爲從者
發往黑龍江給索倫達呼爾爲奴又嘉慶十七
年刑部奏改黑龍江遣犯條款內邪教爲從者
改發新疆給厄魯特爲奴等語此案田馬兒等
四十六犯或已進
西華門被獲或係太監同謀不軌在
內接應或在家未來而糾人斂錢及給首逆送信
甘心助逆或已到
東華門

00111

西華門不克隨入始行跑回或行至鮮魚口等處
中途聞信潛逃或先經助逆後因畏懼未來或
經林清派令看家並聽從趕奪首逆未成各犯
核其情罪有尤重次種又次重之不同具係從
逆夥黨法無可逭田馬兒趙密閆進喜李老即
李幗有劉興禮即劉三道劉得山董幗太劉二
即劉潮棟屈四祝林張老即自友李洪即李士
洪張泳貴即二禿張泳瑞劉狗兒即任幅兒高
五麻盛章即麻煥章李潮佐李蘭李六即六禿
子高老賀萬金劉五即韓禿子王二格即王有
印李元隴張升及張自聲劉輩兒王博李三即
李代榮金黑佟大及崇泳安李鳳全邊老即邊

00112

富李明李玉隴李世得劉進才及劉住兒並與
高成任二即任奉理閆七劉幅受宋維銀　董
幗雲即董伯營賀起雲祝秉仁田起金均合依
大逆不分首從已未行律凌遲處死內賀萬金

一犯係伊妻李氏於該犯跑回時告知伊父賀真將伊出首經臣等咨行順天府確查屬實惟係謀逆已行正犯不准減免應將賀真與伊家屬均照律免其緣坐雙瞽民人陳亮先於逆犯祝現即祝顯糾伊雇工劉喜入黨時該犯聞知不即阻止迨劉喜等自京竄回該犯烙給麵餅縱令逃逸實屬知情故縱陳亮合以知情故縱隱匿者斬律擬斬立決郭潮俊訊明曾爲坎卦

00113

教首嗣後傳交林清掌卦宋進耀即宋景耀訊明先經入教迨徒滿釋回即不復入會惟該犯先既隨從已故之顧亮學習邪教並傳授林清八字咒語致輾轉流傳釀成逆案該二犯均實爲此案禍根未便稍涉寬縱致令復滋萌蘖郭潮俊宋進耀俱應請比照妄稱白蓮社等會煽惑人民爲首者絞律擬絞監候請

旨即行處決以絕根株謹繕錄凌遲斬絞各項犯名事由清單恭呈

御覽除田馬兒董幗太屈四祝林劉雀兒金黑李玉隴七犯尚有應行質訊之處暫行監禁待質外應請先將情罪尤重之趙密等十八名於十七

00114

日綁赴市曹凌遲處死其情罪次重又次重之劉五等二十一名及擬斬絞立決之陳亮等三名均於十八日綁赴市曹分別凌遲斬絞行刑仍將續經在甬子河撈獲賊屍二具剉屍同凌遲各犯一併梟首懸示以抒眾憤顧五及顧添祿楊二即楊有才王老均係知逆情不首律應擬流之犯該犯等聽從入教應從其重者論門甲郎三六十七德往海住養育兵莫格弓匠德寧即七三兒太監王任受雖均止入紅陽教並未傳習經咒惟或係旗人或係王府太監習學邪教均未便寬縱應同顧五等三犯與僅止入教之趙大即趙文玉趙二即二小趙四即墩臺

00115

杜大劉進德聶明趙六即趙進祿李士傑李八即李得李黑子周四即周洪信王大即王積善李六即李得鳳張八楊老即楊世振大李劉氏小李劉氏李李氏屈居氏高林氏共三十名口均依左道惑眾爲從例發往新疆給厄魯特爲奴郎三等六名應銷去旗檔與民人一例解發大李劉氏小李劉氏李李氏屈居氏高林氏係婦人改發駐防爲奴均不准收贖張繼先呂九高幗名即崔尙名劉漢章李九張大即張起鳳張六即張起成張黑子張大金廣高幅海李泳得徐大即徐泳裕李庭柱阮老李二即李應科李老即李浩十七犯僅止學習紅陽教並未傳

00116

念經咒應與先經入教念咒旋即悔過出教之魯明金陳九成范敬即范進均於左道惑眾爲從遣罪上減一等杖一百徒三年安大即安幗太趙廷玉周四即周泳祿三犯僅知逆情不行首告且並未入教均合依知情不首律杖一百流三千里趙大即趙德明張大即張玉芳張九即張玉輝三名被脅出錢亦未入教核與知情不首者情稍有間均應於安大等流罪上減一等杖一百徒三年劉九高大均係楊進忠雇工並未入教惟劉九聽從趙密將楊進忠腰刀撩入井內高大於事後曾給楊進忠帶送家信未便以其不知逆情稍爲寬縱均應於知情不首

00117

流罪上減一等杖一百徒三年以上擬發新疆人犯應交兵部解至陝甘總督衙門轉發擬發駐防犯婦咨交兵部定地起解流徒各犯應交順天府分別定地發配徐二即徐明德訊止隨獻供會燒香曾出布施錢二三百文不等並非邪教應毋庸議仍交還原拏衙門即行省釋其續經拏獲人犯現在趕緊訊究另行辦理至臣

等先後究出從逆入會夥黨節經行文並開具
籍貫年貌清單交各衙門上緊嚴緝嗣復遵
旨將應拏要犯董博望即董伯旺劉呈祥祝現三名
詳細開單飭拏務獲究辦毋使遠颺漏網臣等
謹將分別定擬緣由恭摺具

00118

奏伏乞
皇上睿鑒謹
奏

十月十七日

00119

臣董　等謹
奏臣等遵
旨將曹幅昌一犯提至當堂訊據供認伊由王提督
家人王五引拜林清爲師入龍華會王五曾說
伊父曹倫亦經入教並與林清等曾結拜弟兄
及劉四給伊白布教給暗號等情屬實臣等隨
提出現在監禁應行正法及發遣人犯令曹幅
昌逐一識認俱該犯指稱董幗太賀起雲曾在
林清家見過劉幅受即係劉三曾到過伊家張
泳貴及伊所供跟李五的二禿子劉泳和係劉
四之子亦曾在劉四家見過其餘俱不認識訊
之董幗太賀起雲劉幅受劉泳和亦各供認與

00120

曹幅昌見過而張泳貴則稱並未識面臣等復
將以正法之各逆犯姓名指出向訊並未獲人
犯內該犯認識何人令其一一供吐據稱當海
戶的季得全在騾馬市拉縴的宋三即宋景隴
跟王提督的家人王五均係我父親把子弟兄
我都認識此外劉四常與我家來往季得全的
本家哥哥季得勇曾到過我家尚有爽大爺渾
河南的李五桑垈村的李老太爺同他的兒子
並林清的女人姊姊俱曾在林清家見過認識
我又聽得說賀老八賀四張四鬍子並劉四的

三個兒子俱係林清同黨鬪雞坑有三家一家
姓李一家姓高一家不記姓名南小街北小街

00121

也有二家俱係他們一教這些人我都未見過
記不清姓名等語臣等當提董幗太將曹幅昌
所供人犯向其逐加詳訊據供曹幅昌所供爽
大爺即陳爽李五即李得桑垡村只有陳老太
爺即陳老他兒子是陳文魁並無李姓老太爺
想是他記錯的賀老八即賀文升賀四即賀起
瑞張四鬍子即固安張添升也是我們會裡人
劉四即劉呈祥他三個兒子劉泳平劉泳德均
係跟劉四進城的劉三即劉泳和至鬪雞坑三
家一係閆正直一係高林氏即林趙氏出嫁女
均已入教一係開箔舖任大即高林氏男人的
舅舅是否入教伊不知道此外並未聞有李姓

00122

亦不知南小街北小街入教的人提訊高林氏
於伊夫舅任大曾否入教之處亦不能指實查
該犯供出認識各犯內董幗太張泳貴二名業
經臣等先後奏明扣留待質爲賀起雲劉幅受
二犯係奏明本日應行凌遲之犯應請將該二
犯暫行扣留質訊除曹幅昌供出未獲各犯臣
等行文各衙門一體嚴緝歸案審辦並向該犯
嚴究確情外謹將曹幅昌供出認識各犯分別
開列清單恭呈

御覽謹

奏　　十月十八日

00123

查董伯旺即董博望一犯係董幗太同堂伯叔
平素認識昨已請將董幗太一犯暫留備質所
有認識董伯旺之李三即李代榮無庸留質臣
等擬寫

諭旨內仍將李三即李代榮犯一併歸入本日辦理

謹

奏

十月十八日

00124

〈空白頁面〉

00125

高成供我是羊修店人年六十歲父母俱故並無弟兄妻郭氏也無子女去年八月間入的會拜李老爲師教我念真空家鄉無生父母八字於九月十三日我到李老家李老向我說十五日有宋家莊的林清要造反叫我預備白布纏腰包頭帶著刀子到

東華門會齊鬧事我因害怕並未敢來後來我逃到香河傭了幾日工於初四日又回到橋上即

被官人拏獲是實

十月十八日

00126

〈空白頁面〉

00127

祝林又供我兄弟劉第五也叫劉五本姓祝祖籍關東出繼與劉姓爲嗣原住宛平縣大營地方後來移居羊修店並非山東夏津縣人他除種自己地內莊稼之外就在馬駒橋青雲店一帶犯舖裡做夥計從未聽見在永定門外做過工他入榮華會係李幗有點傳並不是孫三黑勸令入教的至孫三黑又是何人我不知道是

實

十月十八日

00128

〈空白頁面〉

00129

劉進才即劉住兒供我是通州馬駒橋新莊人年二十歲父親劉大母親姚氏並無兄弟我今年二月雇給羊修店李老家做活九月初一日李老教我真空家鄉無生父母八個字叫我常念說有好處後來他又向我說這是白陽教十三日晚間李老向我說白陽教要造反叫我自買白布纏腰於十四日隨著劉輩兒進京城我說我膽小不敢進京去他說你不敢就罷我也沒買白布十五日照舊替李老家做活從地內拉豆子到場上去的至劉輩兒進京未進京我也並不得知道是實

十月十八日

00130

〈空白頁面〉

00131

董幗太又供劉第五也叫劉五本姓祝住居羊修店祝林是他哥哥他的事情問祝林便知我只知道這一個並不知山東夏津又有一個劉五至曹倫同我舅舅拜把子是嘉慶十三年秋間我舅舅入教以後的事聽說他們在京城裡結拜的宋家莊的季得全是老大城裡的宋三是老二我舅舅是老三曹倫是老四季得全係教內的人宋三入教不入教我不知道只聽得我舅舅對劉呈祥說曹倫是入教的我雖不知詳細但他來我舅舅家三次每次給我舅舅磕頭若單論把子弟兄何必行磕頭的禮這就是曹倫入教的證據是實

00132

〈空白頁面〉

00133

閆七即閆正里供我是大興縣老君堂人年四十三歲父母俱故親弟閆老女人屈氏大兒子

亮兒小兒子山兒大女五姊小女三蘭這屈四
是我女人的堂弟本年九月初十日屈四帶信
約我到他家中勸我入他的會我不應允他又
說你若肯入會十四日再到我家來還有幾句
真心話告訴你我因不肯入他的會十四日並
沒有去十五日黑早我女人親弟屈明兒來對
我說屈四今日造反要你幫助他備著刀子白
布在花兒市大街茶館裡等候你快同我去找
著他一同進
東華門起事我不敢應允屈明兒說你若不去屈

00134

四將來得勝你全家性命不保我一時害怕同
著屈明兒進沙窩門一路越想越怕來到花兒
市就跑回家中是日並沒有見屈四的面也沒
有見刀子白布隔了幾天官人到我家將我拏
了是實

十月十八日

00135

任二即任奉理供我是通州神樹村人年五十
四歲父母及長兄俱故妻韓氏胞弟任三本年
八月十四日李元隴引我入白陽教傳我真空
家鄉無生父母八字九月十四日李元隴對我
說屈四要幫林清鬧事叫我同親弟任三幫助
並許我好處約定十五日進
東華門鬧事十五日早間我因害怕不敢進城我
親弟任三跟著屈四進城去了至今並未回家
事實

00136

〈空白頁面〉

00137

邊文良即邊常兒供我是宛平縣桑垡村人年
二十歲我父親邊幅貴即邊老母親劉氏並無
弟兄亦無娶妻本年九月初間劉進玉教我真

空家鄉無生父母八字至十三日劉進玉祝林來呌我到宋家莊見了林清後祝林著我跟他進京到

東華門閙事我即應允並給我買刀的京錢一千又給我白布二塊十四日隨同祝林進南西門在鮮魚口劉二戲館內住了一夜次早我隨祝林到前門大街上祝林替我買刀去了晌午時不見祝林轉回我心內害怕就出永定門先回到宋家莊見了林清呌我在他家看守十七日

00138

早間官人將林清拏去我帶著鐵尺同李明等十餘人追趕林清我就趕了一里多地回來逃往衛新莊傭工度日十月初八日被官人訪拏到案是實

十月十九日

00139

朱套兒即祝六套兒供我係通州城裡人年二十五歲父親已故母親趙氏改嫁王三爲妻有二十多年了我跟我祖母度日十二歲上祖母病故我十五六歲時在倉場衙門打執事本年六月我在董村屈四李元隴家都做過活八月十二日李元隴引進我入白陽會拜李元隴爲師傅我真空家鄉無生父母八字九月十二日屈四約我跟他進城閙事給我白布二塊刀子一把並說如不肯隨他定行殺害我只得應允十五日一早屈四帶我同著十多人進城我只認得李元隴戴五張順張禿子高五們五人我們陸續進沙窩們到前門外茶館會齊進前門

00140

到東長安牌樓見戴五跑來說

東華門已關閉我即一同跑走我跑回董村天已黑了至一更多天屈四高五也回來了我就在屈四家住著十七日我就躱到通州把白布撩棄將刀子埋在董村北二三里之馬家灣本月

初三日在通州城裡飯店內被官人拏獲的是實

十月十九日

00141

張步高供我是山西繁峙縣人年四十三歲由乾隆乙卯科舉人報捐知縣提補宛平縣知縣陞授南路廳同知於本年正月到任駐劄黃村九月十四日三更時有千總張岐明來署向我告知宋家莊有匪徒要造反現有彼處民人搬來躲避的話我隨將那人叫到署內詢問與張千總所說相同我即刻差衙役李明馬文學星夜前往密探至四更後李明等回署稟說宋家莊居民並無動靜我仍放心不下隨於十五日傳集兵丁曉諭居民共相防守不料十五日就是這一干賊匪進京鬧事實是我夢想不到的我到任已經八月之久平日毫無察覺臨時又

00142

不能防範悔愧無地只求從重治罪就是了所具親供是實

十月二十一日

00143

陳紹榮供我是江蘇陽湖縣人年四十二歲由捐職從九品投效東河咨補蘆溝司管河巡檢本年四月十二日到任十二日即奉赴檀柘等處點收陳設二十外回任奉委辦理考試旗童供應在舉場半月續奉永定河道劄調駐工防汛至八月十四日白露安瀾後方回本任即赴所轄西鄉一帶巡查地方尚俱安靜至九月初十間赴東南鄉一帶巡查見該地不種麥子傳詢鄉民俱云害怕不敢種麥再加詰問輒紛紛躲避我因他們神色慌張心生疑慮十二日回署後即票傳各村莊地保查詢緣由一面密差幹役察訪情形十三日傳到前後新莊新立村

00144

等處地保逐加詰訊該地保供稱所管地方並無聞見我即令其各具切實保結正在辦理間差役回來密稟風聞宋家莊謠言有若要白麵賤除非林清做了殿之語我不勝駭異因宋家莊離我衙署有四十餘里之遠所傳地保宋進榮於十四日未刻始行傳到因接總督尙未訊供我先發稟帖一封並於稟內聲敘鄉間傳聞怪異難以筆宣俟今晚問明虛實於明早同鄉地一併進城等語一面嚴訊地保宋進榮你地方有無法情事該地保一字不吐我再四究詰兩次掌責十下始據供吐林清聚眾詰以所聚何人猶復含糊支飾我又用刑嚇據供陳老等

00145

等八人我尙恐不實不盡但念事關緊要既得端倪即應詳明上司隨連夜備具印文並取具該地保呈稟派差帶同該地保送縣我仍不放心於四更後騎馬入城十五日卯末辰初趕抵宛平縣署面見陳知縣告知情形墾其選派壯役十六名跟同往捕陳知縣應允當出硃票並諭令我不必往見府尹我因宋進榮可做眼目仍請帶回於辰末時分起身回署等候壯役候至傍晚並無壯役到來忽有差役劉德蘇四保二名送到陳知縣書札來署要地保宋進榮我即將地保交差役帶回拆看書札有回明尹憲斷不可拏之語我情急無奈探得西路同知有

00146

差回之信前往該署守至十七日傍晚劉同知回來面稟當蒙劉同知派出兵丁捕役四十六名我又派弓兵八名並雇眼目朱亮隨同星夜前往中途先獲陳文魁之父陳老田起金二犯辰刻馳抵宋家莊在林清家將該逆門內排列之鳥槍五桿先行搶獲並拏獲董伯榮祝林李明劉幅受賀起雲祝秉仁宋維銀宋文登八犯又搜獲林清等家屬十口我同劉同知就近押

赴南路廳衙門會銜具稟劉同知令我再赴該處搜查於十九二十一二等日續獲陳亮李二並陳文魁之家屬七八名口二十四日我尚在固安一帶訪查逸犯接到署中來信業已革職

00147

就趕回交印至我雖係專管河工有兼轄地方之責於近在四十里地方竟有滔天惡逆平日毫無見聞實屬罪無可逭蒙

皇上天恩僅予發往伊犁方且感悚無地復何敢嘵嘵置辯惟因十四日傳訊地保宋進榮究出逆情曾經稟知印官並十七日以後陸續拏獲賊犯二十餘名口先後情節具無由上

聞是以具呈於二十八日在都察院衙門申訴的是實

十月二十一日

00148

〈空白頁面〉

00149

宋進榮供我是宋家莊人年四十三歲父母俱故親兄宋進耀妻王氏大兒子全兒二兒子五兒三兒子山兒十七年三月充宋家莊地保我因從前見林清家來往的人亂雜原有些心疑自當地保之後時常向他們往來的人盤詰總摸不著實在憑據至本年七月以來附近各村常有面生之人到林清家住下我不知他們所做何事不敢舉發九月十四日陳巡檢傳我去究問我村中人有鬧事之人我因疑心林清就說我村中只有林清若說鬧事除非是他我還見董幗太田起金田老二劉幅受支進才劉呈祥安住陳老八人常在林清家想必是林清的

00150

黨羽我初疑心不肯說陳巡檢還打我十個嘴巴後來陳巡檢取了我的口供又令我具稟呈一分隨即用印文申詳宛平縣即令兩個衙役

帶著我一同連夜進城這文書實係十四日晚上發出來的我跟著衙役於十五日一早進城到宛平縣署彼時陳巡檢也到了宛平隨即傳我進見宛平陳知縣就將林清聚眾的話說了一遍我出來復又跟著衙役回到蘆溝司衙門本日一更天有宛平縣衙役來傳我到順天府衙門回話我於十六日早間跟著衙役走到西便門城門上不放進城我說我是宋家莊地保現因林清糾眾順天府傳我問話有一位仝老

00151

爺著吉四老爺押我同縣差到提督衙門有一位官把林清糾眾的事問了我一遍就帶我作眼目當日往宋家莊去拏林清十七日黑早就把林清拏獲了是實

十月二十一日

00152

〈空白頁面〉

00153

董幗太又供我又想起本年八月十六以後我舅舅從河南回來曾告知劉呈祥說直隸南宮冀州地方有頭目趙步雲手下帶著六七百徒弟係李文成一路的人於九月十五日在冀州起事趕三日內就可到京後來於九月十六早間我起來喂牲口不見了馬問我舅舅說支進才騎著往南去了那冀州在我們村南想是我舅舅因事已敗露情急叫支進才往找趙步雲亦未可知至此外近京地方我曾聽得我舅舅說磁州的趙得一手下有七八百人於九月十五在臨漳起事等李文成的人到一同進京又聽得順德的楊遇山手下徒弟甚多因前年查

00154

辦鉅鹿案眾徒弟害怕散了今年春間楊遇山隨于克進來到我舅舅家于克進說楊遇山可

以招集徒弟七月間劉成章來叫我舅舅往河南他比我舅舅先一日起身說要往順德約會楊遇山去不知約定了沒有又聽說饒陽的劉玉隴亦係同教他於今年九月初間曾同賀八到過我舅舅家我舅舅叫他且回家去趕十四日來找賀八十四日劉玉隴來了沒有我不知道又聽說固安的張四鬍子即張添升要收容城一路教中的人他曾向我舅舅商量過教內的事却不聽得他謀反又聽說滑縣頭目宋克俊是大財主他有兩個徒弟一個賈士元一個

00155

羅姓都在曹州一路起事再南西門外蘆城的楊十兒狼垡的張姓俱曾於十五日進城楊十兒是陳顯的女婿張姓是宋文登的女壻此外容我細細再想如想出人來再行供吐是實

00156

〈空白頁面〉

00157

屈四又供本年八月十四日劉第五引我到宋家莊見劉四即劉呈祥他們二人向我說我們宋家莊桑垡兩處現有五六十人你那裡要挑三五十人湊合一百多人齊上燕郊我說我們莊上在理人少內中有年老年幼者不能得力要挑精壯後生祇挑得出十來個人不能有三五十人之數他們二人就將我的話告知林清隨後林清叫我去見說你那裡既湊不出三五十人我這裡人也分撥不開圍上扈從官兵也多竟不必上燕郊九月十五日祇往京中鬧事官兵們措手不及必能得手我們據了京師就好說了你祇帶著十來個人隨劉四進

00158

東華門罷此外實不知近京一帶尚有何人河南人幾時來接應林清實未對我說過現在我犯

了重罪斷不敢再爲隱瞞是實

十月二十一日

（無編頁碼）

曹幅昌供我係正黃旗漢軍人年二十三歲現充鄂爾布我父親曹倫由鑾儀衛治儀正挑選獨石口都司母親楊氏弟兄三人我行大二兄弟重慶三兄弟和寧女人夏氏現有一子名吉善二歲了女兒叫大妞八歲了我父親原於十三年秋間與黃村的季得全南城外馬市拉縴的宋三林清們拜過把子他們三人與我父親常相來往常在宣武門外茶食衚衕路南重興館喫飯林清送過我父親西瓜木炭兩次都是這董幗太送來的十三年冬間林清因往城外帶米不能出城是我父親給他用了圖記騙說是兵丁食米就放出去了十四年夏間冬間又

（無編頁碼）

出過兩次我父親於十六年三月二十八日赴獨石口任去了到閏三月有王提督家人與我父親拜把子的王五引我入了林清的龍華會教給我真空家鄉無生父母八個字我到林清家見了林清磕了頭見過他女人林趙氏他姊姊董林氏乾兒子賀起雲並桑垡村的劉四渾河南的李五跟李五的張禿子陳老及他的兒子陳文魁我因在那裡住了一夜所以都見過的以後我每年到林清家去兩三次十六年五月我父親因領餉進京劉幅受孫九來看望我父親我在旁聽他二人說河南七卦人不服林清林清去走了一回與他們講說如今都從了

00159

林清了以後林清有事著孫九來送信後來聽見孫九死了今年七月二十七日林清叫劉四到我家送信說九月十五日要造反並叫我轉告王五或去或不去由他我到王五家告訴了他說不願去九月初六日劉四又來給我白布

一塊告訴我說九月十五日不可出去如有人滋擾將白布纏在腰間或包在頭上又說暗號是得勝二字口中念著就不殺了並著我十二日到林清家去我於十二日到林清家林清怪劉四說你爲什麼帶他來劉四說恐怕人不足用林清說他是旗人不必叫他跟隨我於十三日就回來了十五日我沒有敢出門後來聽見

00160

他們造反都被官兵拏了我害怕將劉四所給的白布撕破丟棄了至他們會中人劉四曾說宣武門外鬪雞坑有個姓李的有個開箔舖姓高的南小街北口有一家是桑垡搬來的北小街北口路西一家煤舖也是他們的人古北口外也有數人都未告訴我姓名還有一個季得勇是季得全兄弟我在林清家見過他至那張四鬍子宋進耀宋進會賀四賀八是我聽見劉四說有這些人我並沒有見過我父親在京時曾入林清的會當時並未告訴我自父親出京後林清王五告訴我的是實

十一月二十一日

00161

祝玉供我是正藍旗豫親王府屯居包衣住桑垡村年三十六歲父母俱故並無兄弟娶妻王氏大兒子山兒十三歲了小兒子罕兒兩歲了府內並無錢糧也不當差本年二月間我在陳老即陳玉家做活祝林引我拜陳老爲師傳我真空家鄉無生父母八字九月十三日陳老告訴我說林清要我進

東華門鬧事給我白布一塊說臨時或包頭或纏腰同夥就不殺我了我當日午後就趕到林清家林清派我跟陳顯的白布旗子十四日黑早我跟陳顯們進南西門走到珠市口三合店會齊有開戲館的劉二即劉潮棟替我們找了房

00162

子居住次日十五早間陳顯著我在鮮魚口等候他給我去買刀我們十餘人都在那裡等到晌午以後不見陳顯到來我聽見陳顯的女壻楊十即楊世真說

東華門已經關閉官兵現在拏人快走罷我就同著李明們出永定門回到林清家中林清不許我們走著我看家防備官人拏他十七日黑早林清被官人拏上車去有人叫我們去赶我就拏木槓去趕因林清坐的車快趕不上我即日就逃到良鄉去了本月十七日被宛平官人拏住的是實

00163

李鳳印供我是桑垡人年二十三歲父親李瀡已故母親王氏親兄李鳳全我尚未娶妻本年八月在魏新莊高姓家做工九月初間王四引我拜祝林爲師入榮華會傳我真空家鄉無生父母八字九月十三日祝林叫我隨同進城到

東華門鬧事給我刀一把白布兩塊十四日進南西門在珠市口三合店住了一宿十五日早間我與哥哥李鳳全並賀萬金一同在飯館吃了飯陳顯叫我在扁食舖裡等候陳爽們同進

東華門晌午時陳爽來叫我同祝瑞孫泳貴等共十五人到

東華門陳爽王世有龔恕祝真四人搶進門去門

00164

已關閉我與李鳳全們就跑到林清家中林清叫我看家十七日黑早林清被拏我拏刀趕出村口因趕不上就逃到魏新莊做活去了至孫泳貴在林清家中看家十七日林清被拏他也曾趕過我聽見本月初七日南路廳將他拏去他已死了我係初七日西路廳官人在魏新莊拏獲的孫泳貴被拏的話是西路廳官人告訴我的是實

十月二十二日

00185

孫發供我是太平莊人年五十五歲父親孫九明年七十五歲母親張氏年七十六歲並無弟兄女人劉氏已故因沒有子女過繼已故族兄孫進之子孫啓恒爲子娶媳田氏十七年八月有街坊賀八即賀文升引孫起恒入龍華會就拜他爲師傳授真空家鄉無生父母八字今年八月賀八又收我爲徒也傳授這八個字都是有的九月十四日點燈後賀八來向我說林清要造反叫我也跟進城我害怕不敢來賀八就給我白布二塊並說你本來無用既不敢去可將這兩塊布留下本月十八九日有河南人到我們莊上來你就將這白布纏頭繫腰可保性

00166

命我應允了將布收下至十九日我沒在家被官人將我父親拏去我情急隨於二十六日自到南路廳衙門投首的我兒子孫起恒於十三日各自往宋家莊去他如何被林清們派同進城并他的死活去向我實在都不知道至我收存賀八白布并我兒子孫起恒跟著造反的事我父母實不知情所供是實

十月二十三日

00167

韓達子供我是雄縣西柳村人年三十歲我本姓楊係劉家莊人因父母早故時常在各處傭工二十六歲認西柳村韓一鳳爲義父義母郭氏我尚未娶妻今年九月初八日我在白溝河做活韓來車兒來向我說叫我跟他學好我隨拜他爲師入了龍華會因做活忙尚未傳我什麼經咒初十日韓來車兒又來到我家給我白布一塊叫我跟他到林清家隨著劉進亭幫林清造反並說林清利害若要不去在家也是死我就應允了十二日同韓來車兒一齊起身於

十四日到林清家韓來車兒帶我見了林清給他磕了頭住了一夜十五日同韓來車兒及我

0168

們同村人韓禿子即二慌慌韓毛兒韓五幅兒劉大成即劉成兒韓傻小子楊老楊成楊秀韓大法水都跟了劉進亭自林清家起身每人給了二百飯錢到南西門外韓來車兒給我一根鐵尺並說大家到城裡跟著劉進亭白旗子走到裡面先關門見人就殺他們一面說一面望南西門走去我心中越想越害怕假說出恭乘空兒逃走了到十月初五日被官人將我拏獲的是實

十月二十三日

0169

宋文登供我是宛平縣人住在宋家莊年六十二歲父母俱故娶妻吳氏只生有一女秀兒嫁與宋喜爲妻我女婿本姓高因我沒有兒子叫他隨我的姓與我同居有五六年了嘉慶十八年八月間劉四即劉呈祥引我入白陽教拜本村人季馬兒即支進玉爲師念真空家鄉無生父母八個字我女婿宋喜也是劉四引入會的九月十三日劉四向我說要我跟他進城幫林清造反我說我年老不能進城十四日林清又叫董幗太來叫我到他家裡叫我預備白布二塊於十五日在珠市口會齊跟著陳五即陳文魁的旗子進

0170

西華門造反並說那裡有人給我刀子還有太監在內接應我因害怕不敢進城也並未買白布我女婿宋喜進城鬧事是從我家中起身我是知道的是實

十月二十三日

0171

董幗太又供我又記起來本年夏間祝現帶了

直隸清河縣的劉玉山到宋家莊見我舅舅林清他說是震卦中人現拜祝現爲師歸入坎卦他清河家內有四五十徒弟我舅舅叫他收集徒弟急忙回來他就到桑垡祝現家取了三千京錢做盤纏去了却總未來劉玉山約年四十多歲八字鬍長面黃黑色住在清河縣城以東去城二十餘里武城縣以西去城也有二十餘里記不得他住的村名了是實

十月二十四日

00172

〈空白頁面〉

00173

張昆供我係固安縣魏家村人年四十五歲父母俱故女人劉氏我因養活不過於嘉慶八年交回他娘家轉賣與楊家莊楊姓爲妻得京錢十千文並未留下兒女親弟張連尚未娶妻我這左腿長瘡有十幾年了本年七月拜素識的魏白兒即魏榮理爲師入榮華會叫我念真空家鄉無生父母八字兄弟張連也是他的徒弟九月十二日早間魏白兒來給我同我兄弟刀各一把白布各二塊叫都往宋家莊聽林清分派進京造反我害怕不敢去就推說腿病不能同往兄弟拏著刀子白布跟魏白兒去了是日午間魏白兒又來向我說你既不去可祇將白

00174

布留下遇有反來的人你即纏頭繫腰說得勝二字就不殺你了說罷他將給我的刀取去自此以後我再沒見魏白兒并我兄弟的面後來我聽得各處拏人就把兩塊白布燒了兄弟張連即魏榮理逃往何處我實不知道是實

十月二十四日

00175

革員陳鉅釧供我係浙江紹興府山陰縣人年四十五歲由大城縣知縣陞補宛平縣知縣本

年正月二十日委署到任七月十五日引
見准陞九月十三日奉溫總督飭辦軍需騾子六百
頭預備古北口宣化鎮兵丁過境所以劄調盧
溝司巡檢陳紹榮來京派辦事件該巡檢並不
來京於十四日交來夾单稟帖一件內稱鄉間
傳播怪異難以筆宣今日傳到一鄉地因接制
台未及問供俟今晚問明後同鄉地於明早進
城面稟等語其稟內並無敘明林清邪教字樣
亦無村莊名目地保亦無名姓所以我不敢冒
昧稟報府尹俟其次日進城面詢明白再行稟

00176

報至十五日辰刻陳紹榮同鄉地宋進榮到縣
并申文一件始稱宋家莊林清等八人起榮華
會邪教申請緝拿我原令陳紹榮同去面見府
尹陳紹榮因新府尹未曾見過不曾帶有蟒袍
履曆不肯同去我即親寫硃票派役十六名一
面令陳紹榮帶同鄉地先行回署預備一面到
順天府將陳紹榮所呈情節面回府尹奉費大
人面諭總須訪問確實此時斷不可混拏恐輕
舉妄動激變良民倘不真實總須勸諭居民爲
是併諭令將鄉地傳回再行確訊我即回署將
府尹面諭札知陳紹榮內云面說之事已回明
尹憲此時斷不可拏只好勸諭無事而已見字

00177

令地方來縣弟可面諭再知會武營切勿具稟
爲要等語差役蘇幅劉德帶去并令將鄉地帶
回我於見陳紹榮之時原係親寫硃票派役十
六名前去查拏陳紹榮是親眼看見的只求訊
問陳紹榮就是了因見府尹後奉諭查訪切實
再拏此時斷不可拏所以將原票撤回的俄頃
即報
東華門有賊匪突入
禁城我即到
東華門外不能進去傍晚費大人出來吩咐買辦

火把蠟燭餑餑等項至次日九門關閉派往盧
溝司之衙役蘇幅劉德并鄉保宋進榮不能進
0178
城十七日被提督衙門番役徐姓等帶去同至
宋家莊將林清拏獲解赴提督衙門審辦今盧
溝司巡檢陳紹榮以稟係十四日稟報但十四
日稟內僅稱鄉間傳播怪異並未敘明林清等
邪教滋事字樣亦無村莊名目又無地保姓名
實係含混之詞是以未曾稟明府尹現有原稟
可查至十五日辰刻該巡檢押帶鄉地到縣并
申文一件鄉地原稟一件該巡檢訊過供单一
紙始稱林清等起立榮華會邪教我於已刻即
面稟府尹我並不敢躭延我到宛平縣任至林
清等滋事之日已有七月有餘平日漫無覺察
奉
0178
旨發遣伊犁實屬罪所應得還求將我從重治罪斷
不敢飾辯只求詳訊所供是實
0179
〈空白頁面〉
0180
臣等遵
旨監提九月十五日在
倉震門該班之副護軍參領齊欽等並護軍福珠
隆阿等供十六名逐一隔別研究據各供稱是
日午刻實止護軍關隆一人在門坐木克山其
餘該班官兵人等俱係換替出外喫飯或在各
屋閑坐或開寫更单或出外買物走動聽聞內
邊喊嚷有賊始陸續趕到並無目覩賊匪進
內之人及訊之關隆亦稱實止係一人坐木克山
那時止見有太監三四人一恍進內前走之人
手拏白菜後跟之人亦未見有刀械及白布纏
頭繫腰形像旋聞內裡太監聲嚷有賊伊始驚
0182

覺招呼該班人等方有護軍校明崑護軍兵得等數人先後趕來進內內裡太監們說賊已拏往令伊等退出等語各供情形相符臣等復片傳受傷護軍潛德保德貴二名到部訊據僉供是日亦係先在屋內聽聞有賊方始趕出帮捕受傷其時坐木克山亦實止闗隆一人此外俱係先後趕到亦與各該犯等所供無異謹分繕供詞及斐明阿安順王五幅昌四犯供詞一併

呈

覽謹

奏

十月二十六日

00183

幅昌又供十六年五月間劉四孫九進京叫我去邀王五同到我家我聽得劉四告訴王五說林清要造反他要往獨石口去約我父親將來有了准日子再來通知劉四們就往獨石口去了六月間我父親領餉來京劉四們因沒有遇著我父親隨後也到我家來了我父親叫我邀王五同來見面我因伺候他們不時出入他們說的話沒有聽得詳細只聽見孫九向我父親說將來有了日期我給你送信我父親說狠好今年二月間劉四來我家告訴我說林清上河南去招集七卦把坎卦讓我管了五月初二劉四又來央我向王五借銀我同他到王五家他

00184

對王五說林清要做天皇馮克善做地皇還有一個姓李的做人皇他們來問坎卦有多少人能動手我應允有一半你能去不能去王五說不能去七月二十七日劉四傳林清的話說九月十五起事若不能動手各用白布爲號免致被殺我轉告了王五劉四又要我往獨石口告知我父親叫他臨時馬頭朝南迎著同會的人我因沒有盤纏沒有去劉四就叫他大兒子去

了是實

00185

已革員外郎安順供我是鑲白旗漢軍孔繼善左領下五品蔭生候選員外郎年三十四歲父親王炳曾任福建提督十二年上告病回旗十五年四月間病故母親佟佳氏年六十六歲親兄保順已故親弟奉順祥順娶妻完顏氏兒子全廣三歲了十六年秋間我記得王五下鄉取租回家在三眼井舊房的南廂房內曾告訴我說他已入了林清的榮華會我說凡會字都不是什麼正經事別是邪教罷王五說不是不喫齋不念佛不看經祇修自己身心如何是邪教呢我說既如此他們立這會做什麼王五說不過是戒酒色財氣後來我也再沒理會他就走

00186

了本年八月初十日王五又向我說聽見林清於九月十五日要造反我說你瘋了滿口胡說現在太平之時斷無此事莫說一個林清就是百個林清也不敢鬧事真是胡說我賭氣一摔袖就走了再沒問他九月初八日我就到香河縣去取租十七日回京彼時朝陽門關閉因放回圍的車馱進城我也跟著進了城到家見無人因問雇工女人說我母親病重十四日二生來送信都到北閣墳院看我母親去了我著急即要出城去看望因城門不放人出去屢次遣人到城門口窺探十九日早間聽見說城門上放人我連忙趕到朝陽門北小街南口見有

00187

布帳擋住等至未刻纔開了帳子見有出城官兵我隨著一同出去到了北閣見我母親病已好了我母親就問城中光景我說林清業已拏獲現已安靜無事我見王五來因想起他曾說入過林清的榮華會又見他神色慌張就問他說我記得你曾入榮華會現在林清造反內中

可有你麼王五說我曾到宋家莊去過不知道他入上我的名字沒有我當時就要呈送他因想著我家聲名要緊有了這樣人臉上不好看一時糊塗未能即時出首到本月十四日王五要逃走我說你逃往那裡去他說要往江西九將府我他妹夫去我說憑你逃往何處總是拏

00188

的著的我心裡又怕他逃遠了就攔住他不准他上九江去王五說既不准遠去我且到石匣躲躲我又問他你到底准往何處去他說到燕郊北邊馮家浦取租去罷說畢他就走了十六日官人來拏他我就將王五的去向據實告知的至將已典衣物找錢並買銀等事俱係王五回明我母親做的事我回家後纔知道的我家世受

國恩有此等通逆家奴不能預爲知覺又不隨時

呈首實屬糊塗只求從重治罪是實

00189

王五即王文茂供我是大興縣人住在白廟十條衚衕年四十四歲父母兄弟俱故女人馬氏並無子女只有我姪女壻趙雙福的兒子趙七格是我養在家中的我父親王得係提督王柄家契賣家奴我自幼跟我父親在王提督家養大的嘉慶十三年因曹倫賣房子與我主人涉訟我就認識了曹倫是年同他拜了把子十六年三月曹倫陞任督司要到他教師林清家辭行去他勸我入榮華會我就同他去到宋家莊見了林清曹倫先給林清磕頭辭行就把我要入教的話告訴了我就向林清磕頭他傳我真空家鄉無生父母八字次日同曹倫進城回家

00190

隔了一日曹倫赴獨石口任所去了他兒子幅昌來對我說我父親臨走時吩咐我往林三爺家入教託你帶我去我就次日帶他到林清家

傳了教回家以後我同小主人安順說閒話提起我曾到黃村入榮華會的話小主人問我是正教是邪教我說並不喫齋看經不過修心罷了小主人也就不問詳細是年夏間幅昌來邀我到他家見了劉四孫九說林清要造反村莊的人已經約齊叫劉四們往獨石口告訴曹倫並先來知會我俟有准日子再來通知我答應說且等你們去了回來有了准日子再作商量隔了十幾日曹倫又因領餉回家劉四們因我

00191

不見他也回到他家來了那時幅昌又來邀我到他家大家見了面劉四孫九告訴曹倫說目下大刦數到了林清該當起事彼時你若可以進京就來幫助如不能來就在獨石口收人入會等候接應曹倫說等我回去看光景有人可收即當收聚至於進京的話恐怕不能只好在那裡等候我們就散了曹倫也就往良鄉解餉去了今年春間幅昌告訴我說林清要往河南招集七卦把坎卦教讓與劉四了五月初間劉四同幅昌到我家劉四說林清已將七卦的人收齊了他做天皇還有一個地皇馮克善一個人皇姓李都在滑縣九月初間有兩卦的人陸

00192

續來到他們先差人來問我坎卦有多少人能動手我應承卦內有一半可用約計二百來人現已約定九月間滑縣兩卦到齊會同鬧事搶進前門順城門逢人就殺你能去不能我因恐連累主人家沒有應允到七月二十八日幅昌又來對我說劉四給他送信他們已定於九月十五日造反問我能去不能去我仍回說不能去幅昌說劉四說的你如果不能去給你兩塊白布我們殺來時你把白布包頭纏腰口稱得勝二字就不至誤殺了幅昌又向我說要往獨石口把九月十五的日子告知他父親叫他到

那時馬頭朝南的話因沒有盤纏不能去劉四

00193

打發劉四的兒子前去適值曹倫出差到熱河去了幅昌又來我家要我出主意我說只好聽十五的動靜我一面把以前的話向老主母約署回稟並商量躲避的地方我說且往北閣墳院暫住幾日等事後再說我老主母依允我就把從前當在當舖裡的衣服我當了八百吊京錢並家存錢票京錢四百吊買了七百銀子交給我主母於九月十三日晚上向城內家裡謊說老太太在坟院病重叫合家男女帶衣衾棺槨前往看視次日一早就都到坟院去了我小主人安順從初間赴香河取租未回於十七日進城見家內無人就要下鄉因城門不開待到

00194

十九日開城後到坟院纔知道的我前於八月初十也曾告訴小主人說聽得外面傳言林清要搶城小主人不信說是瘋話後至九月二十日他說城內拏住林清我記得你曾到黃村入榮華會現在林清是黃村會內的人此案到底有你沒有你我說前年只去過一次不知他們算上我沒有我就要逃往江西九江府尋我妹夫去小主人不准我說且往石匣逃避又問到底准往何處去我說往燕郊北邊馮家埔取租去罷十月十九日行至通州被官人拏獲的是實

00195

斐明阿供我是正紅旗滿洲亨益佐領下人年六十三歲在馬蘭峪當閒散九月初一日從馬蘭峪起身往白溝河留村屯裡向屯戶楊清討取我契錢初六日到了屯裡楊清給我京錢三吊尚少京錢三吊我住了十幾日總沒有找給到了十七八他說你回去罷現在北京城裡鬧事有綿二爺家老公姓陳的是頭兒趕九月十

五日坐殿那陳姓的是黃村人還有一個草上飛是大名人這幾日城裡巳時開城午時三刻就要關城了我不信這話後來在街上遇見屯目富成恭他說你還要楊清找價麼這時候亂慌慌的找什麼價快回去罷我說前日楊清曾

00196

告訴我陳老公的是我不信你又說什麼亂慌慌的他說不止陳老公還有一個老公哩我問這個老公又姓什麼他說沒有姓名我想他們說的不像話了要進城來出首所以把他們的話都寫著紙條兒記上了至條內寫的行唐縣張知縣殺了的話因我外甥趙璧充徒在行唐縣我妹子托我去找他前日聽得富成恭說那裡的張知縣也被人殺了我所以一併記著的再我姪兒五十四係香山兵丁現在出兵去了我回來時在涿州遇見他托我寄信給楊四中周二爺兩人向他討帳我恐怕忘了地址所以也記在紙條上的至穆誇蘭達圖爺雙七爺都

00197

是我們同一牛彔的人因昨日到阜成門門上盤問我的來歷我纔把這些人姓名寫出要做憑據的又我於十月十二日從留村起身回來於十五日到香山在我姪兒五十四家裡住了七日二十二日在香山回馬蘭峪去我因城內道路近便所以來往都從城裡走的是實

00198

〈空白頁面〉

00199

福昌又供十六年五月二十日孫九劉四同到我家商量往獨石口去適因我父親要往保定府領餉便道進京來了劉四們到彼沒有遇著二十八日我父親到家他們也於是日回到我

家大家見面的孫九說將來有了准日期給我父親送信的話就是五月二十八日說的我父親住家三四日於六月初二上保定府去了十七日領餉回家住了半月就起身回獨石口是日劉四孫五並不曾再來見我父親是實

十月二十七日

00200

〈空白頁面〉

00201

董幗太又供曹倫於十三年間因我舅舅拜把子不多幾時就入了教實想不起月日後於十六年二月間我舅舅往河南找牛亮臣三月十五回家這是第一次到河南回來聽說並沒有收著一個徒弟想未必就能謀反那曹倫陞了都司來給我舅舅磕頭相隔不過十數日也未必就講到謀反但他們兩人說話必要把我撵開或者那時已有商量亦未可知是年四月間我舅舅又往河南收徒去了五月間尚未回家我聽得孫九要進京問他去做什麼他說曾有一匹馬借給曹倫要去討還不多幾日孫九回來說到過獨石口找不見曹倫回至京城在曹

00202

倫家裡會見的也不知道他們見了說些什麼話七月間我舅舅從河南回來孫九害病甚重隔了一兩個月就死了不曾見我舅舅的面只有劉四常來見我舅舅他是否曾同孫九去找曹倫我實不知道去年五月初間曹倫帶了兩個兵來見我舅舅說了些話我舅舅叫陳文魁帶他往桑垈去見陳爽喝了些酒起身時陳文魁送他到涿州他就往保定領餉去了今年七月初四五并二十七八兩次聽得劉四曾進京到曹倫家中又打發他大兒子劉泳平到曹倫家向幅昌討家信往獨石口因曹倫隨圍去了沒有遇見復回到他家裡見過幅昌纔回來的

00203

其時我舅舅雖在河南未回那謀反的事都是劉四代辦想他父子來過幾次必是同曹倫商議這事了至我舅舅交通的太監我只知道劉得財高廣幅王幅祿劉金張太五人是陳爽的徒弟還有一個閆進喜是田二告訴我的此外並不聽見有什麼王府的太監也從不聽得有陳太監的話至文武官員旗人兵丁等有無同我舅舅溝通的人我連日細想實在想不出來了如果再有想得起的必隨時供出斷不敢有隱瞞是實

00204

〈空白頁面〉

00205

王五供劉四孫九兩次到幅昌家並曹倫回家同他們見面俱係十六年五月之事記不起日子了據幅昌說是二十並二十八等日我也約略記起是不差的是實

十月二十七日

00206

〈空白頁面〉

00207

斐明阿又供這富慶是我本家姪孫現充健銳營委前鋒本月十八日我到他家中他問我從那裡來我說從留村找地價回來住到二十二日我要回馬蘭峪去他見我盤纏不足給了我五百錢我所寫的单字清文紙條兒他並未見過我要出首富成恭楊清的話也未告訴過他至我於嘉慶五年因挑領催未得賭氣逃往留村去種地本年三月初十仍回馬蘭峪蘇拉章京他克圖們因我自行投回准我再挑差使本月初一日我下屯去找地價時並未告假初五日在西直門內盤兒衚衕遇見我本管章京蘇通阿曾稟說要到留村取租去蘇章京說你去

00208

罷初六日我就下屯去了是實

十月二十七日

00209

富慶供我係正紅旗滿洲恒祐佐領下人現年二十四歲現充建鋭營委前鋒這斐明阿是本家叔祖本月十八日到我家中說是從定興縣留村來的在我家中住到二十二日說要回馬蘭峪去我見他祇剩了三百多錢幫給他五百錢做盤纏他就走了至他寫单字清文要出首什麼人並未告訴過我我也沒有見過他寫的的紙條是實

十月二十七日

00210

〈空白頁面〉

00211

劉進得貢我係宛平縣桑垡村人年六十六歲前妻李氏已故繼妻李氏大女貴兒次女二妞劉進玉是我胞弟十四年上祝顯引我入榮華會傳我真空家鄉無生父母八字一向我與林清認識本年七月初八日祝顯叫我到了他家對我說林清邀我一同進京約會在會的太監們商量造反的事我隨同林清祝顯陳爽到西華門外天會堂我將我的乾兒子劉得財找來隨後高廣幅劉金張太王幅祿陸續走到一同喫飯他們說了些什麼話我都沒聽見九月十五以前記不准日子我到祝顯家他們弟兄同陳顯們大家說起林清從河南李文成處回來

00212

已經議定九月十五日從河南到京一齊起手鬧事林清派陳爽帶人進
東華門太監劉得財劉金在內接應陳文魁帶人進

西華門太監張泰高廣幅接應先將四門緊閉等候河南的人不過兩天兩夜就可到京的話我說你們這不成主意你們去告知林清莫若等河南的人到了一齊進城他們都說一人一騎破幽州這事不值什麼我因他們不聽我的話就走散了後來我就被官人拏獲了是實

0213

季得全供我是宛平縣宋家莊人年四十七歲父親季成輔已死母親田氏現年七十六歲親弟季得長季得寬族弟季得勇嘉慶十二年十一月內我拜宋進耀為師傳我真空家鄉無生父母八字十三年四月在宋三家中與宋三林清曹倫結拜為弟兄本年六月內我到林清家林清告訴我說九月我們要造反以奉天開道白布小旗為號你且不必細問到臨期我再給你旗子罷我就回家了七月內劉幅受又向我說九月十五日林清派定每十人跟著一桿白布旗陸續進皇城鬧事叫我臨時幫同林清造反我那時含糊

0214

答應後來我害怕於九月初五日我同夥計尹大往西山買柿子去在後菴車和尚廟內住了半個月這都可查對的到二十日我發完柿子走到蘆溝橋聽得人說城內有人造反我說知道是林清鬧事就回到家裡去了至林清許我的旗子實沒有給過我是實

0215

王老供我是大興縣魏各莊人年三十六歲父母俱故並無兄弟妻子雇與李玉隴家做工有四年了本年二月間李玉隴的叔祖李老勸我入榮華會傳我真空家鄉無生父母八字就拜李老為師他手下徒弟有高成李世得李玉麟張老李士洪張升韓幅兒張大連李玉隴合我一共十人村內有三王廟與李老住居相近李

老呌合街的人都往廟內學習拳棍八月二十
外有我認識的劉輩兒呌我到他家去見他父
親劉第五合我商量說他們羊修店的李世得
張老李士洪高成張升韓幅兒們要幫著李老
謀反呌我同他進城鬧事我害怕說不去劉第

00216

五說你不去便罷我就回到李玉隴家去了九
月初四日李老呌我去要我幫他謀反我因李
老是我師傅就應允了十四日上午我到李老
家李老給我刀子一把白布兩塊一塊蒙頭一
塊繫腰叫我跟旗頭張老進
東華門殺人我就於是日黑夜同張老起身在江
擦門外不知誰家的墳圈裡躲藏至十五日天
明進城由海岱門要進
東華門去到大街上張老在前面走我想著害怕
就跑回家去刀子白布在城外墳圈外漫地裡
撩掉了是實

00217

鄭八即鄭漢魁供我是通州董村人年四十三
歲父母俱故親兄鄭漢章已故娶妻梅氏兒子
六兒本年五月屈四引我入白陽教傳我真空
家鄉無生父母八字九月十四日屈四到我家
中約我到他家中說幫林清造反定於九月十
五日跟他白布旗子進
東華門當晚給我白布二塊刀一把並傳我得勝
二字事成後許我兵糧一分我就收了刀子白
布十五日黑早同著張順即大住兒進江擦門
海岱門到外
東華門在茶鋪中等候動手後來聽見關了
東華門官兵拏人我就將刀子白布丟棄逃往河

00218

西務去了本月二十二日被官人拏住的是實

00219

劉三供我是通州董村人現住楊家莊年三十

九歲父母俱故親兄劉麻子已故並無妻子本年七月初四日在董村楊九家傭工八月初八日屈四引我入白陽教傳我八字咒語九月十四日張泳貴即張二禿子在楊家場房內對我說屈四要造反叫我跟他的白布旗子進

東華門鬧事十五日早間在外

東華門會齊事成後許我一分兵糧我就應允當下給我刀一把白布二塊十五日黑早我從楊九家起身纔出村口遇見曹五我問知曹五也是屈四派他同進城鬧事的人就對他說咱們到那裏只好跟著在後頭走別往前去事若不

00220

成我們好逃走就一同進沙窩門進海岱門行至外

東華門見張泳瑞李元隴們都在酒舖喫酒我就進了外

東華門見石橋南邊有多少人在那裡挑馬看了一會我就到橋上站著等候他們動手晌午時我見官兵拏人有聽見

東華門業已關閉我就跑出海岱門出東便門到牛欄山一帶各處躲藏本月二十二日就被官人拏獲了是實

嘉慶十八年十月分　供詞檔　完

附件三：軍機處　東案口供檔

故宮館藏檔案號碼 622000001
長 33.5 寬 29，線編右翻直書
乾隆三十九年
共七十八頁
*以下打字排版原則上儘量按照檔案原件，每一檔案編碼皆為原檔案一頁，若有錯誤以原件為主。

00001

王經隆即王聖如供我是堂邑縣張四孤莊人年三十五歲父王起山母趙氏俱已早死並無兄弟妻劉氏子正月兒我原帶在臨清舊城後我被獲時他們不知逃往何處去了那壽張縣的王倫平日敬奉真武稱天爲無生父母素習煉氣拳棒收徒傳道有三年多了我投拜王倫爲師王倫因我模仗好又能寫字就收我爲義子王倫於徒弟中收爲義子的有閆吉祥李桐李玉珍趙煥艾得見邵然趙大坊李世傑丁若金趙玉佩溫炳李贊一李得申徐足張百祿趙傳景淑連我共十八人王倫的徒弟們在壽張陽穀堂邑臨清各處轉輾糾合入道近年來約有五六百人王倫喚習學煉氣不喫飯的爲文徒弟演習拳棒的爲武徒弟常向眾徒弟們說有四十五天劫數神仙也逃不過只有入道運氣不吃飯的纔

00002

能避劫又說七十二家開黃道專等一家來收元他是收元之主真紫微星若遇對敵打伏時念著咒語說千手攩萬手遮青龍白虎來護著求天天助求地地靈鎗砲不過火何人敢攩我就不怕鎗砲刀箭我們早就知道他有謀反的意思到八月二十五日王倫差孟燦來對我說定於二十八日半夜子時起手顯道已放我爲正元帥叫我傳集眾人同往壽張接應我就傳集了平日認識入道的四百多人叫他們各帶小刀一把到我莊上吃肉過劫眾人到了莊上我說王倫是真紫微星就要顯道了同你們往壽張縣迎接我就率領眾人先在本莊將素日有仇的劉四家放火殺害起手往壽張迎接王倫九月初一日大家會合初三日到陽穀縣進了城遇見官兵打了一仗將縣丞并典吏都殺了打開監把監

00003

裏犯人放了隨即出城初四日到堂邑縣拏住縣官要他降順入道他不肯把我們亂罵我們就把他打了一頓殺了眾人搶劫了庫裡的銀物也放了監裡的犯人王倫說這幾縣地方窄小城墻低矮不能據守臨清州城大堅固要攻得了臨清安頓駐守再商量往北去那幾日路過的莊村并打破的各縣隨處招人進道保主不從的都殺了隨從我們的共約有三四千人於初五日屯住柳林初七日到了杏園我同

孟燦帶了七百多人攻打臨清縣城被官兵殺了我們二三百人連攻三次俱沒攻開初八日到舊城東南門外住下我手下的季國貞向我商量要搶奪糧船搭蓋浮橋并要派人在浮橋兩岸防守堵截官兵又我手下的吳兆隆向我說該用車載板片秫稭藏放火藥往南門燒毀城門乘機攻打我

00004

都告知王倫王倫就派季國貞帶人搶船搭橋並派郭永赦高珍楊福余會韓福如李之貴楊樹常楊希葉李達皮之楊徐士姚王立松十二人各帶人五十名在浮橋兩岸分守堵截官兵我同梵偉吳兆隆前往新城燒門被官兵知覺攻擊又傷了我們許多人我胸前受了鎗傷初十日大眾進舊城王倫撵走了當店裡的人占房住下我另住民房睡倒養傷自後王倫每日所做的事我都沒有親見十二日閆吉仁帶人在臨清城外抵敵官兵殺了五六十人官兵退回及王倫殺了三個探信官人並移到汪家房子內居住被官兵拿住梵偉們又搶了回來這些事我都是聽見手下人告知的後來又聽見油坊浮橋被燒京裡派兵到來我們打仗的人多被殺傷我見勢頭不好隨到王倫住的樓上同住那時梵偉

00005

閆吉仁李旺等先已四散躲避只有李世傑李進忠徐足王宗尼土君愛還有王倫從壽帶來兩個年輕不知姓名的人隨王倫同在樓上到了二十八日王倫見官兵圍困緊急要焚樓燒死就放起火來我的手臉俱被火傷實在逼得難受跳下樓來就被官兵拿住的我聽信了王倫說他是真紫微星的話替他糾眾入道一同謀反實是我罪該萬死如今懊悔無及了

00006

〈空白頁面〉

00007

吳清林供我本是汶上縣人年三十六歲從小流落單縣王家樓姓王的人家十一二歲就在各處推小車生理今年纔王倫入道的八月內我推小車到東昌王倫差人叫我去喫肉過劫我於二十七日到了王倫那裡

王倫就說起造反的話約定半夜子時起事並教我打仗的呪語臨時念著就不怕鎗砲我聽著他的話拿了一把刀先跟到壽張又到陽穀堂邑殺官劫庫我都幫同下手的後來大眾到了臨清舊城因孟燦王經隆攻城受了鎗傷王倫就把我同李忠派作元帥替他兩個領兵十二日有一枝官兵向北來閆吉仁領人出去把官兵殺退後聽得油坊又有兵來我同李忠帶了千餘人前往抵敵被官兵打傷我們許多人都跑回來了我

00008

曾在杏園跟同他們打仗被官兵打了一鎗後來官兵將王倫拿住王經隆等前去搶奪我並沒有同去我見官兵圍打甚緊尋路逃命就被拿獲是實

00009

孟燦供我是壽張縣人年四十九歲只有妻程氏幼女黑子我隨王倫學習拳棒稱他爲師已經三年了王倫素有謀反的心常說他要顯道的說今年八月二十四日王倫對梵偉等說聽見有人出首我們邪教官府要查拿不如我們先行動手定於二十八日子時起事封我爲元帥叫我往張四孤庄約會王經隆來會合我去約了王經隆糾合四五百人於

二

十八日在張四孤庄放火殺劉四家起手動身往壽張迎接王倫初一日到壽張迎著了隨跟著王倫打破陽穀殺了兩個官初四日到堂邑縣又把縣官殺了劫了庫銀放了監犯同到柳林杏園王倫要攻奪臨清叫我同王經隆帶了七八百人先去攻打新城被官兵殺了我二三百人退了回來王倫隨後帶領眾人到臨清舊城東南門外住下又兩次攻燒新城城門我都同去打仗受了傷王倫就叫吳清林等替我做元帥領兵隨後王倫聽見京兵到來移入舊城因官兵圍剿甚急王倫叫我們四散藏匿我被官兵拿住問我是誰我就自認作王倫指望官兵不再搜拿王倫他就可以逃匿了是實

00011

王樸供我是壽張人年三十一歲父親早死了母張氏

我親弟兄四人王倫居長二哥叫王真我居三四弟叫王淑我弟兄四人俱沒兒子王倫平素敬奉真武能煉氣不喫飯並教習拳棒三四年來徒弟甚多他並沒兒子遇著他喜歡的徒弟認爲義子如王經隆閆吉祥李桐李玉珍趙煥艾得見邵然趙大坊李世傑丁若金趙玉佩溫炳李贊一李得申徐足張百祿趙傳景淑等共有十八人王倫常對他徒弟們說七十二家開黃道專等一家來收元他就是收元之主眾徒弟們都聽信他今年八月有縣裡的民壯劉煥也是他的徒弟來送信說官府知道我們煉氣不喫飯是邪教要差人指拿我哥哥王倫就約會了梵偉閆吉仁艾得見丁若金李桐

0012

李贊一閆吉祥等七人商量造反又差孟燦去約王經隆糾人一同起事八月二十八日先破壽張殺官刦庫又到陽穀堂邑一路殺死了好許多人我都是跟著的他們稱王倫爲主子稱爲三王爺到了臨清舊城攻打幾次沒有攻開就有官兵來四面圍剿我就躲在夾道內被拿至王倫在汪家樓上自己用火燒死我也知道的我二哥王真聽見說是炮打死了兄弟王淑逃走的時候失散了我母親我的女人并兄弟的家屬俱跟在舊城想來俱燒死了

0013

梵偉供我係壽張縣人年三十二歲俗姓郭父親郭思孝母曹氏俱故從幼出家在南臺顯慶寺出家因我法名梵偉人多称爲梵和尚並非姓范我與王倫同縣認識王倫素日會煉氣使拳棒各處招人習學認爲徒弟我於今年四月也跟他學習他教我使雙刀運氣我也能四五日不喫飯称他爲師父至今年八月二十四日王倫向我并閆吉仁艾得見丁若金李桐李贊一閆吉祥等說聽見有人出首我們邪教文武官要查拏不如我們先行動手他就自称爲真紫微封我爲元帥因我係和尚眾人遂称我爲軍師約定二十八日半夜子時起事并叫孟燦往張四孤庄約會王經隆同日造反到壽張城內會齊至二十八日一更時候我同閆吉仁帶了七八十人到城門外有王倫徒弟現當民壯的劉煥帶了二

0014

十餘人爬進城內開城放入衆人都到知縣衙門拿住知縣要他入道他不依王倫乾兒景淑把他殺了搶得庫內一千銀子就將壽張占住二十九日迎接王倫到縣衆人称他主子初一日王經隆孟燦帶了四五百人來到壽張初三日王倫又會集壽張歸順的四五百人連經隆帶來的一千多人前往陽穀縣進了縣城我把縣丞典吏殺了又打開監門放了監犯有官兵來同我們打了一杖至初四日到堂邑縣孟燦等殺了知縣初五日到了柳林那時入夥的就有數千餘人初七日到了杏園王經隆孟燦帶了七八百人前往臨清攻打後有官兵到杏園來王倫糾衆人出去打了一杖就都搬入臨清舊城內住下有臨清人季國貞向王經隆商量到河口搭橋把人分駐兩岸纔好堵住官兵王經隆告知王倫

0015

就叫我同著那季國貞帶了六百人前去搶了糧傳搭了浮橋季國貞在彼調度我仍回舊城又有臨清武生吳兆隆設計用車裝載秫稭火藥去燒臨清南門我與王經隆孟燦領人同去被官兵殺敗回來王經隆孟燦都受了傷又將吳清林李忠封了元帥復往臨清攻城也被官兵殺退後來京兵到了將舊城四面圍住連日勦殺甚急那時王倫從當舖移住汪宅因官兵上房放鎗射箭攻打王倫走出門口被官兵抱住我同閆吉仁并王倫乾兒子李桐等乾兄弟林哲還有隨從的共三四十人從兩旁趕出王倫說你們還不動手嗎衆人一齊上前我把抱王倫的官砍了兩刀就將王倫奪回王倫就叫各人四散藏匿我同吳清林躲在王家夾道內被官兵拿住是實

0016

〈空白頁面〉

0017

閆吉仁供我是壽張縣人年二十八歲父閆宗魯母孟氏俱早故弟兄四人長閆吉祥嫂楊氏弟閆三兒閆四兒我有女人艾氏子憨小兒本年六月有王倫乾女婿李貴領我跟從王倫學習煉氣拜王倫爲師父我哥哥閆吉祥先

從王倫入道認王倫爲義父的王倫常向我們說有四十五天劫數煉氣不喫飯纔能避劫的話八月二十四日王倫將我同我哥哥閆吉祥並梵和尚艾得見丁若金李桐李贊一七個人叫去說現在聞得官府要拿我們邪教與我們商量造反起事就放我做元帥又叫孟燦到張四孤莊糾約王經隆來壽張會合兩處俱定於八月二十八日半夜子時一同起手王倫叫我同梵和尚約了七八十人各帶刀棍去取壽張有同道的本縣民壯劉煥爬進城內開了城門放我們進去到了縣衙門內將知縣拿住叫他

0018

順從他不肯依就被景淑把他殺了我打開庫門搶了有千把兩銀子第二日眾人將王倫迎接進城到九月初一日王經隆從張四孤庄帶了四五百人也來到壽張會合初三日王倫帶同我們起身至陽穀縣殺了兩個官遇著官兵打了一杖仍出了城在莊裡住下初四日到堂邑縣也將知縣殺了初五日到柳林初七日到杏園路遇村莊都叫他們投順不依的就當時殺死我也動手殺過些人十二日在臨清舊城外有官兵來到王倫抓我帶了六七百人前去抵敵官兵放鎗打傷我們十餘人我帶人上前直衝殺傷官兵五六十人官兵就退回去了又王倫在臨清舊城內殺過三個探信的官人我原看著審問過兩個一個送水的一個賣梨的他們的名字當時我原聽見過如今實在記不得了仔細想來送水的像是姓李賣梨的

0019

像是姓王不能想起名字了那日王倫住在汪家宅內被官兵拿住是我同梵偉帶了三四十人出去搶奪梵偉把抱住王倫的官砍了兩刀將王倫奪回我也砍傷了一個官兵二十四五等日官兵圍住困緊急王倫見勢頭不好叫我們各自分頭躲避我於二十七日逃走過河即被拿獲至王倫自焚身死我雖不在跟前看見但王倫先定下主意寧死不肯走恐被官兵拿獲這是我知道的餘與王經隆等供同

0020

〈空白頁面〉

0021

李旺供我係臨清州人年二十八歲向賣豆腐乾生理父親李德早死母劉氏隨我在臨清失散不知存亡兄李桂已被鎗打死我並無妻子素與王經隆認識知道他會煉氣不喫飯我要想學他的道於本年六月初六日拜認爲師學習煉氣不曾煉成王倫的三兄弟王樸認我爲乾兒子王倫平日敬奉真武稱天是無生父母每日在院子或空房內禮拜磕九個頭常對人說他是收元之主真紫微星將來有四十五天劫數要不喫飯的人纔能過劫的話我都是知道的王倫還能替人醫治邪病故此眾人都信服他王經隆曾到過我家八月二十七日王經隆又來對我說四十五天的劫數到了叫我明日帶小刀一把到他家喫肉過劫二十八日我

0022

就攜帶小刀前往王經隆家見孟燦並王經隆同村學道的人約有三四百都在那裡王經隆說王倫是真紫微星如今我們要到壽張去迎接他須殺人放火纔起得手就商量先殺劉四一家王經隆就同我領了眾人到劉四家將他全家殺死張四孤庄有不順從王經隆的俱被殺害我也跟著殺了一個人王經隆就領眾人去迎接王倫初一日到了壽張見了王倫就封我爲前部宣行那時我們都称王倫爲主了給他磕八個頭跟著王倫走到黨家庄地方見有年老的人因我們到彼就往破廟裡撞鍾糾人要拒敵我們我把那人殺了接連打破陽穀堂邑二縣我沒有殺人同孟燦打開監門把監犯都放了出來後王倫要攻打臨清因我是臨清

0023

人叫我領路王倫到臨清後要斷城裡水道叫我去查看我見兩個挑水的人就拿來殺了初八日同季國貞等往河邊搶奪粮船搭橋後要燒臨清南門我也同去十二日在臨清城外赶敗官兵我也在內的後因官兵攻剿甚急王倫中箭敗回我見勢頭不好就逃到大寺地溝內藏躲三天被官兵將我搜獲拿來的至倫入京城探聽信息是王倫差國岱來的我並沒進京是實

0024

〈空白頁面〉

0025

季國貞供我係臨清人年三十四歲九月初七日早上聽見有賊人來我父親季孟朗同我祖母逃往二閘口表叔劉從仁家我母親同我小妹子逃往河西古董巷大妹夫馬光德家去了我因開著糧食舖不曾走脫王倫就於這一日到臨清初九日將我舖子裡糧食盡行封去逼我入夥我就順從了他派在王經隆手下並沒封我什麼亦沒見過王倫十五日王經隆要差人往河西岸防備官兵因渡船不便王經隆向我商量搭橋的事那時有韓裕公郝之光帶了許多人搶了五六隻糧船我去搶運三十四塊長板他們就派了好幾個人搭成浮橋在河西岸防備後來王經隆在棗林打仗也派我跟去的又派我同李旺歸太分頭搜街若搜出衙役兵丁就殺我搜的地方並沒有衙役兵丁就有一個革退的衙

0026

役鄭素安因他年已六十外我向李旺說明把他放走了到十九日他們去攻城的空兒我就逃出奔到東昌府因東昌關著城門不放人進去我又少了盤費走回來路上聽見大人們已經出了告示被賊逼去入夥肯回來的都算好百姓的話我就回到臨清東門被州裡指名拿住的

又供臨清舊城週圍四十里路人烟甚多賊人來的時候逃走的約有十分之一二如今剩下的約畧還有十分之二三此外也有被賊殺死的也有順從了他跟他打仗被殺的也有被火燒死的也有逃走淹死在河裡的實在不計其數只有挨著新城的柴市街有二里半路賊人因離城近了不曾前去那裡的人全沒傷損

又供我在棗林時王經隆因我是近視眼不能上陣叫我替

0027

他牽馬我並沒殺過人至吳兆隆的兒子吳士偉我聽見說在天橋地方被人殺了是那個殺的我不知道也記不得是誰說的了

又供他們派我搜街我搜的是大寺以北一路那薩總兵家眷住的街上是歸去的

0028

〈空白頁面〉

0029

李桐供我是壽張縣賈家莊人年三十二歲我家離黨家店十五里去年九月我害了病王倫替我治好我沒有謝他因此就拜他爲義父他教我運氣我都學不會學了幾天拳棒是真今年八月二十四日我同閆吉仁閆吉祥梵偉艾得見丁若金李贇一在王倫家裡商量二十八日起手叫梵偉閆吉仁們帶人去破壽張城初一日王倫帶我到壽張派我替王倫牽馬跟隨初三日起身到陽穀去是王經隆孟燦們先帶了人去破城我同王倫在後穿城過去初五到堂邑也是王經隆梵偉孟燦們先去破城我還是隨王倫在後我與李貴俱是常伺候王倫的李貴知道的事我都知道因將該犯與李貴隔別研訊餘供俱同

問你既說常隨著王倫那王倫果否燒死你必然知道據供我

0030

常跟著王倫二十六日以前我都知道二十六日夜裡我見四下火起存扎不住到二十七日黎明我就逃走到八里莊被鄉民拿住了後來王倫如何燒死的事我實在不知道

又供我有個妹子我先只知道是王倫的乾女兒後來王倫就

叫他也做了小老婆我逃走以後他的下落我也不知道了

又供王倫會運氣拳棒好孟燦拳腳也是好的王樸也會教武藝梵偉只會過陰他與吳清林閆吉仁不過膽壯不怕死武藝都平常營中武藝算林哲真是好的又供王倫乾兒連我是十八個並沒有叫趙元的

0031

閆吉祥供我是閆吉仁的族兄壽張縣人年三十五歲今年四月內李贇一同艾得見引我入道王倫收我做乾兒

問本年八月二十四日王倫怎麼向你們商量要起手造反在壽張陽穀堂邑三縣殺官劫庫都是什麼人據供八月二十四日王倫約我同我兄弟閆吉仁並梵偉艾得見丁若金

李贊一李桐七個人到他家裡王倫說現在聞得官府要拿我們邪教不如我們先起事罷就商定于二十八日半夜子時先破壽張那日是劉煥領了人先爬進城去開了門眾人隨進將官殺了庫也劫了監犯也放了我也同去的初三日我同眾人到了陽穀縣孟燦領著人破了城那裡百姓也有順

的也有殺的並不知道有官出了北門烏三娘騎著馬拿著雙刀護著女眷車輛這一日往到河鎮地方初四日到了堂

0032

邑又是王經隆孟燦領人打破了城我在後面跟著車輛進城去看見綁著兩個人說是一個是權印的官一個是他兄弟聽見那個官口裡罵著王倫是賊子不給王倫下跪說是忠臣不怕死哭著罵寧可死了也不降賊王倫叫人拉出北関去把那兩個都殺了是那一個動手我不曾眼見那一日走到柳林後來又到了杏園又到了臨清舊城去攻新城沒有攻開聽見王倫說若攻不開這城我斷不肯走那時有吳兆隆獻計燒門王倫就打發李旺歸太用火藥裝車燒城也沒攻開梵偉因他攻不開城要殺李旺歸太是我說的情沒有殺他後來京兵到了射死了王倫的兩個女人打了一仗王倫的人被鎗砲打死的狠多官兵進城放火又燒死了無數的人王倫就藏在汪家樓上去了

0033

問徐績差人約洪四閆穀流去做內應一節據范偉供我曾聽見王倫殺過三個人一個是林清城內送水的一個拿著捲子米麵一個賣梨都是王倫自己審問說是探信的官人我並不知道姓名

問在臨清河岸帶人防偹官兵的十二人內楊福一名係何處人一節訊據季國貞供搭橋的事我但運了幾十塊板那在兩岸防守的人我實在不知道姓名並不認得什麼楊福又據李旺供楊福是臨清州楊家廟人離城有十八里他是王經隆徒弟八月二十八日在張四孤庄就跟他的後來臨清城外浮橋搭成了派他同韓福如李達皮之揚等十二人每人各帶五十個人去兩岸防守至跟隨王倫王經隆的許多人內並無第二個楊福是實

00034

問臨清城上有紅衣女人一節詢據孟燦等同供那日攻臨清時聽見王倫說城上有穿紅的女人光著下身抹著血溺尿把我們的法破了我們再攻打別門罷這話是有的我們都沒看見

問王倫抱有小孩一節據王經隆吳清林同供官兵燒船之日有幾個月的小孩子在河裡漂著眾人說有福的流到這裡來那小孩子恰好漂到面前眾人報給王倫王倫說我得了有福的兒子了就將紗包袱包好認為兒子王倫燒死時那小孩曾否燒死我們不知道

問臨清城內藥舖王倫封為御醫一節據范偉供那舖子在臨清城內馬市街朝西門面實不知開舖的姓名李貴知道李貴現在拿住到案便知餘犯供同

00035

問賊中會使刀打仗的女賊除烏三娘之外還有什麼人一節據王經隆王樸同供我們大眾女人內烏三娘之外還有林哲的大女人張氏合他一個小女人不知姓氏打仗時拿著雙刀與官兵抵敵都被鎗砲打死了此外再沒會打仗的女人

問下鄉殺人到過多少村庄殺過若干人一節王經隆供我們從張四孤庄起手時已有四百餘人殺過劉四等十多家記不清人數那晚就一同起身往壽張縣迎接王倫沿路無人攔攩亦未進村殺人迎王倫後從壽張往陽穀過三里庄皮之楊回來告訴說聽見村內有鎗聲王倫說你們還不去殺麼我就同孟燦李旺皮之楊等前去那放鎗的被臨清人楊福用叉叉死了其餘所過的村庄總是

00036

我哥哥王經見趙煥等在頭裏喊叫進道迎接有出來叩頭迎接我們就帶著走若不順從就殺了實在記不清村庄人數了

問楊峻德起頭做宣行因何革退一節李旺供楊峻德係柳林人與我同做宣行因在棗園兒合官兵打仗掉下馬來跌壞了腿因此革退宣行也不曾另放什麼人後來聽說楊峻德已被官兵拿住了

前訊范偉據供王倫所殺探信三人不知姓名今覆訊閆吉仁據供那送水的約年五十多歲身上穿著破褂子破棉襖當下他說的像是姓李記不清了如今想不起他名字來了那賣梨的約年三十多歲赤紅團臉好漢仗他說是冀州人離城三十里居住也穿著半大藍布襖一道眉

00037

的鞋這人記得像是姓王也想不起他名字了至拿捲子米麵人我並沒看見又訊之各犯俱供王倫所殺三人實不知姓名至王倫問這三人時俱不在眼前是實

00038

〈空白頁面〉

00039

問該犯等在臨清搶船造橋是何人主意橋成後又令人帶兵過河是欲何往這一次帶兵係何姓名一節據王經隆供那搶船造橋的事是我手下季國貞出的主意告訴了我我向王倫說明纔辦的吳兆隆也一同幫著的攻臨清城時用車載板片秫秸火藥燒城南門的計策就是吳兆隆出的主意搭橋之後派了郭永敖高珍楊福余會韓福如李之貴楊樹常楊希葉李達皮之楊徐士姚王立松十二人各帶人五十名在浮橋兩岸分守原是要堵截官兵的意思並非要往別處這件事原是我同季國貞辦的別人並不知道詳細等語

00040

〈空白頁面〉

00041

問你們同夥內有堂邑沙鎮的徐天一杏園的張雨八里庄的趙行于秀俱是王倫封的將軍先鋒同你們攻城打仗你們自然都認得又艾姓侯姓都是誰再他餘黨內有十八尙師是何名號都是何人一節據王經隆等同供我們同道的人狠多不能個個都知道名姓這徐天一等四個名字我們都不知道或者見了面認得也未可定那姓艾的就是艾得見侯姓我們並不知道

至十八尚師就是王倫的十八個乾兒子再八里庄杏園俱是臨清地方堂邑並沒有這個地名是實

00042

〈空白頁面〉

00043

問惟一格圖肯敗回東昌一節詢據孟燦范偉等俱供那日係閆吉仁帶人打仗隨問據閆吉仁供九月十二日帶了六七百人在臨清城外同官兵打仗官兵放鎗王倫叫我們眾人齊聲嚷著鎗砲不過火仰著頭往前直衝官兵打傷了我們十來個人我們赶上殺傷官兵五六十人官兵就跑回去了我們赶到離臨清城十來里狐裡庄地方我們界回去了

問臨清城南倉上莊郭姓一節據李旺供倉上莊在臨清州南邊離城二十五里我只到過一次不知道有什麼姓郭的季國貞供同

問梵偉所供外邊差使係屬何事一節梵偉供我供說常有外邊差使的話那臨清舊城北天橋口防守的事

00044

是我管的還有跟隨的幾百輛車都是我來往照料督催的所以不常在王倫跟前

00045

問據李旺供王倫差孟燦約王經隆於八月二十八日同時起事王經隆遂糾約多人於二十八日在張四孤庄號召村民有不肯依從的王經隆就叫眾人殺害放火燒庄我也殺了一個人王經隆就領著眾人去迎接王倫初一日到壽張縣會合我曾在党家店地方見有一個年老的人因我們到彼在破廟裡撞鐘齊人我自己把那人殺了攻臨清新城三次都是我領路的王倫要斷城裡水道叫我去查看我見有兩個挑水人我就殺了我還同王經隆帶了二百餘人到館陶縣一個村子裡去出來了幾十個人與我們打仗我們殺了他六個人內我自己殺了一個他殺了我們二十餘人我同王經隆又到了一個村子內也出來幾十人殺了我們

0046

五六個人我們也殺了他三四個人我自己並沒殺人至在臨清北河搶糧船搭浮橋的是季國貞范偉王經隆帶了四五十人去的這季國貞家住臨清河西車沿子地方約年三十多歲後官兵來時他帶了些人出北門去了想來是跑不脫的

0047

問先鋒劉四係何處人一節據李貴供我聽見說有個姓劉的封過他宣行不知是那裡人也不曉得姓名李桐供有個劉存孝是劉家莊人在汶上東平州兩交界地方我一向認得的他是趙玉佩的徒弟王倫壽張起事即引他入夥封他做宣行在王倫營內跟著後來聽見他被官兵殺死了至他排行第幾我不知道李旺供我在勝營裡做宣行不知道什麼姓劉的

問季國貞妹夫馬姓在油坊探知報信一節據季國貞供我妹夫馬光德係四川成都人他的父親原任臨清衛守備死有多年了還有他母親在臨清河西骨董巷住我的母親并我小妹子於初七日早上聽見有賊來都到他家裡藏躲馬光德因賊眾各處搜人逢著官宦

0048

衙役都要殺害他躲在家裡總不敢出門他的母親恐被賊殺害屢次上吊尋死馬光德每日想要逃走又走不脫那日王經隆叫我去做探馬我因不會騎馬就想起我妹夫正要逃走就將妹夫薦舉我到他裏向我說已薦你做探馬你騎著馬借此往大營投到便可脫身了他去了因一路有賊眾巡邏不能投往仍舊回來到大寺裡見了王經隆問他有兵來沒有他說望見有十來匹馬聽說是京裡來的這是十九日的事那日黑夜我將馬光德放走仍回家裡去了他並沒順從王經隆當別的差使後來如何投到大營我那時已逃往東昌一路實不知道質詢李旺據供馬光德我只知道季國貞有薦他打聽信息的話並未順從王倫在營派差不肯妄扳

0049

問恩縣亦有入道之人實在有多少人係何姓名德州除康三外必尚有接應之人一節據王經隆等供那恩縣的人是王倫徒弟陳合璧去收的聽見他說收了四五十人內中記得有個姓石的姓褚的並不知道名字餘外的都不知道姓名恩縣之外還有館陶縣也有入道的人是王貴叫楊佩去收的楊佩是館陶縣楊家坟人聽見說他收了三四十人不知姓名後來陳合璧楊佩都到臨清他們收的人實在來了多少我不知道至德州並無入道之人實在無人在彼接應這康三我們俱不認的不能謊供

問差人進京探信李旺推諉歸太一節據王經隆供我扵八月十五日到王倫家裡王倫向我說聽見京裡有鬼家反了的話要差人去看看光景就起歸太是堂邑縣民壯

00050

從前曾進過京因歸太住在劉官營離我住的庄上只十里路就叫我轉叫他進京我扵二十日見了歸太給了他三吊錢盤費叫他騎驢進京扵十二日起身九月初九日回到臨清告訴說京裡甚是安靜並沒有鬼家反的事至歸太進京時王倫尚未起事並不是打聽京兵信息亦沒再打發人進京

又據李旺供京兵信息是季國貞妹夫馬姓在油坊探知來報的我扵八月二十八日從張四孤庄隨王經隆起身一路攻城打仗都有我在內實不曾進京現在王經隆梵偉等都可問的

又據王經隆供鬼家反了的話是王倫說的我們並不知道鬼家事什麼人

00051

問每日粮食何人經營如何支領有無爭競一節據王經隆供我們跟隨的人從壽張起身一路上原是隨搶隨食到了臨清我就將所有粮食舖盡行封了有一個舖子派一個人管著我們手下的人每五十名有一個正頭目一個副頭目每日粮食俱經頭目手向管粮的人去支領也有時將搶的當舖裡的錢發給的領粮的都有一桿紅布旗爲記凴旗給發並無爭競這件事就是我揔管的至牛羊猪隻並鷄鴨菜蔬俱是搶來各人食用那王倫的食用

是他族侄王有慶并李貴管辦做飯的是從壽張帶來兩個廚子一個叫劉國安一個叫閆小二訊之李旺等供亦相同

00052

問張百祿往河南糾人得有若干曾否送信回來王倫曾否差人約會造反其佔住臨清後曾否差人與張百祿送信一節王樸供張百祿原是王倫的義子今年四月初問他從河南遂平來告訴王倫說他在河南收了入道的好幾個人過了幾日又往河南去了張百祿的哥子原在遂平開油酒店叫什麼名字我不知道他哥子也沒有入道至王倫要造反的事是六月初間纔講起他是收元之主真紫微星張百祿是四月裡往河南去的那時尚未說起這事王倫曾否密告訴過他我實在沒有聽見又據閆吉仁供我曾聽見李貴說張百祿往河南去傳道收徒弟原說八月半邊回來後來總沒有回來的信也沒聽見王倫帶信給他王經隆梵偉等供同

00053

問王倫曾否燒死你必然知道據供官兵拿住王倫又被王樸們搶了回去之後是夜我見勢頭不好五更就逃走出來在二閘口藏了四天被官兵將我拿住後來王倫怎麼又被火燒死我已經逃出並不知道

問搶奪王倫時都是什麼人動手據供九月二十六日有幾個官兵在樓下將王倫拿住有王倫的三兄弟王樸四兄弟王淑並林哲文炳李玉珍艾得見李桐梵偉丁若金趙玉佩趙煥景淑大家上前將抱住王倫的官兵亂砍了幾刀將王倫奪回來了那時我在堂樓上保護著他家小所以不曾出去

00054

〈空白頁面〉

00055

問攻打臨清時城上有女子黑狗血一節據李旺供這是頭一次攻臨清西門的事這一次是王貴在前我與王經隆王宗尼高珍皮之揚一同帶兵的我們纔攻城

時城上施放鎗炮王貴的眼被打瞎跑轉回來說是城上有女人破了法了那時我也遠遠望見城上有兩個披著頭髮的女人一個騎在城垛上溺尿這一次我們的人被鎗打死的狠多

又問王倫教你們咒語說是不怕鎗炮這一次見城上有了女人就說是破了法你們被鎗炮打傷的也就果然多了這不是你們實有邪術嗎又供我們打破的小縣本來沒有許多鎗炮我們一擁而進他們也防備不及那臨清城墻堅固防守的人多鎗炮也緊我們所以

00056

受傷若是果有邪術後來京兵打仗時我們全數受傷並沒見有女人可見王倫教我們避鎗炮的咒語不靈了

00057

問王倫向你們說的七十二家開黃道是那七十二家一節據王經隆等同供這七十二家開黃道專等一家來收元的話王倫自稱他是收元之主至七十二家是誰王倫並沒向我們說過我們也沒有問過王倫是實

問該犯等初時緣何起意謀逆若非官兵勦殺該犯等究竟要作何事一節據王經隆供王倫平日敬奉真武收徒傳道教習煉氣拳棒三年以來收的徒弟漸漸多了他說將來有四十五天刦數神仙也逃不過只有入道煉氣不喫飯的可以避刦還說七十二家開黃道專等一家來收元我是收元之主眾徒弟們聽了這話就都信從了他我原是他的徒弟他待我最好收我爲義子我們堂邑一帶入道的人都是我引進的本年八月二十五日王倫叫孟燦送信給我說定於

00058

二十八日半夜子時起事叫我傳糾眾人齊集張四孤庄同到壽張會合我就借稱刦數已近遍傳在道之人令其各自帶刀一把於二十八日齊集我的庄上喫肉過刦那日有四百多人到了庄上我就說王倫是真紫微今日傳你們來一同去迎接就先將庄上劉四全家殺害起手迎會王倫一路搶劫逼人順從若非官兵鎗炮利害將我們勦殺原就要往北來的這是我同王倫起意造反的緣故餘犯供同

00059

詰問各犯你們雖係小民都受皇上天地之恩逢有年歲歉收無不蒙恩賑恤你們為何還敢造反是否王倫果有邪術你們那裡的年歲實在如何地方官有無作踐你們的事你們都一一據實供出據王經隆供我們百姓都受皇上恩典今年壽張等處年歲俱各有收並不荒歉實因平日跟著王倫學習拳棒運氣他說現在正遇劫數必須不喫飯的人方能過劫有說他是收元之主真紫微星我們見他能多日不喫飯拳棒又好大家信服了他就該死跟著他造了反並不是地方荒歉難受饑寒王倫傳我們的咒語雖有鎗炮不過火的話並不應驗我們打仗時多受過傷就是王倫自己也受過箭傷那日攻

00060

打臨清被官兵殺退王倫雖自言城上有紅衣女人破法我們並未看見且他於被圍之後自己燒死更見他全是哄人了那壽張縣的官訪著王倫有傳道的事纔要查拿就被入道的民壯劉煥聞知送信王倫遂即起事並不是官員作踐我們逼的我們造反的是實

00061

問你們供說得了臨清就要北來臨清離京尚遠沿途州縣甚多如何就能過得去你們必定另有接應的人一節據王經隆等同供我們得了臨清原想守住新城再打算北來一路招人入道不從便殺自然人越發多了這一路州縣自然攛我們不住何用預先有人接應我們破陽穀堂邑往臨清來起初不過幾百人後來就有了幾千人都是這樣隨路招人進道的

問鎗炮不過火又說祭刀是甚麼邪術一節據王經隆等同供這話是王倫起事時教我們的咒語是千首攛萬手遮青龍白虎來護著鎗炮不過火何人敢當我叫我們於打仗時口裡念誦就不怕鎗炮刀箭後來並不應驗現在我們都受了傷就是王倫自己也受過箭傷可見是哄人的了至祭刀

00062

的話是王倫叫我們於打仗時口裡念著哄人往上看我們

好殺過去的意思並不是邪術

00063

問王倫並不曾死該犯等一口同聲傳其焚死必定爲王倫逃匿之計一節據王經隆供官兵把我們圍住之時王倫叫眾人四處散藏匿只有我與李世杰李進忠徐足王宗尼王君慶還有壽張兩個年輕的人不記得姓名隨王倫同在樓上王倫主意不肯落官兵之手要焚樓燒死就放起火來我被火逼得難受臉上手上現有火燒傷痕當時跳下樓來即被拿住還有王宗尼與壽張一個年輕的也跳下樓來被獲李世杰等俱與王倫同被燒死那日官兵四面圍困若王倫逃出必被拿獲斷斷不能逃匿王倫自知事大也斷斷不肯出來的又據梵偉供王倫燒死我雖未見後官府驗屍時曾問我有何記認我說王倫供打臨清左手背上曾受過箭

00064

傷當下聽見官府驗得燒死屍骨左手背果有箭傷并有他平日用的一把劍兩隻銀鐲所以信得他是死了各等語其餘梵偉閆吉仁吳清林王樸各犯俱供伊等先已各自躲匿雖與王倫不在一處王倫焚在樓伊等俱各曉得實在是真的

00065

問該犯等造反後既破壽張陽穀堂邑三縣爲何不守必要攻打臨清是何主意一節據王經隆等六犯各供打破壽張陽穀堂邑三縣王倫說這城小不能據守臨清城大堅固若攻得了臨清就可守住再往北來這是王倫的主意同大家商量的等語

00066

〈空白頁面〉

00067

問王倫所殺三個探事之人豈有止王倫自審自殺之理該犯等必有在旁聞見之人豈可推在李貴一人身上一節據王經隆供我因攻臨清城時受了鎗傷睡倒調養原聽見有殺了探信官人的話實在沒有看見王倫審問據梵偉供我

常有外邊差使王倫審問那三個人的時候實在沒有看見後來李桐告訴我我纔知道的據閆吉仁供我常在王倫跟前王倫審問三個人時我原看見審問過兩個一個送水一個賣梨他們的名字當時我原聽見過如今實在記不得了仔細想來送水的像是姓李賣梨的像是姓王不能想起名字那李貴不離王倫左右他必該記得我今已該萬死若記得起爲什麼不供出來呢並不是推諉在李貴身上據李旺吳清林供伊等俱在外邊聽候差使實沒看見審問也知道

00068

王倫有殺過三個探信的人據王樸供我雖是王倫的兄弟他辦這些事都不告訴我我也不常在他跟前實在不知道各等語

00069

問王倫拏獲仍被搶去一節據范偉閆吉仁供我們同著王倫乾兒子艾德見李桐趙煥李玉珍閆吉祥李贊一景淑李士傑丁若錦并他乾兄弟林哲等聽見王倫被拏一齊從兩邊趕出搶奪那時還有些隨從的人赶到跟前看見王倫果然被拏我們一齊動手打傷官兵仍將王倫搶回的

00070

〈空白頁面〉

00071

問李貴你從幾時入王倫的教王倫封你什麼名號你管的是何事據供我是陽穀縣人在壽張縣住年三十五歲去年八月內艾得見引我入教十二月內娶了王倫的乾女兒谷氏爲妻我與王倫時常見面的到了壽張城裡王倫封我爲傳事的官常在王倫跟前伺候

問王倫初時緣何起意謀反據供王倫平日運氣教拳棒常和梵偉講過陰做夢的話又會捉邪治病各處的人多有隨他入教做徒弟的從前梵偉過陰回來曾說王倫是收元之主真紫微星眾人越發信服他了今年八月有王倫的徒弟在壽張當民壯的劉煥來對他說縣裡的文武官要拿他他就和梵偉閆吉仁及眾乾兒商量教孟燦去傳王經隆於二十八日起手的問王倫有幾個子女家眷有什麼人據供八

00072

月二十九日王倫派了我就同趙玉佩趙煥李贊一到黨家店跟王倫家眷同王倫進壽張城去王倫無親生子女他母親張氏有七十多歲他大女人姓盧眼睛不得力是壽張人姪兒叫盧高跟到臨清已被拿了有五個小女人一個姓李是李侗的妹子兩個姓林是林哲的姪女兒兩個姓張有兄弟張鐸也跟隨王倫如今我都不知道他們的下落我於二十九日跟王倫及他的家眷同我的女人谷氏進壽張城谷氏総與王倫的家眷在一處後來也不知道往那裡去了

問王倫破了三縣爲何不守必要攻打臨清是何主意據供王倫爲三縣城小不堪要得了臨清大城好守著再往北來

問王倫得了臨清要往北來臨清離京尚遠沿途州縣甚多如何就過得去你們必有接應之人據供往北來是孟燦從

00073

前曾往京裡來過道路熟又王倫等看打了壽張陽谷堂邑三縣都不甚費事若再打破了臨清就到處攩不住他了沿途异並沒有接應的人

問歸太進京探聽信息幾時來的幾時回去所探之信如何據供歸太進京是王倫未起手以前的事我不知道日期九月初九日王倫在舊城外黃土岡邊紮營時歸太回來對王倫說京裡沒有什麼動靜到二十邊在舊城當舖裡住著時歸太捉了一個人來叫于瞻海問他從京裡來聽得京裡發了一千兵來王倫說一千兵也不碍事就將于瞻海拿來問係堂邑柳林人有三十多歲麻臉小鬍子帶鴨子尾毡帽藍襪正臉鞋他在京裡賣油生理聞臨清有事回來看家小被歸太拿來的王倫收他隨營喂馬並沒有放他甚麼官王倫

00074

就點兵預備過了一天聽見京兵離臨清十七八里紮營王倫就差了梵偉李仲吳清林帶兵迎敵被京兵傷了許多就敗回了後來我被官兵拿住至于瞻海如何下落不得知道

問王倫叫你們說鎗炮不過火又說祭刀是何邪術據供王倫傳授眾人千手攩萬手遮的咒語說是可以不怕鎗炮後來多被打死自然是不靈的了

問王倫從前打仗時受過傷沒有後來燒死時你在跟前看

見麼據供王倫在臨清東門要逃時與官兵打仗左手被官射了一箭就跑回來不敢再出頭我見勢頭不好於二十六日晚上逃過河來被官兵拿住了王倫燒死時我實不在跟前不得知道

問前據閆吉仁供曾聽見你說張百祿往河南收徒弟八月

0075

半邊回來收了多少人王倫曾否差人給他送信你必知道據供張百祿是孟燦的外甥他常往河南收徒的今年四月裡從遂平回來帶了一身繭紬袍子給了王倫的二兄弟王真那時他開了十五個徒弟名字交給王倫這十五個名字內我聽見張百祿說有遂平街上三個姓劉的都考過武童不曾進學不知名字還有孟燦的女婿女兒都在遂平河南邊住也不知名字我沒看見單子其餘都不知道張百祿四月內仍回河南八月起事時梵偉閆吉仁孟燦們都盼他回來總沒有回來也沒音信王倫也並沒有差人給他送信問搶王倫的共有幾個人係何姓名據供搶王倫的是王樸王淑梵偉李桐閆吉仁艾得見林浩林哲景淑趙煥趙大方趙玉佩李玉珍都在那裡動手砍傷官兵的是梵偉王淑別人都是幫搶的

0076

問王倫殺過三個探信的官人是何姓名據供王倫在舊城裡派了鮮陶劉得並王文全的姪子打探事情他們拿了一個挑水的姓朱賣梨的姓于賣捲子的像是姓宋王倫自己審了一會說是奸細教人打了一頓嘴巴他們都不應承叫我傳了李桐綁了出去叫劊子手孫山殺了

問王倫處會使兵器的女人共有幾個據供林哲兩個女人一個姓趙一個姓張俱會使雙刀還有烏三娘也會舞雙刀都被鎗打死了

問恩縣館陶入道之人實在共有多少係何姓名俱供堂邑臨清恩縣館陶的人是王經隆經營壽張的人是梵偉閆吉仁經管我不知道數目

0077

問德州一帶有多少人接應有多少人入教有個康三是叫他何時在德州接應你們的你自然知道俱供我從不認識

康三有不知道有這人至德州不曾聽見說有什麼人接應

也不曾聽見什麼人入教

問臨清城內隨王倫的藥舖〈以下殘缺〉

清城內馬〈以下殘缺〉

0078

〈此頁殘缺〉

乾隆三十九年　東案供詞檔　完